教师教学自我监控能力的理论与实践

——基于教研组群体互动,提升教师教学监控能力的研究

主　编　唐海英
研究指导　王钰城

文汇出版社

前言

用"金色"擦亮成长的基色

金子,是万物中的娇子,是人世间宝贵的东西之一。赤子成金,说的就是人的心灵纯净得犹如金子般灿烂。

教育,从某种意义上说,就是要给教育对象以金子般的心灵。基于此,学校提出以"金钥匙"为形象载体,赋予学生的美好、老师的美好、学校的美好、教育的美好。

围绕"金色",学校提出发展目标:全力打造一所人文景观自然和谐、人心积极向上、师生感受安全与幸福、在教与学的互动中实现共同成长及丰富生命内涵的理想学园——金钥匙学校;师培目标:建设一支具有和谐人格,衷心热爱学生与宽容学生,精于教育教学的规律,能通过持续的反思实现教育教学本领技能的不断精进,并能将个人愿景与学校愿景有机整合,自觉追求教育教学最佳效能的队伍——金钥匙教师团队。

在喜迎三十年校庆之际,首轮"城乡学校携手共进计划"到了结题阶段。三年来,在理论的引领下,教师们逐渐"精于教育教学的规律"。在专家团队的指导下,教师们"通过持续的反思实现教育教学本领技能的不断精进",更有骨干团队和青年工作室成员"将个人愿景与学校愿景有机整合,自觉追求教育教学最佳效能"。教师们将学习、思考和实践的成果汇编成了这本"金色"书籍,见证了金钥匙教师团队的成长过程。

用"金色"擦亮成长的基色,用"金钥匙"开启人生幸福之门,这是我们对教育之"金"的理解和诠释,也是对育人之"金"的思考和认知,更是对师生成才之"金"的期待和实践。让我们一起"点石成金",为打开师生幸福之门,提供一把把璀璨的"金钥匙"。

上海市宝山区通河第三新村小学校长　唐海英

序

"教师能力最重要的成分"视角下
促进教师内涵发展

唐海英

一、21世纪教师能力中最重要的成分

随着时代的进步、社会的发展,教育面临着前所未有的挑战。教育应该如何变革以适应社会发展的需要,培养出更多高素质的人才,成为全社会共同关注的焦点。在教育实践的具体教学过程中,教师无疑是教与学的关键因素,因此,研究教师素质、提高教师的素质和能力是解决教育如何适应社会需要这一问题的重要途径之一。那么什么又是教师素质和能力中最重要的成分呢?我国核心素养的重要研究学者林崇德教授1995年在回答《中国教育报》采访时,明确提到:"21世纪教师能力中最重要的成分是教师的教学监控能力。"

教师的专业素质包括教师职业理想、教学信念、教育观念、知识水平、人格特点、教学监控能力、教学策略和教学行为等成分,其中教学监控能力是构成教师素质的核心要素。教师教学监控能力,可分为三大方面:一是教师对自己教学活动的事先计划与安排;二是对自己的实际教学活动进行有意识的监察、评价和反馈;三是对自己教学活动进行调节、校正和有意识的自我监控。教师的教学监控能力对教师的教学行为起着调节和控制的作用,决定着教师教学的成效,也是教师的反省思维或思维的批判性在其教育、教学活动中的具体体现。

传统教学模式下的课堂教学监控是以监视、控制为出发点的,不但在一定程度上伤害了教师和学生的自尊,压抑了教师和学生的积极性、创造性,而且很难达到预期的教育教学目的。教师教学的自我监控缺少合理的举措来转变与增强。现代课堂教学监控是以研究、交流和促进发展为出发点的多元监控。它是从生命的层面重新认识课堂教学,综合运用观察、测量、调控和评价等手段,充分开发学生和教师的潜能,不断满足社会和学生个人发展需要的管理系统。它所期盼的实践效应是:让课堂焕发生命的活力。

在职教师,特别是初入职教师缺乏教学监控能力情况十分普遍。学校课堂教

学存在着一些对教师教学的强制性控制，造成教师教学内生性积极性低落现象，需要通过激发教师的自主意识与自我实现愿望来改变。教师专业自觉发展中重要的问题是对其专业工作的自我监控比外在控制更重要，这是国际教育界关注的问题，也是当前师资队伍建设中应该重视的问题。

教师的教学监控能力是教学的核心要素，教师的自我监控能力越高，就越能在备课时准确地预测教学中可能出现的问题；在课堂教学中密切注意学生的反应，随时有效地处理可能出现的教学事件；在课堂教学之后，根据反馈信息及时调整自己的教学活动和改进自己的教学方法等。然而，教师的教学监控能力并不是先天形成的，而是在长期教学活动中逐渐形成和发展起来的。教师的教学监控能力发展是一个螺旋式发展的过程，也是一个反思的行动研究过程，教师教学监控能力的培养是必须的。当今教育专业化程度正在逐步提高，提升教师教学自我监控能力是成就高品质教师的极为重要的路径。从经验型教师向专业型教师转变的过程中，教学监控能力的培养至关重要。拥有教学监控能力，才能确保教师开展高质量的教学活动，确保教师能够通过不断反思获得教学能力的提升。教师的教学监控能力是教师素质的核心内容。教师能力的提升，可以教师教学监控能力为突破点。

正是基于这样现状与发展的要求，为提升教师的专业核心素养，我们学校开展了"基于教研组群体互动 提升教师教学监控能力的研究"，作为宝山区城乡学校携手共进计划实施的项目。我们宝山区通河新村第三小学地处通河地区，自1994年创办起已走过了29年的办学历程。学校从起步到成长，正稳步发展并充满后劲。教师们本着团结协作、积极进取、精益求精的"通三精神"，治学态度严谨，教育功底扎实，师德作风务实。学校被评为上海市家庭教育指导"十三五"实验基地、上海市优秀家长学校、上海市巾帼文明岗、上海市安全文明校园、上海市卫生先进学校、宝山区文明单位、宝山区督导规范学校、宝山区师训工作优秀校、宝山区教师发展优秀校、宝山区家庭教育优秀校、宝山区行为规范优秀校、宝山区图书馆五星级学校，宝山区合唱共同体、影视共同体、无土栽培联合体、航空模型创新联合体，宝山区桥牌联盟、击剑联盟，语数英三个教研组先后被评为宝山区优秀教研组……在学校新一轮的发展中我们寻求学校新的发展点，借助城乡携手项目，确定了从办学的关键——师资队伍的建设上发力，从而落实到学生的可持续发展。这个项目充分体现提升教师核心素养的紧迫性与现实的办学价值。我们把这个项目作为学校统领性项目，与上海三知教育信息咨询中心合作，以学校行为推进，在校长室领导下，组织教导处、科研室等部门以及各教研组全体教师参加，项目具有广泛参与性，以实现高质量教师队伍建设。在研究过程中，我们坚持以科学的理论为指导，以教育哲学、教育心理学、教育生态学以及脑科学等理论引导研究,关注研究成果的理论化以及转化性,形成实践形态。我们历经三年的艰辛的研究与实践,形成了丰硕的成果,现在正式出版《教师教学自我监控能力的理论与实践——基于教研组群体互动 提升教师教学监控能力》专著。

二、建构教师教学系统监控的新样态

"基于教研组群体互动 提升教师教学监控能力"这项课题的意义在于针对教师教学监控外在性大于内在性的缺陷,通过营造"以共生与自主为特征的教研组生态",促进内生性的教学自我监控,在教研群体参照互动下,提高教师教学监控能力,优化教师教学行为,促进教师的专业自觉发展,形成教师队伍建设的办学特色。

这项课题主要研究指向:一是设计与实施教师教学监控能力现状与环境调查,厘清学校教师教学监控能力的现状,并让教师理解教学监控能力与教学能力的正相关性,激发教师参与提高自己教学监控能力的动机。二是关于教师教学监控的基础性研究。明确教师教学监控能力是什么,有哪些基本要素、特点与类型,以及自我监控能力的内涵,形成教师教学系统监控。三是从时间维度上深入研究教学监控,设立四个子项目:①"课中监控,提高教师客体性监控能力",即对教学要素性客体的教学监控能力,以教师个体为主的教学监控。②"课后监控,提高教师群体参照的自我监控能力",以其他教师的教学作为自我监控的参照,增强对教学监控的意识自觉与监控反思能力。③"课前监控,提高教师群体互动下的自我监控能力",提高教研组群体研讨与教师自我监控的互动。④"系统监控,共生与自主教研组生态下的监控能力提升",以共生与自主教研生态与教师个体双向互动中,提高教师整体的自我监控能力。四是从教师发展的角度出发,研究促进教师教学监控能力提升的策略思想和策略,形成"自主共生系统教学监控模式"。五是教师自我监控与教研组教研的共生研究。从把握教研组生态的特征着手,提高教研组建设的生态化水平。以教研组三年发展规划的制定与实施为抓手。我们主要研究如何以参照、研讨、互动等实施双向建构,正确处理教师个体教学的自我监控与教师群体教学监控互动的关系,引导教师关注教学监控的发展阶段,从他控阶段走向自控阶段。六是以教师教学主张的践行促进教师自我监控能力的实践研究。组织教师环绕本项目、教研组子课题确定教师个体的教学主张,抓好三个环节:确立教学主张、教学实践、教学主张总结。

三、以教育创新态度,形成富有意义的成果

在"基于教研组群体互动 提升教师教学监控能力"整个课题研究过程中,我们坚持了教育创新,在教学监控理论上、教学监控实践上作了探索,形成了一些富有价值的认识与实践。

(一) 理论认识上的创新

确立了"生态化的教学监控"。我们强调教学监控是对教学的客体的评估与调节，而不是借此增加对人的控制，即通过教学客体的监控，促进教学监控主体——实施教学的教师的发展，明确了"以人为本的教学监控"。这种以人为本的监控体现了教学监控系统中生命主体与教学客体的良性关系，实现生态化的教学监控。教学监控生态化就是使教学监控的生态的生命性、民主性、适宜性、开放性、整体性与共生性凸显出来的过程。

我们在"以共生与自主为特征"的系统教学监控中，提出了"独立性融合"与"共生性融合"，使对话协商成为系统教学监控重要方式。生态化监控强调教学质量不是检查出来的，要抛弃对教师不信任、不尊重的那种检查方式。教学质量是生产出来的，只有在过程中教师自觉把握质量，才会有真正意义上的高质量。因此，我们从落实"生态化的教学监控"出发，强调教学自我监控与教师提升教学自我监控能力。

(二) 实践样态上的创新

在时间轴上确立了系统性教学监控。在课题研究中，我们对课前教学监控、课中教学监控、课后教学监控与系统教学监控四个时间段上进行了系统的研究，形成了各阶段的实施的要则、要点，也提出了从"个体为主—外部参照—群体互动—自主共生生态"四个教学监控中群体互动，并与此呼应的实施教师个体的"教学主张"与教师群体的"教研组生态建设二年计划"的专项工作，以强化生态化的教学监控系统的建构，形成完整的"自主与共生的教学监控模式"。

在教学监控实践中，我们提出并运用"反思链"。教师教学监控的反思链是教师教学监控能力关键要素，其意义在于克服教学的反思浅表化与碎片化，缺乏依据，而建构了反思本身的追问因果链、监控阶段上连续的反思链，也是对"教学行为—教学监控—教学元监控"的一系列反思，使教学中的觉察、决策与调整等处在意识状态下，从而具有反思的价值。教师监控中的反思链贯穿于教师的整个教学。反思链的提出是对教师教学监控能力理论的丰富。

我们还提出并践行了教学监控的"元监控"。这是教师教学自我监控中对自身教学监控的监控。这种反身性把教学监控主体教师的监控心理活动指向元监控对象——教学监控，自我监控的高层次表现。我们还归纳出了"元监控"的"双向共时性"，即教学监控与教学监控元监控的共时性、教学监控与教学的共时性，把握这两个共时性对提升教师教学监控能力有着十分重要的价值。

我们归纳了教师教学监控能力提升的实践，提出了提升教师教学监控能力的策略思想——"以教师个体自我监控为基础，以群体互动为支持，双向互动中实现系统教学监控能力提升"，并形成了四大提升策略：实践尝试策略、群体交互策略、情意增强策略与元认知反转策略。

我们正是在研究实践中,在教学监控的理论创新与实践创新上,不断从主观自洽走向客观自洽,获得概括性、解释性与前瞻性的理论品质,具有从实践中来,并以实践验证的实践品质。

四、学校教育管理的几点感悟

城乡携手项目"基于教研组群体互动 提升教师教学监控能力"三年来得以顺利完成研究,与宝山区教育局的大力支持与关心是分不开的。在这个艰辛的项目研究与实施过程中,我们深切体会了要敬畏教育、敬畏科学。

(一) 教师强学校强,校长应该多在课堂里

在三年中,我和学校班子成员以及全体教师都主动参与课题研究,无论是课题的管理工作,还是课题的研究;无论是研讨会,还是教学实践,我们都一次不缺地参与。在这个过程中,我深为我们教师的职业精神、研究进取精神感动,同时自己也在积极发表见解、互相争论中而感受到自我的发展。我深切感到要做好校长,无论再忙,也要在认真学习专业上带好头。校长是离不开课堂的,在办公室中也要多学习。教师这一工作个性化很强,学生的每一天都是新的,离开了教室里的教师的教与学生的学,谈学校管理易流于空谈。

一所学校管理的好坏,直接影响着学校发展的质量和师生的发展。在一定程度上,生强则师强,师强则校强;学校管理好则老师成长快,老师成长快则学生发展快。健康洁净的学校管理生态,是学校优良作风的生成土壤,是学校旺盛生机的动力源泉,是保持学校的健康发展、提高学校的创造力、凝聚力与教育力的重要条件,是完成教育使命的有力保障。"校长的精力要放到课堂上,要走进课堂、走近教师,和教师共同商讨改进教学的办法,促进课堂教学质量的提高。"(顾明远:教师成长的三重境界,教育,2019.11)

在课题研究的三年中,我深切体悟到"领导力分布于课堂教学第一线的人身上,应该授予他们权力,让他们承担领导的任务并付诸行动。"(Alma & Daniel, 2005)国际上的关于学校领导力的研究表明,"校长或学校的主要领导者对学校效能和学校改进具有十分重要的作用,但是教师领导力对于学校和学生的改进则更为重要"(Wallace, 2002)。在这个瞬息万变的时代,要提升和改进学校,显然不能再仅仅把领导力和管理问题看做是校级管理者的专门领域,这样的趋势将越来越明显。现代学校领导力已经替代了传统学校管理力。富兰认为,"自上而下的指令和激励是推动学校改进的外部力量,但这在一定程度上还不够强大,还不足以形成动力机制以促使全体组织成员致力于学校改进。未来,学校的成功与否将取决于领导者能否挖掘出组织内部人力资源的潜力,能否提升自身的内涵和领导意识,能否构建一支富有责任感的团队。"(Fullan, 1993, 转引自阿尔玛.哈里斯、丹尼

尔.缪伊斯：教师领导力与学校发展,北京师范大学出版社,2001.11)

(二) 学校科研的校本性与前瞻性

我们的这个项目是基于解决学校发展中重大困难的合理性,并不是校长个人的一厢情愿,也不是赶时髦,要耐得住寂寞。项目合理性是项目价值思考后的项目选择的重要考量问题。本项目以"教师教学自我监控能力"为抓手,优化教师队伍,并以教研组与教师个体在教学监控上的参照与双向互动,营造共生与自主的教研生态,提高教师教学监控能力,达到促进教师专业能力整体成长,具有理论上的可靠性与实践上的可操作性。

本项目选题来自学校良好的前期基础,有着广泛的需求。学校前阶段曾开展了"持续改进观课议课的校本教研,提升教师教学监控能力的实践研究"(区一般课题)。这个课题试图探索具有操作性观课、议课的校本教研模式,研究促进教师教学监控能力的有效方法和策略。上述课题对于提高学校教师的教学监控意识起到了积极作用,形成了一些在观课、议课外部作用上的案例,在教师中形成了关于"教学监控"的共识。随着教育改革的深化以及教育生态思想的日益凸显,我们进一步提出了"基于教研组群体互动　提升教师教学监控能力"这个项目,作为学校发展的实验项目,从而进一步推进教师队伍建设的特色形成。

作为上述项目的继续发展,教师教学监控能力深化到教师内部的教学自我监控,本项目找准研究的突破口,从分析学校教师自我监控与教研组教研环境出发,研究"提升教师教学自我监控能力"。本项目从教师生态出发,营造教师教学监控的民主平等的、合理科学的教学自我监控环境,促进教师自我实现。让教师理解教学监控能力与教学的正相关性,激发教师参与提高自我教学监控能力的动机。通过教学自我监控,激发教师的职业自我意识与自我实现,以教研组群体为参照,对教学全过程进行自我反思、自觉调整,从而提升教学的质量。

作为校长既要善于学习,也要善于基于校本,作出决断,在正确选择上坚持数年,必有成效。

(三) 关注学术性实践与实践性学术的整合

在本课题研究中,我最深切的感受是从对教学事件与现象的白描走向了"反思链"。这也就是不满足于陈述问题,以通用语言作一个缺乏内在、逻辑的分析。在课题研究中,我们分层次的反思：是什么,为什么？怎样改进,为什么？效果怎样,为什么？这三个为什么是碎片化到系统化、客观到主观、结果到原因、从事实经过到学理探究的不断深化。

我们强调教学自我监控能力是教学学术性实践与实践性学术整合的能力。学术性实践旨在解决教师专业发展中缺乏教育、教学思维的普遍性问题,即不善于用合理的教育理论解释、思考与解决实际教育教学中的现象与问题,引导教师改变将反思误作为教学的简单回顾与记忆复盘的现象。教师应该对教学作出学理上的合理性解释，以证据来实证。同时教师要提高自己的专业理论素养，使实践与理论结合，将自己的实践通过不断地归纳、演绎、抽象等教育思维上升到理性认识。正如哲学家亚里士多德指出的，"每个系统中存在一个最基本的命题，它不能被违背或删除。"学校发展也是"凡事总有原因"。因此无论是学校领导还是教师、学生都要重视找到那个最基本的、最本质的原因，这就是"第一性原理"。我们的实践证明了教学监控能力发展是教师学会学术性实践与实践性学术整合的过程，而学术性实践与实践性学术整合的能力也能很好地促进教师教学监控能力，特别是自我教学监控能力的发展。

　　回顾本项目研究与实践的艰辛历程与睿智心路，感谢学校全体同仁与专家所付出的精力与智慧。见到了厚重的专著正式出版，得以欣慰，以此为序。

目 录

前言：用"金色"擦亮成长的基色 ……………………………… 唐海英　1

序："教师能力最重要的成分"视角下促进教师内涵发展 ……… 唐海英　1

第一章　教学监控与教师教学监控能力的价值 ………………………… 1
　　第一节　教学监控的教学意义 …………………………………………… 3
　　　　一、教学监控能力：教师能力中最重要的成分 ……………………… 3
　　　　二、教学监控能力：决定教学成效的重要因素 ……………………… 4
　　　　三、教师教学监控能力的缺失与认识的厘清 ………………………… 5
　　第二节　发展教师教学监控能力的价值 ………………………………… 8
　　　　一、教师教学监控能力调查及启示 …………………………………… 8
　　　　二、教师教学监控能力提升必然 ……………………………………… 20
　　第三节　关注教学监控的学校需要 ……………………………………… 22
　　　　一、突破学校师资发展瓶颈的有价值选择 …………………………… 22
　　　　二、"自主交互系统教学监控"模式的研究与实践 …………………… 24
　　　　实例：通河新村第三小学城乡携手项目学期工作计划（二） ………… 27

第二章　教学监控的基本框架 …………………………………………… 33
　　第一节　教学监控的基本认识 …………………………………………… 35
　　　　一、教学监控的概念与内涵 …………………………………………… 35
　　　　二、教学监控的特征与结构 …………………………………………… 36
　　　　三、教学监控的四个环节 ……………………………………………… 39
　　第二节　教师教学的自我监控 …………………………………………… 42
　　　　一、转变传统教学外部监控 …………………………………………… 42
　　　　二、内生性的教学自我监控 …………………………………………… 44
　　　　三、教师教学自我监控的基本特征 …………………………………… 46
　　第三节　教学监控的理论视域 …………………………………………… 50

一、教学监控的教育哲学视角 ……………………………… 50
　　二、教学监控的脑科学视角 ………………………………… 52
　　三、教学监控的心理学视角 ………………………………… 53
　　四、教学监控的生态学基础 ………………………………… 54

第三章　教师教学监控能力概述 …………………………………… 57
第一节　教师教学监控能力的基本认识 ………………………… 59
　　一、教师教学监控能力的概念 ……………………………… 59
　　二、教师教学监控能力的内涵 ……………………………… 60
　　三、教师教学监控能力的水平 ……………………………… 62
第二节　教师教学监控能力的基本结构 ………………………… 66
　　一、教师教学监控能力的三维度结构 ……………………… 66
　　二、教师监控能力发展的阶段 ……………………………… 69
第三节　群体互动中的教师自我监控能力发展 ………………… 70
　　一、教师教学自我监控与自我效能感 ……………………… 70
　　二、参照中教师自我监控能力的增强 ……………………… 73
　　三、互动中教师自我监控能力的提升 ……………………… 75

第四章　基于自我监控的课前教学监控 …………………………… 79
第一节　课前教学监控的基本要求 ……………………………… 81
　　一、课前教学监控的概念与意义 …………………………… 81
　　二、课前监控中的教学目标监控 …………………………… 81
　　三、课前监控中的整体设计监控 …………………………… 84
第二节　基于自我监控的课前教学监控的要则 ………………… 86
　　一、把握教学设计监控的逻辑性 …………………………… 86
　　二、把握教学设计实效性的推敲 …………………………… 87
　　三、把握课前教学监控的步骤 ……………………………… 89
第三节　基于自我监控的课前教学监控的案例 ………………… 90
　　案例1：落实课前监控，促进低年级识字教学 …………… 90
　　案例2：以《圆的初步认识》为例的课前监控 …………… 93
　　案例3：基于群体活动下的课前自我监控 ………………… 94
　　案例4：基于教学自我监控促进学生口头表达能力提升 … 97

第五章　基于自我监控的课中教学监控 …………………………… 101
第一节　课中教学监控的基本要求 ……………………………… 103

一、课中监控：教学监控的重要阶段 …………………… 103
　　二、课中监控的内容指向 ………………………………… 104
　　三、课中自我监控的主要特点 …………………………… 106
　第二节　课中监控中客体监控能力的提升 …………………… 109
　　一、课中教学监控能力的关键表现 ……………………… 109
　　二、教师客体监控能力的发展策略 ……………………… 111
　第三节　基于自我监控的课中教学监控的案例 ……………… 118
　　案例5：以学定教，关注课中监控 ……………………… 118
　　案例6：关注课堂监控　促进数学概念形成 …………… 121
　　案例7：借助板书复述文本，有效进行课中监控 ……… 124
　　案例8：关注课中监控　巧授英语单词 ………………… 126
　　案例9：学生复述能力培养的课中监控 ………………… 129
　　案例10：实施课中监控　加强教师的学生意识 ……… 132

第六章　基于自我监控的课后教学监控 ……………………… 135
　第一节　基于自我监控的课后教学监控 ……………………… 137
　　一、课后监控的地位与特点 ……………………………… 137
　　二、课后监控的合目的性与结构性 ……………………… 139
　　三、课后监控中的反思链 ………………………………… 140
　第二节　教师自我监控与群体互动 …………………………… 148
　　一、教学监控中个体与群体互动的基本要求 …………… 148
　　二、教师自我监控与群体互动的增强 …………………… 151
　第三节　基于自我监控的课后教学监控的案例 ……………… 153
　　案例11：教学自我监控的"1+3" ……………………… 153
　　案例12：自我监控下课堂中生成问题的思考 ………… 157
　　案例13：豁然开朗：课后监控中的反思链 …………… 161
　　案例14：课后监控的贯穿性与伦理反思 ……………… 164
　　案例15：小学英语课堂中对话教学的监控与优化 …… 167
　　案例16：结构性课后监控的践行与体悟 ……………… 170
　　案例17：瞬间与全程：群体参照下的自我监控 ……… 172
　　案例18：《小雨沙沙》的自我监控与课后反思 ………… 176

第七章　基于自我监控的系统性教学监控 …………………… 181
　第一节　基于自我监控的系统性教学监控 …………………… 183
　　一、系统性教学监控的基本认识 ………………………… 183

二、基于自我监控的系统教学监控 …………………………………… 187
　第二节　自主共生系统教学监控模式 …………………………………… 188
　　一、自主共生系统教学监控的建模 …………………………………… 188
　　二、"自主共生系统教学监控模式"架构 …………………………… 190
　　三、"自主共生系统教学监控模式"操作要则 ……………………… 192
　第三节　基于自我监控的系统教学监控的案例 ………………………… 194
　　案例19：基于自我监控的系统教学监控下的英语阅读教学实践 … 194
　　案例20：基于教师自我监控的听力障碍学生英语听说能力培养
　　　　　　 …………………………………………………………………… 201
　　案例21：基于自我监控的数学教学的系统性监控 ………………… 206

第八章　教师教学监控能力提升的策略 ………………………………… 209
　第一节　教师教学监控能力的提升策略思想 …………………………… 211
　　一、提升教师教学监控能力的策略思想 ……………………………… 211
　　二、教师监控能力提升的四大策略 …………………………………… 212
　第二节　教师监控能力提升的案例 ……………………………………… 224
　　案例22：为人师表在教师教学自我监控中 ………………………… 224
　　案例23：找准学生认知起点，促进数学概念有效建构 …………… 229
　　案例24：预习教学中提升教师教学监控能力 ……………………… 232
　　案例25：教学主张践行中的教学监控能力提升行与思 …………… 236
　　案例26：增强创设语言情境的教学监控能力 ……………………… 239

第九章　"共生与自主"为特征的教研组生态建设 …………………… 243
　第一节　"共生与自主"教研组生态建设的必然性 …………………… 245
　　一、共生：教研组生态对教师教学发展的支持 ……………………… 245
　　二、自主：教学监控需要健康的教研组生态 ………………………… 247
　　三、建设"人人都有领导力的教师生态" …………………………… 249
　第二节　"共生与自主"教研组生态建设的设计 ……………………… 251
　　一、"共生与自主"教研组生态的基本要求 ………………………… 251
　　二、教研组生态建设发展规划的基本格式 …………………………… 252
　　三、"共生与自主"教研组生态建设计划案例 ……………………… 254
　　实例1：语文教研组生态建设三年发展规划 ………………………… 254
　　实例2：数学组生态建设三年发展规划 ……………………………… 260
　　实例3：英语教研组生态建设三年发展规划 ………………………… 265
　　实例4：综合教研组生态建设三年发展规划 ………………………… 271

第三节 "共生与自主"教研组生态建设的实施 …………………… 276
　一、"共生与自主"教研组生态建设的要点 …………………… 276
　二、"共生与自主"教研组生态建设的案例 …………………… 280
　案例27：聚焦课堂生成性问题　提升自我监控能力 ……………… 280
　案例28：问题解决与自主发展 …………………………………… 287
　案例29：聚焦课堂教学对话　提升团队研修能力 ……………… 293
　案例30：强化个体与群体间的"双向构建促进教师教学监控能力
　　　　　提升" …………………………………………………… 304

第四节　教师教学主张的确立与制定 ………………………………… 307
　一、"教学主张"的丰富内涵 ……………………………………… 307
　二、教学主张的教师发展价值 …………………………………… 310
　三、教师教学主张的确立要则 …………………………………… 312
　四、教师教学主张的实例 ………………………………………… 315
　实例1：通河新村第三小学教师"教学主张" …………………… 315
　实例2：通河新村第三小学教师"教学主张" …………………… 317
　实例3：通河新村第三小学教师"教学主张" …………………… 319
　实例4：通河新村第三小学教师"教学主张" …………………… 321
　实例5：通河新村第三小学教师"教学主张" …………………… 324
　实例6：通河新村第三小学教师"教学主张" …………………… 327
　实例7：通河新村第三小学教师"教学主张" …………………… 329

第五节　教学主张践行中的自我监控 ………………………………… 331
　一、自我监控：提升教学主张实现力 …………………………… 331
　二、教学主张的实践要点与经验总结 …………………………… 332
　三、基于自我监控的教学主张践行案例 ………………………… 335
　实践与思考1：搭建"学习支架"，提升学生语用能力 ………… 335
　实践与思考2：情智并重，古诗教学中提升学生的语文素养 ……… 341
　实践与思考3：促进学习真正发生的小学数学动手操作活动的实践
　　　　　　　研究 …………………………………………………… 344
　实践与思考4："以题组式练习"提高数学练习教学的有效性 …… 355
　实践与思考5：巧搭学习支架　培养学生规则意识与关键技能 …… 361

主要参考文献 ……………………………………………………………… 369

后记 ………………………………………………………………………… 371

第一章 教学监控与教师教学监控能力的价值

○ 第一节　教学监控的教学意义

○ 第二节　发展教师教学监控能力的价值

○ 第三节　关注教学监控的学校需要

第一节 教学监控的教学意义

一、教学监控能力：教师能力中最重要的成分

"21世纪教师能力中最重要的成分是教师的教学监控能力"（林崇德,1999）。教学监控能力是构成教师素质的核心要素，也是教师从事教育教学活动的核心要素。教师的教学监控能力对教师的教学起着调节和控制作用，决定着教师教学的成效。教师的教学监控能力是教学能力中最重要的成分，也是教学能力的核心。教学监控能力概念是我国学者林崇德教授提出的，其主要通过理论建构的方法探寻教师素质提升的路径，即如何将"有经验的教师"转化为"专家型教师"。基于此，他提出教师教学监控能力的提升是该转变发生的关键点，并指出教师教学监控能力提高的本质是教师能够更加深刻和清晰的认识教学活动，对教学活动过程的调控与评估变得准确客观，更能因地制宜的探索出适合学生发展的新方法、好策略，被动的教学逐渐被主动教学所取代[①]。"实验证明，教师素质结构中的核心要素是教师的教学监控能力。因而提高教师教学监控能力，是我国当前教育改革、教师教育、师资培训的重要方向。"[②]同时，从教师能力结构上看，教学监控能力具有十分重要的位置，"教师素质在结构上，至少应包括以下成分：职业理想、知识水平、教育观念、教学监控能力以及教学行为与策略"。[③]

我国古代先哲曾子曰"吾日三省吾身"，意为每天要常常检查、察看、反省自己。作为教师更需要经常反思自己的教学。反思是优秀教师成长的基础。考尔德希德认为，反思被广泛地看作教师职业发展的决定性因素。美国学者波斯纳提出一个教师成长的公式："教师成长＝经验＋反思。"林崇德教授认为，优秀教师＝"教学过程＋反思"的成长公式。（林崇德,1999）叶澜教授曾经指出："一个教师写一辈子教案不可能成为名师，如果一个教师写三年教学反思，就有可能成为名师。"心理学的研究也证明认知中的自我心理机制的重要作用。"心理学家在对人类认知进行了大量的研究之后发现，要真正地理解个体的认知活动，就必须首先

---

① 徐帆：中学初任教师教学监控能力研究,西南大学[D],2017.5.
② 李小芳、刘志强：教师教学监控能力研究述评,成都大学学报（教育科学版）,2007年第21卷第10期.
③ 林崇德、申继亮、辛涛：教师素质的构成及其培养途径[J],中国教育学刊,1996,6.

了解在其内部对认知活动控制和调节的心理机制。"还发现,"教师的自我概念对其教学行为和教学效果有明显的因果性影响。这也给我们提供了非常重要的研究证据"[①]。由此可见,教学监控中的反思与元认知对于教师的成长具有很重要的意义。"既有研究表明,教学监控能力是教师素养的核心要素,教师素养的提高,关键在于教学监控能力的提升。"[②]为实现教师的角色蜕变,教师需要以教学监控能力为着力点,进而实现教师素养的整体性提升。教师更应充分抓住课程改革的契机,以提升自身教学监控能力为突破点,实现整体教学素养的有效提升。

英国著名课程理论家斯腾豪斯(Lawrence Stenhouse)指出:"课程发展说到底是教师的发展,没有教师方面的相应变革,就不可能实现课程改革。"教师是课程实施的重要因素,影响着学生的学业质量,影响着课程改革的发展。随着基础教育课程改革的深化,对教师的专业能力提出更高要求。学者申继亮指出,从微观角度来说,改变教师的教育角色,促使他们从"经验型"教师向"专家型"教师转化,从传统意义上的"教书匠"向"全能型"教师转化,应是当前教改的一个重要方向,而教师教学监控能力则是实现这种转变的核心要素。

二、教学监控能力:决定教学成效的重要因素

教师的教学能力直接影响着教学效果,从根本上提升教师教学能力,必须抓住关键点——教学监控力。教师教学监控力其实质是在于教学的自觉意识,对教学活动进行自评估的习惯和能力,对其教学过程进行调控的方法和技能,对教与学信息的敏感性。教师教学监控能力的提高,能显著促进其教学认知水平的提高和教学行为的改善,最终促进学生学习能力的发展与学业的提高。"教师的知识水平并不是教师教学效果的决定性因素。一个教师的知识达到一定的水平后,继续使其增加知识,其教学效果并不一定会提高。在研究中,我们在分析已有研究的基础上确认,教师的教学效能感和教学监控能力是决定其教学效果的重要因素,我们的实验结果也充分证明了这一点。"[③]

林崇德等人的"教师教学监控能力与其教育观念的关系研究"发现:(1)教师的教学监控能力与其内在动机定向和外在动机定向均存在显著的相关关系,与外在内化动机定向不存在显著的相关关系;(2)教师的教学监控能力与其对学校和班级的态度存在显著的正向相关关系,与其对挑战性任务的选择倾向之间存在显著的正相关。与其对容易的任务的选择倾向之间不存在显著的相关关系;(3)教

---

① 林崇德、申继亮、辛涛:教师素质的构成及其培养途径[J].中国教育学刊,1996,6.
② 王友根:教师教学监控能力的相关研究[J].教学与管理,2010,(27).
③ 林崇德、申继亮、辛涛:教师素质的构成及其培养途径,中国教育学刊,1996,6.

师的教学监控能力与其对教学成败的努力归因之间存在显著的正相关关系,与其能力归因、任务难度归因和学生归因之间不存在显著的相关关系;(4)教师的教学监控能力与其能力知觉和努力知觉之间存在显著的正向相关关系;(5)教师教学监控能力与其教学效能感存在显著的相关关系。采用验证性因素分析检验各因素与教师教学监控能力之间的线性关系,结果表明,在教师的教育观念中,教师教学效能感与其教学监控能力之间存在直接的线性关系,其他的观念成分均通过它影响教师的教学监控能力。[①]

我们要从教师泛化教学能力的提高中走向教师教学能力的关键点——教学监控能力着手,提升教师核心素养。教师的教学能力的提升应解决两方面的问题:一是促使教师观念的更新,转变教学思维方式。教师思想能力提高了看待教学问题就会更自觉按照教学规律进行教学。这是教师能力发展的基础问题,也是难点,因为嘴上的观念可以很新,但是行为方式上却是极其保守,与教学新观念脱节。二是以教学监控能力的培养作为教师提高的出发点和落脚点。教学监控能力培养的实质就在于培养教师教学的自觉意识,培养教师的教学自我监控能力,对教学的实施以及自己的教学观念、态度、认知等进行反思与调控,从而不断适应变化着的教学与学生。从这种意义上说,提高教师的教学监控能力是当前教师发展中的关键问题。因为,教师的教学监控是教师职业精神与专业精神的集中体现,没有教学的责任感难以自觉教学,没有专业的教学精神也无法识别自己教学的质量。教师的教学监控不仅在于对教学客体,诸如教学内容、教学方式等的监控,更重要的对自己在教学中的观念与行为方式进行反思,这样把教学质量的把握提前到教学"生产"过程中,而不是教学检查中,也不是教学之后的指手画脚的指责或者推诿。教师教学监控能力充分体现了教师分布式领导力,确认教师在教学管理中的主体地位,从传统的把教学监控划入管理范畴中走向教师领导力与学校教学管理融合,成为教学本身过程、教师发展的本身。

三、教师教学监控能力的缺失与认识的厘清

(一) 认清教学监控的缺失

1. 监控意识功利化

传统的课堂教学监控,常以教学的即时效果为目标,教学监控的视角关注的是课堂的即时效果,是以知识来判断学生的学习状况以及教师的教学水平,其目标导向是能否应付习题和知识点的考试,而考试又以习得的知识为重点,在教学

[①] 林崇德、辛涛、申继亮:教师教学监控能力与其教育观念的关系研究,第八届全国心理学学术会议文摘选集,1997。

监控目标中往往只从教学的目标入手,过分关注的单一知识传授,忽视了学生自身的情感、价值观等因素的培养,这种过分强调课堂教学功利化的倾向,会让学生感觉课堂学习单调,很难让学生享受到学习的快乐。这种功利的教学监控把本该是点燃学生灵感、激发创新、集聚智慧的课堂,难免僵化成为枯燥和乏味场所。

2. 监控指向单一化

长期以来,以班级为单位的课堂教学模式,受传统思想的影响,教师成为课堂的主导与主体,是知识的输出方,面前的学生只是被动接受知识的容器。因此,课堂教学监控实质上只有教师对学生的监控,教师教什么,学生就学什么,把大量的监控评价、观察手段用在了学生掌握的知识程度上。课堂教学监控的简单化突出表现在没有给学生思考的时间与空间,只是被动地学习那些所谓正确的、标准的答案。这种简单化的监控方式,扼杀了学生的自主性和创造性。在这种武断单一的监控行为中,由于师生缺乏互动与交流,学生多以教师为中心、以知识接受为主的任务驱动和分数为标杆的作用下,学习缺乏主动性,自然课堂教学也就失去了应有的生机与活力。

3. 监控能力不平衡

在教师占据主导地位的当前课堂教学中,教师的个人教学自觉和自省力,对课堂教学的走向和教学质量保证,起着重要的作用。但是以书本为中心,对于在封闭的课堂里,在以书本为中心的教学环境中,对应的课堂教学监控也是封闭的,教师的监控的意识较弱,教学管理直指教师对学生学的状况的监控,教师只在意学生对知识学得怎样,很少或者从不反思教得如何,加之没有学生对教师教学行为的反馈,传统的课堂监控样式单向而刻板,方式简单而僵化,自然不能灵活调控课堂教学。教师长此以往也安于现状,不注重教学能力的自我提升,疏于反思,更不去创新教法,教学监控能力没有得到应有的重视与训练,教学监控失去了它的教学意义。

(二) 对教学监控的认识厘清

教学监控被忽视的主要原因,是关于什么是教学监控尚未很好地在实际教学与管理中得到厘清。

1. 教学与教学监控的区别与联系

教学,《中国大百科全书·教育》的表述:"教师的教和学生的学的共同活动。学生在教师有目的、有计划的指导下,积极、主动地掌握系统的文化科学基础知识和技能,发展能力,增强体质,并形成一定的思想品德。"教学是由教师的教和学生的学所组成的一种知识学习、人才培养的活动形态。通过这种活动,学生在教师有目的、有计划指导下,积极主动地、系统掌握文化科学知识和技能,不断提升自身综合素质。中国古代文献的记载,"教"有"教授、教诲、教化、告诫、令使等含义"。教学活动作为一种特殊的认识活动,是由一条条相互联系、前后互相配合的教学环节构成,是一个连贯的教学系统。在学校教学系统中,教师占据着教学的主导地位。实际的课堂活动中,教学活动的准确性、有效性往往受到教师示范性、创造性等主体活动的影响很大。教学有着其特定要素结构。教学要素包括教师学生、教学目标、教学内容、教学方式、教学过程、教学资源等。教学要素构成的结构包括教学组织形式、教学活动形式等,教学借助不同的形式实现。教学类型也是多元的,有课堂教学、远程教学等。教学的目的是培养人,培养人才。教师教学监控能力是指教师为了保证教学的成功、达到预期的教学目标,而在教学的全过程中,将教学活动本身作为意识的对象,不断地对其进行积极、主动的计划、检查、评价、反馈、控制和调节的能力,它是教师的反省思维或思维的批判性在其教育教学活动中的具体体现。教学监控指向教学,对教学活动进行质量监控与教育伦理监控。通过建立教学质量监控手段,按照一定的程序,对教师进行的教学实施情况和效果进行检查、评价、反馈和调节等。教学监控的对象是教学,教学监控的目的是改进与提高教学质量。因此,两者有着明显的不同。两者联系在与教学监控与教学关系密切,教学是教学监控的基础,教学监控是为了教学而存在,教学监控是为了提高教学而存在,在最终目的上——培养学生上是一致的。教学监控作为狭义的教学监控,例如,群体互动下教师教学自我监控是作为教学范畴的。当作为外部监控为主要特征的教学监控,例如,行政部门的教学检查,可以划入教学管理范畴。

2. 教学监控与教学评价的区别

评价(evaluation)是"对人或事物的价值做出判断。依照一定的价值标准,通过系统地收集资料,对评价兑现的质量、水平、效益及其社会意义教学价值判断的过程"。[①] 教学评价是以教学目标为依据,按照科学的标准,运用一切有效的技术手段,对教学过程及结果进行测量,并给予价值判断的过程。教学评价是对教学工作质量所作的测量、分析和评定。它包括对学生学业成绩的评价,对教师教学质量的评价。教学评价一般包括对教学过程中教师、学生、教学内容、教学方法手段、教学环境、教学管理诸因素的评价,但主要是对学生学习效果的评价和教师教学工作过程的评价。教学评价的两个核心环节:对教师教学工作,包括教学设计、组织、实施等的评价、对学生学习效果的评价。

教学监控除了对教学做出评价以外,最主要的是对教学进行调控,即不是停留在对评价所指向的教学的认知上,而是行动上,进行调整与改进为目的。两者的目的不同。同时,教学监控有很强的即时性,即不是以评价为主要目的,而是在教学过程中实现调整为目的。当进行的教学评价起着调整功能时,也就是教学监控了。当名义上教学监控失去调整功能时,就变成了教学评价,起着鉴别功能。功能上的调整功能、鉴别功能是这两者的重要区别。也正因为评价是监控的前提

---

① 陶四平:教育评价辞典,北京师范大学出版社,1998.8.

与基础,因此,两者有着联系,也成为两者混淆的缘由,导致以教学评价代替教学监控,教师自我监控得不到应有的重视。

教学监控不等同于外部监控,我们的基于群体互动的教学自我监控更突出教师的教学自我监控与教学自我监控能力。外部监控可以作为教学管理,这是常见的。我们课题把教学监控放在教学范畴与教师教学能力范畴来处理,因此,把教师个体之外的学校教师同伴,以教师个体或者群体的互动作为一种对应自我监控的一种监控形式。这也不同于校外的特定行政部门或者社会的外部监控,属于教学管理范畴。因为后者的外部监控集中在评价功能上,本质上是评价的鉴别,缺少实质意义上的调整、反馈与反思的监控本质活动与价值。因此,我们课题主要研究"基于群体互动的教师自我监控",重在突出群体互动的教学监控是与教学伴生的另一种教学形态,以便区分于飞行教学调研、教学抽查等形式的外部监控。这样的教师群体互动的教学监控教师更愿意认同、接受与参与。这种群体互动的教学监控与另一种概念上的外部监控,区别在于基于教学监控的教学调整这两者是同步的,即时性的,是教学"生产"质量与教学"生产"检验过程同步,而不是评价之后的反馈,问题的改进是以后之事。

教学监控要建立一套融科学性、人文性、全程性、全员性于一体的自我监控的质量管理体制,使得教学质量得到持续有效的提高。监控系统的构成要素构建包括建立的监控主体、确定明确的监控客体、制定科学的质量监控标准、运用多样的质量监控方法。质量监控体系主要包括内部监控体系和外部监控体系。外部监控体系主要包括国家监控模式、社会监控模式。内部监控系统主要包括学校监控模式、自我监控模式。四种模式各有优缺点,国家监控模式注重强制性,以有关法律法规为标准为主。社会监控虽然主体广泛,但相对应的也难以进行组织。学校监控最直接,教学与教学监控往往同步,即使性、反馈性强,直接面向教师。自我监控是教师职业自律的一种表现,是教师素养的体现,对于教学质量起着重要作用,任何其他的教学监控形式,最终都以教师教学自我监控发挥作用。但是教师教学自我监控需要加以切实的运作。

第二节 发展教师教学监控能力的价值

一、教师教学监控能力调查及启示

教学活动中的教师教学监控能力是教学监控形成的基础,掌握目前教师的现有自我监控能力和课堂现状,是学校开展系统教学监控的前提。学校在前期普遍听课和教师对开展教师教学监控能力实践研究意愿了解的基础上,根据研究的需求,拟订了相关的问题,以问卷的形式,开展调研,最终形成《通河新村第三小学教师监控能力与学校监控环境的调查报告》。

通河新村第三小学教师监控能力与学校监控环境的调查报告

本报告为城乡学校携手共进计划实施项目课题"基于教研组群体互动提升教师教学监控能力"的调查研究之一——"教师监控能力与学校环境的调查报告"。现将调查结果报告如下:

一、问题的提出

教师教学监控能力,即在课堂教学过程中,教师为了完成预期的教学目标,达到良好的教学效果,针对自身的课堂教学行为,不断地进行积极主动、科学有效的统筹计划、检查反思、控制调控的能力。在具备了一定的知识和技能的基础上,教师课堂教学行为监控能力是决定教师课堂教学质量和效果的关键因素和重要保证。

"21世纪教师能力中最重要的成分是教师的教学监控能力。"教学监控能力是构成教师素质的核心要素。教师的教学监控能力对教师的教学行为起着调节和控制的作用,决定着教师教学的成效。是教师从"经验型教师"向"专家型教师"转变的关键,提高教师教学监控能力,对教师质量的提升发挥着举足轻重的作用。同时,教育是培养人的活动,课堂教学是学校教育的主要形式,教师的教学监控能力直接作用于课堂教学活动,制约着课堂教学的效率,影响着学生的成长与发展。因此,提升教师的课堂教学监控能力能有效促进课堂教学变革,提升课堂教学效率,实现师生有效发展。

教学监控能力是促进教师的专业自主发展,形成新型教师队伍建设的关键所在。本项调查研究主要目的是要把握我校教师的教学监控能力的特征和现状,为系统研究学校教师自我监控与教研组教研环境奠定事实和理论基础。

二、调查研究方法

调查问卷是根据我们对教学监控能力的理论假设设计的,包含了教师监控能力和学校监控环境两个方面。我们认为教师监控能力的内涵分为三个维度:教师个体监控要素、教师监控指向和监控的实施,其中,包含了监控意识、监控观念、监控行为、监控伦理及课前、课中、课后监控。学校监控环境从监控组织氛围、监控制度建设两个方面研究,其中,包含了群体监控、其他外部监控、监控组织氛围、监控制度建设和监控认识。也就是教师监控能力从三维度七个因子来考察分析,学校的监控环境从两个维度五个因子来进行分析。

本项调查问卷依据上述理论假设,分两个方面,第一方面分三个维度七个因子来设计;第二方面分两个维度五个因子设计,共由12道问题组成。问卷设计框架见下表:

方面	维度	因子	题数	维度题数	百分数	题号
教师个体教学监控能力	教师个体监控要素	监控意识	1	2	16.7%	1~2
		监控观念	1			
	教师监控指向	监控行为	1	2	16.7%	3~4
		监控伦理	1			
	监控的实施	课前监控	1	3	25%	5~7
		课中监控	1			
		课后监控	1			
学校监控环境	监控组织氛围	教师群体监控	1	3	25%	8~10
		其他外部监控	1			
		外部监控价值判断	1			
	监控制度建设	监控制度建设	1	2	16.7%	11~12
		学校监控认识	1			

本项调查在通河新村第三小学进行,调查抽样采取随机抽取。样本按教师教龄分为0~5年、6~10年、11~24年、25~35年四组。本次调查共发出调查问卷43份,回收43份,回收率100%。样本具体分布如下:

教师监控能力调查样本分布表 (单位:人)

年龄段	0~5年	6—10年	11—24年	25—35年	小计	发出问卷
人数	6	3	9	25	43	43

三、结果分析

(一) 关于教师个体监控要素

教师监控要素是教师监控能力的重要组成部分。本课题通过教师个体监控意识、监控观念来检测教师个体监控要素的结构水平。

1. 关于教师监控意识的分析

教师监控意识是教师对教学监控认知能力的一种反映。

第1题：教师要上好课_____。[单选题]

选项	小计	比例
要提高自己的专业水平	26	60.47%
要善于向有经验教师学习	7	16.28%
要多上课，在教学中不断提高	5	11.63%
要想想自己的不足	5	11.63%
本题有效填写人次	43	

本题选项1为60.47%，选项2为16.28%，选项3为11.63%，这些选项都没有涉及对自己课堂教学的反思与监控。这三个选项人数占比为88.37%。仅有11.67%的老师认为上好课还要想想自己的不足，有监控意识。本题数据表明绝大多数教师自我监控意识薄弱，停留在只关注专业水平，而教学监控意识相当薄弱。

2. 关于教师监控观念方面

第2题：天天上课，上课下课天天如此。我平时经常这样想_____。[单选题]

选项	小计	比例
教师要上好课就是要寻找自己的不足	12	27.91%
自己的课上得怎样还是要听大家评	0	0%
对自己的课先梳理，然后想一想，再调整，我觉得烦了一点，但是习惯了	3	6.98%
教师要对自己的课经常反思	28	65.12%
本题有效填写人次	43	

本道题选项1只找自己的不足，又过于片面；选项2反映了教师以外部评价

为导向,也反映了教学监控观念的偏颇。选项3体现了教师不仅有监控的意识,也有监控的行为,是最具体、全面的,但占比仅有6.98%。而有65.12%的教师选择选项4,这个选项是用教师们熟悉的"反思"这个概念凸显,却检测教师对于监控观念的把握,监控不仅是反思,更注重教学改进的价值。上述数据表明绝大多数教师的监控观念不够全面,理解深度不足。

(二)关于教师个体监控指向

教师个体监控指向性可以很好地反映教师个体监控能力水平。通常教师已经习惯对教学外部因素进行反思,对监控行为本身缺乏监控意识。对监控伦理的监控是高水平监控的反映。通过上述两个方面可以检测教师教学监控指向的水平。

1. 关于教师监控行为

第3题:上课如战场,教师不仅要关注教学目标、教学内容、教学方法等,还要_____。〔单选题〕

选项	小计	比例
特别注意自己的教学过程的流畅	3	6.98%
特别注意与学生和蔼的态度	1	2.33%
特别注意自己是否注意到学生学习过程中的一些表现	37	86.05%
特别注意学生课堂作业能否认真	2	4.65%
本题有效填写人次	43	

教师教学监控的客体除对教学目标、教学内容、教学方法、教学评价与教学过程的监控,更高的监控能力是指向对监控行为的监控,也就是元监控。因此,本道题通过教师对教学过程中的监控行为,来检测教师的教学监控行为水平。

数据显示,有86.05%的教师选择选项3,表示教师大多都能关注自己是否注意学生的学习过程,而不是仅仅停留在第一层面,即关注自己的教学过程或者学生的课堂作业。这与学校重视引导教师关注学生学习有关,从而表现出教师关注自己是否注意到学生的学习过程,即对教学监控的意识。

2. 关于教学监控的伦理

第4题:听课评课时,_____。〔单选题〕

选　　项	小计	比　　例
想听听其他老师的意见，少说为好	11	25.58%
教学没有一把尺子可以绝对衡量，无法公正	15	34.88%
听课评课时，多肯定为好	11	25.58%
听课评课时，我虽然不赞成有的同事所说的话，但还得让他发言。其实心里是有想法的	6	13.95%
本题有效填写人次	43	

　　本题主要检测教师在教学监控中是否遵循真善美这一道德标准。本道题的第4选项，主要检测教学监控的氛围是否融洽、民主，能否允许不同观点，但是这个选项仅占13.95%。选项1与选项3反映了明哲保身、功利色彩却占了51.16%。选择选项2的人数占34.88%，表明了1/3的人对教学监控的公正存在疑虑，也反映了这部分教师对教学监控伦理有偏见。数据表明本校教师健康的教学监控伦理相当缺失。

　　（三）关于教师监控的实施

　　教师监控的实施可以通过教师对课前监控、课中监控与课后监控，反映教师实施教学监控的状态，也是教师个体教学监控能力的集中反映。

　　1. 关于课前教学监控

　　第5题：教师备课是日常工作。在备课上，_____。[单选题]

选　　项	小计	比　　例
我是重视的，先研读教材	31	72.09%
我是重视的，先看课程标准	5	11.63%
备好课，我还要修改	4	9.3%
备好课，主要看能不能上好课	3	6.98%
本题有效填写人次	43	

　　本道题反映了教师课前监控能力水平，选项3体现了教师在备课过程中所呈现出来的课前监控，但仅有9.3%的教师选择此项，而选项1、选项2与选项4共占

比为 90.7%。这表明教师重视教学（备课）但是缺乏对备课的监控。特别是有 72.09% 的教师选择选项 1，说明教师对备课还十分传统，以教材为中心。

2. 关于课中教学监控

第 6 题：教师课堂教学是艺术，_____。[单选题]

选项	小计	比例
主要看教师临场发挥	3	6.98%
课堂教学质量基本上取决于备课是否认真	6	13.95%
课堂教学要关注教师自己的情绪	0	0%
课堂教学取决于教师把控教材的专业能力	34	79.07%
本题有效填写人次	43	

本道题的设计前半句是虚设一个情境，而后半句才是真正检测教师是否关注课堂中的监控。选项 1、选项 2 与选项 4 都是指向教学本身。选项 3 是指向教师对自己的课堂行为与情绪的关注，属于课中监控行为。但我校教师没有人选择此项，反映了教师缺乏对自己情绪的自我监控，而且程度严重。

3. 关于课后教学监控

第 7 题：上了一节很顺利的课后，我会_____。[单选题]

选项	小计	比例
非常高兴，体验了一把教师职业的幸福	20	46.51%
非常高兴，心想今后要继续努力上好课	19	44.19%
感到很累，又想起了什么，翻看了一下备课	3	6.98%
感到有点累，想放松一下，和其他老师谈些班级工作	1	2.33%
本题有效填写人次	43	

本道题反映了教师课后监控的状况，选项 3 体现了教师课后是否有监控的意识与行为，仅有 6.98% 的教师选择此项，说明绝大多数教师在上完课之后放松下来，或者做些其他事情，就是缺乏课后监控意识与行为。

（四）关于监控组织氛围

监控组织氛围是学校教学监控环境重要部分，可以反映外部教学监控的状况。

第8题：教师的风气很重要，我认为_____。

选　项	小计	比　例
教研组主要的任务是教研，开展主题式教研、教学科研	33	76.74%
搞外部教学监控会影响教研组合作，利弊均等	4	9.3%
有的教师常在一起，争论一些教学中的小事情，我想吵归吵，挺有意思的	4	9.3%
教师的教学具有很强的个体性，因此，教研组不宜干涉	2	4.65%
本题有效填写人次	43	

此题主要考查教师群体监控的合理性与日常性。选项1指向教研形式，与教研的风气关联不大，却占比76.74%。选项2与选项4明显对外部监控有偏见，但是也占比13.95%。这三个选项相加共占91.7%。选项3的情况反映了教师经常一起对教学中问题思考，即使有争论也认为很有价值，显示了外部监控环境宽松、和谐，但仅有9.3%的教师认可这个选项。本项检测数据提示学校教师的群体监控氛围需要改善。

第9题：学校每年搞家长开放日，我认为_____。

选　项	小计	比　例
家长不懂教育专业，他们听课意见不听不行	1	2.33%
有的家长尽管有一定学历，但是不懂教育专业，讲话东扯西拉	6	13.95%
家长开放日，有时蛮热闹，但没有实质性东西	15	34.88%
教师无论如何在形式上要把开放日搞好	21	48.84%
本题有效填写人次	43	

本题主要检测教师对家长进行监控的态度来检测教师对其他外部监控的态度。选项1与选项2,否定了家长的外部监控,选项4实质上是高形式,虚以对待家长的外部监控。这三个选项共占比65.12%,将近2/3对待外部的教学监控的态度上存在问题。选项2设置的情境的核心是家长的听课后的意见应该听一听,不听不行就是认可家长的意见的重要性,可是这个选项只有2.33%的教师认可了这种方式。数据表明,几乎全部教师不重视外部教学监控的这种方式。

第10题:有的教师认为_____,我认为是这样的想法是对的。

选　　项	小计	比　　例
教学监控应该检查教师教学是否教学认真	12	27.91%
教学监控应该指向教学内容是否正确	3	6.98%
教学监控应该监督教师改进教学	21	48.84%
教学监控的教学专业活动多于行政行为	7	16.28%
本题有效填写人次	43	

此题的选项3考查的是,教学监控的目的是监督教师改进教学,强调改进教学的价值,即不是针对教师,而是为了促进学校教学的发展。这个选项有48.84%教师做出了选择,有16.28%的教师选择选项4,对外部教学监控的专业性的认同,这反映他们对外部监控有专业的要求。这两项相加共有65.12%教师,将近一半教师对外部监控的价值还是比较清晰的。选项1和选项2占比共计为34.88%,他们对外部监控还停留在传统意义上的认真,指向教学态度或者教学内容的正确,对外部监控的理解偏颇。

(五) 关于监控制度建设

第11题:学校应该怎样对待教学监控,_____。

选　　项	小计	比　　例
重视硬性制度对教学监控的作用	9	20.93%
有的学校重视外部监控作用,起到了提高教学质量的作用	7	16.28%
有的学校重视教师群体互动中的教学监控	12	27.91%

续 表

选 项	小计	比 例
监控制度要越具体越好,这样才能对教师评价公平	15	34.88%
本题有效填写人次	43	

　　这道题主要检测教师对学校教学监控制度的看法。上述数据表明,有34.88%的教师选项4,反映的是制度越具体越捆绑群体互动,忽视教学监控制度的民主性与科学性,其实质也是片面强调硬性制度。选项1占比20.93%,选项2占比16.28%,即这些37.21%的教师认为教学监控行为需要通过学校硬性制度来监督和控制。学校中只有27.91%教师认为群体互动能促进教学监控,即自我监控与群体监控(外部监控)相结合的监控机制。

　　第12题:有的教师认为_____,我认为是对的。

选 项	小计	比 例
教学监控主要是对教学活动进行监督、控制	18	41.86%
教学监控主要目的是提高各学科教学成绩,提高质量	14	32.56%
教师教学监控主要是监控教师的自觉性,监控自觉性越强,监控得越好	9	20.93%
教学监控不是针对教师教学的不努力	2	4.65%
本题有效填写人次	43	

　　本题主要检测监控的价值取向,这对监控设计,特别是监控制度设计会产生重大影响。选项1、偏重于对教学客体监控,选项2偏重于学科成绩,选项4把监控作为对人不对事的手段,在监控价值取向上存在不足。总计有79.07%的教师选择了以上三个选项,这提示超过七成的教师在监控价值取向上存在着偏差。特别是选项1占比41.86%,显示有较多教师认为教学监控只是"监控与控制",监控价值取向较为陈旧。选项3可以检测教师自觉的监控价值取向,认为通过教学监控促进教师对教学监控的自觉性,从而达到改善教学,促进学生发展,即"监控得越好"。认可这个选项的教师只有20.93%,表明本校教师的监控的价值取向较为

陈旧。

四、讨论

（一）本调查以实证的数据为把握学校教师监控能力现状提供了科学的依据。以"三维度七个因子"的情境问题所提供的数据，揭示了我校教师教学监控能力的现状：

1. 教师个体监控要素。根据问卷1~2题，我们发现仅有11.67%的老师认为上好课还要想想自己的不足；仅有6.98%的教师不但有监控的意识，而且还有监控的行为。由此可见我校大多数教师比较关注自身的专业水平，而教学的监控意识不强，缺乏改进的实际行为。

2. 教师监控指向。问卷中第3题有86.05%的教师都能关注学生学习过程，教师对教学中监控指向能注意到自我监控。而第4题中，仅有13.95%的教师认可外部监控对自己专业成长是有帮助的，在群体的活动中能本着真心诚意、公正的态度参加，发表自己的真实观点，促进群体成员的共同进步。从教师的监控指向中可见，我校教师有对自我监控的关注度，但自我监控能力是缺乏的；教师对于外部监控意识认可度不高，忽视外部监控对于教师专业成长的促进作用。

3. 监控的实施。问卷中5~7题分别反映了我校教师对于课前、课中、课后监控的意识和行为。仅9.3%的教师具有课前备课的意识，多数教师缺乏备课设计中的反思；对于课中监控数据表明多数教师只关注了教材或者备课，缺乏教学过程的调控意识和行为，对教学中的监控都过于片面；对于课后反思，只有6.93%教师关注课后的反思与改进，多数教师反映出对于课后的教学反思表面化、形式化，缺乏实际的改进行为。

教师个体教学监控能力的三个维度的数据显示，学校教师对于教学的监控的意识和观念的是薄弱的，多数教师没有理解教学监控对于促进自身教学能力以及提高教学质量的作用。且在目前的教师教学行为中，对于课前、课中、课后的教学监控关注度是不高的，多数教师缺乏课前的备课反思、课中的自我调控意识和行为以及课后的反思与改进。

（二）本调查以实证的数据，为把握我校现有监控环境提供了科学分析的依据。分为"二个维度五个因子"，以典型问题所提供的事实，揭示了我校监控环境主要倾向于外部监控，监控的氛围不强，监控的制度建设不全面。

1. 监控组织氛围。本问卷的第8、9题分析显示我校平时的群体监控方式主要以教研组活动为主，但是教师的参与意识是任务式的，并且教师并不注重其他外部一些监控，例如家长的反馈等。而第10题中反映出仍有34.88%的教师对于外部监控的目的不理解，认为监控就是传统意义上的认真，指向的是教学内容的准确性,还有16.28%的教师认为教学监控只是完成任务。由此可见,教师对于外部监控意义的理解不足,也不重视。

2. 监控建设制度。37.21%的教师认为,学校教学监控行为只需要通过学校制度来监督和控制;34.88%的教师认为,学校监控制度越具体越好;只有27.91%的教师认为,群体互动能促进教学监控。可见我校对于教学监控的制度是不全面、不完善的;第12题中仅有20.93%的教师认为,监控的自觉性越强监控得越好,反映出我校部分教师缺乏自我的教学监控理念的理解和内生性的监控意识。

从学校的监控环境上来看,教学监控氛围不强,多数教师对于教研活动、家长开放日等外部的教学监控缺乏重视和主动性。学校也缺乏全面完善的监控管理制度,对于提升教师的教学监控能力缺乏行之有效的方法。学校课堂教学存在着一些对教师教学的强制性控制,造成教师教学内生性积极性低落现象,需要通过激发教师的自主意识与自我实现愿望。

(三) 本校教师平均年龄偏大,年轻教师较少。问卷第1题中从监控角度来思考教学监控的人一共有5人,其中,0~5年教龄有1人,占全校教工的2.3%;25~35年教龄有4人,占全校教工的9.3%。数据分析可见,青年教师以及一些对待教学认真的老教师有一定的自我监控的意识,而占学校教工总是多数的中年教师容易产生职业的倦怠,而导致教学工作习以为常,缺乏自我监控的内驱力。问卷第2题中,对于监控的观念方面认为教学监控有意识和行为的有3人,其中均为25~35年教龄的教师,只占全校教师人数的6.98%,可见老教师秉承了认真备课、上课、反思的良好工作习惯,而中青年教师的教学监控意识比较薄弱。由此可见,我校是需要通过内部和外部监控,进行教师教学监控能力的培养和提升。

(四) 教学监控意识与观念是决定教师教学行为监控能力的直接因素,有意识才能有行动,激发和强化教师教学监控意识,才能促进教师自觉提高课堂教学监控能力。学校的教学监控环境对教师的监控状况以及监控能力的提升有着重要的影响。

为此,针对我校教师目前的教学监控能力的现状,我们建议:

1. 要加强教师对于教学监控意识,激发教师对于提高自身监控能力的内生性需求。教师要明确课前反复备课调整、课堂中教学行为的及时调控与改进,以及课后反思的实质性。

2. 学校应制定有效的教学监控制度,从教师的自身出发,提高教师教学监控意识与能力,并且从学校教师生态环境出发,营造教师教学监控的良好的监控环境,民主平等的、合理科学的,促进教师自我实现的教学监控环境。

通过学校教师监控能力与学校监控环境的调查调研,我们清楚意识到,教学监控意识与观念是决定教师教学行为监控能力的直接因素,有意识才能有行动,激发和强化教师教学监控意识,才能促进教师自觉提高课堂教学监控能力。学校的教学监控环境对教师的监控状况以及监控能力的提升有着重要的影响。

(王莉、曹慧华、包唯依)

二、教师教学监控能力提升必然

当今的教育实践使人们对教育的本质有了更全面的认识,普遍认为,科学性和人文性是教育的两个主要组成部分,如果能在这两个方面实现相统一,我们的教育将会更加完善。教学监控体现了人文性与科学性的融合。

教学监控的科学性是指在教育理念的指导下,遵循教育规律,在教学理论的支撑下,符合客观实际,反映出教学本质和内在规律的知识、技能与科学思维,涉及教学方法、教学组织模式、教育技术等,教学监控科学性是培养学生知识、分析问题、解决问题的基础。教学监控的人文性是指以人为本,关注个人发展和实现个人梦想这是一种更加精神和理性的教育,一方面,不仅关注学生在学习知识和技能,发掘自身潜能,拓展视野,促进认知能力全面发展,同时,引导学生坚持积极的价值观,帮助、促进学生其人格和价值观的发展;另一方面,从教师的实际出发,充分关注其实现教育理想和个人发展的需要,尊重教师在教学中的主体地位,理解其在课堂教学中的创造性劳动,尊重个体的独特体验。

在教学监控过程中,要坚持"以人为本"的理念,秉持科学的精神,尊重师生的成长发展需要,从人心理、社会需求出发,从人的德、识、才、学、体等个性差异出发,重视情感的熏陶感染,真正地尊重人、激励人。调动全体教师的主体性,遵循教育的普遍规律,尊重每个人在实践中的创新能力、科学精神以及个体的独特体验,坚持理论联系实际,有计划、按步骤开展科学严谨的教学实践,不断调整策略,修正研究实施路径和方法,坚持教学监控的科学与人文性的融合,实现教学监控在实际课堂上教学效益的最大化,促进师生的共同发展。

学校实施教学监控不仅要把握其科学性,遵循教学与教学监控的规律,是教学监控合理化。同时也要秉持以人为本的人文精神,发扬教学的教育伦理,将人文性融入到教学监控中,重视教师的主体地位和作用,引导激发教师主动参与教学监控的动机与需求,培养独立思考能力,促使教师最大程度地把教学监控知识与教学能力运用到实践中,让通过教学监控的教学实践结果又反作用于教学监控能力的发展,从而形成一个良性循环,提高教学监控在教学中的效益。

教学监控的人文性与科学性的融合体现在教学监控的观念与方式上。以人为本的现代教学监控认为教学监控并不是纯"客观"的、"外在于人"的东西,它不过是人们在与对象交互作用中形成的一种"心理建构物"。教学监控是参与监控的所有的人,特别是教师与其监控客体双方交互作用,形成共同的心理建构的过程。教学监控的根本任务就是通过收集各种资料,梳理出不同监控主体、不同环境中教学监控意义的建构,并运用协商对话方式,引导教学主体与监控主体达成共识。协商对话式共同建构的途径,要使所有参与监控的利益相关者达成共识,就需要在监控中充分听取不同方面的意见,把监控看作是一个由多元监控者不断协调各种价值标准间的分歧、缩短不同意见间的距离,最后形成公认的、一致的看法的过程。"协商"与"对话"是这一过程的特征性形式,协商的过程也是一个不断发现新的问题,不断交流、对话,形成新的共识的过程。"协商"意味着所有参与监控的人都是平等、合作的伙伴,这样才能开诚布公地畅所欲言,并使参与评价的每个人的思想、观点都得到维护和尊重。而要形成这样一个全员参与、和谐的协商氛围,就需要将"协商"建立在"建构性探究方法"的基础之上,形成"创设条件""探讨过程"和"探究结果"这一"建构性探究"的框架。

在教学质量监控体系中,教师是学校的日常教学质量监控制度的实施者。教师作为教学主体,在课堂教学活动中教师教学调控手段,教学评价等运用,都是学校学校教学监控的有机组成部分,从教学监控的即时效果来看,它对教学的作用、效果的反应更加直接,也更加有效。因此,重视和提升教师教学监控能力,在建构学校高效的质量监控体系,确保教学质量的全面提高有着十分重要的意义。

在教学活动中,教师会涉及各种教学能力的运用,在教师众多的必备的基本教学技能中,著名心理学家和教育学家林崇德教授认为:21世纪教师能力中最重要的成分是教师的教育监控能力,因为这是创新教育的时代要求。实践表明,教师教学的自我监控能力的掌握和运用,对课堂教学的顺利实施,对教学任务的有质量的完成,起着至关重要的作用。

"师者,所以传道,授业,解惑也。"新时代社会发展速度越来越快,各种新知识与内容也纷纷涌现,今天的基础教育,不仅向学生传授书本知识,还要培养学生的创新精神和实践能力,要求教师不仅掌握扎实的教学知识,掌握过硬的专业技能,尤其要具备对教学的反省评价的意识和教学监控的能力,这也是教师专业化发展的必然要求。教师在教育过程需要结合教学条件、状况完成自我调整,以实现不同情境下的教学过程的有效控制,从而使教师获得较好的教学效果。教师教学质量监控自我监控能力表现在:能独立制订创造性的教学计划;能及时敏感到教学过程中学生反应;能有意识的自觉地对自己的教学活动进行调节和修正,能课后进行自我反省等四个方面。

第三节 关注教学监控的学校需要

一、突破学校师资发展瓶颈的有价值选择

教师作为专业人员,为了顺应现代对教育的发展需要,适应新课堂教学的改革,在专业思想、专业知识、专业能力等方面需要不断发展和完善,即教育观念的更新,教育方法的改变,新教学技能的学习方面的过程。在教师专业发展过程中,教学能力是核心,教师专业能力的发展直接影响着学校教学的整体质量,同样也影响教师职业生涯的发展。当下,在教师教学能力中教学的监控能力,往往是弱项和短板,在教师意识里,教学的监控是学校管理层的工作范畴,自己的教学工作只是被评价、检查的对象,通常情况下教师接受教学主管部门的业务指导,参加学科教研组集体培训,之后就是常规听课评课,日常的备课检查,阶段性的质量测(考)试等。长此以往,学校大部分教师只重视被检查、被测评,不重视自我教学监控能力培养,而缺少对教学过程的自我监控、检测,从而造成教师教学能力的不全面,专业发展不均衡,学校师资整体的专业发展遇到了挑战,影响到了学校的可持续发展。

在教师专业化发展的过程中,具备教学监控能力显然是对教师提出的必然要求。因为无论从教学活动开展还是教师专业素质能力上来讲,都需要教师具备这一能力。培养和发展教师教学监控能力,核心是要求教师能自觉意识到问题的存在,并能能够掌握必要的改进的技能与方法,从而主动地自觉改进自己的教学行为。要转变教学管理中的教师被监控为自我监控,突破学校师资发展瓶颈,加强和提升教师专业自觉意识是关键,以理论为依据,以教学能力的提升为重点,首先要求教师成为学习者、研究者和合作者,需要教师加强新教育理念的认识,理解教学的本质,学习教学监控的科学教学理论,参与教学监控能力的研究,在研究中学习,了解自己教学监控能力的差距;通过专题培训和文献研究,了解教师通过提高教学监控能力得以提高教学能力的事实,感受到教学监控能力的重要性;经过开展课堂研讨实践课,充分暴露教学监控过程,使教师清楚教学监控的运行过程,从而学习和掌握教学监控的技能和方法。教学实践是发展教学监控能力的重要途径,充分发挥教师专业发展的自主性,借助自我实践,使得教师在专业能力领域得到有效强化。

解决学校发展重大困难的合理性。我们的基础教育必须以提高国民素质为根本宗旨,以培养学生的创新精神和实践能力为重点,努力造就有理想,有道德,

有文化,有纪律的德、智、体、美、劳等全面发展的人才。这是我们学校、教师的核心价值追求,也是学校发展的目标。在学校教育中,教学质量是学校的生命,一所学校的整体课堂质量与课堂面貌彰显着学校的整体教学水平,一支具有较高的专业化的教师队伍,是保证教学质量的先决条件,同时,建立完备教育质量的监控体系,是必要的保障基础,这都是学校在自身发展中的重大关切问题,是搞好教育的长久之计。学校在关注师资队伍建设,增强专业教师队伍的专业力量的过程中,要不断转变管理观念,创新教学模式,向管理要质量,坚持以人为本的观念,在抓好精细化管理的同时探索出一种符合校情的教学监控方式,促进教学工作。

课堂是学校教育学生的主阵地,传统的学校教学模式单一,教师缺乏创新能力,许多课堂过于呆板与贫瘠,不能形成有效的学习,致使课堂教学在低层次的目标层面打转,出现没有真正学习发生的课堂困境,究其原因,还是教师缺乏对教学的组织实施有效管理、调度。而能否确保教学活动的有效性,在很大程度上取决教师是否具有教学监控能力。从心理学的角度来看,教学活动为教材因素、教师因素、教学环境因素等各种教学因素共同作用下产生的一种活动,活动效果取决各因素能否得到有效协调。拥有教学监控能力,意味着教师可以实现对各因素的科学调节和控制,因此能够确保活动的有效性。从实践教学开展的角度来看,教学活动能否有效开展,与活动是否盲目有关。拥有教学监控能力,教师可以降低教学活动的盲目性,并实现对教学失误有效控制,所以能够影响教学活动效果。从开展专业的教学活动角度来看,教师必然需要具备教学监控能力。

在专业化发展过程中,教师专业素质能力需要得到不断提升。相较于其他要素,教学监控能力属于核心要素之一,而在教师专业素质能力培养中,教学监控能力为重要的组成部分,学校要重视教师专业化发展中教学监控能力的培养,首先,需要教师拥有自我监控意识。为此,还应从教师工作情感、知识结构和教学效能感等方面出发,对教师的自我监控意识进行培养,以确保教师能够在教学监控中发挥主观能动性。其次,在教学开展的过程中,强调教师关注教学效果,拥有效能感将促使教师对教学监控的真切感悟,继而使教师能够产生自我监督、改进意识。对于教师来讲,只有拥有效能感才能激发自身发展与成长的内动力。

自我反思、评价是教学监控能力形成的关键因素。实践中,还应重视教师自我反思反馈能力培养,对于教师来讲,必须通过反思反馈才能不断改进自身教学水平,实施有效的教学监控。确保教师能够发现自身教学问题,并结合问题进行及时调整。一方面,需要加强教师的专业培训,要求教师观察和对比自己和他人的课堂行为,以便通过反思总结教学经验,对自己的教学行为进行一再确认,使教师学会吸收先进的教学方法和理念,并且通过内化为自己教学活动提供指导。想要达成这一目标,学校还可以采用教研组群体互动等方式,组织教师相互听课,并鼓励教师尝试验证他人的教学方法。开展该种教研活动,可以使教师通过观摩反思掌握教学改进的方法,并通过对比汲取他人成功经验。相较于学校推进教学改革,通过教师自我反思和反馈实现教学改进,显然能够使收集教学信息、实施教学改进的过程得到缩短,并且能够确保教学信息真实有效,因此,能够为教学改革的实施带来重大价值。另一方面,应加强教师反馈能力的培养,确保教师能够通过反馈获得更高的教学监控能力。

通过加强教学监控管理,开展有关教学监控的问题研究,探寻教师教学监控等专业能力培养的路径与方法,势必拥有教学监控能力,教师才能拥有自我监控意识,对教学活动及行为进行深入研究,找寻教学活动规律,势必教师在教学期间不断通过反思和反馈校正教学中存在的问题,使教学效果得到不断提升,为自身和学生的发展提供保障,学校的办学质量也将得以提升,上升到一个新的高度。

二、"自主交互系统教学监控"模式的研究与实践

基于学校发展的需要,促进学校教师的内涵发展,我们学校在区教育局的关心与支持下,成为了宝山区"城乡携手"结对,自2020年下半年起开展了学校"基于教研组群体互动,提升教师教学监控能力"的项目,历经三年的艰辛又充满激情的研究与实践,形成了校本的"自主交互系统教学监控"模式,丰富了教学监控理论,也进行了实践创新,形成了基于群体互动下的教师教学自我监控的"一链二维三段四环"教学监控的实践形态,现在已经完成了预定的项目任务,取得了丰硕的成果。

我们的携手项目的提出是基于学校的发展,我们学校教师平均年龄(43岁)偏大,传统教学方式对教师影响较大,教师教学自我监控能力不足,教师教学监控外在性大于内在性的缺陷。如何在不改变现有条件下,促进教师内涵、内在发展提高教师队伍建设投入的效价,是建设教师队伍中一个值得我们深入研究的。教师教学监控能力是教师教学能力的核心要素,是教师教学能力的高级成分,是教师从"经验型教师"向"专家型教师"转变的内在机制。在已有研究中,不乏教师教学监控能力的研究,但是关于教师教学行为监控能力的研究却十分稀少。"在教学研究不断深入教育实践进行务实研究以增加教育科学研究的实践品性的时期",需要更多的基于教育教学实践,并富有理论性的高品质的研究。当时学校正在开展"持续改进观课议课的校本教研,提升教师教学监控能力的实践研究"。作为上述项目的深入发展,突出教师内部的教学自我监控,找准了突破口。改变教师教学监控能力的现状成为学校之关切,学校希望通过"城乡携手共进"项目,进一步提高师资队伍建设水平。因此,"基于教研组群体互动,提升教师教学监控能力"这个项目来自学校的前期的实践与研究基础,有着广泛的需求。同时,正值上

海高位教育均衡发展开展"城乡携手"项目。我们学校与上海三知教育理论研究所取得了共识,在本项目上进行合作。具有二十年资历的教育研究机构长期从事基础教育的应用性理论研究与实践指导。该机构在教师队伍发展方面具有丰富的经验,具有项目匹配性。

通河三小教师平均年龄 43 岁,平均年龄偏大,年轻教师较少,面对学校发展的所面临的挑战,在上一轮督导结束后,学校必须寻求新的发展路径。在区教育局基教科的推荐下,引进了"城乡携手"共进项目。

如何推进学校可持续发展,如何确定发展方向、研究的主题呢?学校前几年开展了"持续改进观课议课的校本教研,提升教师教学监控能力的实践研究"(区级课题)。基于教师年龄偏大,从经验型教师向专业型教师转变的过程中,可从教师教学监控能力为突破点。

学校课堂教学监控的调研显示:

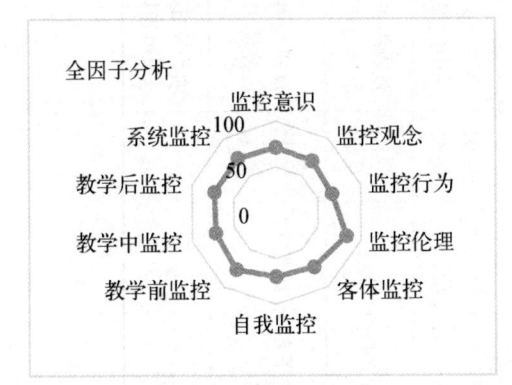

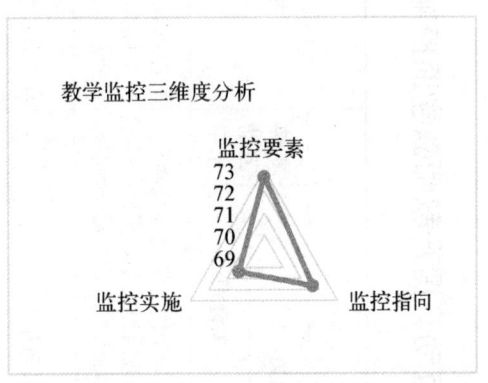

教学监控三维度整体监控总观察分:71.15,其中,最高项为监控伦理,得分 83.2,最低项为系统监控,得分 60,最高项与最低项差值达 23,有明显差异。

全因子分析数据提示,学校教师师德较好,因此监控伦理得分最高,但是也提示系统监控能力尚显不足,总体上表明要提升本校教师队伍建设水平,应该从提升教师内在性发展着手。

我们项目的主要内容有五个方面:

1. 设计与实施教师教学监控能力现状与环境调查

2. 教师教学监控的基础性研究

着重解决两个问题:一是教学监控的四个具体过程,二是教师教学监控能力的基本评估方式,拟从教学监控的敏感性、教学监控的正确性、教学监控的迁移性、教学监控自主性四个方面建构。

3. 教师教学监控的实践研究

"基于教研组群体互动 提升教师教学监控能力"项目实施框架

<table>
<tr><th rowspan="2">学期</th><th rowspan="2">教学监控能力</th><th colspan="3">核心工作</th><th rowspan="2">相关工作</th><th rowspan="2">成果表达</th><th rowspan="2">研讨交流、评估</th></tr>
<tr><th colspan="2">自我监控能力</th><th>群体互动水平</th></tr>
<tr><td></td><td></td><td>目标内容</td><td>关键词</td><td></td><td></td><td></td><td></td></tr>
<tr><td>1</td><td>建构本项目框架学习与讨论</td><td>1. 建构本项目框架学习与讨论
3. 组织本项目的有关培训
5. 开展教研组二年计划制订</td><td>2. 教师个体与学校环境调研工作，启动实施
4. 各教研组织教学监控的学习与讨论
6. 教师教学监控学习交流会（含调研汇报、教研组计划）</td><td>个体为主</td><td></td><td>调研报告</td><td>学习交流会</td></tr>
<tr><td>2</td><td>课中监控客体监控能力</td><td>客体性监控</td><td>客体（教学要素）</td><td></td><td>教师教学主张</td><td>叙事故事</td><td>研讨交流会</td></tr>
<tr><td>3</td><td>课后监控自我监控能力</td><td>群体参照的自我监控</td><td>参照（初步自我监控，不一定互动）</td><td>外部参照</td><td>教研组主题教研：听课评课中的参照</td><td>案例、叙事故事</td><td>中期评估展示</td></tr>
<tr><td>4</td><td>课前监控整体监控能力</td><td>群体研讨的自我监控</td><td>互动下的自我监控</td><td>群体互动</td><td>教研组互动下的自我监控</td><td>案例、经验总结</td><td>研讨交流会</td></tr>
<tr><td>5</td><td>系统监控系统监控能力</td><td>自主共生教研组生态下的监控能力提升</td><td>生态下的系统监控能力</td><td>自主共生生态</td><td>教研组生态营造与教师监控能力的提升</td><td>经验总结案例</td><td>研讨交流会</td></tr>
<tr><td>6</td><td>全面总结 基于教研组群体互动教师教学监控能力提升</td><td></td><td></td><td></td><td>项目文集资料汇总文集编辑</td><td>项目文集展示活动</td><td>教学学术研讨会项目绩效评估</td></tr>
</table>

1. 本项目每一事项开展前进行培训。
2. 依据本框架制定学期项目工作计划，确定工作时间节点。
3. 本项目以教研组为主展开实践研究，组织实践活动。

从易到难安排四个子项目：课中监控、课后监控、课前监控、系统监控。着力研究"自主共生系统教学监控模式"以及"一链二维三段四环"的基本架构。

4. 教师教学监控能力提升的实践形态研究

通过群体互动的参照、互动中，提高教师的客体性监控能力、自我监控能力。主要引导教师从他控阶段走向自控阶段。开展"基于群体互动的教学监控能力提升"有效策略的案例实践研究。

5. 教师自我监控与教研组教研的共生研究

主要开展教研组三年发展规划的制定与实施，教师个体的教学主张的确定与践行；自主与共生为特征的教研组生态的双向营造实践。

本项目在校长带领下，上海三知教育理论研究所指导下，由学校教科室负责牵头，进行课题的开题、结题和验收，由教导处组织各学科组具体实施，细化完成每个阶段的任务，由师资办纳入教师"十四五"培训考核。学校的"城乡携手"这个项目为期三年，分为六个阶段。一个阶段为一个学期，每学期制定城乡携手项目学期工作计划与进度表，分阶段有序推进。以文献研究、调查经验、案例研究、行动研究为主要方法，通过组织全体教师学习理论、项目培训、教学实践、课题研究等活动形式展开，汇编各子项目的研究成果，最终形成了本专著。

实例：

通河新村第三小学城乡携手项目学期工作计划（二）
（2021.2—2021.6）

一、指导思想

依据市教委《上海市教育委员会关于本市实施义务教育"城乡学校携手共进计划"的意见》的要求，按照《基于教研组群体互动，提升教师教学监控能力》项目方案，在2021学年度第一学期项目工作基础上，进一步以目标导向，落实措施，完成项目本学期的任务。

二、项目目标

1. "课中监控：教师客体监控能力"的培训、实践与总结

（主要是课堂教学实践，听课评课，现场指导。）

2. 以"课中监控：教师客体监控能力"主题教研活动为抓手推进教研活动建设。

3. 开展教育科研辅导，指导叙事研究，提升教师科研能力。

4. 完成一批"课中监控：教师客体监控能力"的案例。

5. 组织"课中监控：教师客体监控能力"研讨会（第二届）。

6. 推进教研组三年规划的实施与指导。

7. 组织全校教师开展"教师教学主张"确立与启动实践。

三、主要举措

（一）教师课堂教学监控课程的开发与培训

1. 初步完成《课堂教学监控的理论与操作》校本教师培训课程的第二单元"课中客体性监控"培训课程教材的开发。

2. 对全体教师开展本课程第二单元"课中客体性监控"的培训，分别在上下两个半学期实施。

3. 组织各教研组进行专题学习与讨论，明确客体监控的所指向的教学要素。

（二）课堂教学实践与指导

1. 开展"课中教学监控"的教学的先行试点，各教研组组织1～2节课堂教学监控的试验课，组织听课与评课，开展研讨。突出教师个体对课堂教学过程中的监控反思。

2. 在教学实践的基础上，组织实验课教师撰写教学案例，并指导修改，形成有一定质量与规范的案例，为全面铺开课堂教学监控实践提供经验。

3. 开展"课中教学监控"的全校面上教学实践，组织"课中教学监控展示月"。

4. 组织每位教师撰写教学案例，并开展教学案例个别指导。

（三）教研与教研组建设

1. 以"课中监控"为教研主题，结合教研组主项目开展主题教研活动教研活动。

2. 以提高教研活动质量为抓手，通过定时、定人、定内容，有计划组织教研活动。

3. 组织教研活动校内开放活动，开展一次全校性教研活动展示活动，通过教研活动质量评议，积累提高教研活动质量的经验，以促进教研组教研活动质量的提高。

4. 通过培训与个别指导，组织全体教师开展"教师教学主张"的制定，并按时间节点实施。

5. 实施教研组长培养计划，从教研组计划与小结、教研活动组织与实施两个方面着手，提高教研组长领导教研组的能力。

（四）科研

1. 开展以如何撰写好教学案例、叙事故事为主的科研方法培训。

2. 个别指导教师撰写案例，形成一批"课中监控"教学案例、叙事故事。

3. 组织全校第二届"课堂教学监控"研讨会。

4. 汇编"课中监控"案例集。

四、时间安排

周次	日 期	工 作 内 容	责任人
1	2.22—2.27	研究本学期"携手项目"工作,细化具体工作。 全校教师课中监控培训	双方领导 携手团队
2	2.28—3.6	各教研组在教研活动时组织课中监控学习讨论。	教导处
3	3.7—3.13	教研组长交流学期教研组工作 试点教师上研讨课(一),并组织讨论(携手团队参加)	教导处 携手团队
4	3.14—3.20	试点教师上研讨课(二),并组织讨论(携手团队参加)	教导处 携手团队
5	3.21—3.27	启动"教师教学主张"活动,组织培训如何制定 试点课教师案例撰写培训	科研室 携手团队
6	3.28—4.3	教师撰写教学主张 试点课教师撰写案例	科研室
7	4.4—4.10	教师完成教学主张初稿、试点课教师完成案例初稿	科研室
8	4.11—4.17	课中监控案例修改个别指导 教师教学主张修改个别指导	科研室 携手团队
9	4.18—4.24	课中监控案例修改定稿,并汇编,校园网发布	科研室 携手团队
10	4.25—5.1	"教学主张"修改定稿,并启动实施	教导处 携手团队
11	5.2—5.8	"教学主张"与"课中监控"交流会 "课中监控"培训(二)	科研室 携手团队
12	5.9—5.15	各教研组在教研活动时商讨面上课中监控实施,安排好实践课时间表	教导处
13	5.16—5.22	教师上课中监控实践课(一),并组织评课讨论	教导处 携手团队
14	5.23—5.29	教师上课中监控实践课(二),并组织评课讨论 教师案例、叙事故事撰写培训	教导处 携手团队
15	5.30—6.5	教师撰写案例、叙事故事	科研室
16	6.6—6.12	教师案例修改个别指导	科研室 携手团队

续　表

周次	日　期	工　作　内　容	责任人
17	6.13—6.19	教师案例修改再次个别指导 教师课中监控案例等定稿,并汇编成册	科研室 携手团队
18	6.20—6.26	"课中监控"研讨会准备。关于携手项目教师座谈会	双方领导
19	6.27—6.30	全校携手项目第二次研讨会	全体人员

说明:

1. 本安排的具体工作有的是启动时间,有的是工作结束的汇总。因此,有关人员要安排好有关工作进程。

2. 项目团队不在校的工作,通三小教师直接参与的工作,未列入本表。

城乡携手项目双方班子共商

学校骨干学习与研讨

项目培训,全员参加

第一章 教学监控与教师教学监控能力的价值　31

学校领导与专家参与每次活动

项目定期举办研讨会,教师作研究汇报,领导专家到会指导

第二章 教学监控的基本框架

○ 第一节　教学监控的基本认识

○ 第二节　教师教学的自我监控

○ 第三节　教学监控的理论视域

第一节 教学监控的基本认识

一、教学监控的概念与内涵

(一) 教学监控

监控就是指"监督"与"控制",是人们通过一定的手段方式,按照已定的某种目的或愿望,为系统提供一定的条件,让它沿着某个可能空间中的确定方向发展,消除不确定性。所谓监控,从本质上讲就是指将实际行为和结果与预定的标准进行对照并对存在的差异进行纠正的过程。监控是为了提高可靠性,保持正常运作的方式。按照监控来源分类,可以分为外在控制和内在控制。监控体系包括监控主体、监控对象、监控方法和监控标准几个基本要项。

教学监控是指为保证教学成功达到预期的教学目的,而在教学的全过程中,将教学活动本身作为意识的对象,不断地对其进行积极主动的计划,检查评价,反馈控制和调节的过程。

教学监控依据监控的主体与对象是否统一,可将监控分为自我监控与外部监控。教学的自我监控是指教师作为教学主体对自己实施的教学进行监控,也就是监控主体与监控对象是同一的监控。教学的外部监控是作为实施教学的主体教师以外的人对教学进行的监控,也就是监控主体与监控对象不是同一的监控。教学监控中的外部监控是相对于自我监控而言,可以包括他人的监控、教研组的监控等。自我监控也不等于自动监控。自我监控是主体为自己的监控,而自动监控一般是指借助信息技术等手段获取信息进行分析与决策,并采取举措的自动化监控。自我监控也不等于是内部监控,一般而言,在一定范围内监控,称之为内部监控。例如,相对于校外,校内实施的教学监控常作为内部教学监控,因此,内部教学监控是相对概念。

(二) 教学监控的内涵

1. 教学监控是一种教学质量监控

教学监控的目的是为了改进教学,属于质量监控。教学监控是对教学整个过程的质量的一种把握。"质量监控"是指根据预定的某种目的或标准,采取一定的方式手段和方法,对影响质量的各个环节进行监督和控制,从而确保质和量都能达到预期目标的实践活动或行为。质量监控的要件是:谁进行监控,监控什么,如何监控,以及如何保证监控的有效性。教学监控既不是教育督导,也不是教学评议,而是对正在监控的教学进行调控,促进教学向教学目标实现进展。

2. 教学监控是基于反馈的调整性教学活动

教学监控是属于教学范畴。教学监控是建立在教学信息反馈基础上的一种应对过程。教学监控的过程包括两个方面:一是对教学过程进行审视、检测,从而获取教学信息;二是根据反馈信息和预期目标对教学作出判断与决策,采取调整。教学监控较之于一般性控制,不仅具有信息反馈的基础,而且强调动态变化、随时调整,因此监控往往更容易达到预期目标,其有效性更高。监控实质上就是借助反馈与调整实现有效教学调控。贯穿监控过程之中的就是信息的不断变换,包括信息的接受、传递存取和加工。一定的获取信息的方式,对教学监控指向的教学监控对象的种种信息,对照预期教学目标则与现实达到的目标之间的差异采取进一步的教学改进,以纠正偏差和失误,使教学朝预定方向顺利发展。

3. 教学监控是一种不断循环的动态过程

教学监控自身过程中,有着"监"和"调"不断交替循环的过程,一定"监"的结果直接引起"调"的发生,而"调"的结果反过来又成为下一步"监"的对象,"监"接着又引发更进一步的"调"的活动,这样依次循环推进教学,直至一定时间的教学结束。

同时,教学的每一个环节上的监控是后继环节教学监控的起始,两个教学环节的监控是互相衔接的。教学监控是通过一个一个伴随着教学而同步进行的教学监控动态进行。

二、教学监控的特征与结构

(一) 教学监控的主要特征

1. 主体多元性

教学监控的主体是教师对监控客体教学的有意识一系列行为,包括外显的与内隐的机能性行为。教师对教学监控的主体意识与教学监控成正相关,教学监控的主体自主性越强,教学监控越能展开。教师教学监控是教师观察、发现、反馈与调整教学过程。教学监控的水平是教师教学监控能力的结果,同时,教师教学监控也是教师教学监控践行的结果。教学监控的主体性还表现在主体的多元性,在不同的监控类型与范围中,主体可以是变化的。

教师教学监控的主体多元性还表现在其是可以发展的,不是一成不变的。教师教学监控能力的发展受教师主体的教学观念、心理品质影响制约。教师教学监控的积极的认识,警觉的监控意识都会影响教师监控能力。教师教学监控质量与他们的个性心理倾向性、个性心理特征,以及心理过程有着紧密联系。教师在教学监控过程中所表现出来的知情意行影响教师监控能力的形成与发展,也影响其在教学中的践行。

2. 目标对照性

教学监控是以一定目标为参照对教学觉察、判断、决策与调整的过程。这就决定了教学监控能力的重要特征就是目标对照性,使教学监控指向一定目标的实现。教学监控能力的目标对照性要求教师在教学监控中始终以目标为导向展开教学监控,但是在这一点上往往是被忽视的。常发现教师缺少对教学目标的监控,课程教学三维目标被割裂表述或以形式主义落实情感价值目标。对这种情况还以流行为由自以为是对的,缺少对科学合理性的探究,教师应该以科学为教学目标的依据,以实践为检验真理的标准。

3. 协商建构性

教学监控有自我监控与外部监控两大类型,这样教学监控的主体具有多元化、复杂性。教学监控具有了监控主体间性,即教学监控主体间的关系,例如,教师与教师、教师与教师群体、教师与学生、教师与自己的在教学监控中的关系。这些关系的互动形成了教学监控,也是依靠这种互动展开教学监控。这种教学监控的活动应该是协商建构性的。教学监控中教学信息的真伪、教学事实的价值判断与教学调整决策都需要参与教学监控各方的意义建构中的协商,而不能以强势一方的话语为准。这种协商对教学监控所产生的主体认识有着意义建构意义,使有关教师从学理上明白自己的教学,提升反思性思维能力。教师教学监控是一种教师教学对话,实现"期望理解"与"实际理解"的统一,达到教学监控的价值。

4. 整体观照性

教师教学监控是一种教学整个过程中具有贯穿的能力,表现在课前教学设计、课中教学实施、课后教学反思环节中,而且也表现出教学监控本身是,由教学信息获取、教学判断、教学决策、教学调整与教学反馈构成的一个整体过程。教师教学监控能力缺失很多表现在只认识到教学后的评价,而忽视了教学整个过程的监控。教学监控具有整体性,对教学监控不应该碎片化观察与思考,而应把教学监控作为一个系统做整体性考量,从教学监控要素与教学结构—功能上作系统的思考,并从系统视角考量教学局部问题。这就可以解释为什么有的公开课上某些环节看上去很热闹,却缺乏教学上价值必要性,这是追求局部效果,而忽视教学系统整体性的表现。

5. 调整改进性

调整改进性是教师教学监控的重要特征,也是教学监控存在的必要性主要原因。根据概念的规定性,教学监控与教学评价不同就在教学调整这个要素。教学监控根本目的是为了改进教学,没有改进教学这一要素也不能称之为教学监控。

教学评价偏重于评价教学,教学监控主要在于改进教学。教师教学监控调整改进性是教师教学监控能力能动性的表现。这种能动性源于教师的主体性。教师教学监控的调整改进性是教师的教学选择能力、分析能力、判断能力、决策能力和反思能力在教学中所表现出来综合运用特征。在课堂教学活动中,在特定的时间,教师会面临众多的选择、判断,并做出相应的行为。在这个过程中,教师需要综合分析各种信息,从而能动地选择监控行为,及时有效地做出决策。

(二) 教学监控系统的基本结构

教学监控系统的基本结构是教学监控主体与教学监控的客体。教学监控的主体与监控客体都有着各自要素组成。

教学监控的主体 ⇔ 教学监控的客体

1. 教学监控的主体

教学监控的主体是多元的,是相对的。对于一个具体的教师而言,可以把教学监控的主体从两个维度分析:

(1) 教学监控的同一性实施者

教学监控的同一性实施者是教师个体教学的自我监控,例如,教师对自己的教学备课设计的自我监控,通过对教学设计的反思与修改实施课前教学监控。教师的自我监控的对象,不仅是教学要素(除主体),而且自己也作为监控对象(客体)。

(2) 教学监控的非同一性实施者

这主要指教学的外部监控,教学监控者不是教学实施者,例如,教研组教师对教师教学的评议与建议、学校教学行政部门对教学的监控。这种监控实施主体与教学实施者非同一性,属于外部教学监控。这类外部教学监控还包括社会对教学监控。

2. 教学监控对象

教学监控中监控什么,也就是教学监控的对象,即教学监控主体的监控指向的客体。教学监控的主要客体是教学的全要素,只有对教学全要素进行监控,才能全面进行教学监控。教学监控客体有两个层面:

第一个层面是对教学监控:

(1) 教学目标的监控　　(2) 教学内容的监控
(3) 教学方法的监控　　(4) 教学过程的监控
(5) 教学评价的监控　　(6) 教学资源的监控

第二个层面是对教学监控的监控:

(1) 教学监控的观念　　(2) 教学监控的方式
(3) 教学监控的过程　　(4) 教学监控的对象　　(5) 教学监控的能力

(三) 教学监控的功能关系

教学监控功能是由教学监控要素与结构联结产生的。系统论认为系统功能是由要素—结构决定的。教学监控的主客体要素形成了教学监控的结构,这些教学监控结构的质量直接影响教学监控成效。教学监控的主体关键是教学监控能力,其直接作用于教学监控客体。教学监控能力包括监控知识转化为教学监控能力,只是停留在监控知识是纸上谈兵。观念同样也要转化为观念能力,才能使教学监控主体对教学监控客体起到影响作用。

监控主体通过自身的教学监控能力作用于监控客体,对教学目标、教学内容、教学方法、教学过程、教学评价与教学资源等进行监控,由一个个监控单元连续实施。同时,教学监控主体也对教学监控自身进行监控——元监控,对自身的监控观念进行监控,自身的监控观念是否正确,树立以人为本;监控目的是否端正,确立提升教学质量的监控目的;监控的方式与过程是否符合道德伦理。教学监控的主体实施的教学监控与元监控是教学监控的两个方面,不是割裂的,而是相互关联,相互影响的。

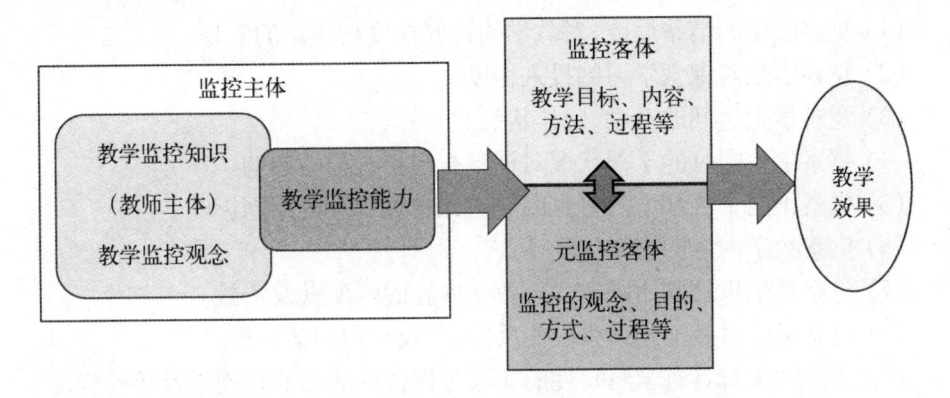

教学的元监控影响教学监控,当元监控意识强而且正确,那么教学监控成效明显。如果元监控意识薄弱,教学监控会显得无力,也容易无序,如果元监控失误,必然导致教学监控进一步陷入误区。无论是教学监控,还是教学的元监控,都涉及与反映教师教学监控能力的强弱。因此,教师教学监控能力是影响教师教学的重要因素,也是教师核心素养的组成成分。

三、教学监控的四个环节

教学监控是一个连续统(Countinuum),哲学中意谓"不同事物因相近的属性而组成的既连续又统一的整体"。教学监控作为一个连续统在一定的教学时段中,若干的监控单元组成,而每个监控单元由四个环节组成一个完整的监控。这些监控单元连续展开形成了教学监控过程。

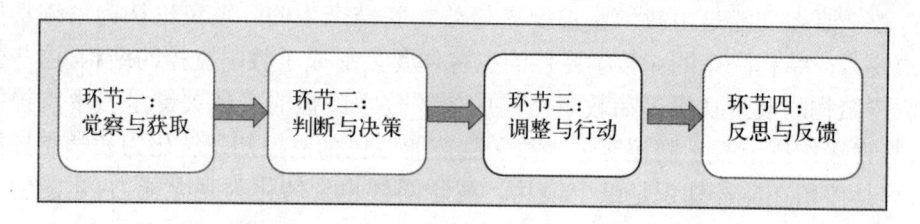

环节一:觉察与获取 → 环节二:判断与决策 → 环节三:调整与行动 → 环节四:反思与反馈

教学监控单元的四个环节:

1. 环节一:觉察与获取

这是教学监控单元的起始环节,教师要通过多种方式获取教学信息,并对这些信息进行处理。观察、倾听是获取信息的重要方式,因为在课堂教学中,主要依靠教师根据学生对教的反应所表现出来的学的行为的感知获取信息。获取教与学信息的方式还包括作业(各种学习任务)中观察到的学生学习信息。在这个环节十分重要的是教学监控的敏感,也就是对教学监控有意义信息的觉察的敏感。

在教学监控中觉察表现主要有:

(1) 觉察学生的情绪反应,对教学的喜好程度与厌烦的表现。
(2) 觉察学生对课堂学习的投入程度。
(3) 觉察学生之间的互动、合作状况。
(4) 觉察学生即时的学习状况对课堂教与学进程的影响。
(5) 觉察不同个性和学习方式的学生课堂表现及其不同影响。
(6) 觉察教学内容的学生接受性。
(7) 觉察教学步骤和活动方式与教学内容的匹配以及实效。
(8) 觉察学生对教学辅助手段的反应,以及使用的适宜度。
(9) 觉察学生对具有学科特性的实验等操作性活动的兴趣以及接受程度。
(10) 觉察学生对哪些教师教学行为欢迎或厌恶,对课堂教学进展的影响。

2. 环节二:判断与决策

这是教学监控单元中十分重要的监控决策环节,要在前一个觉察与获取信息的基础上作出教学评估与判断,并以此作出教学决策。如果依据获取的信息作出的判断是教学正在有序、符合教学目标进行,教师的监控决策应该是无须调整继续教学。如果作出的判断发现教学有所偏离,就应该做出教学调整的决策。这个环节的重点是依据教学目标,做出判断与决策。判断与决策的基本要求是正确。这也是教学监控的难点,也是教学监控价值所在。判断与决策失误必然导致教学监控的失败,教学会非良性进行。

在教学监控中依据判断做出决策表现主要有:

(1) 获取的信息是否可靠。
(2) 对教与学信息是否综合分析。
(3) 对教学过程中学生的学习(提问、回答等)是否合理回应。
(4) 依据学生学习反应调整教学内容与方式。
(5) 对学生微反应做出判断,采取相应对策。
(6) 弄清学生对哪些课堂活动学生感到有不舒服等,及时调整。
(7) 发现学生对哪些教学方式有兴趣、有帮助,可继续运用。
(8) 及时判断教学进度的把控。
(9) 即时判断教学预设的分项目标达成度。
(10) 对学生行为中获得的反馈信息,是否需要做出立即反应或延时处理。

3. 环节三:调整与行动

这个环节是教学监控的关键环节,要在前一个环节做出的决策基础上,采取教学措施与行动,使教学回归合理轨道进行。调整与行动的关键是应变与适切,应变要及时,才能显出教学监控的力度。

在教学监控中调整表现主要有:

(1) 进行有针对性的课堂活动分工。
(2) 运用教学行为调整学生学习兴奋度、注意力。
(3) 及时调整教师引导性活动和学生自主活动的比例。
(4) 适时调整课堂活动的速度、活动长度、活动难度。
(5) 及时指导学生在课堂上展开有效的学习。
(6) 及时生成与学生即时学习需要的问题。
(7) 指导学生学习方式的及时调整。
(8) 指导学生小组学习中的学习。
(9) 改变师生教与学互动的方式。
(10) 调整教学资源的选择与使用。

4. 环节四:反思与反馈

这个环节是教学监控的监控阶段,也就是对前三个阶段的教学监控进行评估、反思,检查教学监控是否到位,对教学是否起到应有作用。在教学监控的反思结论基础上作出反馈,为下一步教学监控展开提供前提条件。如果反思后反馈认为教学调整正确,已经解决教学中所发生的偏差,那么可以继续推进教学。如果反思后的反馈仍然发现教学监控所发现的问题没有得到解决,那么需要回归到再次判断与决策、调整与行动。在这个环节中充分关注教学监控实施的状况与成效,其关键是对照与有效,即以教学目标为参照下的教学有效度。

在教学监控中的反思的具体表现:

(1) 是否对做出的应对及时捕获信息反馈。
(2) 具体的教学对策是否正确(基于教学原则与标准)。
(3) 教学对策是否不断对照教学目标,把握与调整教学方向。
(4) 教学应对是否及时。
(5) 教学对策对教学过程的后继影响(例如,进度)。
(6) 教学对策是否取得预期效果。
(7) 教学对策是否面向全体学生。
(8) 是否统整教学全要素。
(9) 教学应对是否解决重点问题。
(10) 教学监控措施是否有连续性。

教学监控的四个环节在理论上分为四个环节,实际上这四个环节发生在瞬间,有的似乎是同步。经验丰富的教师在教学监控时能迅速发现问题解决问题,而不少新教师往往难以在课堂上察觉自己教学中存在的问题,直至问题一堆时候才发现自己教学中存在不少问题。这就是缺少教学监控的后果。因此要坚信,"教学质量不是检查出来的,而是生产出来的",教学过程的每一个环节中必须以自我监控实现质量监控。

第二节 教师教学的自我监控

一、转变传统教学外部监控

教学监控是一个体系,包括目标体系、组织体系、方法体系(常规教学检查、专项评估、教学信息监控等)、制度体系(听课制度、教师教学工作考核制度、教学督导制度等)、反馈调控体系。教学监控也可以分为自我监控与外部监控。外部监控是指教学者之外的人员对教学者的教学进行评价与控制,一般外部监控有两类:教师间的外部监控、管理人员的监控。管理人员的外部教学监控包括教育行政、社会、家长的外部监控。外部教学监控形式比较多样,有的是教学监控,更多的是非教学监控,而是教学评价或考试测评。

不少教师意识到的是教学外部监控,而对教学自我监控往往缺少感知。实际上教学监控是客观存在的,有教学的存在,总是存在教学监控的问题。教学监控其实是一个是否自觉意识到教学监控而已,实际上是一个有没有自我监控的意识问题。没有意识到教学监控的存在原因很多,较多的是把教学评价简单当作教学监控,从而实际教学监控被消解了。也有把外部教育督导、教学检查当作教学监控,再加上"教师是执行力"的观念误导,教师在教学监控上处于被动状态。教师习惯与被教学监控,缺少教学监控能力,特别是自我监控的意识与能力。这些是传统教学外部监控的反映。

传统的外部监控首先是监控观念上把教师当作升学应试的工具,把提高学生分数作为教学监控的目的,必然导致教学评价以分数论教师。教学监控不应是把教师分成三六九等,通过教学评价区分教师,这是传统外部监控的重要表现。传统的教学监控在监控方式上以外部监控为主,主要以教学考核为主的外部监控,例如多种名目的考试、抽查频繁,以分数统计为主要手段,甚至还出现"飞行检查"。这种监控方式的目的已经异化,而是一种对教师施压,与以人为本的现代教育的教学监控理念不合拍,远离了教学过程中改进教学的目的,与教学质量不是检查出来而是"生产"出来的基本观念相悖。传统教学监控中,有些外部监控者独霸话语权,以自己的观点看待教师的教学,用流行套话、时髦行话、一知半解的术语发表对教师教学的评价。例如,强加给教师按照分割式要求确立与表述三维教学目标、英语教案划一的任务型教学(实际根本不是任务型教学)的教案格式等。通过外部教学评价的导向作用,有的错误的教学方式得以传播,例如,按照汉语四声调、二声调读英语单词;违背英语作为外语的语言规律与外语教学规律的"十六字英语教学法"得以短暂盛行。传统的教学外部监控必须转变,确立以人为本的教学监控理念,确立以教师为主体的教学监控方式,调动教师教学主动性,创设积极的教学监控的生态系统,提升教师教学监控能力,促进教师可持续发展。

"课堂教学监控是一个具有时代性、地域性和针对性的概念,不同的时代、不同的国度和不同的目标指向,其监控的内容、方式和方法有所不同。"[①]现代教育所提倡的教学监控是以人为本,以教师为主体的,促进教学可持续发展的教学监控。转变传统教学监控,凸显教师教学的自我监控,是提高教学质量的重要路径,也是转变教育教学管理的重要途径,也是促进教师专业发展的重要方式,对提高学校办学质量具有重要意义。

现代的教学监控是对教学质量形成的相关因素进行观察和控制,对获取的教学信息通过分析判断,采取有效的干预措施,使教学得以完善,从而达到提高教学质量的目的。教学监控包括教学管理和教学过程两大方面。教学管理方面的监控,体现了学校对教学质量的要求与标准。在落实教学质量要求和完善教学质量

---

① 张向葵:课堂教学监控,人民教育出版社,2004.

标准方面进行监控,这是提高教学质量的重要前提。教学过程的监控反映了教师教学上的主观能动性,体现了教学质量形成的主导方面。在教学质量形成的主导方面进行监控,这是提高教学质量的关键所在。教学质量监控的必须有科学的观念与方法作指导,必须建立以教师自我监控为主的完整的教学监控系统。

我们研究与实践"基于自我监控的系统教学监控"就是强调教学中的自我监控,强调"基于教研组群体互动中提升教师教学监控能力"。这是教学监控从传统的外部教学监控向教师的自我监控深化。在教师从经验型教师向专业型教师转变的过程中,教学监控能力的培养至关重要。拥有教学监控能力,才能确保教师开展高质量的教学活动。培养教师教学监控能力,首先需要教师拥有自我监控意识,应从教师工作情感、知识结构和教学效能感等方面出发,对教师的自我监控意识进行培养,以确保教师能够在教学监控中发挥主观能动性。称职的教师应具有高度的使命感和责任感,能够从教学自我监控中获得教学的成功感。

二、内生性的教学自我监控

(一) 教师教学的自我监控

教学自我监控是教学监控中的重要形式,没有教师教学中的自我监控,难以实现有质量的教学。教学自我监控本质上是自我意识是否清醒,也就是教师自己的心理活动是否指向开展教学活动的自己及其教学。我们可以设想一下,一个头脑不清醒的人能驾驶车辆吗?因此,教学中的教师自我监控是必不可少的,也是教师核心素养必不可少的组成部分。

教学自我监控是指教师自身为了保证教学成功达到预期的教学目的,而在教学的全过程中,将自己的教学活动以及自己的教学监控本身作为意识的对象,不断地对其进行自主的策划、检测、判断、决策、调整、反思与反馈的控制和调节的活动。教学的自我监控就是作为教学主体的教师为了实现教学目标,对自己所进行的教学进行觉察、判断、调节与评估的过程。

教学自我监控中的主体由狭义与广义的理解。狭义的是指教师个人的自我教学监控,广义的自我监控可以是一群教师相对于群外的人或者组织,也可以是相对于学校本身,校外的人与组织就是非自我,而校内教师的监控可以认为是教学自我监控。因此,我们的"基于自我监控的系统教学监控"这个课题与本专著中的自我监控是从狭义的教师个人角度上把握。

- 自我监控的两个方面

1. 对教师(主体)教学状态的监控:
(1) 教学情绪状态
(2) 教学准备状况

(3) 对教学觉察、判断、调整状况
2. 对教学要素的预设与实施的监控
对教学目标、教学内容、教学方法、教学过程、教学效果的监控。

● 自我监控的内容

基本问题	监控内容	监控要义
为什么(why)	背景、动机	影响教学决策背景的原因
怎样做(how)	内容与方法的选择、实施	影响选择与实施的原因
什么结果(result)	效果呈现	影响结果的原因
如何改进(adjustment)	调整措施	调整措施的理由

北京师范大学发展心理研究所辛涛等的一项"教师教学监控能力与其教育观念的关系研究"显示,教师的教学态度和自我知觉,作为重要的心理变量对教师个体的行为方式和取向有显著的影响。在教师对任务的选择倾向方面,教师对挑战性的教学任务的选择倾向与其教学监控能力各方面(除计划性)存在着显著的正相关关系,即偏于选择挑战性任务的教师,其教学监控能力相对较高;而对容易的教学任务的选择则与其教学监控能力不相关;教师对学校、对班级的态度,与其教学监控能力诸方面存在着显著的正相关关系,这表明,一个教师对其所在学校和所教班的积极接纳的态度对其教学监控能力有积极的促进作用。该项研究发现,教师教学监控能力与其对自己教学成败的努力归因之间存在显著的相关关系,与其他类型的归因不存在显著的相关关系。教师对其教学成败进行的四类归因中,努力归因与其态度监控能力的诸方面存在显著的正相关,一个把自己教学成败归因于自己努力程度上的原因的教师,其教学监控能力水平相对较高;能力归因与教师教学监控能力的诸方面不存在显著的相关关系;而任务归因和学生归因与其教学监控能力诸方面表现出某种负相关,当然,这种负相关不存在统计的显著性。这个结果表明要提高教师的教学监控能力,一种可能的方法便是促使教师对自己的教学成败进行努力归因,这种可控的归因方式会促进教师进一步改进自己的教学,从而提高其教学监控能力。他们进一步考察了教师对于自己的教学能力和努力程度的自我知觉与其监控能力的关系,结果表明,教师的能力知觉与努力知觉与其教学监控能力诸方面存在着非常显著的正相关关系,即一个自认为教学能力强,或教学非常努力的教师的教学监控能力,明显地高于那些认为自己教学能力差,或教学不努力的教师。这个结果启发我们在改善教师的监控能力时,方法之一便是提高教师对自己能力的知觉水平,充

分相信自己有能力更好地完成教学任务。

(二) 教师教学自我监控的指向

教师教学自我监控的目标是改进教学提升教学质量,促进教师的发展。

通过教学自我监控提高教师自我监控意识与自我监控能力,提高自我效能感。教师的自我效能感,是教师对自己能否成功进行教学的主观判断,是教师主体在组织、实施教学,达到目标的过程中,对自己能力的判断和信念、是教师对自己能够实施教学的自信度和能力感。

教学自我监控的内容指向两个方面

1. 对教师(主体)教学状态的监控:

教学情绪状态、教学准备状况、对教学觉察、判断、调整状况。

2. 对教学要素的预设与实施的监控

对教学目标、教学内容、教学方法、教学过程、教学效果的监控。

这两者密切联系的,特别是对自身监控状体的监控。自我监控重在教师(教学主体)关注自己的教学行为。

自我监控的分析框架:

基本问题	监控内容	监控要义
为什么	背景、动机	影响教学决策背景的原因
怎样做	内容与方法的选择、实施	影响选择与实施的原因
什么结果	效果呈现	影响结果的原因
如何改进	调整措施	调整措施的理由

三、教师教学自我监控的基本特征

1. 同一性

教师教学的自我监控具有强烈的自主性,监控的主体与客体(对象)是同一的,即自己监控自己的教学。自我监控主体是教师,他们在教学自我监控中表现出主体的自主性与自律性。教师在教学监控中的自主与自律体现在六个方面:一是自为性,以教师自身为主体与客体的同一性,与自在性相对立。从自在的存在变为自为的存在,在这种情况下意识将教学监控诸多对象和作为主体的有意识的自我明确的区分开来了。二是自主性,是教师在自我监控主客结构中独立的主体地位、主体身份和强化了的主体意识,以及行为上的主体能力,是与依他性相对立的;三是自觉性,指教师主体在教学监控活动中对教学监控客体必然性的把握和利用程度,是与自发性相对立的;四是主动性,指教师主体在教学监控主客结构中的支配性、主导性、积极性,是和被动性相对立的;五是创造性,是教师主体对现实的教学监控主客结构的超越性,是衡量个体教师主体性的尺度,是与重复性相对立的;六是自由性,是教师主体性的核心内容,是生命主体在教学监控主客结构中的自由选择性,即对教学监控客体、教学监控手段方式及教学监控结果的选择,这是与必然性相对立的。激发教师在教学自我监控中的自主性和积极性,为教师营造和谐、平等与自由的教学监控氛围,在教学监控中自由表达想法,可以最大限度地获得教师教学积极性的释放。

教学自我监控中的自控是自我监控的重要特征,自控是教学监控活动由教学者自身来实施,而他控是教学监控由外界他人来实施。教学自我监控取决于自控的程度,也就是教师的自律水平。真正的自律是一种觉悟、一种自省、一种自警、一种自爱,它会让你内心强大,永远充满积极向上的力量。教学自我监控要求教师在教学中依据教学规律自己约束自己,自己要求自己。但是,如果教学总在一种被要求的环境下进行是很难进步的。古希腊数学家、哲学家毕达哥拉斯(Pythagoras)说:"不能约束自己的人不能称他为自由的人。"我们的自控并不是让一大堆规章制度来层层地束缚自己,而是用自主自律的行动创造一种合符规律的教学,来为我们的教学争取更大的自由。

2. 反身性

教学自我监控具有强烈的反身性,教学自我监控是作为监控主体教师把自己的教学作为监控客体,把教学监控指向自身与自身的教学。这种反身性表现在五个方面:一是反身的主体差异性,即使对处在同一情境下的不同的教师,由于自身教学监控能力的不同,也会产生不同的教学监控经历,即在教学自我监控经历的广度、宽度、深度上的不同影响。教学自我监控经历是个体获得的结果,由于个体差异,同样的教学自我监控会有不同的感受、体验。二是主体意愿性。教学自我监控经历是教师主体的获得,只有在教师个体有获得个体教学自我监控经历的愿望时,才能产生真正的教学自我监控行为。三是选择性。教师教学自我监控经历的获得有着主体的选择,学生的原有的教学自我监控的知识结构、能力倾向会在很大程度上影响教师教学自我监控经历的指向与质量。四是主体性反身性意味着主体具有反思性。教师对所经历的教学监控全过程进行自我监控,评估自己已的教学监控,存在哪些问题以及产生这些问题的原因,思考怎样的教学更有效等。教师教学自我监控动力是来自教师内部的,如责任感、教学动机等,是来自教师自身内部的。五是元监控。教师教学自我监控中对自身教学监控的监控。这种反身性把教学监控主体教师的监控心理活动指向元监控对象——教学监控,这种教学自我监控的反身性是自我监控的高层次表现。教学自我监控的意义在于教师不要老是把眼镜盯住学生,而忘记了对自己的约束。我们应该摒弃这种不严于律己的,缺乏自我监控的现象:当教学成绩不理想时,往往可以听到"学生不努力,我有什么办法?"或者"这些学生正是笨死了"。教学自我监控强调的是"伟大是管理自己,而不是领导别人"。

3. 能动性

主观能动性是人类特有的认识世界、改造世界的能力与活动。教师自我监控的能动性是教师在认识教学监控和实施教学监控中所具有的积极的、自觉的精神状态,主动用自己的意识调整自己的教学,以符合教学目标要求。

教师教学自我监控是教师专业不断成长的表征。教学自我监控是教师自觉的教学行为,不是被动地被监控,而是主动地在教学过程中获取信息、做出判断与决策,然后采取教学调整,以期达到更好的教学效果。教学自我监控的能动性指的是对教学自身教学监控的信息做出积极的、有选择的反应或行动。教师教学自我监控是主观能动性,其特点是通过教师的思维与实践的结合,主动地、自觉地、有目的地、有计划地反作用于教学。教师教学自我监控所呈现能动性反映了教师意志的行为价值的层次性,即教师自我监控活动能够相对独立地脱离自身的局限性的约束,而以强烈的主观意念支配自己对教学进行控制与调整。这种主观意念驱动下的教学自我监控目标就是监控的价值目标,以促进教师的尊严与责任、自我实现的高层次需求的实现。自我监控价值目标的层次越低,人就会越多地注重低层次的、个人的、局部的和眼前的效益,也就缺失了教师的主观能动性。

教师教学监控的主体是教师。教师首先是作为"人"而存在,作为"人"的教师本身具有能动性,这种能动性源于教师的主体性。教师主体具有全面系统的选择能力、分析能力、判断能力、决策能力和反思能力。教师教学监控的能动性表现在教师在教学环境中自主地选择监控对象、自由地监察和调控教学行为,而非在外界的压力和逼迫下被动地进行监测与调控。在教学活动中,在特定的时间,教师会面临众多的选择、判断,并做出相应的行为。在这个过程中,教师需要综合分析各种信息,从而能动地选择监控行为,及时有效地做出决策。教师教学自我监控并不是把教学引向"终点",而是指引、转化教学的创生性。这种创生性目标强调教师教学与教学监控相互作用,不断创生出新的教学境界与品质。因此,教学自我监控的目标是动态生成,而不仅预先制定。注重教学自我监控的自主性和主体性。教师教学自我监控是参与有价值的活动,活动本身就有内在的标准,因而不需外定目标。这正是教师教学自我监控的价值所在。

转化性是教学自我监控经历的关键所在。教学自我监控经历的价值指向是教学监控经验,不是为经历而经历。教学自我监控经历转化为教学自我监控经验才是其经历的价值所在。教学自我监控经验是对立足于教学实际、对教学与教学监控的反映、对作用于教学监控客体的行动反思,这是"意义"的建构、"存在"的澄明、价值的生成。这是对教学监控实践的理解与超越,把所经历到的教学监控的内在性、整体性感悟与揭示。教学自我监控经历的转化以教师专业个性化发展为依归,因而是一种个性化的教学自我监控。教学自我监控经历的转化性还意味着提供的自我监控经历机会要引起的反应是在教师力所能及的范围之内。这些可转化的经验应适合于教师目前的教学自我监控基础、心智发展。如果教学自我监控经验所涉及的相关经历是教师目前还做不到的,就达不到其教学监控目标。这要求教师研究教学自我监控学生、了解教学监控,以确定他们是否有可能让自身产生所期望的教学自我监控经验。

教师教学自我监控的经历转化为自我监控的经验随着主体差异也会不同,经历转化为经验会有不同。教学自我监控经历的主体性表明,教师按照自己的条件,以适合自己的方式主动地参与教学监控经历的过程,建构教学监控经验。

4. 共时性

共时性是在某一特定时刻该系统内部各因素之间同步发生、同时存在的关系。教学自我监控具有与教学的共时性。教学监控是对教学运行的监控,必然是同步进行的。无论是教学的课前监控、课中监控与课后监控,教学监控都是与教学各阶段密切关联,同步发生。教学自我监控中的教学监控与元监控也是同步进行的。教学监控有着觉察与获取、判断与决策、调整与行动、反思与反馈四个环节,在理论上我们分别解析,但在教学实际过程中,特别是课堂教学时,是在瞬间完成的,也是一种共时的表现,难以把上述四个环节拆分进行。课堂上不仅教师在进行教学,而且也同时对自己教学监控。

教学自我监控是一种"双向共时"的活动。教学活动由师生的交互主体性构成,因此是一种主体间的共时活动。同时,教学监控的成效是通过学生的学习成效来表达的,因此教学监控的成效与师生的教与学成效是共时的。教学监控通过师生双方共同参与,教与学虽然由不同的主体承担,但双方处于同一教学活动与教学监控活动之中,师生之间的相互作用,这两类活动在时间上具有共时性。

教学自我监控的共时性还意味着发展的同步性,教师经历教学自我监控过程,获得教学自我监控能力的长足发展。在这个过程中,教师对教学监控的认同、反思的层次、情感态度与价值观乃至个性都随之发生改变。

教学自我监控从共时性的角度而言,教师对自身教学的监控不仅包括显性的行为,如教师的衣着打扮是否得体、教师讲课的语速是否恰当、教师板书是否清晰等。同时,也包括教师的诸多隐性行为,如教师感情的起伏、教师心态的变化、教师思想的波动等。其次,从历时性的角度而言,教师教学行为监控能力并不是简单的、线性的、机械的"问题—解决"式能力。相反,它是复杂的、非线性的、多维变动的能力。教师对教学行为的监控不仅要找出存在的问题,而且要分析问题出现的深层次原因,从而采取积极的调控策略。

第三节 教学监控的理论视域

一、教学监控的教育哲学视角

教育哲学是对教育的基本观点的体系。教育哲学具有方法论性质的基础科学,对教育理论和教育实践中的一些根本问题进行哲学探讨,以此为教育理论和教育实践的指导,具有概括性、规范性和批判性等特点。教学监控也需要从教育哲学的角度进行考量,可以让我们清晰地把握教学监控的本质意义。

从教育哲学的基本的目的论上探讨教学监控的目的。教学监控的根本目的是为了改进教学提升教学质量,促使教学实践符合教学规律。教学监控不是针对人的,即教师,是以人为本的教学监控。教学监控不是为了区分教师分等级,而是为了人的发展,即教师的发展与学生的发展。教师教学监控过程中,不仅关涉到教学内容、学生以及教学环境等因素,更为重要的是关涉到教师自身的个性心理特征、专业能力,关乎教师的健康发展。教学监控不是针对人的工具,而是促进人的全面发展的方式,通过教学监控营造教师发展的生态环境。在具体的教学监控过程中,教师教学监控总是以一定的教学目的为方向指引,依据目标对教师自身教学行为调整,对教学过程中信息的获取与判断,对教学要素的把握与调整,但教学监控的基本目的是为了改进教学与提升教学质量,促进学生可持续发展。

从教育监控的中介论上考量,基于世界上一切事物都通过中介,"一切都在中间环节融合,通过中介过渡到对方"。"中介"是一个哲学概念,中介概念的"转化"的关系表明其动态性。中介概念在黑格尔哲学体系里是最常用的概念,它是从"绝对理念"过渡到对方的桥梁,是彼此联系的中间环节。失掉"中介",任何联系都将变成为僵死的。黑格尔说:"不论在天上,在自然界,在精神中,不论在哪个地方,没有什么东西不是同时包含着直接性和间接性的。"因此,一切都经过中介,连成一体,通过转化而联系的,整个世界(过程)的有规律的联系。[①] "中介"联系,是"整个世界(过程)的有规律的联系",使客观世界联成一个统一的整体。基于世

---

① 劳承万:审美中介论,上海文艺出版社,1986.8.

界上一切事物都通过中介,教学监控同样存在着中介关联,也存在着"中介"这个不可或缺的环节。教学监控是教学与教学成效之间的中介。有了这个中介,教学与教学监控的体系才能相对独立地运动起来。教师通过自我监控这个中介使教学与监控、教学与外部监控联结,通过转化而使教学监控产生教学质量提升功能。

教学监控使教学的随意性走向更为自觉。杜威认为:"赫尔巴特的伟大贡献在于使教学工作脱离陈规陋习和全凭偶然的领域。他把教学带进有意识识的方法的范围,使它成为具有特定目的和过程的有意识的事情,而不是一种偶然的灵感和屈从传统的混合物。而且,教学和训练的每一件事,都能明确规定,而不必满足于终极理想和思辨的精神符号等模糊的和多少神秘性质的一般原则。"[1]赫尔巴特将人的经验(或艺术)分为两种:一是"经验丰富的艺术",二是具体实施的艺术。前者能够因时制宜、当机立断地解决问题;而后者只能利用随意的、偶发性的个人经验去解决问题。一个实践者是否能够形成"经验丰富的艺术",关键就在于他是否形成了自己的观念(或理论)。好的实践总是既来自个人的经验技巧,又来自理论的支持,"用基本原理把自己武装起来"。问题是,"对实践者来说,总是不是学得太多了就是学得太少了。也正因为如此,所有实践者在他们的艺术范围里都很不愿意参与到如是的彻底研究过的理论中来,他们更愿意把他们获得的经验和观察与那种理论一争高低"。[2] 教学监控正是把教学理论转化为自觉的教学行动,使教学理论与教学实践相结合,而促进这种结合的基本方法就是自我意识与自觉实践,教学监控正是把教学理论与教学实践结合的中介。

教学监控重在教师对教学实际的自我反思。赫尔巴特提醒:"实践者如果过于偏重个人狭隘的经验,如果仅仅了解自己或周围人的经验,就很可能导致实践的失败。而且,实践者失败之后还不知道失败的根本原因。即便实践者偶尔尝试某个方法获得成功,也不知道还有更好的方法去获得更大的成功。结果,一代又一代实践者只能在相同的轨道上重复,不可能有更大的进步。"[3]这与我们观察到的尚未成熟的教师不注重教学经验总结,缺乏学术反思,往往以套话来掩盖教学上的无知。正如赫尔巴特由此得出结论,实践者之所以拒绝理论而满足于个人经验,并非他们不懂得理论的价值,而是因为他们缺少了从理论到经验的"中间环节"。由于缺乏中间环节,实践者既想学理论又觉得学理论没有实标的用处,"不是学得太多了就是学得太少了"。赫尔巴特将理论和具体技能之间的"中间环节"

---

[1] 杜威:民主主义与教育,人民教育出版社,1990.
[2] 赫尔巴特:赫尔巴特文集(教育学卷二),浙江教育出版社,2002.
[3] ibid.

称为"机智",这种"机智"接近康德的"判断力"。如果说理论和经验之间需要有一个"中间环节",这个"中间环节"虽然呈现为教育机智,实际上却是人的情感或审美。它是人的情感判断和审美判断。"情感"在赫尔巴特哲学中占有重要的位置,后来波兰尼(M. Polanyi)称之为"求知热情"。它推动理论转化为解决具体问题的行为方式并形成习惯。实践者是否能够调节自己的行为习惯,取决于他的"兴趣"和"道德意愿"。一旦当事人有了兴趣和意愿而又能够"用基本原理把自己武装了起来",那么,"他的经验会变得更清晰。会时时刻刻地告诉他在什么时候做什么事情"。[1] 教学监控作为教学与教学质量之间的"中间环节",作为教师与教学监控的中介,在教学与教学监控两者的意愿、观念、机智等方面有着十分作用,没有教学自我监控,教学无法有意识进行。

二、教学监控的脑科学视角

教师个体的教学监控活动有着生理、心理基础,是教师个体机体的一种神经与心理调节机制。教师个体的监控活动,是通过个体神经系统的调节作用机制来实现的。"感觉感受器从外部世界收集所有信息均存在于周围感觉系统,但神经活动唯有经大脑皮层进一步精细处理后,才产生有意识经验。在大脑皮层,源源不断流入的感觉信号,从对基本要素的表象,转化为更为复杂的特征的组合。皮层中,现时经验一旦与近期与远期记忆,以及所预期的进行比较,就会显出其意义。从外部世界获取的信息也可为适当的运动输出做准备。"[2]

教学监控活动与大脑功能有关。"大脑皮层的不同部位有着不同的功能。我们认为,正是大脑皮层的功能区及其机能为人类个体的自我监控能力提高了物质基础。""大脑皮层的感觉功能区主要负责自我监控中各种信号刺激的接受、感知,也就是起反馈、监视的功施。运动功能区主要负责自我监控中对各种运动、行为的指挥、驱动,也就起执行、控制、调节的功能。"言语功能区是人类特有的,它主要负责涉及到言语符号信息层次上的自我监控,其中,感觉性言语区偏重于各种言语符号刺激的接受与反馈,运动性言语区重于各种言语符号命令的控制与调节,并且两者分别与相应的感觉区和运动区协调配合,完成言语符号信息层次上的自我监控机能。联合功能区在自我监控中主要起一种沟通、整合、保障与协调的作用,它通过促使以上三个功能区的各种具体机能相互沟通、相结合、相互补充,从而便它们所履行的机能变得更为有效、完善和精确,如在更高水平上整合知觉,协调身体各部分的运动来完成或行为,参与更为复杂的注意、记忆、问题解决等高级

---

[1] 转引自刘良华:教育哲学,华东师范大学,2017.
[2] J.G.Nicholls 等:神经生物学——从神经元到脑,科学出版社,2017.10.

心理机能，是实际自我监控得以实现的"协调员"。因此，联合功能区可视为大脑自我监控功能的核心部分。自我监控是大脑许多功能区整体作用的结果。[1]

教师教学监控从有关教学信息获取、判断、做出决策，并采取调整教学行为，这是一个瞬息的认知—行为的心理过程，需要教师在教学中不断增强教学监控能力，使之成为自动了的教学监控习惯。

三、教学监控的心理学视角

教学监控活动作为人类的一种活动，必然有着监控主体人的心理机制问题，教学监控是基于教师的人的心理活动的监控，受到人类的心理影响。

教师的教学监控是基于自己关于教学监控的认知，包括教学监控的知识与观念，并在教学实践中形成教学监控能力，正是教师的教学监控能力作用于教学监控，产生调节教学的实效。教师在教学监控上的认知是教学监控的重要心理机制。其中教师的教学监控能力是关键。教师教学监控能力的强弱可以通过其教学监控能力表现来表征。教学监控能力是教师成功完成教学监控活动所必须具备的个性心理特征，它是顺利完成教学监控活动的必要条件。教学监控能力和教学监控活动紧密联系着。一方面教师的教学监控能力在教学监控活动中形成和发展，并且在活动中表现出来。

教师教学监控能力具有情境性，也具有迁移性的特征。教师教学监控能力是教师在长期的教学实践过程中积累起来的，当内化为教师个性心理特征时具有一定的稳定性。教师教学监控能力能够迁移到相似的教学情境之中，促进相应教学问题的解决。其迁移的可能性以及迁移的程度不仅取决于情境的相似性，也受制于教师教学监控能力的熟练性。

教学监控从心理学视角考量有一个十分重要的元认知机制。对教学监控的认知是教师个体接受信息、加工信息和运用信息的能力，它表现在教师对教学对象的认识活动之中。教学监控的元认知是教师个体对自己的教学监控进行的认知和控制能力，它表现为教师对自己正在发生的教学监控活动的认识、体验和监控。教学监控的认知对象是教学，教学监控的元认知活动对象是教学监控活动本身，它包括教师怎样评价自己的教学监控活动，怎样从已知的可能性中选择解决监控问题的确切方法，怎样及时做出监控判断与决策，怎样采取合理的教学调控等，是教师个体把教学监控作为认知对象。对教学监控的元认知机制实际上就是对教学监控的监控，称之为元监控。

---

[1] 董奇等：自我监控与智力，浙江人民出版社，1996.11.

四、教学监控的生态学基础

从教育生态学考量，教学监控是一个生态系统，是由教学监控的主体与监控环境互动组成的生态系统。教学监控需要良好的教育生态，特别是教学监控生态支持与滋养。教学监控不是单一环节、单一过程，而是教学监控主体的教师、教学管理者等与教学监控的环境，包括监控的客体、监控制度、监控方式等组成的教学监控环境，正是这两者的互动形成了教学监控系统。

教学监控生态是一种发展性、形成性生态，凸显"发展"核心价值，是基于教师自身情况的"成长"，关注教师自主性的彰显与发展的渐进。教师教学监控生态是学校生态的一个部分，是教学生态链的一个重要一环，并依托相互动态制约关系建构教师教学监控生态。只有当学校的教师发展文化真正得以重视，才有建构教师教学监控生态的适宜土壤和坚实基础。生态环境是否良好表现在实际教学中多种教学关系的融洽、民主的教学氛围上。生态学意义上教学监控更多的是激发和调动教师的自我监控，更注重教学中教师与教学管理者、教师与学生之间的平等互动。传统的学校管理中教师问题也得到重视，但是较多的是作为工具，即考试成绩的工具，而不是作为人的教师全面发展。教师作为生命主体，教师专业发展不能仅作为手段，而且应该作为学校发展的终极目标之一受到关注。学校实施教学监控不仅应该提高教学质量，还必须提升教师生活质量，关注教师的尊严与成长、人生幸福，以最终实现教师发展的可持续性。营造教学监控良好的生态，才能使教学监控为教师乐于认同，积极参与，感受成长的快乐。建立在以生态系统主体视角理解教师发展，才能真正实现对教师的关注从手段转变到目的的超越。教学监控的生态化使教师发展成为"有源之水"，成为学校与教师双方的内在需求，成为学校和教师双方自觉的、主动的行为。

生态化的教学监控是一种关怀教师整体素养与生命性健康成长的教学监控，是以教师自主发展为机制的一种生态型教学监控。生态化教学监控具有教学监控的适宜性、共生性、开放性、多样性等生态特征的教学监控，因此，教学监控生态化是指教学监控的特征越来越明显的过程。教学监控生态化可以凸显教师自身的主体性价值，充实与发展自我，不仅有利于关注教师专业与师德的现实表现，也关注教师内隐的价值、潜在能力的挖掘和发扬。教学监控生态化有利于教师从被他人"预成性"目标束缚中走出来，激发教师创造性的教育劳动，转变为了评价的结果而按部就班或者功利性迎合执行的局面。教学监控生态化应该从关注少数教师发展到关注全体教师发展。教学监控的生态化强调全体教师发展的整体性，从关注教师教学成绩到关注教师素养整体，从关注少数骨干教师到全体教师的专业发展。生态化的教学监控关注教师个人发展的逻辑起点与教学监控最终目的是教师获得发展。这就需要教学监控具有适切性，以教师自身发展为基点，使教学监控成为一种成长性的元素。教学监控从目标的制定到监控实施，无时无刻不在关注教师的发展。同时也要避免无视教师自我存在，导致"发展"成了形式化的口头禅，真实的自我价值将沉寂于教师内心的最深处，无法发挥，也无法拓展。

教学监控生态化基于监控的差异性，在具体教学监控过程中，难以找到一种现成的、固定的、一成不变的监控方法，应该根据教师的不同特点及其所处的内外环境因素，因人、因地、因时地设计不同的监控方案，采用不同的监控方法，随时依照监控对象及环境的变化，及时调整监控方案，才能达到预期效果。教学监控不能成为束缚教师开展教学工作的绳索，淡化监控中评价的鉴定功能，强化监控的诊断作用，善于发现教师所蕴藏的专业能力与经验，建立提升教师自我反思、自主发展的监控制度与方式。这样教学监控的生态适宜性就越益增强。

非生态化的教学监控突出的表现是线性对待教学监控，简单地理解获取的教师的教学信息，把学生学习质量线性归因与教师。生态化的教学监控强调非线性相互作用是教学监控生态系统演化的内在机制，具有非线性、不确定性，不是简单机械因果性。非线性的发展或演化过程的不可预测，以及内在的、固有的，而不是外加的、外生的混沌特性，决定了管理过程与结果之间无决定的直接的关系，教学监控生态管理不追求由稳定的管理价值观所决定的最优化和最高效率。对于一个内部通过非线性作用机制组织起来的教学监控生态系统来说，一个微小的扰动就能够通过自身反馈调节机制的相互作用得到增强，从而得到整个系统要素的放大或共振，出现新的应对各种扰动的结构，实现其生态系统的不断的进化。教学监控生态系统作为一个自组织系统，它的内部都是通过各个要素之间非线性相互作用组成的复杂因果反馈调节机制。它能够在相当大的范围内造成环境向系统进行不同的输入时，能够通过自身反馈调节机制去应对不同的环境影响，表现出自主性、自稳定、自协调，从而产生出相同的或不同的输入都能够保持不变的输出，即保持不变的发展方向或自组织性。教学监控生态观强调教学监控都有其产生、形成和发展的特定情境，这种情境是由监控主体与监控客体互动中形成的特定教学情境。教学监控始终是依赖于教学情境，并作用于教学情境。正是复杂多变的教学、充满各种可能性的教学监控以及微妙的教学与监控关系需要教师不断提高教师教学监控能力。

第三章 教师教学监控能力概述

○ 第一节　教师教学监控能力的基本认识

○ 第二节　教师教学监控能力的基本结构

○ 第三节　群体互动中的教师自我监控能力发展

第一节　教师教学监控能力的基本认识

一、教师教学监控能力的概念

教师是专业性很强的职业,需要具有特定的专业能力。一般而言,教师专业能力包括师德践行能力、综合育人能力、课程教学能力与自主发展能力。教师的教学能力包括教学认知能力、教学操作能力和教学监控能力等。教学认知能力,是教师对所教学科知识方面的认知,以及对所教的学生的心理特点和自己所使用的教学策略理解的能力。教学设计能力是教师为教学实施对教学要素、教学结构等所进行的预先策划的能力,通常所称的备课。教学操作能力是教师在进行教学实施、评价以及教学策略运用等能力。教师监控能力是教学能力中最重要的成分,是教学能力的核心。在这四种教学能力中,教学认知能力是基础,它直接影响到教师教学准备的水平,影响到教学计划设计的质量;教学设计、操作能力是教学的具体实施能力,是教学关键能力,也是最能体现教学艺术性的能力;教学监控能力是教学能力诸成分中最高级的成分,它不仅是对教学活动的控制,而且是教学能力发展的内在机制,这四种能力互为关联,教学监控能力分别与教学认知能力、教学设计能力、教学操作能力直接相关,而教学认知能力、教学设计能力与教学操作能力的联系往往是通过教学监控能力实现的。

从现代信息科学的角度而言,监控被认为是通过检查、考核、评比、总结等形式和手段,及时收集与被监控系统活动进展相关的各种信息,并按照计划采取措施纠正或消除目标实施过程中出现的偏差和失误,使活动朝预定方向发展。[1] 监控的实质就是指主体借助活动中的反馈信息,对活动进行监测和调控,使其朝向预定目标发展的行为。

教师教学监控能力是教师为了保证教学达到预期的目的而在教学全过程中,将教学活动本身作为意识对象,不断对其进行积极主动的计划、检查、评价、反馈、控制和调整的能力。教师教学监控能力是教师在课堂教学活动中,为了教学目标顺利有效地达成,基于一定教学目标,不断地对教学进行监察、反馈、调节和控制的个性心理特征。教师的教学监控能力对教师的教学行为起着调节和控制的作

---

[1] 董奇等:自我监控与智力,浙江人民出版社,1997.

用,决定着教师教学的效能和质量。教学监控也是促进教学改革深化的必然,高质量推进教师队伍建设的需要。教学监控能力是构成教师素质的核心要素。

二、教师教学监控能力的内涵

我们认识到要提高教育质量,培养出适应时代要求的合格人才,除了从宏观上改革不适应社会发展的旧的教育体制之外,从微观角度说,改变教师的教育角色,促使他们从"经验型"教师向"专家型"教师转化,从传统意义上的"教书匠"向"全能型教师"转化,应是当前教改的一个重要方向,而教师教学监控能力则是实现这种转变的核心要素。[①]

教师教学监控的内涵丰富:

1. 教师教学监控能力是教学综合能力。教师教学监控能力是教师对教学活动以及教学监控进行有意识的评估、反思与调整的综合能力。教师教学监控能力主要可分为三大方面:一是教师对教学活动的事先计划和安排,二是对实际教学活动进行有意识的觉察、决策、评估,三是对教学活动进行调整、反馈,有意识的自我控制。教学监控不仅是对他人的教学进行监控,而且也是对自己的教学进行监控。教学监控是一个连续统由于教学活动极其复杂,包括的方面和涉及的因素多种多样,因此,教师的教学监控能力也具有多方面的内容和多样化的表现。

2. 教师教学监控能力是一种基于反思性思维的能力。教师教学监控能力是教师的反省思维或思维的批判性在其教学活动中的具体体现,表现出对教学的有意识的反思。反身性思维 reflexive-thinking,是主动地对已有的认识、结论或观念,以及思维活动的形成过程进行的思维。教师应该通过反思性思维改进教学行为,使教学实践充满智慧,并重新建构对教学本质的理解。杜威指出:"所谓思维或反思,就是识别我们所尝试的事和所发生的结果之间的关系……思维就是有意识地努力去发现我们所做的事和所造成的结果之间的特定的连接,使两者连接起来。"还指出,反省是"对任何信念或假定形式的知识,根据其支持理由和倾向得出的进一步结论,进行的积极主动的、坚持不懈的和细致缜密的思考"[②]教师教学监控能力就是把教师认为确定的教学通过教学实践进行因果的反思,从而趋向于变化的情境过程。反思性思维既包括引起思维的疑惑问题和心智上的困难等状态,又包括探究的活动和解决疑惑的实际方法,它能够"将经验到的模糊、疑难、矛盾和某种纷乱的情境,转化为清晰、连贯、确定和和谐的情境"。也就是说,在反省前,处于迷惑、困难与纷乱中,这时提出疑问,并通过思维来解答疑问;而在反省

[①] 申继亮、辛涛:论教师教学的监控能力,北京师范大学学报(社会科学版),1995.1.
[②] 杜威:民主主义与教育,人民教育出版社,1990.

后,则得到"一种制胜、满足和愉快的直接经验"①。

3. 教师教学监控能力是一种基于认知建构的能力。认知建构理论(Cognitive Constructive Theory)认为强调对知识的主动探索、主动发现和对所学知识意义的主动建构。在建构意义过程中主动去收集并分析有关的信息和资料,对所遇问题提出各种假设并努力加以验证。教师的教学活动从本质上说就是一种认知活动,每一位教师都有自己特定的关于教学的观念和规则,都存在对教学活动和学生发展的"图式",形成了自己独特的关于教学思维模式。正是这种思维模式,决定了教师的教学方式与教学监控。教学监控是对教师教学形成个体的认知图式,是对教学认知的结果。教师头脑中的教学图式的加工过程,是通过对加工的信息进行拟合、优化、评价而进行的,对某些信息的加工甚至有几个图式相互比拟、进行评估,最后才能作出决策。这实质上就是一种教学监控。另外,个体通过对自我的认知概括所构成的一种"自我图式"(Self-Schema),便广泛地影响着教师个体的认知加工过程,它不仅直接影响着个体的注意选择、信息检索、储存、提取等信息加工过程,而且还通过影响其情绪情感来间接地影响个体的认知过程。由于个体自我的认知在不断地发生变化,因此个体的自我图式也是变化的。从"元认知"的角度来解释教师教学监控能力,即教师把自己教学活动本身作为认识对象,对其进行反思的过程,即教学监控的监控。

4. 教师教学监控能力是教学学术性实践能力。教学监控是教师在教学活动中表现出来的,是对教学实践的学术思考,并非是教学的简单回顾与记忆的复盘。教师教学监控能力是对教师的教学做出学理上的合理性解释,以证据来实证。通过教学监控要把教学中所反映的现象与问题和自己已经知晓的教学原理相联系,并对这种联系加以认真的思考。"联系"与"思考"是教学监控意义构建的关键。如果能把联系与思考的过程与教学监控中的协商结合起来,则教学监控建构意义的效益会更高。通过自我监控自己和自己争辩什么是正确的"自我协商",通过外部监控教师群体内部相互之间的讨论与辩论的"相互协商",提高教学监控的学术性实践,超越对教学的白描性的评价。根据长期的研究,林崇德提出"通过教师参加教科研,促使他们由'经验型'的教师,向'专家型的教师'过渡"的观点。这确实是一个非常新颖而富有创意的观点,我们的培养实验已经充分地证明了这个方法的科学性和有效性。那么,这种转化的内在机制是什么呢? 在长期研究的基础上,我们认为,其内在机制就在于教师教学监控能力的提高。通过参加教科研,教师对教学活动的认识更加清晰,对自己教学活动的评价、反馈更为客观准确,更自觉地调节和改进自己的教学方法和过程,使之适合于学生的水平和他们发展的要

---

① 杜威:我们怎样思维·经验与教育,人民教育出版社,1991。

求,教师的教学由原来的被动和不自觉状态变得主动和自觉,总之,教师的教学监控能力明显地增强。"①

三、教师教学监控能力的水平

教师对教学活动以及教学监控进行有意识的评估、反思与调整的综合能力。能力的发展是个体身上的潜能转化为现实的能力。教师教学监控能力的这种转化发生在教师个体身上,这种转化只能靠自己的努力,任何人都不能替代教师个体去实践、锻炼。没有教师在教学中自身的教学监控实践,即表现(Performance),无所谓教师教学监控能力的发展。教师教学监控能力是在教学实践中,随着教师与教学互动而发展。我们可以用五个维度来衡量教师教学监控能力发展水平。

(一)教学监控主体性水平

教学监控能力发展水平首先表现在主体性上。教师在教学监控上的主体性强,如直接影响教学监控。这个主体性不是抽象的,应该提供教学监控上的主体性表现可以来表征,可以观察到。

1. 教师监控的主体意识,意识到自己是教学监控的主体,真正把自己放在教学监控中心的主体地位。对自己的教学监控行为负责,让自己真正成为教学监控的主人。在教学监控中,充分发挥教师自身的教学监控的主体作用,不仅严于自我教学监控,而且也善于在教师群体的教学监控中发挥作用。

2. 教师监控的参与性。参与度重在教学监控过程中的主动表现,而不说是心不在焉的参与。在教学监控中以积极心态参与教学监控活动,勇于承担相应的责任,进行自我监控。把教学监控过程变成一个专业学习的是一种积极的、轻松愉快的,应让学生从内心深处感到这种监控是善意的过程,从而乐意接受他人的评议与主动改进教学。

3. 教师教学监控的自律性。教师有端正的教学监控观念,在没有外部强制性的情况下,通过教学的自我监控,自觉地开展教学监控。处在教学监控他律水平上的教学监控能力高于他律下的教学监控能力。

4. 教师教学行为监控能力的稳定性。教师教学监控能力是教师在长期的教学实践过程中积淀而成的,一旦形成便内化为教师的个性心理特征,具有一定的稳定性。这种稳定性是教学监控能力的主体性的具体表现。

(二)教学监控的正确性水平

教学监控的正确性是教师教学监控能力的关键能力表现。教学监控的目标、内容与方式,即为什么要教学监控、教学监控什么,以什么方式实施教学监控发生

---

① 申继亮、辛涛:论教师教学的监控能力,北京师范大学学报(社会科学版),1995.1.

偏差,甚至发生错误,这是教师教学监控能力发展不足的集中表现。

1. 正确的教学监控观念。这是教师教学监控能力的重要方面,观念错了,教学监控行为必然发生根本性错误。"教学监控为了有效改进教学"的价值观念、"教师自我教学监控"观念等的树立反映了教师观念能力。

2. 全面把握教学监控的客体。不少教师把教学评价当作教学监控,导致教学监控失去应有的价值。也有不少教师在教学监控中只是偏于对知识教学监控,而忽视对教学育人功能落实的监控,导致监控对象客体上不完整。过分关注知识,忽视情感意志等的监控。传统的课堂教学监控,最明显的一个问题就是以知识来判断学生的学习状况以及教师的教学水平,其目标导向是考试,而考试又以习得的知识为前提。在教学监控目标中忽视了人的情感、价值观等因素,把大量的评价、观察手段用在了学生掌握的知识上。

3. 关注教学监控的合理性。教学监控的主体有差异性、客体也有差异性,再重叠了教学情境的差异,教学监控的方式必须充分予以关注。教师教学监控能力始终是依赖于教学情境,并作用于教学情境的。教师教学监控能力表现于特定的教学情境,具有很强的情境性。教学监控的某一行为在局部看似正确,但在整体或者在特定情境下可能就是很不适宜的,缺乏合理性。

(三) 教学监控的系统性水平

教学监控能力不仅有一项一项监控技能,例如,教学信息获取的技能、教学信息判断的能力等,但更为重要的是教学监控能力是一种综合的系统能力。

1. 在教学监控时间上,保持时间的连续性。教学监控不仅是教学课后的监控,应该是贯穿于整个教学过程中,在教学目标统领下,课前、课中与课后监控关联的系统教学监控中所表现出来的教学监控能力。

2. 在教学监控对象上,要对教学目标的完整性进行监控。教师教学监控只是指向认知上是教学监控系统性不足的典型表现。教学监控必须十分重视教学的非认知指向的教学监控,教师应该对自己的教学态度、教学动机、教学过程中情绪状态等非认知心理因素进行监控。

3. 在教学监控类型上,自我监控与外部监控整合。过于强调自我监控,会失去教师群体参照下的对话,提升自我监控的质量。过于突出外部教学监控还导致教师教学监控中的自主性,导致自我监控的萎缩。只有把教学自我监控与教学外部监控整合起来,发挥教学监控的系统功能。

4. 教学监控的系统监控水平。系统论认为整体大于局部之和,单节的课前监控、课中监控与课后监控不少教师是能进行的,但往往缺乏教学的整体监控能力,如课后关于某节课的教学讨论时,一些教师发表的看法碎片化、随意性。教学监控能力应该表现在对教学监控对象系统性监控,无论在监控时间上、教学监控对象上、还是教学监控类型上,这些教学监控能力的表现之间是相互联系、相互影响的。如非系统指向的教学监控能力不仅直接影响教师教学监控的积极性、努力程度以及对教学效果的情绪反应,而且也会影响教师教学设计、教学目标确定,教学内容的组织、教学方法的匹配,更是影响教学监控的实施,影响教学监控的(信息)获取与处理、评估与判断、决策与调整、改进与行动。

(四) 教学监控的敏感度

教师教学监控能力的敏感性,是指教师在教学监控中教学感知与教学反应的速度。这主要表现在教师在教学监控中,对教学客体信息的获取与处理的敏感程度、对教学信息所承载的教育意义的判断与决策的速度,对教学决策转化为调整行动的反应速度,以及调整行动的反馈与评估方面。敏感性是衡量教师教学监控能力高低的一个重要指标,敏感性不断提高是教师教学监控能力发展的一个明显特征。

1. 教学监控的敏感性的实质是教师教学监控意识的强弱。教师教学监控意识是对目标事物的警觉和关注,具有对教师有效地开展教学活动的能动作用,会直接影响教师对教学监控的敏感性。

2. 教师对教学情境中各种变化的敏感性。这直接决定教师进行教学监控的信息反馈水平。这方面意识较强的教师,在教学中能有意识地根据教学情况和学生反应感知教学实际情况,并进一步做出判断与决策。

3. 教师对自己的教学活动作出及时的反应与调整。对在不同情境下合理的教学策略的激活与运用的敏感性。这与教学监控能力中的调整水平密切相关。

一般教学监控能力较弱的教师,在很大程度上是上述一个或两个方面的敏感性薄弱所致。

(五) 教学监控的力度

教学监控力度是教师教学监控能力的主要反映,教师通过教学监控能力所表现出来的监控作用强弱,可以通过教学监控的有效性来表征。能力是抽象的概念,能力表现是具体的情境化的。教学监控能力可以通过教学监控的四个环节上的获取与处理、评估与判断、决策与调整、改进与行动的能力表现显现教学监控能力的强弱。

1. 教师教学监控能力的力度主要与处在其关键地位,发挥着根本性作用要素有关,对教学监控具有关键作用。教师教学监控反思性有助于教师在教学过程中监察自身对教学行为监控的合理性。教师反思性监控能力决定着教师教学的合理性,它是教师教学在感性和理性、教学自由和教学规约之间的一种张力。

2. 教师教学监控的反思链是教师教学监控能力关键要素,教师监控中的反思链贯穿于教师的整个教学,教师监控中的反思链是对"教学行为—教学监控—教学元监控"一系列反思,使教学中的觉察、决策与调整等处在意识状态下,具有反思的价值。

3. 教学监控的力度还与其他要素有关,主要包括教师对自身教学监控的频率是否符合教学节奏、教师对教学监控的水平是否利于教学的有序开展等。

4. 教学监控的适宜性影响教学监控的作用力度,即有效性。高强度或者弱强度的教学监控都不利于教师有效教学的实施。教师对自身教学行为高强度的监控会使教师精力分散,难以达到教学的"自由"境界。另外,弱强度的监控往往会导致教师教学率性而为,缺乏教学理性。

(六)教学监控的深度

教师教学监控能力还表现在其所实施的教学监控的深度,形式主义的还是名实相符的教学监控,浅表的还是深层次的教学监控。教学监控的深度在很大程度上反映了教学监控的质量,以及教师教学监控能力的强弱的标识。

1. 深度的教学监控是基于教育科学与课程教学原理基础上的,而不是肤浅的套话式的评议。深度教学监控的信息处理要可靠、判断要有依据、决策要有学理支持、调整改进以实效验证。

2. 深度教学监控抛弃重在教学某处某问题上的想法,而缺乏议论的教学逻辑性、缺乏对课的结构性评议、也缺少因果关系的评议。停留在对教学(上的课)的原始的直接感知的议论,缺失依据教学原理上的深入剖析与基于学理的教学改进建议。

3. 深度教学监控增强教学效能感与教学监控的效能感。教师的教学监控态度、教学成败的归因、教学监控感受等,都是通过教师的效能感来影响教学监控能力的。通过增强教师的教学监控效能感,改变教师的教学监控观念,进而提高教师的教学监控能力。

4. 深度教学监控的能力体现在具有迁移性。教师教学监控能力具有迁移性的特征。它能够迁移到相似的教学情境之中,促进教学监控在相应环境里实施。其迁移的可能性以及迁移的程度不仅取决于情境的相似性,而且在很大程度上受制于教师教学行为监控能力的熟练性和惯性。

5. 教学监控能力的强弱还表现在教师的元监控上。元监控则是指教师在教学监控活动过程中,将教学监控活动本身作为意识的对象,不断对其进行自我监察和调控。教学元监控与教学监控有重大区别,教学元监控是对教学监控的监控,对教学监控起到直接影响。

教师教学监控能力,我们可以从上述五个方面进行考量,从而使教学监控走向可检测、具象化。

同时,我们还要注意影响教师教学监控能力发展的因素,从而使我们能更好地把握教学监控上的因果关系。林崇德教授教师在一项"教学监控能力与其教育观念的关系研究"的研究表明:

（1）教师的教学监控能力与其内在动机定向和外在动机定向均存在显著相关关系，与外在内化动机定向不存在显著的相关关系。

（2）教师的教学监控能力与其对学校和班级的态度存在显著的正向相关关系，与其对挑战性任务的选择倾向之间存在显著的正相关，与其对容易的任务的选择倾向之间不存在显著的相关关系。

（3）教师的教学监控能力与其对教学成败的努力归因之间存在显著的正相关关系，与其能力归因、任务难度归因和学生归因之间不存在显著的相关关系。

（4）教师的教学监控能力与其能力知觉和努力知觉之间存在显著的正向相关关系。

（5）教师教学监控能力与其教学效能感存在显著的相关关系。采用验证性因素分析检验各因素与教师教学监控能力之间的线性关系。

结果表明，在教师的教育观念中，教师教学效能感与其教学监控能力之间存在直接的线性关系，其它的观念成分均通过它影响教师的教学监控能力。[1]

第二节 教师教学监控能力的基本结构

一、教师教学监控能力的三维度结构

在实践基础上，我们对教师教学监控能力的要素与结构做了分析与概括，形成了教师教学监控能力三维度结构的假设。我们认为，教师教学监控能力由教学监控能力要素维度、教学监控指向维度与教学监控实施维度这三个维度构成。

（一）监控能力要素维度

这个维度主要从教学监控能力的教师主体自身的监控要素上建构。

1. 监控意识。这主要表现为教师对自身教学监控的清醒警觉、高度敏感、主动关注与目标对照四个方面。教学监控意识常是成熟型教师与尚未成熟型教师的重要区别标志。一般成熟型教师会清晰地意识到自己具体的一节课在什么环节中的教学自己感到很满意，在什么环节上有不足。与此相反，新教师往往以完成书面的教案为满足，对自己的教学缺乏感觉。如果问这类教师"这一节课上下来感到怎样？"不少的问答"还可以"，对自己的教学的感觉十分模糊。

2. 监控观念。教师教学监控观念可以从两个方面考量：一是教学监控观念

---

[1] 林崇德等：教师教学监控能力与其教育观念的关系研究，心理发展与教育，1997.2.

的建构,包括教学监控的观念的形成、发展与运用这三个方面。二是教学观念的价值性,包括教学监控观念的正确性、合理性、引导性。教师教学监控观念往往可通过对教学监控的想法、态度来考察,例如,有的教师对听课常持有很抗拒态度。

3. 监控行为。这主要表现为教学信息获取方式、教学判断思维方式、教学调整行为、教学反思行为等。教学监控行为不同于教学行为,例如,教师语言行为、板书行为等属于教学行为。同时,监控行为不仅包括显性行为,例如,课前监控中的教学方案的修改等,还包括机能性行为,特别是教学监控思维方式,例如,教学过程中生成问题的决策思维。

4. 监控伦理。这主要表现为教学监控的行为道德性。教学监控伦理维度常被教学专业性上的监控所掩盖,而忽视教师教学监控中的道德考量。教师教学监控的道德考量首先表现在教学监控目的上的道德意义,为什么要实施教学监控与用什么方式进行教学监控,把教学监控作为针对人的工具,还是作为改进教学途径,会表现出道德意义。不少教师在教学监控中积极参与群体互动,采取敬业合作态度,使教学监控在教师专业发展上的增值。

我们曾对六位教师课堂教学,依据教师教学监控能力的能力要素维度做了调研,列举如下:

监控要素整体得分:72.68
分项得分:监控意识:71.66
　　　　　监控观念:70
　　　　　监控行为:66.6
　　　　　监控伦理:83.2

分项得分最高与最低相差 16.6,经差异性检验有明显差异,数据提示这几位教师教学监控行为较为薄弱。

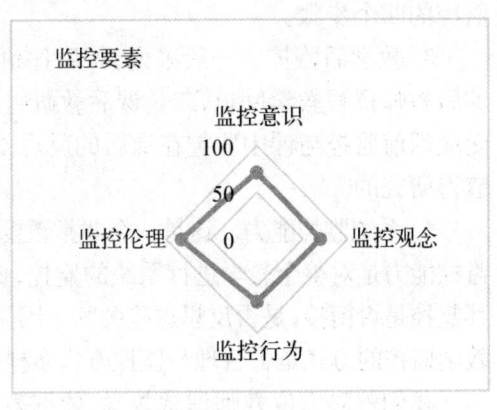

(二) 监控指向维度

这个维度从教学监控能力指向的客体上建构,主要有两个指向:客体监控能力与自我监控能力。

1. 客体监控能力。教师教学监控相对于教师自身,其监控主要是对教学中的教学目标、教学内容、教学方法、教学过程与教学评价的监控。这些教学因子是教学自身的重要因子,它们对教学的质量起到直接的影响。因此,教学监控必须对这五个教学因子在教学中的状况进行监控。

2. 自我监控能力。这是把教师自身作为监控对象进行监控,包括监控主体的自主性、监控协商建构性等。

上述两教学监控指向之间是互相关联,形成一个教学监控主体与教学监控的客体互动的完整的教学监控系统。

(三)监控实施维度

这是从教学监控能力在时间维度上的表现建构。教师教学监控能力在教学前、教学中、教学后这三个时间段上表现出来,而且各时间段上的监控都因各自阶段的教学特定任务与运行方式,因此个时间段上的教学监控也有不同的特点与要求。同时教学监控是一个连续的过程,每个时间段上的监控是互相关联与衔接的,前一个教学监控会影响后续教学监控的进行,因此,整个教学监控不是简单的各个时间段的教学监控之和,而是教学整体监控之和大于各个时间段的局部监控之和,也是系统论的整体大于局部的观点。

1. 教学前监控。这也就是通常说的课前这个阶段的监控,对教师课前的教学观念、教学行为等作监控。一般是通过备课进行考察,例如,课前是否认真修改教案,教学目标设定是否合理,等等。

2. 教学中监控。这是教学实施阶段的监控,大多是对教学监控的客体进行监控,这阶段的监控大多是一种自我监控,教师在教学同步进行自我监控,关注教学监控的四个步骤。

3. 教学后监控。一般来说,课后评价是学校常做的,大致有两种,一是教师,课后教师撰写教学反思,二是课后教研组对教学的讨论与评议。实际中课后监控变成课前监控与课中监控在课后的反思回顾。因此,从课后反思走向课后监控是值得研究的。

4. 系统监控能力。这是一个非常重要的监控,也是教师较为缺失的能力。系统监控能力是对整个教学进行系统的监控,例如,要监控教学三个时间段的教学以及其监控是否衔接,是否反思这些关联上因果关系,并采取调整举措。同时,还要监控教学监控的方式是否合理与监控方式多样化,反思监控关系的协调性,等等。

我们曾对六位教师课堂教学,依据教师教学监控能力的实施要素维度做了调研,列举如下:

实施要素总体得分:70.36

教学前监控:76.66

教学中监控:71.6

教学后监控:73.2

系统监控:60

最高与最低相差　16.66,有明显差异

分项得分最高与最低相差 16.66,经

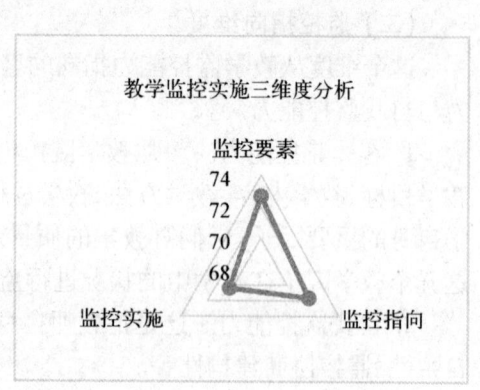

差异性检验有明显差异,数据提示这几位教师系统教学监控较为薄弱。

教师教学监控能力由能力要素维度、指向维度与实施维度构成三维度结构。正是这样的维度形成了完整的教学监控能力。

我们依据上述三维度的九个因子对教师教学监控能力做全因子分析,从雷达图的分析中可以直观地感知教师教学监控能力的要素与结构状况。

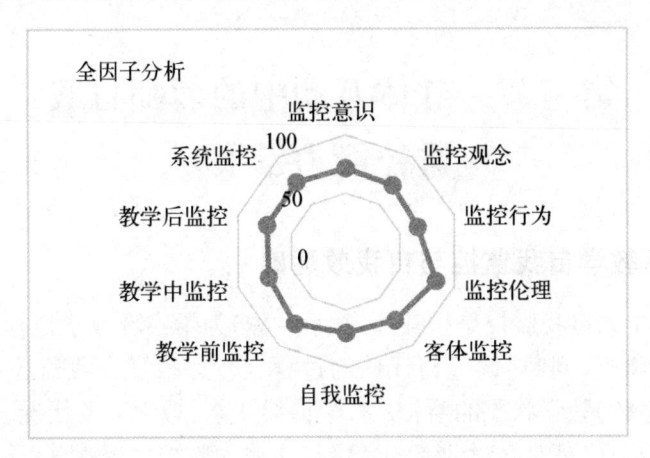

全因子分析（雷达图：监控意识、监控观念、监控行为、监控伦理、客体监控、自我监控、教学前监控、教学中监控、教学后监控、系统监控）

二、教师监控能力发展的阶段

教师教学监控能力是有一个形成、发展的过程,大致可以分为两大阶段:

● **第一阶段：他控阶段。**

这个阶段上教师对教学监控认识不足,教学监控主动性不足。这个阶段又可以分为小阶段:

1. 被动他控,这时教师主要被动接受评课、评教。

2. 主动他控,这时被动他控减少,会主动征求他人意见,对自己教学反思增强。

● **第二阶段：自控（主）阶段**

这个阶段上教师对教学监控的认识有较大提高,自我监控明显增强,从教学评议逐步关注评议是为了教学调整,注重教学改进。这个阶段也可以分为三个小阶段:

1. 自控初期,从他控向自控转变,出现自控的行为表现,课中监控明显增强,关注教学监控的觉察、判断、决策、（调整）行动四个步骤。

2. 自控中期,自控较为明显,"目标统领,整体设计"的课前教学监控明显增强。

3. 自控成熟期,这个阶段教师已较好地运用系统教学监控,自控自觉,自控与他控协调。

教师教学监控能力的发展是一个连续发展的过程,是从无意识逐步走向有意识,从局部监控行为走向系统监控,从他控为主逐步走向群体互动下自我监控。

第三节 群体互动中的教师自我监控能力发展

一、教师教学自我监控与自我效能感

教师的教学的自我监控是指教师(教学主体)为了实现教学目标,对自己所进行的教学进行觉察、判断、调节与评估的过程。教师教学自我监控有两个方面。一是对教师(主体)教学状态的监控:教学情绪状态、教学准备状况、对教学觉察、判断、调整状况。二是对教学要素的预设与实施的监控:对教学目标、教学内容、教学方法、教学效果等的监控。教师教学自我监控是为了改进自身教学,这是一个教学自我效能感的问题。"教师的教学效能感是教师对自己影响学生学习行为和学习成绩的能力的主观判断"(Gibson Dambor, 1984),是教师教育观念中的一个核心成分,包括一般教育效能感和个人教学效能感两个成分,所谓一般教育效能感是教师对教与学的关系、对教育在学生发展中的作用的一般看法和判断,而个人教学效能感是指教师对自己教学效果的认识和评价。教学效能感是反映教师职业特性的一个敏感指标。"[1]

自我效能感指个体对自己是否有能力完成某一行为所进行的推测与判断。班杜拉(Bandura)对自我效能感的定义是指"人们对自身能否利用所拥有的技能去完成某项工作行为的自信程度"。自我效能感包括两个成分,即结果预期和效能预期。结果预期是指个体对自己的某种行为可能导致何种结果的推测;效能预期是指个体对自己实施某种行为的能力的主观判断(班杜拉,1977)。班杜拉认为除了结果期望外,还有一种效能期望。如果人预测到某一特定行为将会导致特定的结果——结果期望,那么这一行为就可能被激活和被选择。教师较多的关注结果的期望,例如,教师感到认真教学就会获得他所希望取得的好成绩,他就有可能认真上课。效能期望指的则是人对自己能否进行某种行为的

---

[1] 辛涛等:教师的教学监控能力与其教育观念的关系研究,心理发展与教育,1997.2.

实施能力的推测或判断,即人对自己行为能力的推测。它意味着人是否确信自己能够成功地进行带来某一结果的行为。当人确信自己有能力进行某一活动,他就会产生高度的"自我效能感",并会去进行那一活动。教师不仅知道认真上课可以带来理想的成绩,而且还感到自己有能力上好课时,才会认真上课。教师在获得了相应的知识、能力后,自我效能感就成为了行为的决定因素。教学自我监控更关注的是结果期望与效能期望,并通过效能期望,强化自我教学监控,达到结果期望。

　　班杜拉认为,由于不同活动领域之间的差异性,所需要的能力也千差万别。一个人在不同的领域中,其自我效能感是不同的。因此,并不存在一般的自我效能感。任何时候讨论自我效能感,都是指与特定领域相联系的自我效能感。教师自我监控实践的是一个特定领域的自我效能感。影响自我效能感形成的一个重要因素是个人自身行为的成败经验。一般来说,成功经验会提高效能期望,反复的失败会降低效能期望。成功经验对效能期望的影响还要受个体归因方式的左右,如果归因于外部机遇等不可控的因素就不会增强效能感,把失败归因于自我能力等内部的可控的因素就不一定会降低效能感。归因方式直接影响自我效能感的形成。这表明了教师的教学监控经历与经验会直接影响教师的教学效能感。自我效能感通过选择、思维、心身反应等中介过程而实现其主体作用机制的,这正是教师教学自我监控的心理机理。如果将班杜拉的自我效能感理论应用到教师效能感上,则结果预期反映了教师相信自己能控制环境的程度,即不管学生处在何种家庭背景、智力水平、学校环境中,都是可以培养教育好的。效能预期反映了教师对自己能为学生带来正面改变的能力的评价。

　　增强自我效能感,提升自我监控能力,我们应该关注以下三个方面:

1. 树立正确的教学监控能力发展观

　　根据自我效能感的理论,先前的绩效水平会对其自我效能感产生影响,但不同的教师所受的影响并不一样。这是因为中介性的加工在起作用,其中教师对能力本质所持有的观念是一个重要因素。有的教师倾向于能力增长观(increment oriented),这是增量导向的,相信能力是可变的、可控制的;另一些人则倾向于能力实体观(entity oriented),合适实体导向的,相信能力是一种固定的、不可控制的特质。前者更多是追求教学目标,以便更快更好地掌握所需的教学能力,失败对他们来说,是努力不够或策略运用有偏的指示器,从而提高他们行为的动机和效果;后者更多是追求成绩目标,结果是对自己能力的验证。在低绩效的情况下,增长观定向的教师,其自我效能感不会出现明显的降低;而能力实体定向的教师,其自我效能则会明显下降。持能力增长观的教师自我效能感显著地高于持能力固定观的教师。教学自我监控是基于"效能期待",是教师个体对自己是否有能力来完成教学的推测和判断,就是教师根据以往教学成败的经验,对于自己拥有处理教学任务能力的状况,所持有的判断和信念,这就是基于自我监控的自我效能感的表现。教师基于自我监控,确信自己有能力完成教学,属于高自我效能感,否则就是低自我效能感。如果缺乏教学自我监控能力,无法意识到自己能否完成教学任务,自我效能感必然很低。自我效能感对教师完成复杂的教学任务时对其行为的坚持性,遇到困难时的态度,以及活动时的情绪状态都有影响。教师在提高教学自我监控能力过程中,自我效能感就成为了影响其行为的主要因素。

2. 增强教师教学自尊,提升教师自我监控能力

教师教学自我监控能力与自我效能的相关自尊。教学自我监控需要对自己的教学进行反思、调整,需要具有自我否定的勇气与批判性思维,这需要自我监控主体教师的良好的自尊心理品质。高自尊的人具有自我接纳、自我负责、自我肯定,有目的地生活,而这些品质正是自我监控能力的心理成分,自我监控需要对自己的教学负责,需要对自己的判断与决策负责,需要有一种自我接纳的积极心理。真正的自尊不是来自外部,而是来自自身;不止来自认知,更来自行为。教学自我监控正是基于教师的自尊,对自己的教学的责任感,教学自我监控是以提高教学质量为导向的,从而产生一个良性的监控行为,在自我监控中敢于做出否定自己先前教学行为的选择,并敢于承担责任。这种自我监控需要高自尊的表现,低自尊的人难以做到,周围的人特别容易影响他,并且容易放弃,还有会迫于压力不坚持正确的想法与做法。提高教师教学的自尊水平,对自己的选择和行为负责,对自己工作中的意识水平负责,对实现自己的愿望负责。以高自尊教师的理性睿智,负责的教学精神,提升教师教学监控能力。

3. 关注教学效能感与监控效能感的相关性,增强教师自我监控信念

辛涛、林崇德等"教师的教学效能感与其教学监控能力的关系研究"表明,教师教学监控能力与其个人教学效能感和一般教学效能感之间存在显著的相关;路径分析表明,教师的教学效能感和其努力知觉对其教学监控能力有直接的影响,其它教师观念因素是通过它们影响其教学监控能力的。他们的研究结果表明,教师教学效能感的诸维度与其教学监控能力的各方面均存在非常显著的正相关关系,其显著性水平达到 0.001,即那些越是相信教学对学生发展起决定作用的教师,越是对自己的教学效果抱有充分信心的教师,他所表现出来的教学监控能力也就越高。之所以如此,其原因在于教学效能感水平越高的教师,由于对自己的教学充满信心,因此,经常能确定既适合于自己的能力水平,又富于挑战性的教学目标,并坚信只要坚持不懈地去努力,就一定能够达到既定目标;在实际教学过程中,坚信自己是教学成败的直接决定者,因而精神饱满、积极主动地进行教学活动,在教学中遇到问题和困难时,敢于正视、并通过自己的努力克服它们,采用各种办法以保持教学的成功。而教学水平低的教师则不然,他们由于对自己的教学能力缺乏自信,进而对教学活动和教学效果产生一种不可控感,因此,在确定教学目标时容易选择简单的任务,给自己提出非常低的要求;在实际教学过程中,往往采取消极、被动、应付的方式,过多地注意自己在教学上的无能,觉得自己无力改变现状,不愿也不去努力,一遇到问题或困难,就回避,表现出教学监控意识和能力的缺乏。①

增强教师教学自我效能感,提升教师对自己教师教学的成就、目标与能力的评价,并进一步在教学效能感获得基础上,通过教学自我监控,增强教师自我监控能力,提升教师对自己胜任教学的认同,对教师工作产生积极进取的态度。这个过程中,自我效能感在自我系统中起了动力因素作用。教师判断其教学与教学监控能力以及这种判断对其教学动机和行为发挥着最为关键的作用。

二、参照中教师自我监控能力的增强

(一) 把握教师群体与个体在教学监控中的三种情况

教师监控能力的发展,不可能在脱离教师群体或者脱离教学实践的情况下发展的。教师必定在教学中与教师群体互动下逐步发展教学监控能力。这种教学监控互动可以分为三种情况:一是教学监控中的交集。这种交集只是停留在"形"上,没有实质意义。例如,课后评课,一些教师仅仅坐在一起,敷衍了事走过场。第二种情况是群体参照。这是教学监控主体以外部教师组成的群体的教学为参照,实施自我监控。第三种情况是群体互动,这是教学监控主体与外部的教师群体进行基于教学的监控进行对话,在合理听取教学评议与建议基础上,发表自己的看法,促使自我监控深度发展。这三种情况实际上是教学监控的不同水平的反映。我们的实践研究指向主要群体参照与群体互动,并提倡群体互动下的自我监控。我们的"基于教研组群体互动 提升教师教学监控能力"课题研究强调的是教师群体互动与个体监控能力之间的关系,也就是指向如何依托在教学监控中的群体互动,提高教师教学监控的效能。

教师教学监控的效能直接影响教师的教学监控的自我效能感。自我效能感具有多维性。早期的自我效能理论主要研究的是个体的效能。到了 20 世纪 80 年代中期,班杜拉发展了这一概念,提出了群体效能。群体效能指的是群体成员对群体能力的判断或对完成即将到来的工作的群体能力的评价。它着眼于群体的操作性能力上,并且是对操作性能力的判断或评价。但群体效能不是群体中个

---

① 辛涛等:教师的教学效能感与其教学监控能力的关系研究,心理发展与教育,1997.2.

体效能的总和,而是个体相互作用的动态过程所创造的一种集合的属性。因此,要提高教师自我监控能力,表现关注教师自我效能感。

(二) 对照意味着以一个参照系的比较

教学监控必定是以一定的标准来进行判断与决策的。这个标准或是以一定的教学规范,例如学科课程标准等,或是教师个体认可的其他教师,甚至包括自己的教学内容、方式等。对照主要是单向的,教师个体确认的参照物。

这种参照往往是以教师个体自身的成败经验,与教师自己过去教学成功失败有关的问题为基础。它是教师最直接的亲身经验,也是影响自我监控的最主要的因素。另外一种是替代性经验,即其他教师的成功与失败的教学作为自己监控的参照物。这是教师通过观察他人的行为结果而获得的经验,这种经验会影响自我教学监控效能。当教师个体看到与自己的能力水平相当的人在某个教学活动中取得成功时,便相信当自己处于类似活动情境时也能获得同样成功,从而提高自我效能感。教师的许多教学效能信息都是从替代性经验中获得的。第三种言语信息的认同。这是涉及个体依据自己从书本或口头的关于教学信息中获得的认同或者否定。这种教学信息可以改变教师个体对某一教学行为的认知与态度,这在很大程度上影响教师教学监控的参照标准。这是三种常见的教学监控的参照物,但是这三种参照需要教师自己根据教学实践验证,也有的参照物存在不科学,甚至是错误。因此,参照不能照搬,教学监控是动态的,要因人、因时、因地制宜,更要注意自己教学监控中的验证。

(三) 把握教学监控中群体参照的多维性

教学监控中群体参照必须从单维到多维。教师个体最初的自我监控,常常只是依据某一个参照,来关注教学活动中的某一个方面或某一项内容进行自我感受和调节。例如,有的教师在外面听到了"十六字英语教学法"的集中识字法,就在自己教学中运用。这就是典型的单维参照。英语教学首先要区分母语学习与外语学习的不同,第二,听到的、看到的不一定正确,要多听多看,更要独立思考,要以多维角度判别真伪。从单一维度到多个维度发展是自我监控在对象内容上增加和扩大,因此,从单维到多维的变化可被视为是自我监控在横向发展方面的特征。

教学监控中的参照,教师往往容易注意教学内容是否符合教材规定,对教学内容在课前进行监控较多,会做一些思考与调整。在对教学进行自我监控时,往往只局限于从某一个侧面或某一环节去寻找参照物,很少能做到多维全面比较分析,表现出自我监控的单维性。如果个体认识不到教学活动的复杂性,教学成效是由多个方面、诸种因素共同作用来决定的话,那么,即使他已经具备了一定的把握教学各因素的能力,但是也不会去系统地从多维角度进行整体监控。这种情况主要是因为教师个体的教学思维发展有待提高,以及教学监控经验较少所造成的。有的教师在教学监控中还缺乏把教学目标、教学内容、教学方法、教学过程与教学资源这些要素从多维度角度一起做综合监控。这种思维的单向性反映到个体的自我监控上,便会出现自我监控的单维性。

随着教师教学监控的实践,教师的教学监控意识与能力得到了发展,有了多维性,能同时从多维的角度或侧面进行教学监控。多维的教师教学自我监控通常会随着教师教学监控实践的增强而发展的,自我监控也呈现出从单维到多维的发展规律。成熟的教师能兼顾到教学各个方面的监控,领会到教学监控的效果是许多因素共同作用的结果,只有多维度的自我监控才能保证整个教学监控活动的有效进行。

(四)外部参照的自我监控的实施

自我监控需要获得外部环境支持,也就是教师自我监控与教师群体的互动下的参照。

1. 外部参照的信息源:以外部的评议作为监控中发现问题、思考问题、做出改进的信息内容来源。

2. 外部参照主要形式:听课评课。便于教师及时发现自己课堂中未觉察的、学生在知识生成中存在的问题。教研组要组织好每一次听课评课活动。

3. 外部参照的结果:可以是采纳他人意见、部分采纳,或者不采纳。

4. 外部参照的方式:

(1)以教学事实作为教学监控的参照。不仅课堂内,课后学生作业也是自我监控的参照。

(2)以教学科学理论为依据。要讲出学理,独立思考,不人云亦云。

5. 外部参照要坚持自我监控:正确处理外部参照与自我监控的关系。外部参照下的自我监控要关注教学意义的建构:教学事实判断、教学价值判断、教学改进决策重在教师主体监控意识的激发,而不是过多介意对与错。

三、互动中教师自我监控能力的提升

(一)教学监控中的"群体互动"

群体互动比"群体参照"要提高一步——"群体深度反思"。参照是教师自己的行为,可以采纳或者不采纳,不需要意见直接交流。参照与互动不是割裂的,只是程度上的不同。

"群体互动"强调的是"深度反思",也只有在群体互动中独立思考基础上集思广益。"群体深度反思"表现在以下五个方面:

(1)讨论性。在参照的基础上,更进一步,应该是讨论式的,对群体其他成员

的意见进行辨析,以搞清楚事理。

(2) 解释性。要充分按照学理解释教学现象,而不是判别对与错。

(3) 科学性。不以个人的认知水平来判别,也不是以熟知来代替真知(即流行的不一定是对的),要符合教育教学科学的理论。

(4) 因果性。要解释教学现象与事件的因果关系,不能信口开河,具有内在逻辑性。

(5) 建设性。要有建设性意见,即如何合理,如何调整。

(二) 教师自我监控的群体互动的特性

教师教学自我监控的交互是对照中的教师教学监控的进一步提升。这是教师主体自主性明显增强的表现,不仅把群体的外部教学监控作为参照对象,而是与此开展平等的协商、对话,提出质疑,并深度反思,是教师强有力的主体性与外部环境进行交互,而不再感到是压力。提升教师教学自我监控能力需要良好的教学监控生态,除了教师个体的努力之外,还需要有一个教师群体与教师个体交互的环境。只有在主体与环境积极互动下才能生发与促进教师自我监控能力。这样的群体互动有五个要点:

1. 依存性。交互性教学监控不是孤立存在的,而是教师个体与教师群体在教学过程中共同展开自我监控与同伴监控相融合的教学监控。教学监控的主体具有主体间性,互相依赖、互相影响,更是在教学监控中共生。教学监控依存性的实质是教学监控中自主与交互的关系。自主是监控主体在教学监控过程中状态的一个属性,交互是体现监控主体自主程度的实践活动和过程。教学监控中的群体与个体交互的依存性表现为自主的交互。

2. 多样性。群体交互形式是多样性的,正是基于参与交互的要素多样性,形成了交互形式的丰富性,从而使群体交互下的自我监控过程呈现丰富性与复杂性。群体交互下的教师自我监控,强调了改变教师自我监控的封闭性,教师个体主动吸收其他教师的教学评议与改进教学建议,也强调改变线性教学监控过程,改变外部的教学监控的单向性,改变教师成听众,而是强调采用多种形式展开交互活动。

3. 协同性。教学监控中的群体互动是教学监控要素与结构的协同,强化教学监控要素的联结,达到教学监控成效的最大化。同一教学监控过程中同时发生的两个层面的协同,教师的教学监控与教师群体建构的监控环境之间的对话性交互、教师的教学与教师自身监控的适应性交互,从而形成了教学监控过程的协同。同时,教学监控的四个环节并不是互相割裂的,而是协同的,大多数情况下是瞬间同步的,反映了教师教学监控的敏感度。

4. 开放性。教学自我监控的必要条件是群体交互,这个过程是开放性的、多维的。教学自我监控不是封闭的，不是教师闭门思过，而是通过教学自我监控的交互促进教师集思广益，增强群体教学智慧。教学自我监控在交互中开放，在开放中实现多元交互。教学过程从设计到实施中不是一成不变的，教学监控一直伴随着教学，不断地应对教学的变化，以使教学取得最大的实效。群体交互的开放性也体现在教学监控的主体与环境的不断适应中开放，不断调整教学过程。

5. 整体性。教学监控中的交互是教学监控的整体性的需要，没有教学自我监控，外部的教学监控作用甚微；而没有群体的交互下教学自我监控必然陷入封闭的境地。教学自我监控的整体性在于实现教学监控系统的整体优化，借以提高教学效能与教师效能感。教学监控本身有着完整的系统，从监控的目标、内容、形式到过程都是由监控要素过程的一个监控体系。教学监控的每一个监控单元也是有四个监控环节组成的，一个个连续的教学监控单元形成完整的监控链。

(三) 群体交互中教师自我监控能力提升的环境条件

教师自我监控的群体交互需要良好的教学监控环境，这些环境包括教学监控的观念、教学监控的指向、教学监控的方式等。

1. 理念导向：教学监控以人为本

教学监控以人为本的理念，本着生命发展生态教学监控观，其本质是要建立起以教师生命发展为价值追求，以情境理解、动态交往为教学监控过程，以民主、合作为监控关系的适宜教师生命发展的教学监控。我们认为教学监控应该始终是为了人的生命质量，通过人的生命而进行的活动，而不是针对教师的。

教师生命发展的教学监控观认为，教师的生命是多层次、多方面的整合体；生命有多方面的需要：生理的、心理的、社会的、物质的、精神的。教学监控活动应该以一个完整的生命体的方式参与和投入，而不只是孤立的、片面的被参与被监控。生命发展教学监控观强调教师的生命是整体地、多向度地在教学的过程与教学监控过程中参与到与生命、与环境的交互对话中，这种整体性包括理性的生命和感性的生命，包括向外的探索，也包括向内的省察。

2. 关键基础：建构教学监控生态

教学监控是一种教育生态，是保障教学监控进行的支持系统。教学监控是教学监控的主体要素，是教师主体与教学监控客体的交互；教学监控的内容要素是教学与教学监控的时空交集，教学监控的运作要素——教学监控通过教学实施。这些教学监控要素的结构与运作，直接关系到教学监控目标实现——教学质量的提升与教师的发展。教学监控的实现是交互性教学监控过程，这正是从"结果证明"转向"过程改进"，优化教学过程成为了教学的重要路径。"用结果制约过程"长期来一直是传统教学思维方式，结果性评价成为绝对的关注点，长期来顽固不化的应试教育就是一个有力的例证。正是应试教育破坏了教学监控的生态，导致教学监控生态失范。通过营造教学监控的生态化，促进教学可持续发展，师生的可持续发展。

3. 关键要件：民主协商的监控方式

教学监控的目的是为了提升教学质量与提升教师核心素养。实现这样的教学监控目的必须营造一个自主共生教学监控环境，即有利于教师自我监控，又能为教师提供自我监控需要的群体交互的环境。教学监控方式应该具有适宜性、多样性、开放性，打破传统教学监控的束缚，克服压抑教师教学积极性，以群体交互下的自我监控的深层次思考与操作上的多样化方式，克服僵化、单向教学监控的阻碍，使教师的教学自我监控得以获得活力。

协商对话应该成为教学监控方式的主导原则。教学监控应该通过协商对话，对教学监控在监控对象的事实判断与价值判断上建立意义生存关系，从而建构和谐的交互性教学监控关系。教学监控必须建立在民主、科学基础上的自我监控与外部监控的自主与共生的关系之上，使教师真正成为教学监控的主体，教学监控是为教师教学服务的，教师是以参与者、促进者身份参与教学监控活动。在交互性教学监控过程中教师的内心是开放的、思想是开放的，这是教学监控协商对话方式的基本的含义。整个教学监控过程中，教师为了提升教学质量可以质疑、可以批判，平等合作地对外部监控展开对话，应该赋予教师更多的讨论教学的权利，独立思考、个性化理解、自由表达对教学问题的看法，对自己教学评议的看法。协商对话的教学监控方式就是要减少教学监控的强制性和划一性，去情境化的监控评价意见不应成为教师教必须唯一接受的，教师应该依据教育规律与教学原理，增强教学的选择性和开放性，理性对待教学评议中的意见，去伪存真、善于根据教学情境提出自己的见解，提高教师自我监控能力。

第四章 基于自我监控的课前教学监控

○ 第一节　课前教学监控的基本要求
○ 第二节　基于自我监控的课前教学监控的要则
○ 第三节　基于自我监控的课前教学监控的案例

第一节　课前教学监控的基本要求

一、课前教学监控的概念与意义

课前教学监控是以教学实施阶段来划分的一种教学监控。一般而言，教学过程可以分为教学初期、教学中期与教学后期。教学初期也就是教学过程起始阶段，也就是通常的教学设计阶段，这包括课前准备、教案设计等。教学中期也就是教案实施的阶段，通常是课堂教学，其实教学不能只局限于课堂教学。教学后期是指教学实施结束后的一系列工作阶段，例如，作业批改、教学反思、教学评议与讨论等。在这三个教学阶段都贯穿了教学监控，引导与控制教学沿着合理轨迹发展。

课前教学监控是指在教学初期，对教学目标以及教学实施的设计进行监控，以保障后续教学有一个可行的实施计划。因此，课前教学监控具有预设性，其监控是对教学预设的评估与调整。这对后续的教学实施与后两阶段的教学监控起到监控中判断教学行为与事件的标准作用。

课前教学监控尚未引起教师充分的注意，不少教师习惯于课后的评课，也有一些教师备课时注重教学内容与教学过程的安排，而忽视教学目标的设定正确性、合理性的考量，教案中撰写的教学目标是为了教案的格式，也可见教学目标是套话，每节课都可以通用，或者用时髦话来掩饰目标的虚空，例如，"培养学生的核心素养"成为教学目标的标签，更多的是教学目标不规范，缺失教学目标表述的四要素(目标主体、目标行为、目标行为的变化程度、目标实现条件)。在教案中常可发现教学目标与后面教案中的教学内容、教学方法与教学过程脱节，缺乏内在联系。这些现象充分表明了教师的课前监控意识缺乏。提高教学质量必须从教学的第一阶段的备课抓起，要提高教学设计必须增强教师课前教学监控能力，强化对教学设计的监控，提高教学设计质量，才能保障教学实施的正确性与可行性。

二、课前监控中的教学目标监控

课前监控是教学的一个特定阶段的监控，由于在这个阶段有着其特定教学内容，这就使课前监控有了特定指向性的监控内容。课前监控主要有两个方面的内容指向：一是教学目标设定的监控，二是教学整体设计的监控。

（一）教学目标设定的监控

教学目标设定是课前监控的重点。教学目标设定的监控是在教学设计时对教师预设的教学目标进行评估、调整与反馈的过程。教学目标是一个教学因子，也是教学整体设计中的一个部分，这里单列，为的是在教学监控中能引起足够的重视。

教学目标监控首先是对教学目标的导向进行监控。科学准确的教学目标，才能保证教学的顺利展开，才能引导教师开展高效能的教学活动，才能促进学生积极主动地开展有效的学习活动。合理的教学目标能积极地促进教学活动向产生最大教学效果方向发展。其次要对教学目标的教学组织作用进行监控，教学目标对教师的教学有着教学内容和教学方法的组织作用。教学目标为教师选择和组织教学内容提供了依据，离开教学目标的教学内容是不可取的，环绕着教学目标组织教学重点内容，处理好教学的难点，可以合理分配教学时间，同时合理选择与教学内容匹配的教学方法，有利于提高教学的效果。

教学目标又具有教学标尺的作用。教学目标不仅是教学的出发点，也是教学的归宿点。目标意味着期望的结果。教学目标是教学结果的预期。预期的结果与现实的结果之间的距离需要评估。教学目标也是进行教学检测作出客观评价的标准。教学目标确定以后，就成了衡量教学效果的尺度。教学目标为教师规定了教学必须提供的教学内容和应该达到的水平，也为学生提出了应该掌握的学习内容要求和应该达到的水准。这为教师和学生评价教与学提供了标尺，有利于师生分析教学效果，找出与教学目标之间的差距，对教学进行调控。教学监控的关键，是监控教学是否偏离教学目标以及通过调整沿着合理目标轨迹开展教学。教学监控以教学目标为依据，对教学内容、教学方法与教学过程等进行监控。

因此，教师要通过对初步预设的教学目标进行评估，考量这个预设目标的正确性与合理性，评估实现设定的教学目标的可行性。

（二）教学目标的监控的基本要求

课前监控中的教学目标监控的基本要求，是对预设的教学目标正确性、合理性与实现的可能性进行监控。

课前的教学目标监控首先是教学目标清晰性的判断与调整。教学目标清晰可以使教师正确地掌握课程和教材所要求的每一节课的具体教学要求，对教学内容的把握程度和选择有起着基本的标准作用。同时，通过对教学目标设定的监控，考量课程目标和课时目标是否具体化，在对课程目标有一个整体认识基础上，对课时目标有操作上的把握，避免对教学目标的随意设定，空泛化。

通过课前监控，教学目标表述应该十分清晰，具体明确、可以操作，避免教学目标模糊不清和空泛性，克服对教学目标作笼统的表述，导致教学中目标不易把

握,也难以评估教学成效。目标表述要达到三个维度和四个要素的基本要求:
● **目标内容的三个维度:**
(1) 关于学科知识与技能。在这方面要关注教学目标中具体的学科技能、能力与能力表现的确定,不能笼统,例如培养学生朗读能力,就是一个空泛的教学目标,朗读能力是一个抽象的概念,需要通过朗读能力表现具体化,例如,小学低年级学生读准某声母或者某韵母,高年级学生会根据意群正确停顿,流利朗读。根据不同年级学生确立不同的能力目标。

(2) 关于过程与方法目标。过程与方法应该是指学生学习内容有关知识与技能的过程与方法,可是常发现教案中把"过程与方法"作为教师的教学过程与方法来陈述,这是明显的教学目标失误,需要教师进行监控,予以调整。

(3) 关于情感态度与价值观。这是基于学科上的情感态度与价值观,不是空泛的套话,例如,常见教案中的这方面教学目标是这样的:"培养学生学习的自信心。"又是一句空泛的话。由此可见,教学目标的监控是十分重要与必要的。

教学目标的三个维度是不可分开表述的,因为这是三个互相关联形成的目标整体性,犹如一个立方体有三个维度,缺少一个或者二个维度变成平面或者只存下一根线。这种教学目标上出现的偏差,需要通过教学监控加以纠正。

● **目标表述的四个要素:**
(1) 主体对象(Audience):说明教学目标的学习的主体是学生,可能是全班学生、也可能部分学生,即目标的差异性。

(2) 目标行为(Behavior):说明学生在学习后,应该获得什么知识、技能、能力、品德等。

(3) 变化程度(Degree):表明通过教学所要达到的学习效果,学生在目标知识与能力等上达到的变化程度。

(4) 教学条件(Condition):说明能影响学生学习结果的条件。

例一:小学一年级语文"大竖琴"的教学目标之一
<u>学生</u>　　<u>能借助音节</u>　　<u>读准</u>　　<u>"黄、浦、江、架、什、夜、前、进"</u>
目标主体　目标实施条件　目标行为变化程度　　目标指向(对象)
<u>8个生字的字音,</u>　并能在课文的语言环境中正确认读。
　　　　　　　　　　目标行为变化程度

例二:小学数学"三角形"的教学目标之一
　　<u>学生</u>　　<u>能通过折一折、画一画的动手操作,使学生经历等腰三角形和等边</u>
　目标主体　　　目标实施条件　　　　　　目标行为
<u>三角形的特点的探索过程,</u>**理解**　<u>等腰三角形和等边三角形都是轴对称图形,</u>
　　　　变化程度　　　　　　　　　目标行为

<u>理解</u>　　等腰三角形只有 1 条对称轴,而等边三角形有 3 条对称轴,<u>会用</u> 以比
　　变化程度　　　　　　　　　　　　目标行为　　　　　　　　　　　变化程度
<u>较方法抓特征的数学概括能力</u>。
　　　　　　　　目标行为

在这条教学目标中,不是简单地表示"提高思维能力",而是把"思维能力"具体化为"概括能力",再可具体化为"数学概括能力",进一步以能力表现的形式来表示"以比较方法抓特征"的数学概括能力。这就是教学目标具体化,体现了教学目标的规范。

(三) 教学目标监控的要点:

● 目标要清晰和可操作化。正如 B.布卢姆指出的,"使目标变得更为详尽的一种方式,是详细说明达到目标的学生应当具有(或表现出来)的行为。"[①]

● 教学目标的表述不要形式主义,三维目标应该以教学内容点来表述,不能脱离具体的教学内容(载体)说教学目标。例如,"培养学生的良好个性"这样的教学目标是空泛的。

● 教学目标的表述应该使用明确的术语。教学目标的表述不能停留在使用表示内部心理过程的术语,如"掌握""理解""领会""懂得"等。内部心理过程无法直接观察,对这些词语的解释也可能有很大差异。例如,"学会本节课所学的英语单词"这样的教学目标中"学会"就过于笼统。"学会"是指"会认"(再认水平)、"会拼写"(记忆水平)、"会造句"(模仿应用水平)、"会自然地用于口头表达"(熟练应用水平)这四种水平的哪一种没有说清楚,教学内容和教学方法就无法设计和组织。

三、课前监控中的整体设计监控

(一) 课前教学整体设计的监控

课前监控的另一项重要的监控内容是对教学整体设计的监控。教学整体设计是教学设计中的重要思想原则,同时也是一种具体的操作方法。教学设计可以是目标设计、内容设计、方法设计和过程设计等,但是这些都是局部的教学因子的设计,正如,高楼大厦的设计需要各种局部的设计,但是更重要的是整个大厦的设计思路、整体造型、整体安排和各部分功能配合等。因此,教学设计至关重要的是整体设计。整体设计不同于局部设计,是局部设计的统领。缺失课前缺失对教学整体的监控,这样的教学设计出来是无序低效的教案。

教学设计中教学思路是起着统领性作用,对教学的整体设计起着明晰教学逻辑,整体布局,形成教学构架的作用,也起着明晰教学实施形态具体化。教学整体设计监控,要特别关注基于教学逻辑的教学整体设计的正确性与教学各因子教学

[①] B.布卢姆等:教育评价,华东师范大学出版社,1987.

目标、教学内容、教学方法、教学过程的匹配、交互、衔接程度。

（二）课前教学整体设计监控的任务

课前教学整体设计监控主要是两个方面：

1. 教学整体设计的监控

（1）对教学思路确定的监控

教学思路确定是否依据教学目标以及学科教学的规律来确定教学思路。不少教师缺乏教学思路确定的能力，主要原因是缺乏教学思维能力，不善于教学概括与演绎，缺乏学科的教学专业理论（不是指学科知识）。教师的教学监控要在教学思路确定是否清晰与正确上下功夫。

（2）对教学结构合理性监控

每一节课的教学都应该有一个教学结构，对具体的教学因子（教学目标、内容、方法、过程、资源等）的相互关系做出合理安排。常见的结构失衡就是教学时间不够拖堂的现象，教学前半段时间拖沓，后半段时间不够用。尽管这是表现在教学时间上的问题，其实质是教学内容安排上有问题，导致教学过程失序。对教学结构的监控着重在各教学因子的合理安排，仅是对某一个教学因子考虑或者某一阶段考虑，都无法建构起合理的教学结构。教学监控要关注教学结构的各教学因子组合正确、教学环节清晰、教学步骤有序、教学衔接得当。

通过对教学整体监控，使教学思路清晰而正确，教学结构有序而稳定。

2. 教学因子整体设计的监控要点

教学整体设计观照下的教学因子设计。以教学思路为导向，使教学内容与教学方法匹配，在教学过程中展开，实现教学目标。因此，不能以为整体设计就是"虚"的，从而忽视了教学因子的整体设计，最典型的表现就是强调单元设计，结果一份课时教案，前面有关单元的教材分析、单元目标等占了四分之三，而课时计划只有四分之一也不到，仅是小标题式的格式化表格。这是本末倒置，对于课时教案，单元分析是为了明晰本节课的学科地位，与相关知识、技能等的关系，而不是为了单元而单元，导致教师课时备课不到位，而这种"单元教学设计"以知识结构为本，忽视学生及其学习，是以知识为中心的翻版。教学监控应该及时纠正这种现象，不仅是教学专业问题，更是教学伦理上的问题。整体设计中强调教学因子设计，是为了更好地发挥教学的整体功能。各教学因子依据教学逻辑与学科逻辑合理整合，才能发挥部分大于整体的功能。没有各教学因子、各课时的合理性，根本没有单元教学而言。单元教学是基于课时教学，这是基本的教学认识。

教学因子整体监控要点：

（1）对预设的教学内容是否与教学目标契合进行监控

教学内容的选择和组织需要监控。有的教师是教教材，而不是以教材教。教材内容的组织是否合符学科知识结构与学生认知结构,都需要监控评估或调整。

(2) 对预设的教学方法与教学内容是否匹配进行监控

教学方式和方法的合理使用。合理在于匹配,也就是符合哲学的基本原理内容与形式一致性。根据教学内容选择适宜的教学方法,以达到较好的教学效果。有的教师是不顾教学内容,只看教学形式哗众取宠、热闹就乐于采用,特别是在展示课上的所谓"创新"。

(3) 对预设的教学过程是否合理进行监控

教学过程的展开的有序性。在整体设计时要关注每个教学环节是怎么展开的,尤其是目标教学内容如何充分地合理展开。要监控好一节课教学环节的阶段性与连续性的整合,每个教学环节教学目标是否实现等。

上述教学因子的教学设计监控的要义,是通过监控促使教学环绕教学目标展开,对教学内容的契合度、教学方法的匹配度、教学过程的合理度在教学整体上把握。有时候局部是合理或者可行,但是在教学整体上是不合理或者低效的。因此,课前教学监控必须关注教学整体设计观照下的教学因子整体安排。

第二节 基于自我监控的课前教学监控的要则

一、把握教学设计监控的逻辑性

(一) 基于教学逻辑的课前监控

课前监控是对教学预设的一种监控,因此,很重要的是通过监控促进教师的教学逻辑的意识增强。在实际上,教师课前备课的教学思维比较薄弱,教学设计缺乏系统思考,对自己的教案理解碎片化突出。因此,课前监控要解决教师教学设计中教学逻辑问题,这是因为监控中的判断与决策是监控的核心环节。

课前监控指向的目标设计与整体设计需要建构教学逻辑,这是教学的本,监控不能"治标不治本",必须抓住"本",这就是教师教学中的为什么? 依据是什么? 因果关系是什么? 我们认为课前教学监控要着力关注教案中四个基本因子——目标、内容、形式和结果之间的逻辑关系。教学目标是依据教材的规定性与学生学情的可接受性来确定的。教学内容是依据学科课程来选择与组织的,而不是简单地由学科知识逻辑来决定的,学科体系是线性的,不能直接转化为学生的学习资源,学生的学习是螺旋式发展的过程。教学内容存在着学科知识与学生认知水平的逻辑关系。教学方法是教学目标实现下的教学内容匹配的逻辑关系,适宜于教学内容的方法才是有效的方法,这存在着教学内容与教学方法的匹配逻辑关系。教学监控中还必须关注教学因果的逻辑关系,即教学中哪些因子与教学成效有着正关联、无关联或者负关联。

为了避免教学监控的碎片化,提高教师的教学思维提升教师的教学监控能力,我们应该注重教师的反思的逻辑性,引导教师从逻辑关系上把握教学因子的整体关系。

(二) 教学目标的教学结构逻辑

教材分析、学情分析得出的教学目标的逻辑性。课前监控的逻辑性反思还表现在教学结构上的逻辑性。常可发现有的教案的教学目标没有阐明其设定的依据,即没有教材分析与学情分析。另一种情况是教材分析是教材介绍,这表明了这些教师的教学以知识为本的根深蒂固。学情分析变成了对学生的学习努力与否的评价,或者对学习是否有兴趣的评价,基本上没有实质性的学情分析。因此,课前监控必须紧紧抓住教学分析的这两个方面。

教学的结构性首先表现在教学目标设定的依据是否充分,教学监控要指向这一点上。教学目标的设定是依据教材的内容规定性,即教师应该教学的基本内容。对教学内容选择与组织,一要保证教学内容的正确性,二要适宜性,教学内容不能任意拔高或者降低要求。因此,课前监控要关注教学目标与教学内容之间是否合乎教学逻辑。同时,教学监控要关注教学目标与学生的学习基础的关系。学情分析是否与当前(本节课)教学有关,学生对本节课将学习的内容以前是否学过相关的内容,相关学习基础怎样,对当前学习会产生什么影响,都应该做具体分析。在这样的分析基础上才能确定教学内容的难易度,明确难点。通过课前监控对学情分析的监控,增强教师研究学生学习的意识,抛弃以教材为唯一的备课依据,克服"教教材"的教学思维习惯。

课前监控中的教学目标与整体设计监控是建立在教学结构的逻辑上,教学目标决定了教学内容与教学方法的选择、组织与匹配。

二、把握教学设计实效性的推敲

教学质量与整个教学全程的教学监控密切相关,不是仅仅取决于课中的教学。课前的教学监控是教学质量保障的前提。教学设计的实效性是课前监控的重点,教学设计缺乏把握,那么实际教学是可以想象到会是什么结果。提升教学实效,课前教学监控要着力解决目标统领性、要素匹配性这两个问题。

1. 教学目标的统领功能的监控

教学目标的统领功能不仅是教学目标设定的合理,而且应该考量教学目标在整个教学中的定位、组织与标尺作用。

教师在进行教学设计监控时,一定要花足够的时间在考虑课时教学目标的定位上,并依据教学目标确定教学思路,同样在教学思路的构思上不断自我监控,不要一开始备课就进入教案的具体的教学内容、方法方面的技术层面上,而是要对一节课的教学整体构思上先思考。这样走路的方向对了,走路大致不会犯方向错误。否则即使技术层面上有的地方很精彩,但是由于缺少考虑教学系统整合,结果会导致一节课的整体教学效果的失败。

课前监控要把重心放在教学设计的总体安排上,这是把教学思路落实的一种全面性的教学安排上的判断与反思,教学思路是教学目标与具体教学因子设计的中介,类似把建筑的概念通过设计思路转化为具体的设计方案。教学总体安排主要是安排整个教学过程的环节以及环节间的衔接,确定课堂教学的整体结构。课前监控一定关注教学结构的合理性,要及时正确地作出判断与调整。通过课前监控促进教师以教学要素—结构—功能的系统思想把握备课设计教案。

课前教学监控不是从局部的教学因子设计到完成一份教案的视角进行监控,而应该从整体教学目标与思路到整体观照下教学因子的设计这样的视角进行课前教学监控。因此,课前教学监控的教学目标设计与教学整体设计融合,采用"整体—局部—整体"的原则,先从整体安排教学环节,形成框架结构,然后深入到每个环节的设计,具体确定教学的内容和方法,在这基础上,进一步对每一个教学环节之间的衔接等做统一的调整。这样的课前整体性监控使课前监控具有系统性,才能提高课前监控的实效。

2. 教学要素的匹配性监控

课前教学监控要关注教学因子的匹配性,只有教学因子的匹配才能产生整体教学功效。因此,课前监控也要充分关注个教学因子的设计。各教学因子的监控有两个关键的要求:"具体"和"可操作"。"具体"强调的是各教学因子的教学设计要具体、富有情境,不能是标题式的备课,例如,"教师提问",提什么问题都没有明确,这样的教学设计等于没有设计。课前监控就要及时纠正这类问题。"可行性"强调的是学生能否接受。教师习惯于教材的知识性,常忽略学生的认知水平。学生的学习是不断把知识转化为自己的认知,在头脑中建构相应的图式。由于学生认知基础不同,不同班级、不同学生,对于同一个知识转化为认知也会有差异。课前监控就必须关注教师在研究学情方面的真实性,做出的判断可靠性。

课前监控要充分关注教学设计过程中,教学主体对教学内容把握上是否到位,即是否将教学规律、学科特质、学生学习规律在具体教学情境中彼此交融为一。具体的教学情境是考量教学规律、学科特性、学生学习规律的出发点,教师在具体教学情境中据此设计教案。对这些教学因子整合性监控是课前监控的关键。

必须用系统监控的思路来引领课前教学监控。教学监控中必定通过对教学目标、教学内容、教学方法、教学过程、师生等教学因子的关联来判断与调整,对教学起着促进作用,实现教学监控目标。

三、把握课前教学监控的步骤

课前监控一般是教师自我监控与群体互动相结合,教师首先自主备课,并进行自我监控,然后通过教师群体对照、交互,进行自我监控,调整教学设计,修改自己的教学设计。教师上课前备课的过程就是课前监控,对已经拟定的教案反复反思、判断与调整的过程。

课前教学监控的基本步骤:

第一步:教师自主备课

根据教学与教学监控的基本要求,明确目标统领、整体设计两个要点,教师初步设计出教学计划(教案)。

第二步:教师修改教案

明确四个问题:教案修改什么、为什么修改、修改成怎样、为什么这样修改。

1. 凸显教师自我监控,对教案进行反思,备课对教案设计过程的反思,对教案的教学目标设计与整体设计教学监控,对预设目标先"评估与判断",然后"决策与调整",再"改进与行动",即修改教案。在这期间,教师可以群体对照的方式,回顾自己以往的教学经验,或翻阅有关的参考书,借鉴其他教师教学经验,帮助自己进行自我监控。

2. 对教学目标的设定进行监控,具体讲就是教师在修改教学目标时要解决三个问题:一是修改那几条目标,修改什么(即监控的"觉察与判断"),二是为什么要修改,理由是什么,(即"决策与调整"),三是怎样修改,形成新的教学目标(即"改进与行动")。

3. 上述是教学目标的内容监控,还有教学目标表达形式上的监控。在完成上述教学目标设计的基础上应该写出教学目标,并对可以采用的预设教学目标还需要做表达形式上的检查。一般需要对目标是否表达清楚、目标表达形式是否规范等进行检查。

4. 经过多次的教学目标的监控,直至教学目标基本合理,表述也比较规范。

5. 在教学目标确定以后,再进行整体教学设计,并对这个整体设计的教案与过程进行监控。也同样经过反思获得原先整体设计上的信息,并做出判断与决策,修改教案。同时也对教学目标的设计作出反馈与调整。

第三步:教师群体互动。

教师在自主备课基础上,群体互动,听取其他教师对教案的意见,形成共识;

也可以对其他教师的意见进行讨论、争论,发表不同的看法,进行深度的反思。

1. 群体互动要特别注意整体设计是否环绕教学目标展开,是否偏离教学整体设计,是否偏离教学目标。

2. 群体互动方式可以多样化,听取其他教师等的意见,进行讨论,再进行独立思考进行教案修改,直至教案基本合理与可行。有可能的情况下,也应该听取、征求学生关于教学的意见。

第四步:确定新的教案

课前教学监控是反复循环螺旋上升进行的,对先前的设计做深度反思,可能要作修改,甚至多次修改,最后根据自我监控与群体互动形成的共识与不同意见的判断,做出修改定稿。

课前监控根据教学的课前这个阶段的特殊性进行有针对性的监控。对教学目标设计和整体教学设计中各教学因子的具体设计,是密不可分的。教学监控应该从教学目标与教学思路起始,到教学各因子的设计过程中的信息获取、判断、调整与反馈进行教学监控。在这阶段中,教师的备课是以独立备课方式进行的,特别要增强教师的自我监控。

同时,要引导教师在课前监控中开展群体互动。群体互动在课前进行,对教师的教案进行研讨,对于提高课前监控质量与提高教学质量避免走弯路是非常有益的。教师先独立备课,然后教研组讨论,实施课前监控。教师在群体互动后,自主修改备课,可以(不一定)再次群体互动(形式可以采用听取部分教师、学生意见),在有一定把握后定教案上课。

第三节 基于自我监控的课前教学监控的案例

案例 1

落实课前监控,促进低年级识字教学
——以小学语文一年级第一学期课文《四季》为例

识字是学习书面语言的良好开端,是阅读和写作的基础。落实课前监控,无疑有助于促进识字教学,提升学生识字能力。

《四季》是统编版小学语文一年级第四单元中课文的第四课。这是一首优美

生动的儿歌。作者通过对四季代表性事物的描述,表现了春夏秋冬不同季节的特点,表达了对四季的喜爱之情。儿歌运用拟人化的写法,语言亲切且富有情趣,使用大量叠词赋予童趣,且朗朗上口。各小节语言句式典型结构大致相同,有利于学生认识基本句式,进行反复练习。本课出现的认读生字,在课文中复现率较高,象形指示性强,有利于学生形象的记忆。

课前监控一:识字教学是否遵循儿童认知以及学习语文的规律

小学生认识事物的特点:一是从无目的、无计划,向有目的、有计划方向发展;二是无意识的注意仍起重要作用,仍占主要地位;三是从以具体形象思维为主要形式,逐步过渡到以抽象逻辑思维为主要形式;四是对认识内容的掌握由不精确、分不清主次、不系统、表面化,逐步向精确、系统化发展,逐渐认识事物的主次和内涵;五是认识活动受情绪影响大,和兴趣关系密切,因此,不稳定、不平衡。

根据学生上述这些特点,教学中要遵循由浅入深,由远及近,由简到繁,由易到难,由感性到理性,由具体到抽象的认识规律。具体应注意以下四点:一是识字教学要有直观性和形象性。低年级学生对直观的、形象的事物容易理解,而且活泼好动。二是要进行联想和类推。以例字为先导,举一反三,在"举一"中渗透规律,在"反三"中揭示规律。三是要对比辨析。在汉字中有许多字在字形上相近、在读音方面相同或相近,在学生明白了形声字的造字规律后,结合形近字教学生字。四是进行归类识字。汉字的"个体性"强,组词率高,一个一个地学习,比较零碎,学生学完后,在头脑中很容易形成一盘散沙。如果在学习一定数量的汉字以后,及时进行归类比较,就可以形成一定的知识结构。

识字是阅读和写作的基础,识字教学要遵循学习语文的规律。只有遵循学习语文的规律,才能收到更好的语文学习效果。那么,什么是学习语文的规律呢?主要是指由字到词,由词到句、段、篇。也就是说,在识字教学过程中,要抓住字词句段篇的联系,做到字不离词,词不离句,要把它放在一定的语言环境中去理解。

在《四季》第一课时中,教学目标一制定为:随文认识本课"春、夏、冬、尖、说、青、蛙"七个生字,认识"折文、虫子旁"两个新偏旁。针对目标一,我做了如下设计:

"春、夏、冬"三个字的学习,我将其融入在了一开始的谈话活动中。在学生交流:"现在是什么季节?这个季节过后,是什么季节?"后随机学习生字"春、夏、冬"。"尖、说、青、蛙"则融入第一第二小节的学习中。

课前监控实效反思:

7个生字的学习方式也各不相同:"春"字侧重于读音、分析字形和积累词语;"夏、冬"两个字除了正音,积累相关词语外,更多的是引导学生观察这两个字的相似处,从而引入偏旁"折文"的学习。相信,学生通过辨析,能够发现两个字的同异处,不仅学习到了新的偏旁,还加深了这两个字的记忆。通过问题"草芽是什么形状的?"引入学习"尖"。"尖"侧重于正音(双轨火车)、动画识字、辨析"尖"和"小"。通过引入小鸟说的话,学习"说"。"说"侧重于正音(双轨火车)、言字旁的学习,以及言字旁的字积累。通过"荷叶对哪个朋友骄傲地说他是夏天?"引入"青蛙"。这个词语先侧重于正音(双轨火车)随后,"青"以字源识字为主;"蛙"以虫字旁的学习以及"蛙"与"虫"书写时的要点分析为主。

以上识字教学过程,各有侧重,循序渐进,充分调动了学生的学习兴趣,所以,对于目标一的课前监控我觉得还是比较成功的。当然,也有不足之处:教学后,我发现,"尖"字的教学中动画识字、辨析"尖"和"小"两个小环节略有重复,可以删去其中重复部分。可见,在课前的监控中,也有思虑不周的时候。

课前监控二:是否遵循多认原则

丰富的识字量是良好阅读的有效前提,小学低段识字应遵循"多认少写"的原则,以学生的身心发展特点为前提引导学生多识字。多识字也是对学生识字的数量而言,也就是要求教师在平常的教学中,尽可能地给学生创造读书识字的良好环境和机会,激发学生喜欢汉字的情感,丰富的识字量,提高阅读能力。

在《四季》第一课时中,我预设了这一项目标:启发学生观察生活,热爱四季,借助图片尝试仿编诗歌。于是,我做了如下设计:

在学生积累了"草芽尖尖"后,我请学生结合我提供的图片,说一说自己知道的"ABCC"的词,还将自己能预设到的"ABCC"的词语制作在了一张PPT上,方便课中给孩子汇总、积累,这也为后续学生仿编诗歌做好了铺垫。我觉得这样的设计符合"给学生创造识字的良好机会"以及"多认"原则。

在与同年级老师们交流这个环节的时候,两位老师都很认可我的这个环节设计,吴老师还提出了自己的小小想法:她非常认可我提前预设好学生可能说到的词语,但是,她并不赞同把这些词语放在PPT中,因为PPT会随着后续的学习切换走,到学生要仿编的时候,不一定能够想起来,而且这些词,也就在这个环节中一晃而过,学生未必能真正积累到。如果作为副板书,一直贴在黑板上,可能效果会更好。

我觉得吴老师的建议非常好。这样的操作,真正落实了"多认"的原则,而且这样的复现率更有利于学生的"多认"。于是,我将事先预设好的词语都打印好,当学生说到哪个就贴哪个。当然,我想我的预设也不一定是全面的,所以,我也同时准备好了白板笔,当学生说到我没有准备过的词语时,直接板书上去。

课前监控实效反思:

将PPT调整为副板书的设计,切实、有效地帮助学生积累了许多"ABCC"的词语,而且,学生在后续的创编中,因为有了副板书的帮忙,儿歌的开头部分创编难度降低了很多,大部分学生没有障碍。同时,通过副板书的呈现,无形中,也加大了学生的识字量。

(严秀晔)

案例 2

以《圆的初步认识》为例的课前监控

一、教学设计时的自我监控

《圆的初步认识》是小学空间与图形知识领域中的几何概念教学内容。九年义务教育课本(上海教育出版社)在一年级学习"物体的形状"单元时,已安排学生初步认识圆,能识别物体表面的圆形,并能描画在纸上。教材在四年级第一学期的教学内容中再次安排"圆的初步认识"的学习,其目的不仅是让学生通过操作活动,认识圆的圆心、半径,初步会用圆规画圆,更重要的是让学生经历动手操作、观察比较、想象验证、合作交流等数学活动,能体会圆的形成过程,认识和发现圆的基本特征,促使学生逐步归纳内化,发展抽象思维能力,将原来基于生活经验的对圆的感性认识能上升到数学理性认识的层面上来,为下一学段进一步学习圆的定义做必要的知识储备。

本节课在备课时制定了三个教学目标:1.经历多种工具画圆的操作活动,体会圆形成的过程,初步建立圆的概念。2.认识圆心、半径,初步认识圆的本质特征。3.培养学生的观察、操作、抽象、概括等能力,进一步发展空间观念。在备课时,我利用了希沃白板作为课件展示,然后在三个助手平台进行课堂任务设置,插入视频资源、编写判断题等。预设在上课过程中借助三个助手平台的教学助手分享课堂任务给学生进行视频学习、拍照上传、课本学习、判断选择等巩固练习,从而进行课堂教学。

初步设计完教学环节后,我进行自我反思,备课时预想的是否太过容易,自己运用两台 ipad 进行模拟,发现预设中学生拍照上传这一条不能实现,因为上海微校无法打开相机进行拍照,于是修改了这一教学环节,改成教师利用希沃白板进行拍照上传。然后在日常教授学生学习使用 ipad 的过程中,发现我在备课时预设的任务操作对于学生来说需要来回切换,容易浪费时间。

二、群体互动时的思维碰撞

于是在教研组研讨的时候,我也提出这一问题,得到老教师们的肯定,与他们共同商讨需要布置给学生的任务,决定删除后面的两个选择题,转而将题目的知识点转化成小结语,引导学生在学完新课后自己进行知识总结。黄老师则提出,根据教案来看,教师的话语太多,是否应该更为精简,把更多的空间留给学生,我听了之后觉得很有道理，根据教学目标本身就是要更好地培养学生的数学表达能力，因此，简化教师多余的话语，把知识点的总结交给学生，我则根据上课的实际情况引导学生。

王老师就对我的教学目标提出了质疑，第一条中的体会更改为感悟会更为恰当，第三条实际存在的意义已经由第一二条说明了，不用再单独陈列说明，经过王老师的点拨我深有所感，马上修改了教学目标将其精炼为两条：1.经历多种工具画圆的操作活动，感悟圆形成的过程，初步建立圆的概念。2.认识圆心、半径，初步认识圆的本质特征。

周老师对我预设的学生反应提出了建议，在生活中的圆引入时不需要上来指一指大费工夫，简单从生活中抽象出圆即可节省大量时间，金老师则是对课堂活动的一个游戏提出疑问，在学习了圆的知识之后，再让小朋友去设计队形，即使不知道的同学可能也在学完之后下意识的使用了圆，等抽离了本课的学习环境之后，再遇到类似的题目反而可能不会做，这个题目可以删除，但是经过我自己的思考我觉得将数学联系生活也是必须的，而金老师的提议也很有道理，因此，我决定调整这个任务作为课前学习任务，让学生在没有学习圆的相关知识时进行队形设计，再利用三个助手上传图片，等正式学了圆的初步认识之后，在课中将课前学生的设计作品放在屏幕之上进行探讨，此时，学生可以更深入的感知为什么公平的队形要排成圆形，因为这样每个人到圆心的距离都相等。如此一来既避免了学生因为学习了圆而使用圆形答题，又达到了让学生认识圆的本质特色的目标。

三、教学研讨后的优化

经过自我反思，教研组讨论过后，我吸取了其中有用的经验，根据自己班级的实际情况，进一步调整了教学目标和教学环节设计，通过对板书的优化，让我有更多的时间可以投入于学生身上，通过对学生操作环节的改进，增强学生的参与度，希望学生可以在本节课中进一步体会到数学学习的乐趣。

（顾诗意）

案例 3

基于群体活动下的课前自我监控

我以 5AM1U3P4 The Noise Kingdom 为例，简要分析并阐述从教学方法与教学内容是否匹配所展开的课前监控。

判断教学方法与教学内容是否相匹配是课前监控的一个关键问题，只有相匹配的教学方法才能更好地帮助学生学习和掌握知识。首先教师要确定学生的学习目标,并监控这个目标是否适合学生的学习需求:是否依据不同的学生有不同的学习目标和学习需求进行目标设计。然后对教学方法的设计也要进行监控,教学方法也需要因人而异,例如,对于英语能力较差的学生,需要采用更加生动有趣的教学方法来激发学生的兴趣,提高学生的学习积极性。其次,教师要考虑教学内容的特点:不同的教学内容有不同的特点,需要采用不同的教学方法来呈现。例如,对于语法类的内容,需要采用更加系统性和逻辑性的教学方法,而对于口语类的内容,则需要采用更加实际和交际性的教学方法。教学方法还需要与教学目标相匹配,以确保学生可以更好地掌握所学内容。如果教学方法与教学目标不相匹配,那么就需要调整教学方法。

一、教学目标的原先设定

本单元的教学对象为五年级学生。在语言知识与词汇方面,通过学习,多数同学能知晓部分字母组合的读音规则,学生已经接触过一些能发出声音的物体以及相关描述声音的形容词,如(too)quiet, loud, noisy 等;接触过部分交通工具类词汇,如 bicycle, train, bus, car, van 等;在词法方面,学生能够初步地运用一般过去时描述过去所做的动作或发生的事情;在句法方面,学生能运用 to be 句型描述自己或他人的感受与心情,能运用 What can you hear? I/We can hear ……来描述所听到的各种声音。在语篇方面,多数学生能获取语篇与故事的基本信息,并流利地进行朗读并尝试复述。在语言运用能力方面,多数学生能用相关词汇和句型,以口头和书面形式,对部分的物体发出的声音进行简单的询问和交流。在已习得的学习策略方面,多数学生能够在课堂语言实践活动中认真倾听、大胆发言,阐述心中的想法,拥有一定的思维能力。

在本课时中,我原先所设定的教学目标为:

1. 能正确朗读含有音素/ɔɪ//ʊə/的句子,并根据读音规则分类含有音素/ə//ɜː/的单词。

2. 在语境中理解并运用 kingdom, the loudest, quietly, They do …… loudly 等内容介绍故事内容。

3. 能在语境中了解噪音王国变安静的原因,提取语篇基本信息,并在板书的帮助下,运用所学语言正确复述故事内容。

4. 体会故事阅读所带来的乐趣和启迪,学会聆听生活中美妙声音。

二、教学目标的监控与调整

在本课时的教授前,我对目标1进行了决策与调整,我将学生能根据发音正确分类单词这一目标改为:能正确朗读含有音素/ɔɪ//ʊə/的句子,并根据读音规则分类含有音素/ə//ɜː/的单词。

由于学生已经经历了前几课时的学习,所以学生已经能够正确区分/ɔɪ//ʊə/,所以我将这一项目标的难度进行了提升,将含有这两个音标的单词放入句子中,能够更好地检测学生的理解程度,同时,将还未学习的/ə//ɜ:/作为新授。

这样的教学监控调整是基于教学目标是教学的核心,是教学的驱动力,是学生学习的方向和标准。只有明确的教学目标,才能够对教学内容和教学方法进行合理的安排和选择。同时,教学目标的表达应该规范,即表达方式要符合一定的规则和标准,遵循科学的教育教学原则,符合学生认知规律和能力水平。

通过教学目标课前监控的再次设计,表达教学目标需具备以下几个方面的规范性:

1. 表达精确。教学目标准确、明晰,符合学生的实际情况和学习能力,避免表述含糊不清或者过于宽泛的教学目标,以免影响教学效果。

2. 语言简练。教学目标的表达尽量简洁明了,避免出现冗长复杂的表述,从而让学生更容易理解。

3. 目标分层。教学目标根据学生的能力水平和认知特点分层设置,避免过高或过低的要求,确保学生能够逐步实现教学目标,取得进步。

4. 目标具有可操作性。教学目标具有可操作性,即能够切实可行,能够通过教学活动实现。同时,教学目标也具备了针对性,针对不同的学生,提出不同的目标。

我在课前完善自己的教学目标对于学生有着显著的帮助,教师能让学生更清楚地了解本节课的学习目标和重点内容;教师明确的教学目标可以使学生更有针对性地进行学习,更容易理解课程的重点和难点。此外,教学目标的完善有助于提高学生的学习效率,有明确的教学目标可以让学生更加有目的地学习,避免学习过程中浪费时间和精力,从而提高学习效率。最后激发学生的学习兴趣。学生知道本节课的学习目标和预期成果,能够更加明确地知道自己的学习目标和需要达到的标准,从而更容易保持学习的兴趣和动力。

此外,教学目标的完善对于教师本身也有着促进、提高的作用:课前,老师可以根据学生的实际情况和水平制定有针对性的教学目标,让学生在短时间内达到更好的教学效果,还可以让老师更好地反思自己的教学方法和效果,从而调整教学策略,更好地实现教学目标。在课前明确教学目标可以为后续的教学评估提供依据,通过评估学生的学习效果来反思和改进自己的教学方法,促进教学质量的提升。

三、群体互动的过程与结果

在课前教师间互动时,其他教师对于我的教学设计提出了非常重要的意见,他们从不同的视角发表观点,帮助我更好地审视自己的教学目标与教学过程的设计,发现问题并改进。在课前交流互动中,我认真听取其他教师的意见和建议,将语音环节的引入方式进行了修改,从僵硬地引入改为巧妙引入,使教学过程更加自然；在教学过程中，教师们还针对板书内容进行了调整，将各个角色在不同阶段对不同声音的喜好进行了区分，是整个教学以及板书结构更加的完整，之后，我也结合自己的教学经验进行了分析和思考。当其他教师提出的意见与自己的想法不同时，我也耐心听取对方的理由，并尝试理解和接受。

教师要注重课前的教学监控，备课不能走形式，要反复自我监控，主动发现问题，主动调整教学设计方案。在采纳其他教师的意见时，教师应该进行筛选和评估，确定哪些意见可以帮助自己改进教学，并加以采纳。教师应该注意在采纳其他教师意见的同时，保持自己的教学特色和个性，不断完善和提高自己的教学水平。

例如，对于教学音标的方式方法时，其他教师对我的方式产生了质疑，认为教学时脱离了情境，并提出了各自的想法与意见，我表示认同，并接纳了这些建议，且实施在我的课堂中，使我的教学更加科学完善。我真正体悟到群体互动中自我监控对教学改进的意义。

（徐飘逸）

案例 4

基于教学自我监控促进学生口头表达能力提升
——《富饶的西沙群岛》教学案例

一、案例背景

《义务教育语文课程标准》（2022年版）指出，积极倡导自主、合作、探究的学习方式，发现语言规律，逐步掌握语言知识和语言技能。语文课堂要带给学生的不仅是语文知识，更重要的是培养学生的思维能力。培养思维能力，可以为学生的个性发展助力，提升其综合能力。对语文学科来说，也能够帮助学生更为深入地理解文章，形成对习作内容的独立见解，提高语言组织能力和表达能力。

在这一背景下，我校语文教研组开展了以"我的教学主张我践行"这一主题的教研活动。

本次活动是基于"对课堂过程性评价进行自我监控，促进语文口头表达能力提升"的研究。过程性评价是以注重评价对象发展过程中的变化为主要特征的价值判断。过程性评价重视教育的非预期结果，关注教育过程，重视教育过程的价值，注重对学生学习认知过程、情感动机的评价。

口头表达能力是指用口头语言来表达自己的思想、情感，以达到与人交流的目的的一种能力。叶圣陶先生曾说："所谓语文，语是指口头语言，文是指书面语言。可见，语文是口头表达能力与书面表达能力的综合体现。"

自我监控是元认知监控的一部分，是指个体在进行认知活动的全过程中，将自己正在进行的意识活动作为意识对象，不断对其进行积极的监视、控制和调节，自我监控具有及时性、指导性、鼓励性的特点。从认知活动的阶段来说，在认知活动开始前，自我监控帮助我们决定认知目标，制订计划，挑选策略，想象各种解决问题的办法，并预测其有效性；在认知过程中，自我监控根据认知目标及时评价认知活动，找出认知偏差，及时调整策略或修正目标；认知活动结束时，自我监控评价认知结果，若发现问题，则采取相应的补救措施，及时调整认知策略。

这节课有两大目的：一是学生口头表达能力的提升；二是教师教学自我监控能力的提升。教师要根据教学内容，在具体的情境中展开自我监控。能否提升学生参与课堂积极性，能否提升学生语言能力对学生口语表达能力提升的有效性进行课前监控，考量着我的备课。在课前不断自我监控，对提升课堂过程性的有效性起着重要作用。

二、案例描述

《富饶的西沙群岛》一文，介绍了位于我国南海的西沙群岛美丽的景色和富饶的物产，表达了对祖国海疆的热爱与赞美之情。

我们班学生已经具有初步的阅读能力，且有一定自悟能力，以往学习中，学习过挺多此类写景的文章，通过学习，初步感受到这类文章的写作脉络和优美语句的感染力。这些体验，为本课的学习奠定了良好的基础。

首先，我设计了请学生默读课文的二至五自然段，边读边想：课文主要介绍了西沙群岛的哪些风景和物产。每句评价都立足于教学生成性过程，比如，有些孩子会混淆文中找到的西沙群岛的风景和物产，将"山崖、峡谷"都算作物产，我及时发现问题，这体现了课堂自我监控的及时性。通过过程性评价，我告诉他们这是地形，物产是西沙群岛产出的物品，引导学生找到所有风景和物产。其次，如何将所有找到的信息整合起来，说清楚，是本课培养口语表达能力的热身运动。这一设计旨在引导学生从梳理段落的主要内容入手，加强对这个语段的整体把握。刚开始学生只是将所有的风景和物产说出来，再次及时进行课堂监控，引导学生可以在最后一种物产前加上"和"，让句式更清楚，通过抓关键字词品味语言，初步感受西沙群岛的美丽富饶。

接着，在设计研读课文的过程时，我原打算请同学们轻声读一读第二自然段，圈出描写海水颜色的词语。找到"深蓝、淡青、浅绿、杏黄"这些词语是很容易的，接着追问：除了书上描写海水的句子，老师还找到了西沙群岛海水的图片，你觉得，西沙群岛的海水有什么特点？以此问题继续展开学习"瑰丽无比""五光十色"两个描写海水颜色的词语。但在试教过程中，我发现学生对于学习描绘祖国壮丽河山文章,兴趣非常高,尤其文中描写的西沙群岛一带海水五光十色,海里的物产丰富。唯一美中不足,是距离较远,缺乏一定的视觉感官认识。于是我对教学过程重新进行了设计,我拟借助多媒体激发学生学习兴趣,引导学生通过不同形式的读,理解课文内容。同时,还设计了追问:"为什么说海水五光十色,而不是五颜六色?"加之适时的引导,让学生组织语言,能说出"五光十色"多了光泽感、更显艳丽,这就是课前自我监控的体现。课后的效果表明,多数学生能够抓住关键词语,并懂得结合上下文来理解句子的意思,我指导学生理解好词语,词语理解了、句子读好了,学生自然而然能说出西沙群岛海水的特点,口头表达能力得以提升。自我监控帮助我备课时关注、引导学生在复习词语、欣赏图片等语言学习的过程中不断受到指导,体会海水的颜色多而美丽,进一步感受西沙群岛风景优美。

在第三自然段教学设计时,确定了解文中海底生物的特点是本课的学习重点。课文的语言生动,富有儿童情趣。比如,珊瑚的形状像"花朵""鹿角",海参"懒洋洋地蠕动",大龙虾"全身披甲"很"威武",这样的语言把事物的特点描写得既形象又生动。又如,"像插着好些扇子""鼓起气来像皮球一样圆",把海鱼的样子写得活灵活现。在原先设计的教案中,让学生找到第三自然段写了海底的珊瑚、海参、大龙虾这几种海底生物,后来,我发现这样的教法缺少让学生体验的语境,于是我调整为请学生轻声读这一自然段,边读边用横线画出描写海底生物特点的词。找到了描写海底生物特点的词语,用自己的话说好这些海底生物有什么特点就尤为重要了。在请学生说珊瑚的特点时,大部分孩子说珊瑚像花朵、珊瑚像鹿角,我又设计了追问:"珊瑚像花朵、像鹿角,形状很多,课文里有个词语就是写珊瑚形状多的,你找到了吗?"通过体验式学习的调整,学生们都找到了"各种各样"这个词语,知道了珊瑚的特点是各种各样。我进一步设计了通过欣赏视频、想象画面,让他们感受海底动物样子的有趣,鼓励他们说一说,这样又从生物外形、动作等方面进行了口头表达练习。最后,借助表格进行巩固珊瑚、海参、大龙虾的特点,引导学生在提取、梳理信息的阅读过程中,整体感知课文内容,为接下来的学习打好基础。

三、案例反思

富饶的西沙群岛按既定的教学设计顺利地上下来,基本完成了课时教学目标。回顾整堂课,我重视了课前教学监控,反复修改教案,追问自己原先的教案合理吗?什么地方不合理,为什么?应该怎样修改,落实自我监控,践行语文口头表达能力提升的教学主张。

通过课前监控,突出以学生学为主,整节课教师讲得少,以语境带动学生边读边讨论边体会,对文段的优美语言的积累,对文章重点句段的理解,学生感觉是在自己的努力主动获取的,大部分同学都富有主动性和成就感,能够积极参与到学习活动中。

　　西沙群岛位于我国的南大门,是我国的前哨,风景优美,物产丰富,在试教过程中,我落实自我监控,发现凡此种种,都距离学生认知较远,于是需要更多的语境体验。学生在熟读课文的基础上,我适时利用图片资料,通过不断鼓励引学生渐入佳境,充分理解一些语句。由于试教过程中我发现课文导入寻找西沙群岛位置时,学生对地图稍显陌生,所以我调整了教学,利用课件向学生展示中国政区图,引导学生找到南海中哪一群岛屿是西沙群岛。试教过程中,我还发现,课文内容离学生生活太远,所以在制作课件时,我在选择图片上花了很多心思,努力寻找最能体现文章中所描绘的"五光十色""瑰丽无比"的海水美图。学生看得兴致盎然,为后面的课文学习打下了基础。

　　课堂中,自我监控助我教学。我根据学生学习情况,及时调节教学内容,大胆放手给学生,以读促讲,展开对文本的学习。有机、有效地使用图片资料和可爱的物产板贴,帮助学生加深对文章的理解。在学习重点句段时,不是面面俱到,而是注重了对中年级学生学习方法的培养,如：上课伊始,即带领学生梳理本篇课文的写作重点,知道作者是按照风景优美、物产丰富切入,当再按照海水、海底的物产具体学习介绍西沙群岛的风光和物产。为以后三年级学生按照移步换景的方法描绘美景,做好铺垫。

　　在设计教学过程时,我注重指导学生通过抓关键词的方法理解海水"五光十色、瑰丽无比"的特点,知道珊瑚是"各种各样"的,大龙虾是"威武"的,海参"到处都是""懒洋洋"的。通过教学的自我监控,切实强化了课前监控的落实,也促进语文口头表达能力提升的研究目标。

(范亦欣)

第五章 基于自我监控的课中教学监控

○ 第一节　课中教学监控的基本要求

○ 第二节　课中监控中客体监控能力的提升

○ 第三节　基于自我监控的课中教学监控的案例

第一节　课中教学监控的基本要求

一、课中监控：教学监控的重要阶段

课中监控，是指对正在实施的课堂教学中的教学目标、内容、方式、过程与评价的进行实时的监控。课中监控是教学监控中的第二阶段，是对教学设计后的教学实施状况进行的监控。课中监控的水平直接影响教学质量的成效。

课中监控在教师自我教学监控中是比较薄弱的一环。教师在上课时比较关注的是教学，在教学监控能力开始形成时，教师的监控往往是不熟练的，由于不少教师注意分配的能力有限，不能在讲课的同时，又对自己的教学活动进行有意识的控制和调节，因此，在教学进程中往往不能自主地把控自己的教学和学生的反应。这表明了这些教师的教学还处在自在阶段，没有达到自为阶段，教学监控能力显得不足。即使有听课评课这种教研形式，但是也不是与教师上课同步的，是教学实施之后的评议，这不足以表明课中监控。因此，提高教师课中监控能力是一个值得关注的问题。

课中教学监控能力不是靠书本知识形成的，而是在长期的教学活动中逐渐形成和发展起来的。我们可以发现，刚上讲台上课的新教师，教学往往是走流程，教学时间还会多出一大段。这是因为他们缺乏教学调控能力。而成熟型教师在课中教学监控能力较强，能有意识地感受即时产生的教学状况，把握学生的反应，如果感知教学顺当的话，会愉快地继续推进教学进程；如果感知教学出现问题，就会即时判断，作出教学决策，采取调整措施。

有一个实例：在一堂英语课上，学生运用现在进行时态时犯了错，教师即时作出应变，通过提供"正在做"的情境，组织学生用现在进行时态表述，准确性和流利性都有改善，但预定的课堂计划更改了。

在这个教学实例中，这位教师表现出了教学过程中的觉察与决策应变能力，对学生的学习情况即时敏感觉察、对自己教学同步反思，选择正确的教学方式，改变了教学方式，提高了教学的适应性，提高了课堂教学的有效性。

教师课中教学监控能力的发展呈现以下特征：从不自觉经自觉达到自动化。随着教学经验的积累和有意识的自我监控的培养，教师的课中教学监控活动加强。在课堂教学中，他们开始有意识进行监控活动，能够注意到自己教学的内容，能根据学生的反应调整教学的方式,把控自己的教学进度,这时,我们可以说,教师的课中教学监控能力已经在初步形成之中。随着教师自身的努力和群体互动的教学监控,教师课中自我教学监控能力的自为性增强,最终会达到自动化的程度。这时,在教学过程中,教师几乎不需要再作意志的努力,就能随机应变地进行自我反馈和调控。同时,整个教学监控过程极为简捷,能在瞬间对自己的教学状况和学生的反应迅速地做出判断和反馈,并能迅速而有效地采取措施进行干预。教师教学监控能力的发展需要经历"不自觉—自觉—自动化"的变化过程。

二、课中监控的内容指向

课中监控指向的主要客体有五个方面:

监控客体	监控关键点	监控考察点
教学目标	是否落实	教学目标实施的偏离与修正
教学内容	是否合理	教学内容作业化的实施
教学方式	是否匹配	教学方式多元化的选择与组合
教学过程	是否衔接	教学过程的展开充分、有序
教学评价	是否得当	教学评价的多元化与伦理性

(一) 教学目标的监控

教学目标的课中监控关键主要是监控是否落实,这与教学目标的课前监控不同,课前教学目标监控主要是监控教学目标设计的正确性与合理性。而课中教学监控是在教学目标确定之后,达标程度的监控。

监控要点:

1. 教师是否意识到教学目标是否存在没有落实的地方。
2. 教师是否采取补救措施,即调节举措。
3. 教师是否觉察到了教学目标的不合适问题。教学目标在具体的什么地方要求高了还是低了。
4. 教师对不适宜的教学目标是否进行了调整。

(二) 教学内容的监控

教学内容的课中监控的关键主要监控是否合理,即教什么的合理性。如果察觉到教学内容不适宜学生学习的接受性,应该进行调整。如果发现课堂中,生成了更好的学习内容,可以及时加以利用。

监控要点：

1. 教学内容的难易度是否合理。通过教与学的互动，教学内容的合理性获得了验证，教师应该首先觉察到。

2. 教学内容是否分层次，提高了全体学生的可接受度。

3. 课堂作业是否得当，作业是否与教学内容匹配，完成作业的过程中教师的教是否得当。这里的作业指的是学生单独或者师生共同完成的任务，例如例题。

4. 教师是否在必要时采取措施调节教学内容。例如，补充例题、提问启发等，以支持教学内容的教与学。

5. 在课中对教学内容的是否符合教学目标有所反应。如果发现原先教学内容不能落实教学目标，教学内容做了哪些调整。如发现教学目标不合理，教学内容调整采取什么措施。

（三）教学方式的监控

教学方式的课中监控关键主要是监控是否匹配，这主要是监控教学内容与教学方式之间是否匹配。仅从教学内容看来是合理的，或者仅从教学方法来看是先进的，但是教学方法不适合教学内容，那么这个教学方法就不可取。只有教学内容与教学方法匹配，才能产生良好的效果。因此，教学方式的监控需要多向思维。

监控要点：

1. 教学方法是否妥当。例如，英语教学中以 PPT 贯穿整节课教学，把英语教学变成了人机对话，导致英语学习的语言真实情境缺失，言语情感的交流的缺失。

2. 课堂组织形态是否适宜学科教学。不同的学科、不同的课型、不同的教学内容应该采取与之适应的教学组织形态，例如，课堂采用 U 型、环型、方型，便于学生学习中观摩、展示、活动等。

3. 教学组织形式是否改变灌输式教学，培养学生的独立思考、合作学习，课堂教学组织形式应该灵活切换，根据不同教学环节的不同教学内容采用全班的、小组的、个别化的教学组织形式。

4. 学习活动形式是否适宜学生学习。依据学习内容采取：体验式学习、探究式学习、表现性学习。

5. 教学方式是否灵活整合。以上的教学方法、课堂组织形态、教学组织形式、学习活动形式等都不应单独使用，要选择与整合，需要教师实时监控，灵活调控。

（四）教学过程的监控

教学过程的课中监控关键主要是监控是否衔接，这主要是监控教学过程展开是否有序、得当与衔接。教学过程是教学内容与教学方式之间交互动态展开的过程，在时间上具有瞬间的连续性，而瞬间的过程难以判断其意义，因此，教学过程的监控要从动态上把握必须充分注意其即时性。教学过程监控的关键是监控教学过程的衔接性。教学过程的不衔接必然反映了个教学因子之间出现了无序状况,需要通过教学过程的监控加以调控。

监控要点:

1. 教学过程是否有序。监控教学过程的安排是否安排,教学内容的教学顺序是否合理,先教什么,后教什么是否正确,教学阶段时间分配是否合理。

2. 教学过程是否展开得当。教学过程展开是否充分、前后呼应、逐步推进、铺垫得当、精讲多练等。

3. 教学过程中是否关注学生的学习状况。教师对学生的兴趣是否重视,并加以激发,对学生产生的学习厌烦是否采取干预措施。

4. 教学过程中师生交互状况。教学过程中的师生关系,这不仅是师德问题,也是一个十分重要的专业问题。

（五）教学评价的监控

教学评价的教学监控是指向在教学过程中教师运用评价的状况。教学课程中的评价是多元的,不仅在内容上涉及教师对学生学习态度、学习努力程度、学习结果、学习方法等方面的评价,而且在评价方式上也涉及过程性评价、结果性评价、表现性评价、自我评价等。因此,对教学评价的监控需要予以充分关注。教学评价的监控关键点是监控教学评价是否得当。评价得当内涵丰富,不仅要评价正确、合理,而且评价方式要适切。评价得当的本质就是教师的评价要公平公正,调动学生学习主体性。

监控要点:

1. 监控教学评价观念与目的是否正确,评价是否以激励学生为主。

2. 教学评价语言是否得体,把握尺度,为学生接受。

3. 教学评价方式是否多元化,灵活运用不同的评价方式,提高评价的适宜性。

4. 教学评价是否具有适应学生的差异性。针对不同学生的具体情况,灵活、合理地进行评价。

三、课中自我监控的主要特点

（一）课中监控的主要特点——即时性

课前监控、课后监控有较多的时间可以为监控所需要的教学信息收集、教学反思、教学调整等做必要的准备,也可以听取其他教师与群体的教学建议等,也就是说,这两个阶段一般来说时间较为充裕。而课中监控是机不可失,时不再来,需要在课堂教学中瞬间做出四个环节的一系列的教学监控反应,也是即时的同步反应。即时性是课中监控主要特点,也是教学课中教学监控的难点。

课中的即时监控,要求教师不仅有很强的自我监控意识,而且要很强的自我监控能力。课中即时监控,要求教学监控的觉察与获取、判断与决策、调整与行动、反思与反馈这四个监控环节一气呵成,以应对教学过程的一过性,不可能把教学倒退回去。这种教学监控的即时性,要求教师对教学之中的问题与现象有敏锐的直觉,这是基于教师个体的直觉思维,对课堂教学中的问题依据感知,迅速地对问题做出判断与设想。借助直觉思维在很短的时间内对监控客体迅速而直接的判断。这种教学监控中的直觉思维是依靠实践、依靠意识的逻辑活动的认识能力,是长期教学监控活动中积累的经验。这是以由概念和表象结合而成的、具有整体功能的"经验与知识组块"为思维材料进行的思维活动,是综合运用已有知识、表象和经验知觉.以高度省略、简化、浓缩的方式洞察事物的实质,并迅速、做出猜测、设想或突然领悟。因此,基于直觉思维的课中监控的即时性是以已经获得的知识和积累的经验为依据的,它不仅能使课中监控发现监控客体的问题或者教学的有效程度具有积极意义,帮助教师迅速做出判断与优化选择,而且对课中监控中创造性地调控起着重要的作用。直觉思维是完全可以有意识加以训练和培养的。

课中监控的即时性要求课中监控具有简约性,不能搞烦琐的一套,是在教学科学性基础上的简约,是教学逻辑思维基础上的良好教学行为习惯与直接思维的融合。课中监控的直觉思维是对教学监控客体,即教师思维对象从整体上把握,调动自己的全部知识与经验,通过丰富直觉作出的敏锐而迅速的假设,猜想或判断,它省去了一步一步分析推理的中间环节,而采取了"跳跃式"的形式。它是一瞬间的思维火花,是长期积累上的一种升华,是教师教学思维的灵感和顿悟,是教学思维过程的高度简化,而且它是清晰地触及教学监控客体的关键。在课中监控教学的直觉思维与逻辑思维同等重要,忽视其中任何一种思维都会制约教师课中监控的效能。斯图尔特曾经指出,"直觉是真正的数学家赖以生存的东西",我们以此借鉴,教学监控中,特别是课中监控中直觉思维是不可或缺的。课中监控的即时性在本质上要求教学监控以其直觉和严密性巧妙地结合在一起,是课中监控富有灵感与美感。

课中监控的直觉思维的简约性、创造性、自信力使得课中教学监控得以实现即时性。积累的经验触发直接思维,才可能使课中监控在瞬间做出即时的、直接反应。我们要重视课中教学监控的直觉思维的培养,夯实教学专业知识、积累丰富的教学经验,加强教学监控的实践与反思,使课中监控的直觉思维不断发展。

(二) 课中监控即时性派生的思维灵活性与主动性

课中监控的即时性是教师教学思维能力的集中表现,是长期教学监控的经验积累。课中监控的即时性需要教师良好思维品质的基础。因为直觉思维不是随意的乱思维,而是要可靠的思维。课中监控的即时性需要教学思维的灵活性与主动性的支撑。

1. 课中监控中的教学思维的灵活性

教学思维的灵活性是教师教学思维的品质之一,灵活性是指思维活动的灵活程度,善于根据客观教学实际情况的变化而及时改变原来的工作计划或解决问题的思路,并提出新的符合实际教学的思路和方案的思维特征。它的特点包括:一是思维起点灵活,即从不同角度、方向、方面,能用多种方法来解决教学与教学监控中的问题;二是思维过程灵活,从分析到综合,从综合到分析,全面而灵活地做"综合的分析";三是概括、演绎、迁移能力强,运用规律的自觉性高,善于组合分析与比较;四是思维的结果往往是多种合理而灵活的结论,不仅仅有量的区别,而且有质的区别。教学思维灵活的表现通常以"善迁移""举一反三""运用自如"等描述。教学思维灵活性强的教师善于从不同的角度与方面起步教学监控的问题,能较全面地分析、思考与解决问题。他们也提出不囿于以往的方案,而善于根据实际教学情境的变化灵活地改变原有的方案,采用新的方法、途径去解决课中正在发生的问题。教师在课中监控时的灵活性是教师教学机智、敏锐、富有独创性的表征,"因地制宜""量体裁衣"是思维灵活性的表现,而"削足适履""按图索骥"则是思维固化,缺乏灵活性的表现,缺乏对教学情境中正在发生的事件敏感,难以实施课中监控。

灵活的思维是能够通过教师学习、研究与实践得到发展的。思维的灵活性也受制于教师个体已有的定型,如有的教师在教学中总是反复使用一种固定不变的教学方式,便会形成某种定型,阻碍思维的灵活性得到发挥。

2. 课中监控的教学思维的主动性

思维的主动性也是教学思维的重要品质,思维的态度决定教学监控品质的高度。当教师以积极的教学思维方式主动积极解决各种教学任务,并主动进行教学自我监控,那么课中监控的实现有了基础。思维主动性强的教师会从不同的角度重新审视每一个教学环节与教学因子。思维的主动性会激发教师在教学现场积极思考,从具体教学情境中审视试图参照的自己与他人的教学经验。面对挫折或困境时也更为乐观,更容易找到应对之策。课中监控的即时性,要求教师的监控具有很强的主动性,对教学监控没有主动性,其实质就是没有教学思维的主动性,思想的懒惰必然导致行为的懒惰。思维的主动性与思维定势相对应。教学监控上的心理定势是指教师心理上的"定向趋势",它是由一定的心理活动所形成的准备状态,对以后教学与教学监控上的感知、记忆、思维、情感等心理活动和行为活动起正向的或反向的推动作用。思维定势(Thinking Set)也称"惯性思维",在环境不变的条件下,思维定势使人能够应用已掌握的方法迅速解决问题。而在情境发生变化时,它则会妨碍人采用新的方法。课中监控中的消极的思维定势是束缚主动思维的枷锁。先前形成的知识、经验与习惯等都会使教师形成认知的固定倾向与习惯化，从而影响课中教学监控中的觉察、判断、决策与调控，形成"思维定势"——思维总是摆脱不了已有"框框"的束缚，表现出消极的思维定势，即使存在明显教学错误的，也视而不见，听而不闻，还以"以往就是这么做的"或者"这是规定这样做的"躺平。课中监控的即时性的实现需要教师的教学思维具有主动性，冲破思维定势。

主动思维对课中监控的即时性有着极为重要的积极意义，而消极的思维定势容易使我们产生思维上养成一种呆板、机械、千篇一律的习惯。当新旧问题形似质异时，或者当问题的条件发生质的变化时，消极的思维定势会使人们墨守成规，难以涌出新思维，造成知识和经验的负迁移，要克服传统定势、书本定势、经验定势、名言定势、从众定势和麻木定势的消极作用。要改变思维定势的消极需要有思维的自觉性，克服教学监控的习惯性思维。

课中监控的思维主动性，在很大程度上体现为教师在解决课中监控问题时思维的多向性，在教学监控中对教学信息的判断与决策采取多结论、多途径的开放性问题，有利于激活教师监控主动思维，打开思路，排除教学监控中思维定势的干扰，从而提高教师课中监控的即时性与灵活性上的思维主动性。教师通过教学监控对教学思维方法的不断掌握、积累和熟练运用，逐渐产生对教学监控问题的敏感性，迅速抓住问题的实质，找到解决问题的方法和途径。

第二节 课中监控中客体监控能力的提升

一、课中教学监控能力的关键表现

课中教学监控能力的主要表现是教学监控意识。教学监控意识会直接影响教师的教学监控的敏感性。课中教学监控的敏感性特别重要，这是由课中监控对正在发生的教学进行即时的动态的监控所决定的，它需要监控主体对监控客体有较强的敏感度。

教学监控的敏感性是教师根据教学情况和学生反应对自己的教学活动及时察觉，迅速做出调节的反应程度。它一般包括对教学情境中各种信息变化与获取的敏感性和对在不同情境下可采取的教学策略的选择与运用的敏感性两个方面。前者直接决定教师进行教学监控的信息获取水平，后者则与教学监控能力中的调整水平密切相关。教学监控能力较强的教师,在很大程度上是因为上述一个或两个方面的敏感性强所致。敏感性是衡量教师教学监控能力高低的一个重要指标。

教学监控的敏感性是依赖思维的敏捷性。思维敏捷性是指思维活动的反应速度和熟练程度,思维的敏捷主要表现在三个方面:一是思维的流畅,它要求从一个已知信息立即想出尽可能多的思维目标,为高质量思维提供选择创造条件;二是思维的变通,它要求能随机应变,不断开拓新的思路,寻求新的方法,不为某种思维习惯和思维模式所束缚;三是思维的直觉,它要求能根据直观感觉当即作出判断,要求不依赖逻辑推导,在非自觉的情况下就能作出正确的反应。有了思维敏捷性,在处理问题和解决问题的过程中,能够适应变化的情况积极地思维,周密地考虑,正确地判断和迅速地做出结论。教学监控敏捷的教师对监控客体问题思考迅速,反应快。

教学监控的敏感表现为三个方面:

一是监控起点敏感,从不同的角度、方向对面临的教学监控问题感知与察觉。对问题情境中各种线索的敏感性。这方面的敏感性决定着教师对问题情境中有关信息的觉察与认知,如果不够灵敏,那么就可能会遗漏、忽视掉某些重要的信息,或者容易对有关信息产生误解,或不准确、不精确的认识,进而造成个体对信息的反馈不准、不真、不及时,这势必影响到个体进一步调控措施的采取,前者直接影响自我监控中的信息反馈水平。

二是监控过程的敏感,对教学监控的问题善于迅速和准确地做出监控反应。这是教师个体根据监控情境中各要素间的关系及其变化,做出最适宜的调节和修正的灵敏程度。对在不同问题情况下最恰当的解决策略等有关知识经验的激活和提取的敏感性。这与自我监控中的调节水平密切相关,这方面的敏感性影响着调控对策与方法的选取,如果不够敏感,那么就可能会对监控问题的解决方法匹配上发生困难,不能激活、提取适当的方法策略,进而不能执行有效的调控。

三是迁移敏感,能迅速从以往积累的教学监控经验与知识中合理地运用到新的教学监控情境中。思维的敏捷性在一定程度上还表现在一个问题出现后,能不能马上把它与以往的知识、信息和经验联系起来,能不能很快从其它貌似不相关的问题中寻找相关的因素并从中获取启示,得到解决问题的方法,这实际上反映了一个人的思维是否敏捷。

课中监控敏感度的主要标识有三条:对监控中有意义信息捕捉的敏感,对监控问题本质把握的敏感,对监控觉察问题处置的敏感。自我监控水平较高的教师则往往对问题情境线索及变化情况很敏感,能较好地知觉和分析,并据此迅速有效地激活、选取合适的方法和措施,进而对活动予以及时而有效的调控。课中教学监控敏捷的教师常常显出善断,反应迅速,应变果断,在短时间内能积极地进行周密地考虑,正确地判断,迅速地做出决定。课中监控的敏感性是熟能生巧的问题,通过熟练掌握在监控的思维过程中正确运用思维方法、思维方式,使之习惯化、自动化。

二、教师客体监控能力的发展策略

教学监控中对教学客体,即教学本身的监控是教学监控的主要内容。提高教师客体监控能力是教师教学监控能力发展的重要任务。我们在设计研究的基础上,归纳了以下五项发展教师教学客体监控能力的策略:

(一)增强微反应的觉察,提高监控信息获得

微反应是人们在一定情境中行为的真实表现,对于教师辨别学生在课堂中的真实反馈具有重要参考价值。心理学研究表明,在人际交往的过程中,人们通过语言实现的交流只占17%,大部分情况下,人们都会通过微反应来表达感情。这提示在课堂教学中除了直接的讲授以外,很大一部分关于教与学的学习交流是通过非语言交流的。心理微反应就是重要的教与学的信息交流通道,也是教学监控中教师获取信息的重要方式。教师想知道学生是真的听懂自己的教学内容还是装作听懂,想知道学生对其他学生发表的看法同意还是异议,不能仅靠学生讲的,有时只要你多加观察,便会发现他们不经意间的一个眼神、嘴角的轻微一撇,肢体的一个下意识动作都在示意,会将他们心中内藏的真实意思表示出来。微心理反应是人们在受到外界刺激时所做出的反应,包括微表情、微动作、微语义三个方面。"微表情"主要是"面孔微反应";"微动作"属于"身体微反应",能够映射心理状态的身体动作,就是常说的"小动作";"微语义"属于"语言微反应",是语言信息本身,包括使用的词汇、语法以及声音特征,称为"微语义"。

当学生在课堂学习时,会有不同心理感受,有的学生感到学习很顺利,有喜悦的情绪以及舒适的体位感。也有学生会感到学习困难,或者学习挫折感明显,情绪低落、厌烦、甚至抵触,体位不舒服,感到别扭。一般在课堂上学生对此都是以微反应的表示出来。教师在课中监控时应该利用学生的这种微反应的观察获取对自己教学的反馈信息。例如,教师在批评学生或者否定学生意见时发现,这个学生呼吸剧烈,应该留意这样的微反应,可能意味着这位学生有委屈、不服甚至对立的情绪。在正常状况下,遭遇负面刺激,比如挨批评的人是会不由自主减弱甚至屏住呼吸的。对于这样的反常的微反应教师需要及时进一步了解信息,进行心理疏缓。在教学过程中各种微反应传递了丰富的学生学习信息,也反馈了丰富的教学信息,这正是课中监控所需要的信息。

在课中监控时,微反应常没有得到应有的重视。有的教师喜欢用大问题"你们听懂了吗?",学生回答,"听懂了",于是教师心满意足。其实情况可能并不如

此。教师要善于通过微表情、微动作、微语义来觉察学生的学习状况。当学生在学习时身体动作减少瞬间静止，教师应该加以关注，从这种身体突然僵住或减弱活动的反应中，可以判断出学生或许学习遇到较多困难，感到压力，随后可能产生忧虑、恐惧等心理感受。当一个人完整的动作或表情被压缩到极致的时候，表现出来的就不是一个夸张的表情或动作，而是一个极小的反应，极易被人们忽略，这种反应，就是一个微弱的反应。在课中监控时教师不能忽视其提示意义。通过微反应教师可以觉察各种小动作背后的真实心理活动。一张张学生面孔后面有什么样的内心活动、情感表达，都可以通过微反应一览无遗。通过对学生的微表情、微动作、微语义这些微反应进行深入解析，揭示隐藏在心理微反应下的学生学习心理的微妙变化，从而为教学监控判断与调控提供可靠的依据。

（二）增强教学信息多元反馈

教师教学监控能力的提高在很大程度上有与教学反馈技术的运用有关。教学监控的起始于教师获取有关教学的信息，并在这基础上进一步展开教学监控。

在教学监控中一个主要的障碍是教师获取信息的个人意愿选择性，而不是信息获取的可靠性考量，比较常见的是教师喜欢学生的信息反馈是"全懂了"，而对于一些学生学习困难的信息往往被忽略掉了。传统教学是"正确"的教育，是消灭错误、鄙视错误的教学。夸美纽斯也曾认为"只有要求学生在课堂上不犯任何一个错误，才能在练习中没有错误。"他建议教师"不要使学生在第一次学习数学规律时就解错例题和应用题。"长期以来，这样的观念深深地影响着教育工作者，人们视错误为"洪水猛兽"，错误是教育的"敌人"，"不错"等于成功，"不错"是教育的永恒追求。教师忙于堵错、纠错，学生则在一个个"×"改造成"√"的同时丧失了自尊，也丧失了学习的兴趣。在现实的课堂教学中，我们往往看到的是另一番景象：不少错误，常常被忽略。有些是由于教师对正确答案的期待使他有选择性地感觉到了"正确"，而对错误"视而不见"；有些是由于教师认为个别学生的错误，在课堂上用宝贵的45分钟来处理，对其他学生而言是个"浪费"；还有些是由于对学生出其不意的发言，教师常常不能作出准确及时的判断而不知所措……种种原因导致课堂中教与学的信息有选择地失真获取。教师在教学监控中要尽可能地全面地、真实地获取信息，包括学生学习困难的信息。杜威曾指出，"失败是有教导性的。真正懂得思考的人，从失败和成功中学到的一样多。"同时，教师也要具有正视自己教学的态度，对自己教学上的不足与错误采取积极的态度，采取了更为理解的态度，从中吸取改进教学的信息，变教学问题为促进教学发展的资源。认知心理学派认为错误是学习的必然产物，是可以接受的。正是教学中会出现偏离教学目标的教学，才需要进行教学监控。

教学监控错误的资源化是教师教学中发生的失误向教学资源转换的动态演

变过程,即在一定观念支配下,把教师教学中的失误当作一种教学资源,并为开展教学活动、实施教学监控服务,变"错误"为资源有效利用,使教学失误转化为发展动力。教学信息资源必然蕴含在"使用"过程中,并在"过程"中实现资源价值。教师对教学中的错误把它作为含有有用的教学监控信息,并以此调整教学,就成为了"教学资源",并在转换的过程中,实现教学监控的"资源化"。教学监控需要全面、可靠的教学信息支持为基础,对教学作出恰当的反应。这有助于教师在教学中避免同一教学失误再次出现,或者低层次反复。教师应善于利用教学预设中的问题,善于捕捉教学中的失误,善于课后反思教学经验教训,将教学问题信息当作一种教学监控的学习与实践的契机。

教学监控中教学信息的单一化、失真与教师的教学观念与信息获取能力有关,以下的问题会影响教师获取教学监控信息:

1. 没敏感到信息无缘处理。教师对正确答案的期待使他有选择性地知觉到了"正确",而对错误"视而不见"。也有的教师对自己成功的教学也缺乏敏感,无法得以固化。

2. 缺少准备无能处理。当今信息化时代,教师已不是绝对的"知之甚多者",对学生的出其不意的看法与理解,教师常常不能做出准确及时的判断而不知所措。

3. 借口无时间处理。教师对教学效果不理想,往往以教学实践紧为由没有及时安排对教学失误做出处理。

4. 缺失敏感无须处理。教师对学生明显的学习错误不置可否,不判断与评价,让学生带着问题进入课堂带着同样的问题走出课堂,是教师态度的失误。

采取开放的态度,以协商讨论的方法使教师对教学监控中发现的问题得以顺利解决,获得从教学失误走向教学成功的快乐感,是最激动人心的。

增强教学信息多元反馈,一是教师的自我反馈,注意自我监控中对自己教学复盘,梳理信息。学校建立课前、课中、课后监控的体系,为教师提供多元教学监控信息。引导教师及时记录对自身教学行为的反思,积累宝贵的教学经验教训;建立自我监控资料,记录那些对自身成长影响巨大的关键事件,譬如有趣、难忘和难堪的事件,挥之不去的困惑,理想与现实的矛盾,其他教师的看法,以便经常与自我保持对话。二是学生反馈,通过问卷调查、学生座谈、观察学生学习反应等形式,了解学生对教师教学态度、方法,以及学习效果的反馈意见与建议。三是群体反馈,通过教学监控中的群体互动,与其他教师相互观察彼此的课堂教学,详细描述所看到的教学过程,对此进行分析与讨论,提出教学改进的建议。学校也可以组织专家、家长参与教学监控,提供教学信息反馈,使教师对自己教学过程、效果,以及学生学习状况进行正确反思和评价,促进教师教学监控能力的发展。

(三)课中监控抓住判断与调整

教学监控的核心价值在于提高教学质量,教学监控与教学评价不同之处在于教学监控重在调整教学,在调整上落脚,实现教学质量改进与提升,教师自我监控能力的提升。因此,作为发生于教学实施的关键阶段的课中监控,在前一阶段的教学信息获取与觉察的基础上,作出教学判断与决策,是后一阶段教学调整的前提与条件。只有正确的教学判断,才可能有正确的教学调整决策。课中监控是教师对课堂的状况、学生的反应的敏感性与判断性,或者说是教师对课堂教学过程中"正确性"与"问题性"的敏感程度,以及对所确定教学解释与分析。课中教学要求教师在不断获取教学要素变化的有关信息基础上,审视和检测教学活动的效果,并据此及时调节教学活动的各个方面和环节。这种判断与调控是贯穿于教学过程的始终,每一次的判断和调控都对以后的教训监控单元产生影响。

案例呈现:

在一次二年级的英语课上,孩子们在跟读"Look at me, this is my head, this is my ear …"时,由于句子较长,有些同学的语音总是有些绕不过来,便产生了畏惧情绪,不愿再读了。有位同学竟然干脆说:"我是读不来的。"而另一些已经学会了的同学则骄傲起来,在别人朗读时不认真听,随意插嘴或嘲笑别人,有位同学甚至说:"我都会了还要读,真没劲!"在我左右为难的时候,忽然灵机一动,把全班分为四个小组来竞赛。这一招还真灵验,每个小组都干劲十足了,都读出了自己的最好水平。

随后,我叫了刚才说"我是读不来的"的同学,请他读了一下。在我的鼓励下,他终于拾起了自信,鼓起勇气大声读出来了。虽然读得不太好,但我还是给予他"Excellent!"的最高表扬,并请其他同学也为他鼓掌。在小朋友们的掌声中,我较为轻松地纠正了他的发音。那位同学满意地坐下去了。接下来我叫了那位说"我都会了还要读,真没劲!"的同学,跟他玩一个"Simon says"的游戏。我很快说出"Open your book. Close your pencil-case. Open your mouth. Close your eyes …"等较难的指令,他开始摸不着北了,骄傲的情绪大打折扣了,开始有了自知之明。于是我不加评定地让他坐下了。接下来的课堂上,他再也不随意插嘴和嘲笑别人了,而是很专心地听别人读和说。

上述案例中,教师对学生的学习行为做出了差异性的判断,不愿朗读的原因不同,于是做出了系列的调控,先通过异质分组学习帮助朗读困难学生,让这些学生学会朗读目标语段。在这基础上再分别邀请原先不愿意朗读的学生,特别是保护那个骄傲学生的自尊的情况下,让他认识到自己的不足,需要努力学习。这种基于正确判断的教学决策的调控获得了教学的实效。

课中监控要注意一个误区,就是认为教学监控判断与调控都是负性的失误之类,其实教学监控不仅仅是对教学是否偏离教学目标作出判断与调控。如果教学正常,就维持教学原先预设的轨道进行,并且要对成功的教学进行系统反思,总结经验。只有当教学偏离"航线"时,才需要加以判断偏离的问题,并作出调控行动。判断与调控是教师教学监控的关键,是教学监控实现监控目的的重要方式。教学判断能力与教学调控能力也是教师的教学监控能力中的重要成分。教学监控能力的根本作用就在于它使教师能够有意识地、自觉地对自己的教学活动进行调控,使之达到最佳效果,能最大限度地促进学生的发展。如果一个教师能达到这种水平,那他无疑是一个优秀教师,其教学效果必定很好。

(四) 丰富教学监控经历,提高监控情境迁移性

课中监控比课前监控、课后监控更具有临场的情境性。课中监控的价值在于在教学情境中发现教学、解释教学、欣赏教学,通过课堂监控在教学情境中使教学闪烁光彩。正是教学监控的情境的差异,才使得教学监控的丰富性、适切性显得十分重要,才显出教学监控本身所含有的有意义学习。教学监控是教师自我教育与有意义学习的过程。教学监控是在教师个体与教学环境之间的互动才得以发生,实现改变与提升教学的目的,而改变与提升教学,对于每一位具体教师及其教学实践而言,具有不同的意义建构。这种差异性的教学监控意义建构包括"我为什么要教学监控？监控对象是什么？如何监控？监控成效如何？"等一系列监控意义建构。教学监控意义建构需要教学监控的丰富经历,教学监控经历的获得在于教师依托教学监控情境中的监控要素、主体间性共同进行意义建构。在教学监控经历中情境和主体具有不可分离性,在两者交互中情境对教学监控主体产生影响。教学监控经历是情境活动中的认知产物,既产生于活动和情境中,也是活动和情境的产物。教师所获得的教学监控经历都会因所处情境的不同而被赋予不同含义。如果离开具体的教学监控情境,就无法对教学监控经历的产生及其质量有准确把握。任何去情境化的经历都不能称作真正的经历。如果无视教师教学监控的经历去谈什么教学监控能力的提高,无异于离开了水去谈鱼。杜威指出,"以经验为内容,经由经验来进行,为了经验的目的而进行的教育"(one of education of, by, and for experience.)在这里包含着"experience"的两个方面,即经历与经验,也就是以经历与经验为内容,经由经历来进行,为了经验的目的。[1]

教学监控的意义建构不是机械的教学监控的知识与条文规定,而是使教学监控获得非人为的(非任意的)和实质性的(非字面的)联系的过程,是理解的,并转化为自己的认知的,具有教师教学监控意义的价值建构,形成自己对教学监控的认知,注重的是教师个体对教学监控能力发展的变化过程的经历。教学监控经历在于教学

---

[1] Dewey, J. Experience and education. New York: Collier Books. 1963.

监控中所获得经历向经验转化。教师对自己的教学活动效能的判断应该依据是否具有从教学监控经历向教学监控经验转化。难以产生"经验",属于无意义经历。

教学监控经历向教学经验转化过程中,教学监控的迁移性是一个主要标志。教学监控能力的迁移性,是指教师教学监控的过程和方式可以从一种具体的教学情境迁移到与其相同或类似的其他教学情境中去。教学监控能力高的教师一个明显特点,是善于将以往教学监控的经验有效地应用于目前所从事教学工作中,表现出良好的迁移能力;在面对新的教学情境时,能有效地借鉴和应用这些知识和经验。

教学监控的迁移性在教学自我监控中更为明显。在不同水平的教学自我监控中,迁移性的水平也是不同的。自我监控水平高的教师善于将以往自我监控的知识和经验合理、有效地应用到当前所从事的实践活动情境中,表现出良好的迁移性。相反,有的教师在面对新的教学情境时,却不能有效地借鉴和应用已有知识和经验。正因为教学监控迁移性差,在教学监控中缺乏监控敏感性、灵活性与实效性。

自我监控是一种不同于普通方法和策略的特殊教学监控活动方式,它不仅作用于监控客体,而且能影响到监控活动的方法与策略乃至整个监控的方式。因此,教学监控中的成功迁移将会给教学监控的实施带来积极成效。教学自我监控的成功迁移则主要取决于自我监控的迁移性水平。教学自我监控的迁移性逐渐提高,表明个体将以往自我监控的过程和方式较恰当地运用到与其同类或类似的新情境中去的能力逐渐增强。这无疑对教学监控中的新问题有效解决是十分有价值的,同时,对于自我监控本身发展完善也是极有好处的。教学监控迁移性的提高是教师自我监控能力不断提高的一个重要标志。

(五)增强教学自律,提高自我监控能力

教学监控主要是基于自我监控,特别是课中监控,课堂教学基本上由教师自主独立进行与完成的。因此增强教师教学的自律,按照教学规律进行教学是教学监控的目的。教学监控不能替代教学,但是教学监控是以教学的提高为目的。区分教学专业能力与教学监控能力是十分必要的,因为在实际上,有的教师只关注教学能力,而忽视了教学监控能力。

教师需要拥有完整的专业知识与能力结构,才能认识到加强教学监控的重要性。对于专业教师来讲,不仅需要掌握学科知识等本体性知识,还要掌握教育学知识和心理学知识等条件性知识,才能学会实现自我监控,不断提升自身教学水平。教师应在实现专业知识结构完善,才能进一步教学自我监控。教师不能很好掌握教学的基本要求与标准,无法以应有的教小学标准进行教学监控。因此,教学自律与教学自我监控是双向建构的,以教学为基础实施教学监控,以教学能力为基础,提升教学监控能力,特别是自我监控。这两者共同要求教师的专业自律,自律产生自我监控的意识,才能自觉增强自我效能感。只有拥有自我效能感才能具有发展与成长的愿望。在教学开展的过程中,拥有效能感将促使教师关注教学效果,并寻求教学效果的提升途径。为达成这一目标,教师将对教学进行不断反思,有目的地进行教学活动的调节,并通过教学评价获得反馈,也就是实现自我监控。例如本校教师提出并践行的教学主张"加强课堂自我监控,优化数学概念教学",并以"课中觉察衔接障碍,及时调整数学活动;课中根据学生认知,及时调整提问;课中发现问题,及时寻找原有知识基础"三条具体的教学策略来推进教学过程中自我监控,把两者融合。另一位教师提出了"以学定教,关注课中监控"的教学主张,并以"及时调整教学活动,突出教学重点;适时引导学生思维,调控课堂节奏"也是基于教学自律开展教学监控。

教学自我监控中引导教师关注认知的自我指导。通过这种方法调动教师教学积极性和自信心,引发教师对教学活动高度觉醒状态,使教师具有提前计划的能力、对教学过程的高度清晰、教师之间的合作能力、言语的自我调节能力。

现将一个教师教学自律与自我监控相结合的课堂实录供参考:

那是我在区里开一节《圆的认识》,由于来听课的老师比较多,所以我有些紧张了,在讲到一个概念的判断的时候,遇到了下面的情况:

师:请小朋友判断,在圆里可以画100条直径。(　　)

在设计这个练习的时候,我考虑到刚才我们学习了在圆里有无数条半径,由此类推,在圆里应该能画无数条直径,所以理所当然这句话是错的,可是我们在说到这题的时候,有个同学就突然说:"老师,我觉得这句话是对的,我可以在圆里画100条直径呀,为什么一定要说可以画无数条呢?"

说真的,当时我也傻了,孩子的话的确有道理,很显然刚才我们做的判断是出错了,可是现在的场面这样了,我该如何处理呢?如果马上说老师出错是非常尴尬的,当时又有那么多的听课老师,但是如果我不纠正这个错误,那么这更是犯了个原则性的错误,正当我在进退两难的时候,我想到了小组讨论,于是我马上说:"刚才我们大部分学生都认为这句话是错的,因为大家觉得有无数条半径,就应该有无数条直径,可是现在有一个小朋友觉得有疑义,现在我们以小组为单位,再次讨论一下,看看真理到底在哪里?"

没想到,这时教室里的气氛顿时活跃起来了,因为有一小部分同学的意见开始动摇了,大家在争论的过程中也发现了这句话并没有错,是我们的理解角度发生了变化,所以有时候真理的确是在少数人那边。我马上表扬了刚才提出质疑的学生,在同学们的赞美声中,他也感觉到了成功的喜悦。

上述案例中,教师自我监控基于教师的自律,"如果我不纠正这个错误,那么这更是犯了个原则性的错误",于是进行了纠正了自己的教学失误,并以表扬质疑学生也作为自我监控的重要调控措施,表明了这位教师的自我监控的自律。

教学自律的自我监控首先要引导教师教学的自律,没有自律,就没有真正意义上的自我监控。其次优化教学,明确教学目标,确立教学思路与教学策略选择,选择与组织教学内容、选择与教学内容匹配的教学方式,优化教学过程的展开与教学环节的合理安排。再次对教学设计进行推敲与反思,进行课前监控,在认知模拟基础上修改教学方案,并通过群体互动教学自我监控。然后在教学实施中,教师作为一名自我监控者要观察学生的情绪反应,把握学生对教学的认可程度,从学生课堂行为中获得反馈信息,并做出是否干预及何时干预的决定。在这些自我监控中,要关注外部指导与内隐的自我指导结合。外部指导通过群体参照与交互,为教师的教学与自我监控提供支持。内隐的自我指导更强调教师个体自主学习,独立思考与自我反思。

第三节　基于自我监控的课中教学监控的案例

案例 5

以学定教,关注课中监控

"为了每一位学生的发展""以学定教",新课程新教学模式传递出一种全新的教育理念,那就是凸显学生的主体地位,注重学生自主的学,一改传统教学中过多关注教而忽视学的现象。课堂上要想使学生真正成为学习的主人,让学生动起来,进入学习的"有我之境",就必须使我们的教学方法被学生所认可、所接纳,使教学内容成为他们追求成长的一种内在需要。唯此,学生才有可能走进教材,并将教材知识融会贯通于自己的学习和生活。

统编教材三年级下册的第 23 课《海底世界》,是一篇兼具人文性和工具性的精读课文。课文语言生动形象,富有童趣,通过朗读能感受遣词造句的优美与恰当。而第四、第五两个自然段先概括后具体的写作手法也能教学生如何围绕一句句子将一个意思写清楚、写具体,使文章更增添了实用性。因此,如果课堂上一味由教师灌输,学生无法感同身受的话,那它的两个功能则无法真正被学生吸收、运用,课堂的有效性就会大打折扣。所以,在执教本课时,我及时进行课中监控,根据学生的反应适时调整教学环节,做到以学定教,将课堂还给学生。

在这里分享两个教学时的片段。

及时调整教学活动，突出教学重点

第一次试教时，我将文本拆解得很细、很碎，用一问一答的形式让学生事无巨细地了解了举例的内容。但是矢口不提文章的写作方法，即本课时的教学重难点，直到最后学完第4、5两个自然段后，才突兀地抛出了这样一个问题：看看第4、5两个自然段，它们都是如何将一个意思表达清楚的？所以结果显而易见，学生的回答无法答到点子上。

于是，根据第一次试教的经验，我将学生的反馈作为修改教案的依据，将几处不合理的地方依次做了修改。

第二次试教时，我时刻提醒自己不要控制课堂，要给他们时间和空间去思考。在教学第四自然段时，学生们通过画关键句知道了本段主要在写"海里的动物，各有各的活动方法。""那作者是怎么来写它们的活动方法的呢？"我故作疑惑地提问道，此刻的我就像一个求知者，学生们果然被我调动起了积极性，一只只小手举了起来，争先恐后地想为我解决难题。"老师，我知道！""哦，那就请这位小老师来为我解答一下吧。""作者举了四个例子来证明'海里的动物，各有各的活动方法。'。"一位男生自信满满地大声说道。"那换句话说，围绕这句关键句，作者……"我适时地加以引导。"围绕这句关键句，作者举了四个例子。"立马有学生将这句话补充完整了，而这个自然段的写作手法也就呼之欲出了。于是，我顺势而为，提问道："所以，这个自然段是如何将一个意思表达清楚的呢？"只见一位男生眼神滴溜一转，一只小手已经高高举起。站起来后，只听他条理清晰地说道："这个自然段围绕关键句，举了四个例子，将'海里的动物，各有各的活动方法。'这个意思表达清楚了。"

厘清了第四自然段的思路和写作手法，学生们又用同样的方法学习了第五自然段。有了第四自然段作为基础，学生稍加思索，也知道了第五自然段的写作手法。于此，当我再次提出原先的问题"看看第4、5两个自然段，它们都是如何将一个意思表达清楚的？"时，学生们便自然而然地归纳出了两个自然段的相同点，总结出了两段的写作手法。"你们写作时也可以借鉴这种写作手法哦！"在此基础上，我又适时地加以引导，让语文课堂的工具性得以发挥。

在课堂中，要教给学生的不是一段文字，一篇课文，而是一种思考，一种尽力作用于学生的思想，让他们用思想——他们的思想——来形成自己对课文理解的能力。教师应放下身段，放下"权利"，立足学生，关注学生，这样的课堂才会有活力、有生命力。

因此，在第一次试教没达到预期效果后，我认真反思，为什么学生站起来会无话可说。原来是我在教学的时候过于"一言堂"，高高在上地灌输着他们海里动物的活动方法是什么，又有什么活动特点，他们一直在被我拉着跑，没有工夫停下来自己思考。久而久之，他们丧失了思考欲，丧失了表达欲。而突然到了让他们表达的时候，就会茫然而不知所措。而死气沉沉的课堂是没有效果可言的。于是在认真反思后，我及时调整了教学环节。在第二次试教时,我将自己摆到了一个求知者的地位上,赋予学生"权利",请他们将答案告诉我。果不其然,学生们的积极性被激发出来了,更愿意说,也更愿意想了。而有活力、有生命力的课堂会带动更多学生深入思考,因此,我也惊喜地发现,学生们能更轻松地逐步说清楚自然段的构段方式。此时,再加上适时的引导,提醒他们写作时也可采用这种总分的方式,会起到事半功倍的效果。

把控课堂节奏,适时引导学生思维

当然,学会放手并不是说完全不管课堂,任由思维胡乱发散,在恰当的时机加以适时引导,将课堂把控在正确的方向上,也是我们授课时需要关注的。那何时需要引导?如何把控课堂呢?当然是视学生的反馈而定啦!

在教学第五自然段时,我提了这样一个问题:"那海底植物的差异究竟有多大?课文是从哪几个方面来写的?"只见我们班举手不太积极的一位男生小心地举起了手,我立马请他起来回答。本来我以为这是一个较为简单的问题,而且在试教时也没出过差错,于是我坦然地等待着他的正确答案,谁知,他说:"课文是从植物来写差异很大的。"乍一听到他的答案,我还有些反应不过来,但下一秒,我就把脑海中固有的教案丢弃,根据学生的反应来引导他。"是的,课文是在写植物的差异",我首先肯定了他,"但是具体写了它的哪些差异呢?再仔细去看看后面几句话。"在我的引导下,他又仔仔细细地阅读了后面几句话。"这个自然段写了植物大小方面的差异。"经过几秒钟的阅读后,他终于谨慎地说出了答案。尽管还有些不自信,但是基本的思路已经能够找到了。"还有补充吗?"我本想请其他同学将答案补充完整,但是看他又举起了小手,我毫不犹豫地请他自己来补充。"这个自然段还写了植物颜色方面的差异。"我大力地表扬了他。虽然他刚开始思路有点跑偏,但是在我适时的引导下,最终将他的思路拉了回来,并且他也能及时反思,最终给出正确答案。

这虽然只是教学过程中的一个小细节,但是对我而言是有价值的教学生成。以学定教,根据学生的课堂反馈,及时调整教学环节,把教的主动权掌握在了教师自己手里,而适时的引导,不强加干预,也把学的主动权还给了学生。

适时引导,即虽将课堂还给学生,让学生成为课堂的主体,但是教师仍应整体把控课堂节奏,细节之后也应适时引导,以保证基本教学任务的完成以及以学生为主体时,依靠师生共同智慧完成的知识拓展。

开放型的课堂、自主化的学习是我们一直在追求的,但是在这条道路上,我们不能让学生的思维野蛮生长,长偏的地方要及时拉回。这就需要教师在课堂中的适时引导,保证课堂的教学质量。

因此,在教学时碰到学生对于植物差异理解的偏差,我并没有以一句"对吗?再仔细想想"一句简单的反问作为对他的回馈。这个学生错在哪里,我应该以怎样的方式将他的思路拉回,是我在短短的几秒钟内做出的反应。因为我知道这一句简简单单的问句并不能对他进行恰当的引导。于是,我先肯定他说的对的地方,鼓励他,给他一点信心。接着循循善诱,让他联系下文,看看作者是从哪方面来写海底植物差异很大的。这样,既保护他发言的积极性,又达到了教学目的,保证了教学质量。

关于课中监控的思考

高效课堂上,"以学定教"是教师教学的基本尺码,而课中监控教可以及时调整教学预设,能够保质保量地完成和超越教学目标。教只是手段,学才是目的。教师的一切教学行为都应本着"一切为了学生的学,一切有利于学生的学,一切促进学生的学"为依据,恰当地确立教学的目标要求,合理选择教学策略、方法,灵活地调节教学的内容和进程,进行课中监控,使课堂教学的过程真正成为学生自主探究和主动发展的过程。教最终是为了不教,这样的学习才是最成功的学习,这样的教学才是最成功的教学。

教育家陶行知先生曾提出,"教的法子要根据学的法子,学的法子要根据做的法子。"在课堂教学中,教师的"教"要立足于学生的"学",以学生学的内容来确定老师教的方式,教师要时刻关注学生的反应和反馈,及时调整教学设计,这样才能保证课堂教学既有活力,又有质量。

(杨云帆)

案例 6

关注课堂监控 促进数学概念形成

小学数学概念教学作为小学阶段数学教学的基础内容,课堂走过的场现象很多,教师认为学生年龄小,理解不了,会出现轻视过程,直接结论的情况。特别是对于学生难于理解的概念更容易出现形式化的教学方式。在我执教的过程中,我发现三年级几分之一第二课时中的概念是小学阶段最难理解的概念之一。以下是我的实践感受:

三年级孩子初次认识分数,他们对于分数的认识是不到 1 个整体的数会用分数表示,知道几分之一表示一份和整体的关系。而几分之一的第二课时是带单位的分数,它表示一个具体的数量,这个崭新的和原有知识完全不同的概念对于三年级孩子来说是一个难点。

儿童的认知结构和认知习惯具有一定的局限性,无法跳跃原有知识基础,而且易受相似知识的错误迁移,在授课过程中,我密切关注学生的反应,寻找合适的数学活动构建表示具体量的分数概念。

为了解决以上问题,我作了两个方面的改进:一方面,找到已有知识中相关可以迁移的知识,为新内容作铺垫。第二方面,紧贴认知基础,创设合理问题情景建构概念。

课中察觉衔接障碍,及时调整数学活动

学生知道1米的绳子平均分成2段,每段是二分之一米。我提问,把2米的绳子的平均分成2段,每段是( )米。绝大多数孩子还是填二分之一米,学生关注到整体和部分的关系,而没有关注具体长度。为此我调整了接下来的数学活动,希望通过排除干扰,理解二分之一米的由来,必须是一米的绳子平均分成2分,取其中的一份,从而认识到二分之一米是一个具体的长度。

(课中调整片段)

出示一根1米长的纸带,验证长为1米。

师:把这根纸带平均分成两份,每一份是这根纸带的多少呢?

生:每一段是这根纸带的二分之一。

师:刚才我们找到了1米的二分之一,那么1米的二分之一究竟有多长呢?

生:应该是50厘米,因为1米就是100厘米,100厘米的一半就是50厘米。

师:数学上1米的二分之一就是二分之一米。二分之一米就是50厘米。

(2米绳子不成功,换绳子)出示一根长于1米(不知道具体多长)的纸带,你能在这根纸带上找到二分之一米吗?

此时有的学生认为是对折找二分之一米。

生:剪去超过1米的部分,再对折找到二分之一米。

出示一根短于1米的纸带,你能在这根纸带上找到二分之一米吗?

生:刚才说过二分之一米就等于50厘米,把上面50厘米的纸带移下来

生:把不足1米的部分补上,再对折找到二分之一米。

师:今天学的二分之一米和昨天的二分之一有什么不同?

预设生:二分之一是所有整体都有二分之一的,二分之一米只能用在长度单位的米上。

师:对呀,二分之一米就是一个固定的长度。

课中根据学生认知基础 及时调整提问

对学生的学情有了充分的了解,对新授概念的本质也有了深刻的认识,我为了突出重点,和解决问题的连贯性,采用教师带领操作这样的方式,并将问题前置,直接在以米作单位的分数环节,就凸显概念本质问题,即:二分之一米和二分之一的区别。让学生在前后统一的问题背景下感知二分之一米和二分之一的区别,进一步理解几分之一的意义。设计中分别设计了这样几个关键问题,其一,一根比1米长一些的纸带中怎样找到二分之一米?这个问题一出,学生就产生了分

歧,一种观点认为直接对折,另一种观点认为先找1米。这样第一次课堂的探讨就开始了。其二,二分之一米和二分之一有什么不同。此时,学生通过对上一个问题的探讨,头脑中已经初步对这两个分数的意义有所感知。其三,要在1米不到的纸带上找到二分之一米,你有什么好办法?这个问题学生依旧要根据前面1米的二分之一才是二分之一米得出结论,并且用50厘米的固定长度解决问题。自此学生对二分之一米和二分之一的理解才渐渐清晰。

在这个概念的教学中,我觉得创设的问题是根据学生的认知特点,认知基础和认知习惯进行创设。这样创设的问题是贴着学生的,最接近于学生的认知发展区的。先后联系的数学活动也是步步紧扣概念本质,以后经验中50厘米的固定长度的对比能更好地帮助学生认识几分之一米是一个固定的长度。

但是设想总比课堂美好,我在上课过程中遇到这样的问题,出示一根长于1米的纸带,你能在这根纸带上找到二分之一米吗?有学生说对折,被其他同学否决掉,该生说"前面刚刚说过,1米的二分之一是二分之一米",这根纸带比1米长了,要剪掉。听到这样的回答我很开心,为了更好地让学生知道二分之一米是一段固定的长度,我希望学生能说"前面的50厘米是二分之一米,现在这条知道虽然是1米多,不用减,因为二分之一米是50厘米,只要在第二根纸带上用尺量出50厘米就行了"。我期盼的眼神望着他们,没有学生这样回答。

看来这条路是走不通了,我不在这个问题上纠结,不再询问下去,如果孩子暂时没有拿50厘米作对照,说明学生可能还没有把二分之一米理解成一个固定的长度。我把重点放在先找1米,再对折找到二分之一米。在第三根短于1米的纸带中,学生还是没有找参照的50厘米,还是想方法补足1米,再对折。在三次对折后,发现找到的二分之一米都一样长,学生悟到了,原来都是50厘米。在不同长度的纸带中找二分之一分米时,很多学生分析得到1分米÷2=5厘米,直接剪出二分之一分米,此时说明孩子们体会到了带单位的分数是一个具体的数量。

课中发现问题,及时寻找原有知识基础

授课过程中,在长于1米的绳子中找二分之一米,部分学生把这根绳子对折,就认为是二分之一米了。

对于几分之一米表示一个具体的长度(带单位的分数表示一个具体量),学生很难理解,在认识了第一课时的几分之一之后,学生的感受是,分数是用来表示部分和整体的关系,和原来的整数很不一样,他们原来认识的整数是一个具体的量,他们在头脑中生成了这样的区别,整数表示具体的数,分数表示部分和整体的关系。例如2,可以表示2个人、2本书、2支笔等。而几分之一是一个整体平均分后的一份。所以在学了几分之一米后,大部分学生还是认为几分之一米也表示部分和整体的关系。这已经成为思维定势。

为了打破学生头脑中几分之一只表示部分和整体的关系这样的思维定势,我在整数中找了迁移点。

整数 2 可以表示一个具体数量,也可以表示两者之间关系。例如:◯◯◯ ★★★★★★ 这里的关系可以这样表示,★的个数是◯的 2 倍。6÷3=2。学生们一直很疑惑,为什么这个算式中没有单位名称,老师一般会说"倍"不是单位。这里的 2 是表示两者之间的关系,不是一个具体的数量,只有表示具体数量才需要单位。此时学生会有这样的感受:一个整数表示具体数量需要单位名称,表示两者关系不需要单位。

有了以上的沟通,再回到分数,几分之一带单位表示具体的数量,几分之一没有单位表示整体的和部分的关系,很多学生不会觉得很突兀,因为他们建立了新旧知识之间的联系。

关于课中监控的思考

课中监控可以适时地调整教学预设,能够圆满地完成和超越教学目标,促进学生的发展。课中监控可以是教学目标的监控、教学内容的监控、教学方法的监控、教学过程的监控,教学评价的监控、课堂气氛的监控,适时调整有关内容能促进课堂更有效,实现生动而富有情趣的课堂的同时,凸显课堂的内涵与灵动性。

布鲁姆认为:"人们无法预料教学所产生的成果的全部范围,没有预料不到的成果,教学也就不成为一种艺术了。"从生命的高度来看,每一节课都是不可重复的情绪与智慧的综合生成,是在调整的过程中超越预定目标的过程。

课堂实施中,经常无法达到完美的预设效果,需要老师寻找合适的切入点及时修正,或者调整问题顺序,或者调整活动细节,才能带领学生深入到概念的本质,最终达到较好的教学效果。通过师生交往互动的过程,不断地调整,开放地纳入直接经验、弹性灵活的成分以及始料未及的体验,通过即兴创造,超越目标预定的要求。

(黄志弘)

案例 7

借助板书复述文本,有效进行课中监控
—— 以 4BM3U2 Peter's new bicycle bell 为例

作为一名新教师,之前我习惯进行流程式地进行教学,教学与教案按部就班,很少关注到课堂中学生本身的情况,一次次教学后,能感觉到自身并没有很大的进步。为了提高上课效率,我在一堂堂听课中学习到了来自老教师的一些方法,例如课前

备好课、课后做反思等,而在这么多好方法中,课中监控是尤为重要的,如果说课前备课是块砖,那么课中的45分钟就是搭建高楼大厦最关键的步骤,作为教师,我们应当在课堂中及时地发现学生的问题,并及时地进行调整,以此提高上课的效率,所以在本节课4BM3U2 Peter's new bicycle bell 中,我将较多的重心放在课中监控中。

我将本课时的文本分为三个部分,分别为：The little girl; The old man; Ginger and two old ladies. 并带领学生由浅入深地进行学习。

在第一部分 The little girl 的教学过程中,我将节奏放慢,提出问题,回答问题,引领学生细致而有效地进行学习,板书也在此过程中,有理有据地一一呈现,并且在此过程中指引学生,厘清故事的脉络。

学生稍有磕绊,教师问题引领

在第二部分的教学过程中,我仍然将故事内容 the old man 梳理清楚,把重点词汇教授扎实,但是与第一部分不同的是,在复述第二部分时,我花费的时间与笔墨大大地减少了,因为,在第一部分中,学生已经掌握到了复述的方法,所以,我直接请了一位学生进行复述,但是,每个学生都是一个鲜活的个体,情况远不像我先前预设的那样理想,这位学生站起来后,能够准确流利地复述出第一部分,但是第二部分却磕磕绊绊,比较勉强,首先我鼓励了他,接着请他坐下。

这个环节在备课时的预设是,学生能够自主地根据板书复述出相关内容,但此时的情况,让我有一些"慌乱"。

因为这是一位平时学习能力处于中上游的孩子,他的回答引发了我的思考：如果这样水平的孩子只能够说到这样的程度,那其他的学生的回答会怎么样呢？于是,我做出决策,不再请人回答,而是又一次带领学生回顾了第二部分,提出了：What is the old man doing? Can he hear the bell? Why? How does he feel? 学生再一次根据问题,厘清了思路：The old man is singing. He can't hear the bell. It's too quiet. 接着,我请了另外一个学生进行第二次尝试,果然,经过了我的指导和梳理,这位学生的回答比上一位学生的情况好很多,他能够准确且流利地复述出第一部分、第二部分的内容了。

再遇复述难题,借用手势明晰

在第三部分的教学环节 Ginger and two old ladies 中,学生在理解文本内容后,又进入了复述的环节,此时的我是比较担忧的,因为前两部分的文本是比较统一的,而第三部分的文本细节和前面两部分的内容是不同的,例如,The little girl is listening to music. She can't hear the bell. Because it's too quiet. She feels sorry; The old man is singing. He can't hear the bell. It's too quiet.而在第三部分中的文本变为了 Ginger is running in front of Peter. They can hear the bell. Because it's loud. 文本内容从 can't hear 变成了 can hear,从 quiet 变成了 loud。难度提升了,我首先请同桌

之间进行讨论，请他们自己说一说，希望学生能够通过交流自行捋顺文本信息。

虽然我比较担忧学生的复述是否能够做到完全正确，但是我还是决定放手直接请一位学生说一说，因为根据课堂的预设，学生能够基本完成复述。而根据学生的反馈来看，第一位学生回答的内容比较普通，在 can't hear 变成了 can hear，从 quiet 变成了 loud 的过程中有一些犹豫，需要我的口头提醒才能完成。

在这位学生的发言结束后，我进行了思考，如何才能将复述效果达到最佳？此时我想到了借助手势与板书给学生给予提示。

于是，我请了第二位学生，并且伸出了我的右手，指着板书，在文本出现变化的位置给学生比出了手势，例如 can hear 时，借助手势着重强调了，这样学生就能立刻明白其含义，并且进行正确的复述。我一边带领着这一位学生步步推进，一边用手势强调了需要注意的部分，果然这位学生的目光，包括其他学生的目光紧紧地追随着我的手势，他的回答流利了许多。

本课的目标是全文的复述，也是整节课最难的部分。我在屏幕上给予了学生相关的图片及足够的关键词，为了降低难度，请四人为以小组进行复述，但由于时间关系，最终我请了一组，通过反馈来看，学生已经能够达成最后的教学目标。

回顾课中监控，进行自我反思

在这堂教学中，我意识到课中监控的重要性，要加强课中监控的意识。平时的课堂中我们大多注意课后的反思，而熟练进行课中监控是一个成熟老师的表现，能在课堂中及时发现问题，及时解决问题，例如这节课我对针对课堂目标进行监控，通过学生对输出文本的反馈，关注到学生的目标是否完全达成、基本达成或不完全达成。尤其是借助板书进行复述时，在第二个部分，如果没有将知识巩固扎实，那后面的其他复述内容也将受到牵连。

教师要敏锐地观察课堂中学生的反应，觉察所存在的问题，并在此过程中作出相应决策，课堂中的决策需要尽可能的合理且迅速，继而将自己的决策实施，最后通过学生的再次反馈，验证自己的决策有效性，达成教师的教学目标。这考验着教师的思维能力和反应能力，我们要不断地进行学习与改进。

（徐飘逸）

案例 8

关注课中监控　巧授英语单词
—— 以 5BM3U3 Changes in Shanghai 为例

根据英语新课程标准，小学阶段开设英语课程的目的是培养学生学习英语的积极情感,形成初步的英语语感,为其打好语音语调基础,最终使学生具备初步的用所学英语进行交流的能力。而在整个小学英语的学习中,单词起着非常重要的作用,它是开启小学英语学习大门的金钥匙。

我执教的是 5BM3U3 Changes in Shanghai,教学内容为本单元的第四课时,通过上海过去、现在、将来的发展变化的学习,激发学生对上海的热爱之情。文本内容有限,需要大量的图片、声音、视频让学生进行学习和体验,不断突破教学的重难点,使得课堂教学生动而有效。

老师,新单词好难啊

五年级的课文长度和难度都有了一定的提高,学生对生单词以及长句有一些畏难情绪,对语音也比较敏感,一旦读得不准,形成习惯,改起来不容易了。因此,教授新单词也是英语阅读教学中必不可少的一环。

T：Look! There is a museum in People's Square. Which museum is it? Can you read?

S1：The Shanghai History [ˈhɪstɔːrɪ] Museum.

T：Is he right?

Ss：No.

学生由于受到 story 这个单词发音的影响,认为 hitory 的发音也应该是一样的,没有仔细观察音标提示,发音不准确,这时我及时的调整教学策略,想请一位小老师来纠正发音,学生都按捺不住,跃跃欲试了。

T：Who can read?

S2：The Shanghai History [ˈhɪstri] Museum.

T：Great! Let's read after her.

请小老师在讲台上指着音标教学生朗读,学生的学习兴趣高涨,听得更仔细,学得更认真了。领读完以后,我及时引导学生找拼读技巧：his[ˈhɪs], tory [trɪ],让学生充分感知常见字母组合的发音。

学生对 history 还是比较陌生的,不理解他的音形义。因此教完语音后,我又对语义进行了一个解释。这时,我灵机一动,想到博物馆里有很多的故事,讲述了历史。

T：Look, children! There are many stories in the museum. Hi, story, history. So, what does the Shanghai History Museum tell us?

S3：It tells us the story of Shanghai.

T：Yes, old Shanghai or new Shanghai?

S3：Old Shanghai.

T：Great! So we can say：The Shanghai History Museum tells _____.

S3：The Shanghai History Museum tells us the story of old Shanghai.

我将history拆分成了hi和story，并配合了肢体语言手势，让学生理解：history的意思就是历史在向我们讲故事，为学生理解并表达：The Shanghai History Museum tells us the story of old Shanghai作铺垫。

并非所有的单词都能像history这样拆分，hi和story让学生理解形和义，怎样更好地在语境中帮助学生理解阅读课中的新单词呢？这也是我第二次试教时必须要解决的一大难题。

别怕，学习新单词有方法

在第二次的试教中，我吸取了经验教训，更加注重发音的示范，关注学生是否把新单词读准了。此外，我还运用图片、上下文以及词典等多种教学手段辅助单词教学，培养学生猜测生词的能力，帮助学生掌握抓关键词。

T：Children. We know there are many old photos in the Shanghai History Museum. But there are also a lot of photos in our Textbook. Please turn to Page P54. Let's read paragraph 1. Then, tell me what Shanghai was like many years ago?

S1：Many years ago, Shanghai was a small villager.

T：Good. You can find out the answer. But pay attention to the pronunciation：village.

在教授village时，我发现有些同学读成了villager，我意识到是自己单词示范过快，没有对单词语音进行分解，导致有些基础薄弱的学生跟不上，没有充分感知语音从而读错。于是我及时纠正，放慢节奏标准示范，让学生模仿，并竖起耳朵听学生是否读对了，以培养学生形成标准地道的语音语调。

T：Children. Do you know the meaning of village?

S2：It's smaller than a city.

T：Great. Let's look up the dictionary. Look, this is the meaning.

学生对village的音形义不理解，这时我使用了希沃白板的英语词典功能，词典不但有音标和中文解释，还可以示范发音。在高年级的英语教学中，英语词典是一个很好的工具，在教学时我们可以充分运用英语词典，帮助学生理解单词的音形义，扫清阅读障碍。

找准方法，融会贯通

小学生在认识客观事物过程中，尚以形象思维为主，他们的抽象思维能力还不够成熟。因此，他们在学习英语词汇时需要教师提供直观、形象的感性经验来支持。根据儿童的这一心理特点和认知规律，我们在进行词汇教学时，尽量调动学生的多种感官和已有的经验、知识，通过多种形式的教学手段，丰富学生的直观经验和感性认识，使学生获得生动的表象，从而加深对所学词汇音、形、义的理解和记忆。

1. 培养拼读能力。依据小学生学习语言的规律，培养拼读能力十分重要。直接拼读法是一种按字母或字母组合的读音规则拼读和拼写单词的方法。它既可以内化学生的认知结构，又可以培养学生看见词能读出来和听音能写词的能力，同时还可以防止学生死记硬背等坏习惯的形成。在日常教学中我发现许多学生对掌握单词的拼读感到困难，因此我们应注意培养学生养成正确的学习方法。

2. 模仿是学生学习语音的重要途径。语音教学主要靠教师示范，辅以音像资料的视听。教师示范时口形、舌位要正确，并适当讲解要领，让学生在听清、看明的基础上进行大量模仿和操练，形成正确的发音技能。教师再辅以朗读技巧的讲解，让学生在有意义的语流中掌握标准的语音、语调、重音、意群与节奏。

3. 培养学生形成良好的阅读习惯和方法也是非常重要的。许多五年级的学生还有一些不良的阅读习惯和阅读方法，如：阅读时唇动和低声读、用手指着所读内容、不断回读、脑袋摆动等，这些习惯都直接影响阅读速度，从而影响阅读效果。

关于课中监控的一点思考

达尔文曾经说过，"最有价值的知识是关于方法的知识"。教师在教学过程中除了让学生自主学习以外，还要教授学生行之有效的学习方法，真正学会学习。作为一名教师，我们不仅要教会孩子知识技能，更重要的是帮助孩子学会学习。

在小学英语词汇教学中，加强词汇教学的直观性、增强词汇教学的趣味性、突出词汇教学的情境性、整体性显得尤为重要。我们应根据教学内容、教学目标、小学生的年龄特点，尽量采取丰富多样的教学形式，激发他们的学习兴趣，调动他们的学习积极性，以达到课堂教学的最佳效果。

课中监控是保证教学活动按照预定的目标进行的一种手段，帮助学生自主学习，提高学习效率才是真正的目的。潜移默化的语音学习对后续的英语学习起着积极的促进作用，它为学生的英语学习打开了一扇窗，帮助学生形成了一项必备的基本技能，为日后独立拼单词，自学英文打下坚实的基础，不断丰富学生语音及词汇学习的情感体验。

（刘　佳）

案例 9

学生复述能力培养的课中监控

根据课程标准要求，"语文要素"是指识字、阅读、表达。一、二年级语文老师的课堂监控主要把握识字要素。老师在教学中应重视识字教学环节的设计与教授。每个生字的教学从字音、字形方面各有不同的侧重点，采取多种方法开展识字教学。重视方法的培养，为学生自主阅读打好基础，逐步形成独立阅读的能力。同时，也为书面表达夯实基础。

由于已经是二年级第二学期，在本学期的第七单元中，已经有了"借助提示讲故事"这一语文表达要素。这是教学的重难点。需要引导学生在充分了解课文主要内容的基础上，演一演故事，尽可能做到将故事讲完整、讲清楚。

为了突破以上重难点，在课堂中我是这样实践的。

联系生活、结合语境理解词语的意思

低年级的孩子虽小，但也有自己的生活经验。在第一堂试教课中，导入新课前，我让学生区分两个形近字，"卖"和"买"。

生："'卖'上面有十字头，'买'没有十字头。"

师：你从字形的角度来区分这两个字的。那么两个字的意思有什么不同呢？

生："卖"就是把东西卖出去，"买"就是给钱。

师：你理解了字义上的不同，但表达上还没能讲清楚。小朋友，我们来看这两幅图片。（出示：一幅图片商家和顾客的图片。）

师：这位商家的行为是"卖"，顾客的行为是"买"。

我以为这样的表述已经讲清楚了，但课后，遇到两个字的练习题时，还是有不少学生做错，说明课堂上老师一笔带过式的讲解，并没有起到预期中的效果。于是在第二次上课时，我对这一教学环节进行了调整。第二次上课时，学生仍然从字形和字义两个方面区分这两个字。但这一次，在老师做讲解时，我出示图片的同时，放慢了讲解的速度。

师：商家出售商品就是"卖"，顾客买入商品就是"买"。

师带领学生读词语："买入""卖出"。

师：那么，在今天要学习的这篇课文中，谁"买什么"，谁又"卖什么"？谁能说一说？

生：文中是青蛙卖泥塘，小动物们要买泥塘。

师：你真聪明！已经能够联系课文内容，区分这两个字的意思了！

从联系生活实际，再到结合课文的语境，灵活运用两种方法，帮助学生更好地理解了词语的意思。在低年级语文阅读教学中，词语意思的理解是主要内容之一。对于词语的正确理解不但能帮助学生理解课文内容，扩大丰富学生的词汇量，而且还能提高他们理解和运用语言的能力。小学低年级的学生由于年龄小、阅历浅、知识面窄，理解词语时，若用一些抽象词语解释，往往很难理解。若联系生活实际，调动学生的形象思维去理解这些词语，则会收到事半功倍的效果。

因此，教师在课堂上要有意识地创设生活情境，把课文中所描绘的客观事物

或现象生动形象地展现在学生面前，让抽象的词语形象化。

当然对于词语的理解，方法是多种多样的，只要我们善于动脑子，就会找到许多行之有效的办法。

关于课中监控的思考

学生是课堂的重要参与主体，是课程实施中的直接行动体验者。学生只有在课程实施中成为主动发展者，才能真正在课程实施中受益，得到需要的、适合的、应有的发展。为了落实识字要素，教师在教学环节的设计中可以巧妙的结合多种方法，帮助孩子理解词语的意思。落实表达要素时，给学生提供更好的扶手和支架，突破教学难点，使课堂教学更为有效。

通过积累促进教师教学监控能力提升的教学案例，我们以教学监控能力提高为突破口，可以有效地发现自己的教学、解释自己的教学、欣赏自己的教学，进而推动教师专业自觉发展。

《青蛙卖泥塘》一课引导学生在了解课文内容的基础上，分角色演一演故事。为了落实这一教学难点，我带领学生了解课文内容，在理解的基础上，进行讲故事、演故事。但由于二年级学生年龄小，认知能力有限，讲故事容易出现遗漏的现象，仍需要老师适时引导他们借助提示，就故事内容进行梳理，厘清故事的顺序。这里老师给出的提示，即是课堂中的板书，它给学生搭建了讲故事的支架。

在我的板书中，我贴了有哪些小动物来买泥塘的图片。板书的左侧是青蛙第一次卖泥塘时想什么、做什么。

这份板书对学生讲一讲老牛来买泥塘的经过，可以起到提示作用，但对于一开始青蛙打算卖泥塘时，所做的准备工作"竖牌子"、大声"吆喝"，这部分内容的提示是完全没有的。所以学生在讲这部分的内容时，明显会出现一些困难。

如果能在板书上作出调整，将泥塘的转变，从"烂"到"好"，体现出来，制作小青蛙的图片时，将"竖牌子"也一并做到青蛙旁边，图文并茂，这个支架就更为完整了。学生不会觉得在讲故事时没有依托。能够帮助学生更好地回忆课文的内容。

《语文课程标准》中明确指出，学生能复述叙事性作品的大意，初步感受作品中生动的形象和优美的语言，关心作品中人物命运和喜怒哀乐，与他人交流自己的阅读感受。由此可见，复述课文在小学语文学习中有着十分重要的地位，同时，也是必不可缺的一部分。

复述课文，就是对所学课文内容进行完整连贯的叙述，它是语文基础知识和口头表达能力的综合训练。是让学生在理解课文的基础上，打破原来的知识体系，用新的语言材料，按照一定的要求，通过"口头"把课文重新表达出来。它不同于简单地，机械的背诵课文，也不是介绍课文大意。复述不但可以帮助学生提高运用语言的能力，而且是培养学生思维能力的有效途径，不应受到教师的冷落。

二年级的根据提示演一演故事,其实就是为之后高年级的复述课文打基础。这篇课文中,"根据提示",老师给出的提示即是板书内容,利用板书进行复述。让学生根据板书的引领讲一讲故事,不仅能降低复述难度而且学生不会丢东忘西。因此,老师在板书的设计上应该多花一点心思,更好地提携故事的内容。

通过本次的课堂实践,我的教学监控能力在这个过程中得到了提升,也优化了我的教学行为。在今后的教学中,我们将始终关注自身的监控,提升教学监控能力,加强教学的自我监控,从而让我们的课堂更为有效。

(施 柳)

案例 10

实施课中监控　加强教师的学生意识

上海市普通中小学课程的基本理念是以学生发展为本,坚持全体学生的全面发展,关注学生个性的健康发展和可持续发展。这是课标中所提到的。在实施课中监控的过程中,作为教师首要考虑的应当是学生,其次才是教材和其他。从学生的本体出发设计适合学生的特点的音乐教学课,才是最能达到最佳的教学效果。

一年级学生在音乐学习的习惯养成已经有一段时间,对于音乐学习的兴趣正是最浓郁的时候,但对于学生本身来说,他们的基础知识相对较弱。对于不常见的词句往往不是从理解开始的,而是先从模仿开始,也许学会演唱歌曲以后才能理解歌词中的意思。所以教师在教学设计的过程中以学生为本,教学难度要逐步提升,不过操之过急,丢失了本质。

唱错歌词后

学生在学习第二段歌词"顺着流水出山外"的时候,发生了困难。这是我没有预想到的情况,这首歌曲是一音一字,本以为字都认识了,跟着钢琴就可以自然的唱出了。追寻起缘由,我觉得还是因为这句有点绕口,平时学生接触不到,加上一次唱出了确实是难了,当我发现这个不足之处时,赶紧调整教学策略,带领学生有节奏的朗读第二段歌词,采用学生最能接受的方式模仿入手,并使用了两种不同的速度慢速和稍快的速度,接着用由慢至快的钢琴伴奏带领学生唱熟歌词。这个失误,让我明白事无巨细,从学生的角度思考问题的时候,要从细节处着手,不能放过任何一个环节,不能有一丝侥幸。

尴尬的小乐手

音乐是表演的艺术。在教学过程中,要通过歌唱、歌舞、朗诵、小品等各种形式,体现艺术的价值。而其中的歌唱和歌表演是唱游课堂中很重要的一个形式。要让一年级的学生能够用自然的声音歌唱,能初步体现歌曲表现的意境是很重要的,同时要让学生能自信的个人表演和集体表演。

  在最后一个环节里,我设计了有层次的综合表演。首先第一遍是巩固基础节拍,全体学生用各自的拍击方法表现出三拍子韵律感,体现教学目标的达成性。其次第二遍是巩固节奏,为了让他们对二分音符、四分音符和八分音符有更深的印象,我坚持每一节歌唱课都让他们认一认、拍一拍,培养他们养成良好的节奏感。再次第三遍是轻声高位演唱歌词,统一音色。这个环节体现的是学生的演唱技能,学会相互聆听,既要听自己的歌声还要听别人的歌声,要求大家一起唱就像一个人在唱,团结一致,相互模仿的歌声效果。最后,第四遍是一个分层表演,有小乐器伴奏、歌表演、演唱者,这三个层次是由学生自己的特点选择完成。基于是一年级学生,我只是给他们创造一个表现的一个环节,也是一个表现自己的机会。因为是一年级要求不能过高,所以这节课中的歌表演并没有想象中那么完美。其中,小乐手应该在第四遍进入,有一名小乐手提在第三遍的时候就已经开始演奏了。起初小乐手浑然不知,在最后一刻才发现了问题,但为时已晚。她努力让自己完成演奏任务。我觉得培养学生演奏技巧的同时还应该培养他们的合作意识,如果当时她看一看其他两位小乐手,估计她就不会在第三遍就开始伴奏了。或者我在设计板书的时候,将演出顺序安排到黑板上,让学生看得清楚。或许会避免误入的情形了。这一点又让我明白,了解了学生,我就能抓住课堂主体,认清主体,教学才能成功。

  在实施课中监控中,让我对学生这个名词印象深刻,加强了我的学生意识,提升我的音乐教学意识,为以后的教学积累了教学经验,避免在教学中的重复错误。实施课中监控,能让教师不断地调整教学策略,提升教学意识,为我们的课堂增添一份教学气质。

  在今后的教学中,课中监控还会给我们怎样的收获?需要我们每一位教育工作者去细细品味,在潜移默化中感受课中监控给我们带来的神奇改变。

(陈春蕾)

第六章 基于自我监控的课后教学监控

○ 第一节　基于自我监控的课后教学监控

○ 第二节　教师自我监控与群体互动

○ 第三节　基于自我监控的课后教学监控的案例

第一节　基于自我监控的课后教学监控

一、课后监控的地位与特点

（一）教学监控中的课后监控地位

课后监控是教学监控的第三阶段，是前面课前监控、课中监控这两个阶段基础上监控深化，以期达到对整个监控价值实现。

课后监控是指教师在课后对自己的教学实施进行信息汇总、评估与总结，并形成改进意见的过程。课后监控教学反思是一种教学实践后反思，是对教学目标、结果与过程的回顾性思考与调整。课后监控还可以包括课后作业的监控，这不作为本专著的讨论内容。

把握课中监控与课后监控的区别。课中监控时即时反应，主要依靠经验判断的监控(熟练以后别论)，多数是针对具体情境的，缺乏系统性。课后监控是事后监控，重在思考的深化，即对问题的成功或失败的原因反思，因果关系的讨论分析。重在系统性的反思，从多要素、多角度，从整体与局部关系上分析。课后监控更注重以后的调整，即本节课存在的问题在后面一节课或者后面教学中如何弥补、调整、强化等。课后监控是课中监控的延伸，可以更系统、更深入地对教学中的觉察、判断、调节与评估进行思考与调整。

课后监控的自我监控的视角反转是难点。反思的视角的改变，例如，我为什么会设计这样的教学目标，导致学生不能接受，重在"我为什么"，不是目标难易度怎样了。"反思自我"是难点。课后自我监控的"对照"主要形式是听评课。因此教师要详细记录评课意见，并对这些意见进行分析，采纳理由，或不采纳的理由。这是课后监控对照的特点。

课后监控的意义在于元监控，即对监控的监控。教师在先前的课前监控与课后监控之后对先前这两个阶段的监控作回顾性的监控。课后监控主要有两方面的任务：一是对前两个阶段的监控实施情况进行反思，对课前监控的目标设计监控与整体设计监控做反思性监控，主要是对教学客体的监控的回顾性反思。第二个任务是对前两个阶段的监控本身进行反思，主要对监控的指向正确性、监控方式的合适性、监控效果的实效度等进行反思。

作为课后监控并不能停留在反思上，更重要的是凸显教学监控的本质是调控,因此课后监控重在改进教学的建设性建议上,以后教学中如何更好地进行实现教学调整。因此课后监控作为本教学监控单元在时间上完成步骤,但是在整个教学监控中应是新的教学监控的开始。

(二)课后监控的主要特点

1. 特点一:元监控

课后监控与课前监控与课中监控有一个明显的不同,前两个阶段是与教学过程紧密联系的,教学监控是针对正在发生的教学进行的,例如,课前监控主要是指向课前备课进行监控,课中监控主要指向正在实施的教学进行监控。这两个阶段的教学有明显的各自任务,课前是备课,课中是教学。但是课后监控主要是对已经发生的教学与教学监控进行监控。对前两个监控实施效果与监控方式等进行信息反馈、分析,作出判断,总结经验或者明确改进建议,进一步对教学监控做出监控学理上的解释,为什么会怎样进行监控的,监控的方法与监控效果之间的因果关系,监控成功的理论依据,监控失误的理论解释,这是课后监控的要点,而不是对教学就事论事,对教学的对错做出是与非的判断。这也是教学监控与低水平教学评议的区别,高水平的教学评议本身已成为课后监控,因为这种教学评议立足与对元监控,对自我监控的反思。教学元监控是以教学监控是否合目的性展开的,即整个教学监控是否为了实现教学改进,对于具体一节课的教学监控是监控这节课的教学目标是否通过教学监控达成,教学监控在教学目标达成中起的作用。

2. 特点二:研究性

课后监控是对已经发生的教学监控做反思,也就是做研究。这就要求课后监控摆脱随意性,关注教学研究的方法运用。例如,监控的事实必须能说明影响教学事实的变量,也是影响教学效果原因的必然关联的证据,而不是凭想当然。因此,课后监控要关注信息的可靠性、分析的逻辑性、判断的合理性,可以采用文献研究法、案例研究法、调查研究等科研方法于课后监控之中,甚至可以把课后监控中发现的经验或者问题主题化,成为研究课题。只有关注课后监控的方法,才能使课后的教学评议或者反思进一步提升到实践性学术与学术性实践相结合。用研究的精神对待课后监控,是教学反思从回顾性反思走向研究性反思,从碎片化反思走向系统化的反思链建构,这样的课后监控中的监控反思有助于教师监控过程的体验、教学实际问题的解决,有助于教师研究学生、研究教学、研究教学监控。

3. 特点三:贯穿性

课后监控主要的监控活动是对教学监控的反思。"舍恩(Donald Schon)认为,反思有两种时间框架:① 对行动反思(reflect-on-action),在教学中,对行动的反思发生在课前对课堂教学的思考和计划上,发生在课后对课堂发生的一切的思考中。② 在行动过程中反思(reflect-in-action)。在教学时,我们经常会碰到出乎意料的反应和知觉,我们总是要考虑这些反应以调整我们的教学,这就是在行动中反思。"①行动反思与行动中反思贯穿了教学监控的全程。虽然在课后进行,但是其反思涉及的时间贯穿于伴随整个教学活动的教学监控的各个环节、各个层面。

监控反思的参照标准,教学目标不仅是教学监控活动的逻辑出发点,更是教学监控成效的评价标准。教学目标也是贯穿教学监控整个过程。目标统领对整个教学监控中的各监控要素,特别是教师的自我监控进行系统性监控反思。因此,课后监控尽管在课后实施,但是监控的目标贯穿与整个教学过程以及整个教学监控过程。只有课后监控发挥贯穿性,才能使整个教学监控成为系统监控。同时,由于教学成效有时并不是立即可以观察到的,有的教育事件或者教学现象的结果具有滞后性,因此,教学监控的成效也必然会出现迟缓性,课后监控的贯穿性强调教学监控不能急功近利,只看当前效果,而不看长远效果。课后监控的贯穿性是一种以可持续发展教学为目标的对整个教学课前监控与课中监控的连续过程表征,避免教学监控的碎片化,发挥教学监控的整体效应。

4. 特点四:实践性

课后监控尽管不是与正在发生的教学活动同步,而是在教学活动结束之后的监控活动,以监控的反思为主要监控方式。但是教学监控的反思不是纸上谈兵,而是为了改进与优化教学实践,具有很强的为教学实践服务的针对性。教学反思与面壁反省不同,是针对现实的教学实际,而不是一个人独处苦思冥想。教学监控反思不是简单的教学经验的总结或者教学失误的发现,它是伴随整个教学过程的觉察、分析和调节的思维活动与实践活动。教学课后监控的实践性不仅表现在通过教学监控的实践来检验监控的成效,具有教学监控检验的实践性,同时,还表现在课后监控重在对以后的教学改进与教学监控提出建设性意见,对教学监控实践具有指导性。只有充分认识课后监控的实践性,才能使我们认识到课后监控的价值。

二、课后监控的合目的性与结构性

课后监控是事后监控,对课前监控与课中监控的判断与调控。这个阶段的监控在时间上具有贯穿性,形成时间连续统。在课后监控的指向上是整个教学与教学监控是否合理。课后监控强调的合理意味着教学不是绝对的,具有情境的合理性,差异的合理性。课后监控合理性从两个方面考量:一是教学监控是否合规律性,二是教学监控是否合目的性。

---

① 胡玲:国外反思性教学研究综述,新课程研究,2015.05。

教学监控的合规律性是指教学监控对是否符合教学规律进行监控,同时对教学监控是否符合规律进行监控。教学规律与教学监控规律是不同的,这两者各自基于自身的特征具有自身的规律。教学与教学监控既有区别又有联系,教师必须充分认识教学监控,才能有意识进行教学监控,特别是自我监控。

教学监控的合目的性是指教学监控的各要素,包括教学监控的目的、教学监控的对象、方式等是否为了达到教学监控的目的而展开。教学监控的合目的性有两个层次:一是教学的合目的性,二是教学监控的合目的性。合目的性就是考量教学与教学监控是否围绕目标组织与展开,是否偏离目标轨迹运行,偏离程度以及纠偏的举措。

课后监控的结构性意味着教学监控是一个系统,具有要素—结构—功能的关系,教学监控的整体功能是系统的功能,要避免课后监控的碎片化、形式化、走流程。课后监控的结构性强调教学监控的合理性要求的全面系统,从哲学的内容与形式关系、从科学与人文的关系上建构教学目标、内容、形式、伦理的系统。多维度综合监控的结构框架:

1. 教学的目标合理性。这包括教学观念树立、教学目标的确定。

2. 教学的内容合理性。这包括教学内容的选择与组织要合理,教学过程的组织与展开要有序。

3. 教学的工具合理性。这包括教学方法的匹配、教学评价的适当等,也就是实现教学目的指向的教学内容的教学任务的形式、途径与方法等是否合理。有的时候某种教学行为单纯看是对的,但是不一定是合理的。用PPT教英语单词"book",从技术层面上看未必不可,但是从语言真实语境角度上来看,用随手可用的实物(书本),更符合外语教学的交际能力培养的目的。

4. 教学的伦理合理性。这是从教学监控的伦理上的考量,首先监控教师教学行为是否会产生师源性伤害,教师的教学内容与方式是否符合道德标准。

课后监控的结构的稳定性有助于教师熟悉与掌握教学监控,成为有意识的教学监控行动。

三、课后监控中的反思链

(一)课后监控的反思链的提出

我们在研究中提出了课后监控反思链,既是针对当前教学中的评课等碎片化以及教学反思只是课后反思的现象,也是基于对教学监控的深入研究所揭示教学监控中的反思不是孤立存在的,而是贯穿性、连续性的反思。我们认为,教学监控的反思链,是以教学目标为参照的教学监控目标统整下的教学监控各阶段的反思形成的系统反思样态,称之为反思链。反思链具有时间的连续性,有一条课前、课中与课后的时间线。在反思内容上也具有连贯性,从课前的教学目标与教学整体设计的反思、到课中的教学监控实施中对监控客体的反思,直至课后的对教学监控结果的因果反思与系统教学监控的反思,不同阶段的教学监控内容形成反思主线。在教学监控上,教师自我监控与群体互动监控形成一个教学监控运行机制链。借助教学时间上的连续把教学监控与监控形式的反思形成了系统的监控反思,为系统教学监控奠定了坚实的教学监控机制。

(二)课后监控的反思链的理论支撑

1883年,杜威(John Dewey)首次提出了"反思"的概念,认为反思是对于任何信念或假定性的知识,按其所依据的基础和进一步的结论而进行的主动的、持续的和周密的思考。杜威提出,所谓思维或反思,就是识别我们所尝试的事和所发生的结果之间的关系,没有某种思维(反思)的因素便不可能产生有意义的经验。舍恩(Donald Schon)提出"反思性实践"(reflective practition)这是以活动过程的反思为基础的,并认为,反思有两种时间框架:对行动反思(reflect-on-action),与在行动过程中反思(reflect-in-action)。这两类反思在时间上形成了一个反思链。

杜威认为,反思是"对任何信念或假定的知识形式,根据支持它的基础和它趋于达到的进一步结论而进行的积极的、坚持不懈的和仔细的考虑",它"包括这样一种有意识和自愿的努力,即在证据和理性的坚实基础上建立信念。"[1]这隐含着这样几方面的意思:一是反思是一种思维活动,二是反思具有对象性,指向"信念或假定的知识形式"、自觉性,"有意识和自愿的"和理据性,重视反思所依据的证据和"趋于达到的进一步结论"。因此,反思链的提出就是强调教学监控中的反思是基于实证的反思,已达到进一步改进与完善的反思,而不是不着边际的清谈,摒弃在教师评课中时有发生的清谈。

我们提出的教学监控中的反思链,是借鉴与融合了专家学者关于反思的论述。瓦利通过对倡导反思型教学的有关文献和教师教育计划的考察和分析之后,总结出五种反思与反思型教师教育的模式。这五种培养模式:技术性反思模式(Technical Reflection)、行动中和行动后反思模式(Reflection in and on action),缜密性反思模式(Deliberative Reflection)、人格性反思模式(Personalistic Reflection)、批判性反思模式(Critical Reflection)。[2] 这五类反思在我们的课前监控、课中监控、课后监控与系统监控中多涉及,也都进行了论述,但它们各有优缺点,因此,我们强调应该在这五种模式之间建立有机的联系,实现有机的互补,某一种反思可能是另一种反思

---

[1] 哈钦斯等:西方名著入门(哲学),商务印书馆,1995.
[2] Valli, L., Listening to Other Voices: A Description of Teacher Reflection in the United States [J]. Peabod Journal of Education, 1997, 72 (1).

的前提和条件,各有具体的运用的情境适切性。我们应该在教学监控中建构具有适切性的、开放性的反思链,避免一种反思模式的内在局限。在教学监控中运用与提高每一种反思能力,这是因为每一种反思都能够以自己独一无二的方式解决不同的问题,同时又要综合运用。这就是我们反思链的价值所在。

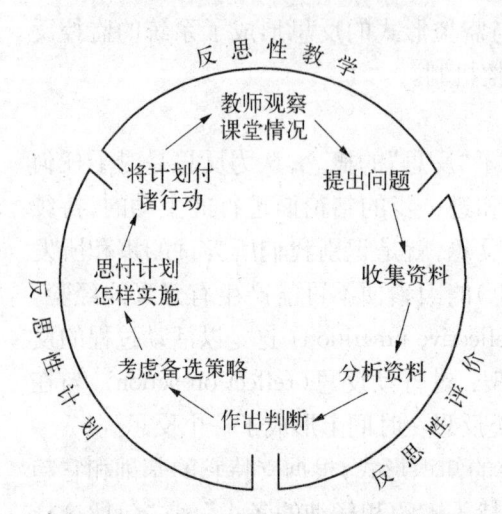

我们的教学监控的反思链与埃拜(Edlby)构想的反思性教学有着英雄所见略同之感叹。埃拜的反思性教学的具体模型包括反思性计划、反思性教学、反思性评价三个方面,不断地监控、评价和修正他们的实践。如左图:埃拜(J. W. Edlby)的反思性教学模式。

这个模型中,反思性计划是起点、教师对自己的教学策略进行考虑,思忖实施方案,然后付诸行动,这是教师的反思性计划行为。随后教师在课堂实践中观察自己的教学效果是教师的反思性教学行为,教师根据观察到的课堂情况提出问题。教师接着收集资料,分析资料最后对教学内容和教学策略做出判断是教师对课堂的反思性评价。这三个环节环环相扣衔接,循环促进教师专业能力的发展和课堂生活质量的提高。我们提出了四环节教学监控,包括了教学信息的觉察与获取、判断与决策、调整与行动、反思与反馈。我们不仅与埃拜的反思性教学方向一致,而且我们更深一步教学与监控融合的四环节,更进一步提出了反思链,把反思贯穿与整个教学与教学监控中,即作为一个特定的环节,又作为监控的反思链贯穿。

(三) 课后监控的反思链的三个层次:

课后监控的反思链的结构性表现出三个层次:

● 第一层次:反思课堂教学过程中具体教学的有效性,教师反思教学目标的合适性和教学方法的合理性。对照教学目标进行反思,以便作出教学目标落实状况的判断。

● 第二层次:针对课堂教学实践的理念、特定的策略以及课程的结果进行反思,并对教学效果的原因进行反思。

● 第三层次:依据教育伦理以及其他与课堂教学有关的规范性标准进行的反思。

这三个层次的反思是课后监控教学反思链的内容组成。这三个层次是从教学的技术层面到教学的方法论与整体教学思路,最后上升到教学的人文道德上来考量。教学监控反思必须改变只反思第一层次的技术性问题,而缺乏第二、三层次的反思,必须确立完整的教学监控反思。

我们的教学监控反思链的三层次同国外一些教学专家关于反思性教学的反思层次都是基于反思的结构性。范梅南(V.Manen)认为反思性教学有三个层次:第一层次主要是反思课堂情境中各种技能与技术的有效性;第二层次主要是反思作为课堂实践基础的假说和教学结果;第三层次主要是反思道德的和伦理的以及其他直接或间接的与课堂教学相关的规范性标准。美国教育家布鲁巴克(J.W.Brubacher)主张将反思性教学分为三类:实践中反思,对实践反思,为实践反思。实践中反思意味着反思发生在教学实践过程之中,在教学过程之中不可预料的情况不断发生,需要教师随时做出反思,对实践反思意味着反思发生在教学实践之后,需要对教学目标以及根据这一目标选定的教学策略做出评价的判断,为实践反思是通过实践中反思与实践后反思最终形成的超前反思,为教师提供更好的实践基础。

正是反思是教学监控中重要组成部分,贯穿于课前监控、课中监控与课后监控,并对教学监控的"觉察与获取、判断与决策、调整与行动与反思与反馈"四环节具有情感-认知的思维作用,产生对教学监控的逻辑思维与直觉思维结果的反思链的功能。我们基于反思链所提出教学监控四环节,与国外学者关于反思性教学的反思的认识可以相互印证。博伊德与费勒斯等认为反思是"创造性地并根据最终是一个变化的理性观念的自我(与自我联系的自我和与世界联系的自我)澄清经验意义的过程",由六个阶段组成:"(1) 内在不适感受。(2) 识别或澄清问题。(3) 对来自内外的新信息有敏感性,有观察和吸收多种看法的能力。(4) 决议,由'整合''一道'、'接受自我现实'以及'创造性综合'表达。(5) 建构过去、现在以及将来自我的连续体。(6) 决定是否按反思加工的结果行动。"[①]

我们的反思链观点强调教学与教学监控中的反思不仅仅"回忆"或者"回顾"已有的活动,更主要的是发现问题、解释问题与解决问题,是理解与建构性的反思,因此教学监控的核心是教学监控意义的建构与行为的改进。因此,反思链针对实际教学中反思的肤浅,认为对教学监控中的反思问题需要概念化,以提高教学反思的深度。概念化反思更加关注构成心理过程的加工活动,也就是教师要研究教学与教学监控的心理过程,特别是教学思维活动。广义的概念化关注的是整个人类行为系统的概念表征,包括语言行为;狭义的概念化重点聚焦与语言行为

---

① J. Calderhead et al., Conceptualizing Reflection in Teacher Development, Washington, D.C.: Falmer Press, 1993.

相关的概念系统。但是这两者基本内涵是一致的,即概念化是意义构建的认知过程和神经活动。概念化具有非孤立性(noninsularity)、动态性(dynamicity)、交互性(interactivity)、意象性(imagisticity)、想象性(imaginativeness)、主观性(subjectivity)、具身性(embodiment)等特征。通过对教学监控问题的概念化是教师能对自己的教学与教学监控活动更正确合理地解释与理解,回归本源,在教学者、监控者与监控客体间意义建构,而不是被接受。

(四) 课后监控的反思链操作要点

1. 注重教学监控反思的角度

● **教学角度的反思**

从教学角度来反思教学,注意对教学信息的分析,包括教学的目标、教学内容、教学方法、教学手段、教学过程等。

反思教学目标的落实,教学是否偏离预设的教学目标,或者警觉预设的教学目标是否正确。

反思教学内容的选择和组织是否恰当,是否满足学生的学习需要,教学内容的难易度是否合适。

反思教学方法与教学内容匹配,教学方法是否能落实教学目标;反思教学过程是否有序,教学环节的连续和衔接。

● **学生角度的反思**

从学生的主场反思教学,注意学生学习信息的收集与分析。教师可以通过学生的多种表现、作业状况,或者学生的表情、举止等获得有关学生学习的信息,也可以通过必要的测试获得他们的学习信息。

反思学生学习过程。教师在反思自己教学行为的同时,反思学生的学习过程、学习方法、学习内容,审视学生三维学习目标的掌握情况。通过对学生学习的反思,调整自己的教学,以适应学生学习需求。

● **教师自身角度的反思**

从教师本身的教学实施观念、情绪、行为、伦理等方面进行监控反思。

细节蕴含着经验,成长源于灵感。课堂中常常会因为一些偶发之间而产生灵感,教师应该通过反思,捕捉这些"火花",日积月累,既有利于探索教育教学的规律,也有利于形成自己的教学风格。

上述三个角度缺一不可,尽管教学监控讨论的较多的是教师教学与教学监控,但是这些的终极目标都是学生的发展。

2. 课后反思五个指向:

(1) 关于教学目标定位的反思;

(2) 关于教学的设计的反思;

(3) 关于教学的动态生成问题的反思；
(4) 关于开发和利用教学资源的反思；
(5) 关于教学效果的反思。

3. 把握课后监控反思的三个要则

(1) 反思的探究性

教学监控中的反思具有针对性，是对教学事件、教学片断、教学案例的具体情境中的教学要素的关系及其展开进行反思。反思教学监控分析中问题与经验，归纳分析形成概念化认识，再回归实践进行检验。

杜威认为反思活动有两个主要阶段："(1) 一种得以产生思维活动的怀疑、犹豫、困惑、心灵困难的状态，和(2) 一种为了发现解决这种怀疑，消除和清除这种困惑的材料而进行的探索、搜集、探究的行为。"[1]这就表明由于不确定性的反思产生阶段，怀疑、犹豫、困惑等随之产生。随之产生反思的"探究"阶段，有了怀疑和困惑，引发反思探究，可以释疑或引起进一步的疑惑。杜威的反思观强调了反思出现的情境状态、问题所引起的困惑和"不确定"，因此，探究性是反思的基本特征之一。也就是说，反思能停留在"回顾"已有的教学事实上，而应该要探讨反思问题的要素构成、结构性质、因果关系，以及解决问题的方案。教育服务于学生，学生每一天都在成长，因此，教育的每一天都是新的。每一次自我监控、每一次群体互动的教学监控所遇到的教学监控也都是新的，没有现成答案，需要探究性反思，在反思中获得教学监控问题的确切意义。

(2) 反思的反身性

教学监控的反思需要建立在自我反思的基础上，即突出自反性。首先反思需要把握教学实施者的教学主观想法，包括教学观念、教学设想、教学中的心理感受，以及自我监控的自我感知等，这些需要教师把反思指向自己的知情意行，重在对自身教学与教学监控状态的反思。"博伊德与费勒斯的反思观有自己的独到之处，主要表现在反思中'自我'的价值以及对'自我'的反思，构建'自我'连续体，突出了反思的完整的过程。"[2]他们指出了反思的自我指向在完整的反思中的重要价值。

对于反思的反身性，我们还要关注群体反身性（group reflexivity, team reflexivity）。教学监控的反思不是要求教师闭门思过，而是强调主体间性（或称主观际性、共主体性）的反思。这是意指构成享有共同世界的群体的主观性，主要表明在现象中起着主动构成作用的主观性，不是一个孤立自我的主观性，而是群体

---

[1] 哈钦斯、艾德勒：西方名著入门(哲学)，商务印书馆，1995.
[2] 熊川武：反思性教学，华东师范大学出版社，2002.

的主观性。胡塞尔强调：这种构成最初涉及到本质上可能的个人的意识,然后也涉及一个可能的集体的意识,即涉及许许多多互相进行交流的意识的自我和意识之流。对于这些主体来说,作为同一个客观实在的东西的事物是主体实际地被给予和被视为同一的。①

我们基于群体互动下的自我监控强调群体反身性。群体反身性(team reflexivity)强调"团队成员对团队目标、策略(比如决策)与程序(比如沟通)进行公开反思以使它们适应当前或预期环境变化的程度"。② 当团队对其工作方式进行公开反思并根据环境变化做出调整时,团队将会更为有效。及其教学监控制订详细的计划、关注长期结果,并且对环境因素做出积极反应。正如索罗斯的反身性理论认为,参与者的思维与参与的情景之间相互联系与影响,彼此无法独立,认知与参与处于永远的变化过程之中。

教学监控中关注反身性反思,首先要形成一种群体教学风貌,通过对群体成员施加反身性干预,可以帮助群体形成群体性的反思,而不是把群体责任推卸给个体成员,一个不经常反身的群体只能根据环境变化做出被动反应,对行为后果缺乏关注。我们要努力开展群体互动教学监控,培育高反身性的群体,形成教学监控与教师发展的共同体。经常反身性反思的群体往往会意识到群体监控的作用,更可能持续地审视其教学监控环境,群体成员的教学监控也更加积极主动。同时,在教学监控中引导群体成员的反身性反思,使教师个体的反身性反思对群体反身性反思起到环境营造的支持作用。

（3）反思的反馈性

课后监控的反思不是以思考为目的的,而是以为改进教学提供依据与路径。教学监控的反思是教学主体与教学管理者等多边活动,教学监控的反思有着教学信息的传输、处理和反馈的过程。课后监控中的反思是对课前与课中两个监控阶段中的信息进行全面的归集、分析与处理,然后进行系统反思,并在群体互动中交流初步反思得出的一些认识,并吸取群体反思的成果,进一步进行反身性反思,得出一些关于本次教学监控的反思成果,继而再把这些反思成果向群体反馈,更重要的是向后续的教学与教学监控实践反馈。这个反思与反馈多次、多向的过程,体现了反思的反馈性。反思的反馈在教学监控的信息获取、决策、判断、调整之间起了中介的作用,借助反馈反思链贯穿于教学监控的四个环节之中,使教学监控的课前、课中与课后三个教学阶段衔接起来。

---

① 胡塞尔：共主观性的现象学,胡塞尔全集第三卷,商务印书馆,2018.
② West MA. Reflexivity and work group effeckiveness: A integration[A] In West, MA. Handbook of work group conceptual psychology[M]. Chichester, England: Wiley,1996.

信息反馈是控制论的基本概念,教学监控的信息反馈是教师课堂监控的基本方式之一。教学监控的信息反馈是指教学监控系统输出信息作用于教学监控客体后产生的结果信息,即反馈信息返回教学系统,并对信息的再输出发生影响的过程。教学反思的反馈是教学监控的一种特殊的反馈,是对监控实施的结果以及监控因果关系反思结果的一种反馈,其反思意义已经超出了对当前教学与教学监控事实的反思,而是在于可以根据过去操作所产生的反思反馈信息去调整未来的教学,达到教学可持续发展的目的。课后监控的反思链是反思反馈的一种系统反馈形态。这种系统的反馈形态特点是时间上的连续性反馈、信息内容的多元性反馈、形式上的教学与教学监控同步性反馈、主体上的群体互动与自我监控动态性反馈、结果上的指向改进性反馈。基于反思链的反思反馈在操作上应该做到随时收集教学的反馈信息,以了解教学现状,判断并预测教学发展的趋势,找出现状与达成目标之间的差距,为优化教学因子与策划新的教学方案提供依据,保证教学过程处于最佳状态,朝着教学目标推进。因此,教学监控中的反思反馈其实质是以信息反馈为基础的调控过程。

教学监控中反思的反馈性具有监控信息归集功能,对监控全过程中有关信息全面梳理与分析;激发功能,对参与教学与教学监控的师生等都有激发新动机的作用,向学生传递积极的信息鼓励学习进取,向教师传递专业信息,增强教师自我监控能力;检测功能,通过反思反馈的在反思与在反馈,教研自己的教学监控的质量;决策功能,根据反思反馈的教师可以主动决策,调控教学的内容、方式、过程与资源。总之,教师课后监控中的反思反馈以后继的教学行动所产生的效果来明证,即行动实效反馈,而不是以一通言语表达的反馈。

教学监控中的反思反馈的操作要点:

第一,注重反思反馈的实效性。教学反思反馈必须以反思的实效为前提。一是注重反思本身的价效,即反馈的反思结果是可靠的,负责的,不是走过场的反馈,东拉西扯,空话一番的反思反馈。二是反思必须以教师有所感悟、有所触动为要义,以反思的教学改进设想的结果与实践检验效果体现反思反馈实效。以实在的教学监控体验为基础,取得教学监控反思深刻性,保障反思反馈的实效。

第二,教学监控反思的反馈必须建立在教学事实基础上,有足够的信息反馈。教师要关注以下几个方面:

(1) 反思前的有关教学信息的反馈,是正确反思的基础。

(2) 在反思过程中要善于去伪存真、去粗存精,综合分析,以求信息处理过程信息反馈可靠性。

(3) 反思后的有关信息的反馈,是有价值反思结果的表达。

(4) 以科学的思维方法分析归纳反馈信息,以适宜的方式反馈到实践中。

第三,课后监控反思的反馈关注学生的信息生成。

教学监控的反思反馈应该以学生为出发点,脱离了学生的教学监控反思难以具有可靠性。课后监控的反思反馈主要以学生课堂中学习反应状态所显现的教师的教学状况与教学监控的状态。学生在课堂中会生成很多关于学校内容、学习方式、学习过程等方面的学习信息,这些信息在事实上或者说在本质上反映了教师的教学,这些由学生学习所反馈的教师教学的信息,具有生动性、真实性、丰富性的特征。教师在课后监控中贯穿反思链,系统反思学生生成的教学信息背后的问题及其教学监控意义,需要课后监控的反思去回应学生,顺着学生的信息的线索展开反思,不断追问其背后的原因,对所发现问题的解释与分析,并在后继教学中及时反馈,落实教学调整。

系统性反思链运用是教师教学监控应该具备的基本技能,对教学监控具有非常重要的作用。然而,在实际教学中,教师只管上课,不重视系统性反思链的现象客观存在,教师的教学反思能力亟待提高。

第二节 教师自我监控与群体互动

一、教学监控中个体与群体互动的基本要求

教学监控中的交互是指教师个体的自我监控与外部群体监控互动。教学监控只是局限于教师一个一个个体进行,有着较大的局限性。这不仅是人不能离开社会独自生存,而且教师的课堂教学虽然在一定程度上个体进行,但是教学的全过程不是教师一个人能够完成的,更何况学生的教育是教师群体才能进行的。因此,教学必然是教师与教师群体合作教学的,教学监控也同样需要在教师自主监控与教师群体监控(包括其他外部监控)互动下进行。教学监控中这样互动有着下列三方面的基本要求:

(一)互动的自主性

群体互动下的自我监控要求教师在教学监控中保持自主性。这个自主不仅是在教学监控中的自主地位,而且教师自身要有内在的自主品质。这主要表现在教学监控四个环节上以及贯穿其中的反思链的思维独立性。思维独立性是思维的重要品质之一。思维独立性对于教师更具有重要意义。所谓思维的独立性是指善于独立思考,遇事总要问一个为什么,善于用自己的头脑去思考,决不盲从、人云亦云,更不迷信权威。具有思维独立性的教师具有善于独立地发现、分析和

解决教学问题的思维特征。思维的独立性表现为一个教师能够独立地进行思考，不容易受他人的暗示和影响，对别人提出的问题和结论，不盲目接受，而要经过自己的独立思考和评价，创造性地去认识现实，寻求解决问题的新途径和新方法，从而提出新的解释和结论。

教学监控中群体互动的思维独立性表现为善于根据客观标准，从实际出发，严格地、专业地、批判地看待自己和别人的教学观点、教学方案与教学实施，严密而细心地权衡各方面的理由和因果关系，并从多方面来验证这些理由和因果关系的正确性，以明辨教学的合理性、专业性。缺乏思维独立性的教师，往往在思维上表现出惰性、依赖性、因袭性和固执性。在教学监控中，我们应该秉持互动中的独立精神，"我不同意你的说法，但我誓死捍卫你说话的权利。"在课后监控的群体互动时，一方面，坚持自己正确的教学观念、教学实践，作出合理的解释，不轻信别人或书本上的现成结论，独立地探索教学情境中的事件与问题的缘由，敢于发表独特的见解，不盲从，人云亦云。另一方面，也要尊重他人的发表意见的权利，正确对待不同意见和不同的教学方法，也不自以为是、故步自封，或者走向另一端，似乎"很谦虚"，表面上显得全盘接受。教学监控中互动，离开了根据客观标准而进行的"独立思考"会迷失方向。

在教学与教学监控中，互动的自主性还表现独立思维下的自主实践。独立思维的教师有自己独立的思想，会努力践行自己的想法，去证明自己思维结果的正确性。这些教师不易受他人的影响的干扰，有较强的独立提出和实施教学目标的能力，他们的教学思维反映其行为价值的内在稳定性，遇事有主见，不会轻易受人蛊惑，不会流行什么教学方式或者提法，就不顾不管搬来。互动的自主性要求教师具有积极主动地完成各项实际工作的思维方式，主动学习专业知识与提升专业能力，完善自己，增强自己独立思维能力。

（二）互动的深刻性

教学监控中互动的深刻性主要是指教学监控中思维的深刻性，思维的深刻性直接影响教学监控的观念确立与实践深度。教学监控中会发现群体互动的肤浅性，不是客客气气的敷衍话，就是冠冕堂皇的套话，就是没有依据教学监控的具体情境、依据教学的学理作出的关于教学的评议与建议。教学思维的深刻性是指善于透过纷繁的教学现象发现问题本质的思维品质，表征思维活动的抽象程度和逻辑水平，涉及思维活动的广度、深度和难度，表现为能深刻理解教学理论，周密分析问题，善于抓住教学事物的本质和规律。教学监控中思维的深刻性体现在教师在教学监控感性材料的基础上，经过思维的过程去粗取精，去伪存真，由此及彼，由表及里，在头脑里产生一个认识过程的突变，进行理性概括，进而抓住教学问题的本质、整体与内在联系，认识教学问题的规律性。

教学监控中群体互动主要是对教学监控中所发生的教学各抒己见、畅所欲言,在这基础上集思广益,形成有价值的教学监控意见,包括教学监控的调整建议。在群体互动中教师所表现出来思维深刻性是有差异的,有的教师较多关注表象,注重技术层面的教学行为与技巧,缺乏透过现象的学术性探讨,以学理解释教学现象,使对问题的认识有深度,而不是低水平反复。有的教师在互动中表现出思维的深刻性,善于深入思考教学问题,抓住教学现象、事件或者问题的本质,预见所论及的教学的变化进程,能从具体的教学行为中进行抽象理性的认识。提高教学监控中思维的深刻性,避免课后群体评议停留在直观水平上或白描水平上,引导教师养成深入思考教学问题,善于概括与抽象、演绎与推理,善于抓住教学现象的本质,获得规律性认识。鼓励教师关注教学思维深刻性,鼓励教师在教学监控中的探讨,凡事都多问为什么,鼓励教师主动开展问题研究,撰写反思,以此养成梳理教学现象、厘清概念、厘清思路的习惯。

(三) 互动的批判性

教学监控本身蕴含了否定的意义,正确与错误是矛盾的统一,是并存与转化的。教学监控就是基于教学中发生偏差、错误、争议是绝对的辩证思想才需要通过教学监控加以控制与调整。哲学上与肯定对应的否定,在思维上就是批判性思维。"批判的"(critical)源于希腊文 kriticos(提问、理解某物的意义和有能力分析,即"辨明或判断的能力")和 kriterion(标准)。从语源上来说,该词暗示发展"基于标准的有辨识能力的判断"。批判性思维,最初的起源可以追溯到苏格拉底。苏格拉底认为,一切知识,均从疑难中产生,愈求进步疑难愈多,疑难愈多进步愈大。批判性思维的一个模型"苏格拉底方法"或"助产术"——苏格拉底所倡导的一种探究性质疑(probing questioning)。通过苏格拉底提问(或反驳等),揭示习以为常、理所当然的信念背后的假设所包含的不一致性,以探求新的可能答案。现代批判性思维的代表人物杜威,提出了"反省性思维"(reflective thinking)——批判性思维的探究模型。反省性思维是对任何信念或被假定的知识形式,根据其支持理由以及它所指向的进一步的结论,予以能动、持续和细致地思考。反省性思维关注思维的因和果,了解观念的原因:它们被思考的条件——使我们自己从智力的刻板中解放出来,给予我们自己在智力自由之资源的不同选项中进行选择并据此行动的力量。[1] 批判性思维既是一种思维技能,也是一种人格或气质;既能体现思维水平,也凸显现代人文精神。批判性思维具有求真、开放、鉴别等品质,表征了认知的成熟度。

在现代教育中批判性思维被普遍确立为学生培养目标之一。1998 年"世界

---

[1] 武宏志.批判性思维:语义辨析与概念网络.[J]延安大学学报(社会科学版)2010,33(1).

高等教育会议"发表的《面向二十一世纪高等教育宣言：观念与行动》，第一条的标题是"教育与培训的使命：培养批评性和独立的态度"。第五条"教育方式的革新：批判性思维和创造性"中指出，高等教育机构必须教育学生，使其成为具有丰富知识和强烈上进心的公民。他们能够批判地思考和分析问题，寻找社会问题的解决方案并承担社会责任；为实现这些目标，课程需要改革以超越对学科知识的简单的认知性掌握，课程必须包含获得在多元文化条件下批判性和创造性分析的技能，独立思考，集体工作的技能。[①] 由此可见，批评性思维对于教学监控的重要性，不仅是教学监控互动的方式，也是教师自我监控能力发展的内容。

思维的批判性作为一个思维品质是思维的重要的特征之一，更是教学监控思维中的重要思维能力。思维的批判性是指根据客观标准进行思维并解决问题的思维品质。具有批判性思维的人，有明确的是非观念，善于根据客观指标和实践观点来检查、评价自己和他人的思维活动及结果。具有思维的批判性的教师善于从教学实际出发，严格地根据教学标准，通过置疑与质疑的方式，评价和检查自己和他人的教学成果，得出合理的思维结果。思维的批判性是反思性的思维的重要特征，是思维活动中独立发现和批判程度的表现。做一个墨守成规、是非不分、真伪不分者，还是做一个独立的思考者和发问者，是教学监控过程中的一个重要思维品质表现。思维的批判性来自对思维活动的各个环节和各个方面进行分析比较的自我意识。它具有分析性、独立性和确认性。只有在教学监控中具有思维的批判性，教师才能对教学思维本身有自我认识，既认识客体，又认识主体，在教学监控过程中进行自我监控。

二、教师自我监控与群体互动的增强

教学监控中教师与群体的交互有着质量的考量。教师自我监控中与群体交互质量越高教学监控过程展开得越合理，越顺利，教学监控质量越高。没有高质量的交互，实际上不可能有高质量的教学监控。

我们认为，教学监控中教师自我监控与群体交互可以从五个方面来增强：

1. 具体的情境、丰富的信息

监控信息体现了教学监控的本体性。借助教学信息才能展开教师群体间的交互。积极的教学监控从获取信息开始。教学信息的选用、处理、加工与丰富，也就成了教学监控的载体。这些教学信息在教学监控过程中传递、转化。教学监控信息包括通常的教师教学信息，还要注意监控本身的信息，没有关于监控本身的信息无法对教学监控的监控。教学监控过程的交互性质量越高，越能显现出信息的泛知识性

---

① 武宏志. 何谓"批判性思维"，青海师专学报(教育科学版)2004, 24.

理解,也就是在情境中的信息是丰富的,信息的泛文本性,显示了信息重于文本的价值。同样的教学信息在不同的情境下,会有不同的意义。教学监控信息需要情境性的解释、分析,才能做出正确的判断。离开了情境的信息会导致错误的决策。

2. 深度的体验、灵动的直觉

教师的教学监控需要经历,经过体验、感悟,才能转化为经验,固化为能力,教学监控习惯。群体交互要突出深度的体验,体验如何监控,如何群体交互建构教学监控意义。教学监控经历,是教师主动亲历教学监控并获得相应的认知和情感的直接经验的活动,不但有助于通过多种活动获取相应的监控的认知和情感的直接经验,更重要的是,教师在经历中能够逐步掌握教学监控的一般规律和方法。通过群体交互深度体验教学监控过程,从而增长教师自我监控能力。

教学监控作为教学的一部分,并非只是教育科学,而且也是教学艺术。直觉与逻辑是教育科学与艺术繁荣的两翼。教育并非只需要逻辑,艺术并非只需要直觉。布鲁纳说:"数学家、物理学家、生物学家和其余人士在他们各种的领域里,都强调直觉思维的价值。"又说:"直觉思维效果的发展是许多在数学和自然科学方面受到的高度尊敬的教师们的一个目标。"[1]课堂教学监控是瞬间的,特别需要教师的教学监控直觉。直觉需要联想,直觉往往借助形象、顿悟、灵感、归纳、类比与联想、形象一起为通向直觉拓宽道路。直觉需要深厚的感性与理性,在教学监控中通过多元交互,为教师提供丰富的教学监控经历,让教师获得深刻而丰富的体验,促进直觉的发展。

3. 多元的理解、凸显的质疑

传统教学监控过分追求确定性、绝对性,把区分与鉴别视为教学监控的实质目标和内容,只注意到结果的表现,忽视教学的过程,导致了教师教学主动精神薄弱,包括对质疑的排斥。没有质疑不可能有真正的确信。质疑得越多、越深,越会有更有价值的确信。教学监控群体交互本质上是思考与思想碰撞、多元理解的过程,多元理解中产生质疑,质疑在交互中发生与发展,成为真正的探讨教学与改进教学。歌德曾说:"人们只是在知识很少的时候才有准确的知识,怀疑会随着知识一道增长。"[2]教学监控过程的交互不应当只是促进确信的增长,而应当是促进质疑与确信一道增长。教学监控不能只是教师当听众聆听监控者的评议,而应该是通过教学监控不断地激发教师对教学的探讨,多思多疑,使教师的质疑伴随着教学的全过程。质疑的多样性是教学过程的价值之源。

4. 平等的对话、生命的智慧

教学监控过程的交互性很重要的是表现在"对话"。"对话"意味着监控的主

---

[1] 布鲁纳.教育过程[M].北京:文化教育出版社,1982.
[2] 孙正幸:哲学通论[M],沈阳,辽宁人民出版社,1998.85.

体间的平等,"对话"意味着双向互动,平等交流,其方式是多样的,可以是心理的沟通和交流,心灵的共鸣和感应,思想的碰撞和默契。正如,克林伯格所说,相互作用的对话是一种优秀教学的本质性的标识。在教学监控过程中,建立在民主、平等基础上的对话会激荡起的心灵的共振和呼应。

"对话"是对教学监控的选择和组织,体现沟通、互动、合作的一种多向的交互。教学过程中的对话不再是一种单向单边的操作过程,而是将监控各类主体,教师与群体通过互相对话和共同探讨,引发彼此的主动思考、质疑和探究,进而达到教学监控目标。

教学监控过程中的高质量交互应当是确信与质疑的统一,精确与模糊的统一,继承与批判的统一,逻辑与直觉的统一。在这多元交互中教师自我监控得以获得群体的支持得到充分的发展。

第三节 基于自我监控的课后教学监控的案例

案例 11

教学自我监控的"1+3"

新课程改革的实施,对我们教师提出了更高的要求。教师在新课改中如何成长? 美国学者波斯纳提出:"教师成长=经验+反思。"《新课程标准》也积极倡导:"教师不仅是课程的实施者,更是反思性的实践者。"而自我监控就是指教师为了实现教学目标,对自己所进行的教学进行觉察、判断、调节与评估的过程。而课后的自我监控更多的是对自己教学经过觉察、判断、调节后产生评估和反思的过程。在课后自我监控中,经验才会得到提炼和升华,才能促进自身的专业成长。提高教学质量,追求教学效率的最大化,这就要求教师在教学过程中要不断进行教学监控,不仅在课前、课中要反思总结,尤其是课后更要反思自我总结。

学校正在推进"基于教研组群体互动 提升教师教学监控能力"的课题研究,我以语文《蟋蟀的住宅》这篇课文的教学开展了群体参照下的课后监控的教学践行。在这个过程中,我感悟了教学自我监控的"参照性"下的"同一性、反思性和调节性",即"1+3"。

教学中出现的问题

《蟋蟀的住宅》是19世纪法国著名昆虫学家法布尔写的一篇观察笔记。这是一篇说明文，作者怀着对蟋蟀的喜爱之情，真实地介绍了蟋蟀住宅地址的选择、蟋蟀的住宅特点和修建经过，赞扬了蟋蟀不辞劳苦和不肯随遇而安的精神。本节课的教学重点是选择地址和住宅的特点两部分。而研究蟋蟀住宅外部和内部特点又是本节课的重中之重。但是在教学环节的设计上我却没有把握好，脱离了学生学情，所以在整个过程中学生学得较为吃力。

在原先的教案设计中，我原本的设计是：默读课文第5、6自然段，找一找描写蟋蟀住宅外部和内部特点的句子，圈出相关词语或词组，完成后用互动课堂截屏上传。在上课过程中，学生们首先对课文哪部分写住宅外部特点，哪部分写内部特点有点混乱，因此在等待学生上传答案的过程中，我边巡视边提醒：课文的第5自然段写的是住宅外部的特点，第6自然段写的是住宅内部的特点，帮助学生厘清课文思路。其实，大部分学生都能找到关于特点的相关句子，但是直接圈画其中的关键词或词组，部分学生就显得吃力，找起来比较艰难了。而且在学生交流的过程中，我没有适时地将正确答案出示在屏幕上。例如，在交流"隧道顺着地势弯弯曲曲，最多九寸深，一指宽，这便是蟋蟀的住宅"这句话时，因为是分别请了两位同学来交流特点，而且用的又是互动课堂的上传功能，因此，两位学生的答案不能完整地显示在一个屏幕上，而我也只是在口头补充了答案。我应该在课件上将答案正确、完整、规范地展示出来，这样才能够更加清楚地理解蟋蟀住宅外部的特点。所以在交流完特点后很多学生还是一知半解。所以在接下来的环节中，学生很难将蟋蟀住宅外部的特点连起来说清楚。这一重点部分因为教案设计的不合理，没有考虑到学生学情，因此最后的呈现效果也不理想，学生没有将该掌握的知识掌握到位。

课后评议与反思改进

听课的老师也看到了这个环节的问题，因此在评课环节时，有老师提出应该在讲解某些相应的特点时，先借助图片或生活实际让学生更好地理解这个特点，然后在交流到正确的答案时，不应该光光在学生上传的页面上进行修改补充，因为这样会和学生不正确的答案混淆，而是应该规范完整地进行圈划，并让学生也在自己的平板上进行修改。还有老师提出，在学习第5自然段时，应该让学生画出相关的句子，然后再圈出相关的词语或词组，循序渐进，一下子就圈出词语，对于学生来说跨度太大，可能没法很好地反应过来。

听了评课老师的建议，我对这一环节进行了深刻的反思和及时的课后监控，对于这一环节的实施有了更好的想法。

在教学第5、6自然段，也就是本课的重点段落时，应该先让学生通读5、6两个自然段，想一想这两个自然段作者是通过什么顺序来进行观察的。这一环节既能弥补在原本的教学实施时学生搞不清哪部分写了内外部特点的问题，还能紧扣本单元的语文要素，同时，也能告诉学生在写观察日记时也要注意观察顺序，一举三得。接着，让学生把注意力放到第 5 自然段，找一找本段落中描写蟋蟀住宅外部特点的句子，然后请学生起来交流找到的句子。在找到句子后，再进行追问：你认为在这个句子中，蟋蟀的住宅有什么特点？如果这个学生回答不来或者回答得不够完成，还可以请其他学生来进行补充。交流完以后及时请学生在书本上进行圈划，留下笔记。并且在交流到学生比较陌生的特点时，利用图片或实物进行展示，让学生更好地理解这个特点以及它的作用，为接下来连起来说一说蟋蟀住宅外部的特点打下扎实的基础。这样，学生不仅能够更好地理解文本，也能在理解的过程中锻炼自己的概括信息和表达能力。

自我监控的"三性"感悟

所谓课后教学自我监控，就是教师在一堂课上完之后，对自己上过的课进行回顾与评价，仔细分析自己上课的得失成败，分析自己的教学是否适合学生的实际水平，是否能有效地促进学生的发展，在哪些方面有待改进，再寻求解决问题的对策，优化教学方法和手段，丰富自己的教学经验，使以后的教学能达到最佳效果。而自我监控，具有同一性、反思性和调节性这三大特点。

● **自我监控的同一性**

同一性就是指教师要对自己的教学进行监控，对自己的教学目标、内容、方法、过程和效果等进行判断和反思。因此在课堂教学之前，我明确了《蟋蟀的住宅》的文本内容、本单元的语文要素，确定了教学目标、教学任务以及教学方法与手段，也预测了一些教学中可能发生的问题与可能取得的教学效果，但是通过教学效果的反馈，我意识到忽略了学生的兴趣和需要以及学生的发展水平。因此，在教学第 5 自然段时，学生并不能很好地找到蟋蟀住宅外部的特点，即使最后关键特点都找到了，学生们还是不能连贯地将特点概括出来。

同时，通过学生的反馈，我也意识到了自己的教学设计还需要调整。如果在设计教案时，能更好地跟着学情走，使教学方法更加贴合学生的思维逻辑和学习能力，由扶到放，由易到难，那学生也更加能接受，更能掌握本节课的教学重点。比如在设计圈出外部特点的环节时，我应该先让学生画出相关句子，进行反复地朗读，从读中感悟住宅的特点，比一步到位，让学生直接圈出关于特点的关键词语，更能被学生接受和吸收。这是我在上完课后，根据学生的反馈，对教学过程、方法进行的自我监控。

教师只有在课后对自己的教学进行认真、及时的自我监控，才能获得在教学中自我反馈和自我完善的强有力武器，正确理解和采用顺利进行教学活动的方法，不断提高自身的教学质量。

● 自我监控的反思性

自我监控的反思性要求教师对已实施的教学行为进行判断是否正确、合理，总结经验。

因此，在上完一堂课后，并不代表上"好"了一堂课，我应该对课上的环节进行回顾和评价，仔细分析自己的课在哪些方面成功，哪些方面还有改进；分析自己的教学是否适合学生的实际水平，是否能有效促进学生的发展；分析自己的教学与实现教改目的之间的差距等。从多角度批判地考察自己的教学行为系统，不断探索与解决自身、教学目的，以及教学工具等方面的问题，把教学理论或以认识为基础的经验同教学实践联系起来，使自己从冲动的例行行为中解放出来，以审慎的意志方式行动。

在上了《蟋蟀的住宅》这一课后，我觉得这节课成功的地方在于学生们在一定程度上开拓了自己的思维，学会了如何从文中提取关键信息，但是因为教学设计的不足，没有考虑到学情等问题，学生们没能扎实地掌握该如何将关键信息整合起来，并完整地进行表达。就是上文提到的，在第5自然段学完以后，学生并不能很好地将蟋蟀住宅外部的特点连贯地说清楚。

● 自我监控的调节性

在进行反思后，我进行了经验的总结，并对自己的教学采取了补救措施。这就是自我监控的调节性，即要求教师根据反馈信息和预期目的，对自身教学活动采取或应该采取哪些措施来优化或改变。这是衡量个体自我监控水平高低的重要指标。

于是在教学第二课时前，我再带着学生根据圈出来的关键词语或词组，用完整的一段话概括了蟋蟀住宅外部和内部的特点，帮助学生巩固了上节课还未掌握扎实的内容，同时也再次锻炼了他们的表达能力。

重视经验的总结，并及时进行调节补救，就能使课后监控的结果进一步落到实处，不断完善自己的教学，提高教学质量。

自我监控的参照性

自我监控还有一项重要的环节，那就是参照性，即是否采纳了评课教师的意见。正所谓当局者迷，旁观者清，很多时候在授课时并不能感受到的问题，旁人一看便能知道。例如，有老师说我应该完整地出示正确答案这一步骤，就是我课前设计的时候所没有考虑到的。我顺理成章地认为讲过以后学生都能掌握，但实际和我预料的恰恰相反，因此参考其他老师的意见对于教学质量的改进还是很有必要的。但是有些建议的正确与否也是需要我们自行判断的，并不能一味地接纳别人的建议，而是要根据别人的建议，结合学情和实际情况，再进行调整。

课后监控是教师严格自我解剖的过程，通过不断地反思，不断地解决教学问题，教师能更好地进行课堂教学，完成教学任务，进一步改进和完善自己的教学实践，使语文教学显得规范而合理。因此，作为一名教师，我们要积极进行课后监控，时刻警醒自己去反思教学行为是否合理，是否影响教学效率和质量，是否不利于学生发展，将课后监控贯彻在自己的日常教学生活中。

（杨云帆）

案例 12

自我监控下课堂中生成问题的思考

本次基于课后监控的自我监控研究，我校语文组开展了教研活动，本次由我执教《曹冲称象》的第一课时，进行群体参考下的课后自我监控。这极大地帮助我对课堂中生成问题进行自我监控。

一、课后监控中的自我监控案例呈现

● "到底"一词的教学过程

《曹冲称象》讲述了曹操的儿子曹冲小时候想出办法，称出了大象的重量的故事，表现了曹冲善于观察、爱思考，能大胆表达想法的品质。《曹冲称象》一文中，小小年纪的曹冲想出了用船代替大秤，用石块和大象的平衡，简单地称出了大象的重量。由此可见曹冲善于观察，善于动脑，是个聪明的孩子。根据课文交代，故事中的曹冲才七岁。班里的学生也普遍是这个年龄，于是，我创设一个宽松的课堂情境，激发学生的想象，收到不错的教学效果。

在教学"加了'到底'有什么不一样呢？"这一部分时，我先提问：官员们在议论什么呢？再通过出示两句不同的句子"这么大的象，有多重呢？"和"这么大的象，到底有多重呢？"，让学生观察发现第二句句子多了一个"到底"。那么"到底"是什么意思呢？通过比较句子来学习"到底"一词，让学生感受"到底"在这一句中，表示人们对大象有多重的疑问非常深，旨在引导学生通过对比体会加点词语的意思，并通过巩固运用积累词语。

经过之前的学习，学生已经知道了"议论"一词的含义，能直接找出官员们议论的内容。所以这一部分的教学，我预设先分别读两句句子，找到两句句子的不同之处在于第二句加上了"到底"一词。接着提问：加了"到底"有什么不一样呢？通过自由读，让学生自由感受句子的语义，读出自己的理解。再指名读，有的学生会将"到底"重读，那就问一问为什么要重读"到底"，让其他学生学着他的样子来读。最后男女生读，让学生有兴趣地比一比读一读，加强对这句句子语气的理解，进一步感受加了"到底"一词，人们的疑问更加强烈了。

● 群体参考下的探讨意见

回顾我本堂课的课堂教学结构和版块,教研组老师们进行群体参考评课。

老师1表示:本课阅读指导到位,读中感悟。在学生阅读课文时,教师组织学生开展自主、合作的学习活动。

老师2表示:教学中老师和学生是平等的对话关系。真正把主体地位还给学生,每个学生都能在趣味中学习,享受到成功的喜悦。

老师3表示:教师非常注意及时评价鼓励学生。整堂课学生学习非常投入,积极性很高。

老师4表示:课堂结构紧凑,层次清楚。课堂上学生学习热情高涨,学生解决问题的能力得到了提高,在大家的努力下一起学习新知,同时也培养了学生团结合作的精神。

同时,教研组的老师们提出:追寻"本真语文",我们应该以"语文味"为逻辑起点,理顺"教什么"与"怎么教"的关系,让"学路"和"教路"在语文课堂融合。而只有真正认识到这一点,老师才会将这样的理念贯穿自己的课堂设计、课堂教学,从而收到教学相长的实效。

分析词句的教学最重要的就是品读、品味。从品字、词、句中入文,入味,出感受。在品读"到底"一词时,环节层层深入,学生读出了味道,读得很到位,但是似乎没有激发出学生的积极性,学生没有读出感悟,没有读懂"到底"一词在句子中的含义,最终的理解还是依靠老师说来明白的。教研组老师们认为,如果在感悟词语之前,设计用几个词义相似的词语,如究竟,换词语来读一读,再谈谈感悟,学生的理解会更到位。所以说理解词语的安排要在适当的设计下层层递进才能更见成效。

● 思想碰撞后的再思考

听了老师们的点评,我产生了新的感悟:

二年级的学生通过一年多的语文学习已经初步具备理解词语能力。但曹冲称象这个历史故事远离学生们生活实际,需要借助多媒体的图片和动画等帮助理解。在教学过程中,我设计识字与学文相结合,把生字放在具体的语境中去识记,把字的音形义紧紧结合在一起,字不离词,词不离句,体现了随文识字的规律,提高了学生识字的兴趣,优化了识字的效果。

结合老师们的点评,我深入解读文本,我发现课后第一题引导学生在从文中提取相关信息的基础上,比较两种称象的方法并说明理由,旨在培养学生分析和思考的能力。所以,理解官员们用大秤称象的办法,是一个难点,也是比较两种称象办法的前提。本课采用"图片观察——倾听讲解——梳理过程"的思路,帮助学生明白用大秤称象的过程,弄明白这一点,便读懂了另一个官员的反问,读懂了曹操的"直摇头",为感受曹冲的聪明做好铺垫。本课设计请学生讲发现、谈想法,旨在对应单元学习重点"能说出自己的感受和想法"。

同时,我深度解读课后第三题,旨在引导学生通过对比体会加点词语的意思,并通过巩固运用积累词语,所以设计比较句子来学习"到底"一词,让学生感受人们对大象有多重的疑问非常深。

未来,我将继续研究二年级语文的教学重点,以朗读作为学生们的主要任务,并在这个环节借助信息技术,让学生们由浅入深地进行朗读。在教学中,我有时却重视了人文性,忽略了工具性。其实语文教学不能忽视对学生识字、遣词、造句、说话等这些基本能力的培养。这节课感悟"到底"一词的效果并没有预设中那么好,说明我对学生语文能力的培养、训练还是不够的。

二、群体参照下课后自我监控的思考

(一)落实课后监控反思链

课后监控的反思与一般的课后反思不同在于其反思的整体性,而不是碎片化。课后监控的反思具有贯穿性,涉及教学的全过程,也就是课后监控的三层次的反思链。我在这次课后监控中运用了反思链,深有感悟。

1. 对教学有效性的教学监控反思

课后监控反思链的第一层次是对教学有效性的监控。俗话说得好:好的开始是成功的一半。教学中,我采用数字教材希沃白板的多媒体技术,利用图片直观地引导学生认识这头又高又大的大象和"秤",这样的设计,很快抓住了学生的心,从这个教学环节来看,数字教材的运用是成功的,多媒体技术成功激发学生兴趣,开启学生的思维。希沃白板中的功能,让学生也能上台做一做,有效地实现了师生之间、生生之间的互动。图文结合也发散了学生的形象思维。让学生能够勤于动脑、富于联想。

二年级的教学仍以朗读作为学生们的主要任务,这个环节我借助信息技术,让学生们由浅入深地进行朗读。最初的朗读要给学生一个准确的、直观的印象,所以将课文的重点句呈现在屏幕上,同时,图片出示大象的身子和腿都像什么,重点句单独呈现,读好问句"这么大的象,到底有多重呢?",让同学们把疑问的语气充分读出来。接着学生自读第二段课文,找到官员们称象的办法。并且理解这些办法行不行,为什么?同时指导学生读出反问向上扬的语气,层层递进,收获了不错的效果。

2. 对教学效果因果关系的反思

课后监控反思链的第二层次是对教学效果有效性的理念与策略的因果关系监控。教学中我设计让学生抓住文中几处内容来读:(1)曹操前后的态度。(2)官员们称象的办法和曹冲称象的办法。课文第三、四自然段是本课的重难点,我重点指导学生读好这两段。在教学第三自然段时,我让学生抓住"直摇头"的"直"字来强调曹操对这些办法是不满意的。在此过程前,学生已经读懂了官员们的称象办法,知道了这个办法是不可行的。于是我先让学生读一读句子,提问:

直摇头是什么意思?学生一开始一知半解,我再引导:你可以换一个词说一说吗?果然,有的学生说:一直摇头。接着我让学生们做一做动作,小朋友们头摇得好像拨浪鼓,通过做一做这个动作,又有学生说:不停地摇头。这时,我又问:那曹操对这个办法满意吗?答案是显而易见的。那曹操听了直摇头是因为什么呢?这时学生们已经读懂了文章,弄清了曹操摇头的原因,自然有话可说了。这一过程是层层递进的,读句子与做一做动作相结合,让句意更清楚。

正是在充分理解的基础上,学生们开始深入思考称象过程中的一些细节问题的处理。而正是因为每句句子都读透了,学生的思维如涌动的浪潮,汹涌澎湃。而真正有血有肉的答案,也应该是学生们自己读出来的,真正有血有肉的课堂,也不应该按照教科书循规蹈矩地进行。为了真正提高学生的学习能力,需要教师的教学机智。当学生积极思索,吸收着书本知识,并融入自己的生活体验时,课堂里便跳动着学生个性的脉搏,课堂因此而生机勃勃。

3. 对教学的教育伦理与规范的反思

课后监控反思链的第三层次是对教学的教育伦理与规范的反思。朗读的教学是语文课教学的重点,《曹冲称象》这篇课文就是让学生感悟曹冲是个遇事爱动脑筋,能找出解决问题办法的聪明孩子。在教学过程中,我也关注到了教育伦理在教学中的规范性标准,比如在教学规律上:在学生充分读书的基础上,提出问题:"大象长得怎么样?官员们用什么办法来称象?曹操听了直摇头是为什么呢?"然后,循着问题,引导学生通过多种多样的朗读形式,最后解决问题,这就是循着教学规律一步一步地深入教学。

《曹冲称象》这篇课文内容浅显易懂,学生很容易理解。但要完全理解曹冲称象的办法其实是不容易的。所以我设计先读好大象长什么样,再理解官员们想出的办法,让学生知道那么大的象,要想出好办法,称出大象的重量是非常不容易的,收获了良好的效果。

但是,学生在生活中能否养成爱观察,思考的习惯呢?由于这节课是第一课时,很多的比重放在了朗读和口头表达训练,所以,在拓展的环节,我显然是仓促的,不深入的。如果我能结合实际,问一问学生:在生活中你遇到过什么难题?你是怎么做的?这样学生从课文中悟出的会更多。

(二)从群体参照中获取自我监控新思考

在群体参照下,课后自我监控对教师授课有很大的帮助。

教育思想,通俗的说法,就是教育的观念,对教育的认识,或对教育的主张。教育思想人人有之。教育思想有层次之分:教育认识、教育观念、教育理念。教育理念是教育思想的最高境界。教育理念也称为教育理想、教育信念、教育信条等。教育理念是一种思想,一种观念,一种理想,一种追求,一种信仰。

通过群体参照，可以更好地进行课后自我监控。群体参照帮助我们把教学活动的有关信息及时提供给教师，以便调节教学活动，使之始终目的明确、方向正确、方法得当、行之有效。

首先，通过群体参照的反馈信息可以调节教师的教学工作，了解和掌握教学实施的效果，反省成功与失败原因之所在，激发教师的教学积极性、创造性，及时修正、调整和改进教学工作。

其次，通过群体参照的反馈信息，可以调节学生学习活动。心理学研究表明，肯定的评价会对学生的学习起鼓励作用，通过评价，学生学习上的进步获得肯定，心理上得到满足，强化了学习的积极性；否定的评价虽会使学生产生焦虑，但某种程度上的焦虑，也具有积极的动力作用，可成为学生学习的内动力。

总之，通过群体参照，对课堂教学成败得失及其原因做中肯的分析和评估，并且能够从教育理论的高度对课堂上的教育行为作出正确的解释。具体地说，是指群体对照课堂教学目标，对教师和学生在课堂教学中的活动以及由此所引起的变化进行价值的判断。

我想：今后的每节课如果都能从多个方面着手进行备课、教学研究，重视培养学习兴趣和求知欲，激发表达欲望，重视逻辑思维，发展良好的创造性个性，那我的每节语文课都能使学生学有所得，学有所获。我希望在不断的练习中，实践中，我的语文课堂也能逐步走向成熟，走向完善。

（范亦欣）

案例 13

豁然开朗：课后监控中的反思链

教师的教学监控能力对教师的教学行为起着调节和控制的作用，决定着教师教学的成效。教学监控是促进教学改革深化的必然。教师为保证教学达到与前期的目标不能只是走教学流程，而必须在整个教学的全过程中，将教学活动本身作为意识的对象，不断地对自己的教学进行积极主动监控，觉察、判断与调整。在教学中提高教师的监控能力，以促进教学质量的提升。

在上《面积》这一内容时，我们教研组开展了群体互动下的课后监控。在这个过程中我深切体会到了课后监控的反思链的要义。

为什么学生选择一样大？

在这节课中，首先帮助学生建立"面"的概念，然后经过观察法、重叠法以及借助工具等操作,动手感知,找到比较面积大小的方法。提高解决简单实际问题的能力,还能为以后学习其他平面图形的面积计算打下基础。

在备课过程中,为了能更好地让学生体会图形的大小就是它的面积。所以由游戏引入:进行涂色比赛,激发学生的学习兴趣,初步感受面的大小。在比较面积大小的环节则是通过动手操作:通过看一看,涂一涂,移一移,摆一摆等实践活动,帮助学生积累感性认知和体验,从而在活动中掌握面积的含义和比较的方法。

在试教的过程中,比较面积大小的第三环节,只提供学生一定的小圆片以及大小相同的小正方形来比较长方形与正方形的面积大小。这一环节的目标是让大部分学生能理解在借助工具比较面积大小时,需要用到相同大小的标准去测量。但在选择题中,格数相同但单位面积不同的正方形中比较面积大小这一题中,大部分学生选择一样大的。

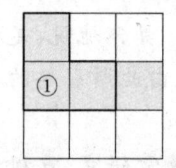

选一选谁的面积大?

教研活动时,各位老师指出导致这一问题的出现是因为在这一环节的活动过程中只有一种相同大小的正方形,没有选项去干扰学生的选择,使学生在印象中感受只要数格子的个数就是面积的大小,没有考虑到图形的面积与格子的大小也有联系,导致没有达到这一环节的教学目标。其他老师的意见是,将原本只有一种的大小的小正方形改为大小不一的小正方形。

我采纳了老师们的意见,将正方形学具换成大小不一的纸片,让学生在摆放学具操作时有了更多的选择,加深对统一单位面积这一要求的理解。而在最开始的练习中删除一道面积的概念题,直接引出用不同大小的方格纸测量相同格子数的图形面积的题,作为这一环节的跟进练习。

在后续的课堂中有个别学生在比较正方形与长方形面积的大小时用到了两种不同大小的小正方形,导致他的结论与其他学生不同,这时其他学生说出在数格子数的同时也要看格子的大小,让学生能感受到比较面积大小的方法的同时,也知道了在测量时需要统一标准。而之后跟进练习的正确率相比前两次的试教都有所提高。这样的教学过程既能及时反馈学生在上课时的问题,又能帮助学生巩固对这一环节的知识要点。

自我监控能动性的贯穿

教学中的自我监控贯穿于整个教学过程中,不仅在课后的反思中,也应该在课中进行自我监控,时时以学生的学习情况的反馈作为教师监控自己教学的触发点,增强教师自我监控的能动性。

在比较两个图形的面积时,要引导学生从直观判断,到运用科学的方法来思考问题,这是教学的三维目标的基本要求,把知识、能力与科学态度融合起来。起初,我通过观察,让学生说出两个图形的面积大小,因为面积大小差异明显,学生很容易回答。紧接着,我呈现了两个面积相近的图形让学生进行比较时,学生的回答犹豫了,感觉到直接观察无法准确比较面积的大小,教师利用重叠法引导学生得出结论。虽然重叠法相对可靠,但同时局限性也比较高。所以引出了借助工具的方法。在借助工具——相同大小的小正方形时,大部分学生都能利用小正方形,通过重叠、比较小正方形的个数来比较正方形与长方形的面积。在比较由相同个数但大小不同小正方形组成的两个图形的面积时,一半的学生都认为"面积相等",所以在处理这题时,我察觉到了在设计第三种比较方法时,忽略了学生的定向思维,只考虑了格子的数量,而忽略了格子的大小也必须要统一。

相差悬殊的两个面积的大小,凭观察就能直觉地作出判断。对于两个面积差不多的图形,要比较大小就得另想他法,这正是学生的疑惑处。所以为学生准备了圆片、大小相同的小正方形,让学生知道我们可以通过工具来比较测量面积的大小,却没有想到学生只觉得数格子的个数就是面积的大小,没有考虑到图形的面积与格子的大小也有联系,对学生的学习心理及概念形成估计有所不足。

后来,我将相同的小正方形改为不同大小的小正方形来辅助我的教学。在课堂中,确实有学生使用了不同小正方形进行比较,学生产生这一问题的主要原因是没有准确的理解借助测量面积大小的工具需要具备哪些因素。所以通过小组合作、展示交流、媒体演示等方式,引导学生探索、测量、比较。在一系列的引导后,学生能感知在借助工具比较面积大小时,在观察格子的数量的同时,首先要观察格子的大小是否统一,只有统一标准才能进行比较。

在第一次试教后,一位老师给出的意见是大小两种小正方形,并且两种大小的数量都要分别满足两个图形的测量;而另一位老师则提出虽然需要两种不同的小正方形,但数量上是需要不够的。经过思考我选择了第二位老师所给出的意见。当有了大小不一的两个小正方形,并且当大正方形的个数不够时,学生一定会出现拿小正方形来凑的情况。这更能体现出在测量时需要借助同一标准的工具测量。将具象的格子转化成抽象的工具,提高学生的理解,帮助学生掌握这一重难点。

我明白了监控中的反思链

课后监控的能动性主要集中体现在反思链上。平时我们课后也有反思,但是大多碎片化,或者停留在技术层面上,大多关注具体的教学行为。通过课后监控的教学践行,我深切体会到了课后监控反思链的三个层次所起到的能动作用。在教研组评议时,尽管大家基于课堂教学合理性做出了评价,但是我们还是对这堂课上学生对面积大小教学比较的学习效果上,寻找原因,关注教与学之间的因果关系,使我更明白了统一单位面积大小的重要性。这是富有深刻哲理的,公正公平来源于同一标准,不能比较两个标准不同的事物,尽管不需要对学生讲明,但是让他们体验、留在心中却是教育的要义。

反思链的第三个层次是教育伦理与规范层次。以前我没有听到过反思的这个层次,更不会主动对教学的伦理与规范进行反思。在这节课上,引导学生从直观比较、直接比较,到运用工具测量,不是多了一种比较方法,而是科学精神的培养,培养学生运用可靠的方法来判断事物。教学不应只停留在解决问题上,例如本节课的面积大小,不能光是知道面积的计算公式,更重要的是要以科学态度对待事物,把科学伦理精神蕴含在数学知识之中。对照了教研组老师的这些评议,使我对反思链豁然开朗。

(周 敏)

案例 14

课后监控的贯穿性与伦理反思
——以《线段、射线、直线》这节课为例

我校城乡结合课题《基于教研组群体互动 提升教师教学监控能力》进入了群体参照下的课后监控阶段,这是一个从外部监控走向自我监控的实践。我上了一节《线段、射线、直线》的公开课,通过这次教学践行,我深切感到将教学监控融入日常教学,逐步提高教师的教学监控能力,对教师专业成长有着积极的意义。

课后监控评议,听谁的

在《线段、射线、直线》这节课中,课前备课时,我将线段、射线、直线割裂成三个部分,当时设想的是线段学生已经基本掌握,所以只需要简单复习下,然后用激光笔引入射线、直线……,按照预想我的备课过程非常顺利。

可在实际课中,我教到直线时将两只激光笔合在一起向两端无限延伸,在同学们的理解中就变成直线是从一点出发向两端无限延伸,我开始察觉他们对直线的理解出现了偏差,在做巩固练习的时候更是发现,同学们不能理解线段是直线的一部分,这时我意识到这节课我把这三个内容割裂开了,看似运用了激光笔,让同学们上来指一指这些活动很有意思,其实只是方便了我的讲课,但却忽略了学生才是课堂的主体,学生已经先入为主,之后我花费大量时间给学生去梳理讲解,才将一部分同学的概念扭转回来。

实践课结束后,我和教研组的老师们一起进行了教研探讨,老师们对这节课

也是提出了不同的意见。王老师觉得我把三个知识点割裂了,不利于学生建构知识之间的连接,建议我还是不要使用激光笔,就是从线段出发,逐步引出射线和直线;黄老师却觉得激光笔是个好助手,应该探究如何更好地把激光笔和这节课串起来;金老师则评价我的板书书写有问题,射线 OA、射线 AO 不能并列,这会使得小朋友对射线的读法有误解,周老师也觉得这节课花费在板书上的时间比较长,部分地方还不规范,可以尝试其他的板书方式。

几位老师都是教学经验丰富的老教师了,他们的点拨让我一下子对这节课的一些疑惑找到了解决方法,于是综合各位老师的建议,我修改了教案,还是保留激光笔这一部分,但是与原来的备课不同的是,这次我从用激光笔形成的线段点明线段的知识点,然后用生动的语言配合激光笔引起学生注意:"现在,这条线段要发生变化了,拉开窗帘,这条线段的一端没有了阻拦,想象一下,这条线穿过窗户、透过云层、射向宇宙……张开你想象的翅膀,你能把头脑中的这条线画下来吗?"由此开始将线段和射线勾连起来,射线就是线段一端无限延长,等到介绍直线的时候,就不再用到激光笔,直接让小朋友发挥想象力,现在将线段的两端无限延伸,得到什么样的图形……通过画一画、想一想、练一练等,让小朋友形象地将线段、射线、直线三个知识点关联起来。

除此以外,我也从金老师和周老师的建议中得到了启示。没错,就是板书的问题,我这一节课的板书实在是太复杂了,自己课前备课的时候光板书就预做了十几张纸,要随着教学过程一份一份地贴在黑板上,我为了简化贴板报的操作,已经将部分板书内容合并,结果实际上课过程一边张贴板书一边再画线段、射线、直线还是比较手忙脚乱的,一些地方自然也就没有那么规范,这可是教学大忌,但我却想不到解决方法,经过两位老师的建议与我们共同的探讨,我再次备课,这一回决定板书就不要手写或者贴了,而是使用电子屏做 PPT 随着教学过程进行逐条陈述。

教学监控不要忘了学生的角度

找到解决办法后,我立马开始着手制作电子板书,但是在制作过程中,我发现 PPT 的板书还是太过死板,只能按照预设进行,可是孩子们的思路是灵活的、跳跃的,他们才是课堂的主体,我应该配合孩子的思路进行教学,这样才能更好的帮助他们学习知识,于是我又进行多方尝试,最后决定结合数字教材,运用希沃白板,将板书需要展示的知识点碎片化,可以根据学生的思维,配合我讲课的进度,一条条出示给学生观看。最后汇总成一张统计表,让学生直观、清晰地看懂线段、射线、直线之间的关系。

这次备课、试教、再备课、最后正式上课的全过程,教研组的老师们都给了我很多指导和帮助,他们的经验和教学切入的角度,都是我现在无法超越的,很多问题他们提出来我才发现,原来我对教材的理解和课程的把握都是那么粗浅,只有在不断给自己压力,在每次教学过程中都记得自我监控,课后及时进行课后监控,形成有效的反思链,才能促进我教学能力的提高。

课后监控的教学伦理反思

课后监控重在反思链的运用,从反思链第三层次教学伦理的角度进行反思。明白监控反思的重要性之后,在整节课完全结束后,我还是坐下来继续反思,但这一次我不再是以一位教师的身份进行反思,而是站在学生的角度来看这节课,思考教学过程中学生为什么会出现的一些错误。例如,画线段的时候,直接在尺上找到了3cm长的线段后,标上两个端点的字母就好了,有些学生还忘了标明线段长度,这其实是由于黑板上的板书中并没有标注线段的长度;而误以为射线也有两种读法是由于首次读射线的时候,模仿了板书中线段的读法,因此大家都觉得射线也有两种读法。站在学生的角度思考之后,我发现是我在一定程度上给了他们误导,因为学生学习的过程其实是从聆听—模仿—再到独立尝试,而我在一些关键知识点,诸如小结、板书等需要重点强调的地方并没有那么清晰,学生掌握的就没有那么牢固。在之后的教学中,我应该重点关注这些地方,这其实就是教学监控的要点。从学生角度反思使我从教学技术层面走向了以学生为中心的教育伦理、以学定教遵循教学规律的教育规范的境界。同时,我感悟到了课后监控的反思链与平时课后碎片化反思的不同。

课后监控的贯穿性

经历这一次,我明白了其实课后监控是有贯穿性的,并不仅仅只是课后反思一下这么简单,而是贯穿于整个教学过程中,更应该贯穿于日常的教学之中。回顾我准备这一节课的过程,其实处处充满了教学监控。在备课时根据对学生的了解进行预设,对板书的书写进行调整。课中时,根据学生上课的实际情况调整教学方式,比如:在归纳线段、射线、直线相同点和不同的时候,根据学生归纳的内容,及时调整板书,最后汇总成表,便于学生理解;课后,教研组的讨论,更是极具专业性;自评时,从自己的角度反思总结这节课的优点与不足,做得好的地方是上课过程中我也多次鼓励学生运用视觉、听觉、触觉等感官来学习感受新的知识,能够以符合小学生教学特征的方法完成教学。做得不到位的就是一些小结、概念部分的强调不够重视。教研组教师评价的时候,也是从多方面给了我建议。当然我也是对他们的建议进行了挑选,比如有老师建议我板书射线OA和射线AO的时候可以就定好A、O两点分别演示,这个建议我觉得很好,可以在之后的课程中采用;还有老师建议我应该更大胆地放手给学生,不要那么多的实际操练,反复地要求学生跟我读写,其实我已经在逐步放手,但是这个班级的实际情况是学生的理解力和执行力都比较薄弱,是需要更多练习这样才能更好的理解,所以对于老师们的建议我也是取其优，采纳真正适合我们班级的意见，而这次一个完整的流程下来其实让我对课后监控更加了解，之后我也会更用心教学，提高教学能力。

（顾诗意）

案例 15

小学英语课堂中对话教学的监控与优化
——5AM2U3 How do wild geese change home 教学案例

英语课堂教学中的对话行为，是学生学习英语的重要方式。教师可以借助师生之间、生生之间的有效对话，帮助学生在对话中学习英语的语音、语句并用英语来表达。教师通过监控教学对话行为，优化对话行为的方法和模式，促进学生敢讲英语、能讲英语。以 5AM2U3 How do wild geese change home 为例，分析小学英语课堂教学中对话教学的监控。

英语阅读课学什么？

本课时为 5AM2U3 Moving home 的第四课时，在原先教学设计时，教学的重难点为：在大雁迁徙的语境中，通过朗读、阅读等方式，了解大雁迁徙的规律和原因，并借助板书用规范、有逻辑的语言简单复述大雁迁徙的规律和缘由。本课时虽然是阅读课，但与以往不同的是，这篇文章不是故事，而是科普性的文章，对于一般学生的理解会有一定的障碍。因此，我在教学过程中设计了问题链来推进教学过程，解决教学重难点，帮助学生比较深刻地理解课文。

从课的一开始，我请学生说一说他们所了解的大雁，通过阅读大雁的外形的语段，思考这些外形特点与大雁迁徙习性的关联（long necks-see far away; strong wings-fly high and far），让学生初步了解大雁迁徙所具备的外形条件。在整体输入时，通过快速阅读，并以问题导入：When do wild geese changes homes? 通过阅读连线，让学生对于大雁在一年四季中的活动和栖息地有初步了解，从而得出：Wild geese fly to the south in autumn. They live in the south in winter. Wild geese fly to the north in spring. They live in the north in summer. 通过快速阅读的方式，在了解大雁的迁徙规律之后，学生需要了解大雁为什么要飞那么长的路来搬家的原因。Why do wild geese fly to the south in autumn? 这个问题的答案可以通过图片观察来进行。图片阅读也是阅读的技巧之一，也能从中提取很多信息。在仔细观察图片后学生能发现：秋天，北方的草渐渐枯萎，当面临寸草不生、天气渐渐变得寒冷的困境时，大雁就无法继续在北方生存，它们唯一的选择是飞到南方去，只有温暖的南方才有足够的食物。学生能得出，大雁秋天南飞的原因在于天气和食物。

　　课后我从学生的学习效果中，感到学生能理解了大雁迁徙的原因，但是不能用英语来表示大雁的迁徙。从这些信息中，我察觉这节课的教学目标是否存在问题，到底小学英语阅读在本质上是学习英语还是学习其他学科知识，是英语学习还是双语学习，双语教学就是用第二语言来教与学学科知识。因此，做出了判断，本节课的教学目标要调整，例如，应该把"思考这些外形特点与大雁迁徙习性的关联（long necks-see far away；strong wings-fly high and far），让学生初步了解大雁迁徙所具备的外形条件。"改为用 long necks-see far away；strong wings-fly high and far 直接描述大雁的外形。目标调整重在让学生用大雁外形与大雁动作的英语词语来讲大雁，借大雁讲英语，学英语。这个改变体现了英语课程标准提出的英语教学目标是培养学生的跨文化交际能力，重在英语学科素养的培养。

英语阅读课上语言实践活起来

　　原先这节阅读课中，我的教学设计以问题导入：When do wild geese change homes? 通过阅读连线，让学生对于大雁在一年四季中的活动和栖息地有初步了解，从而得出：Wild geese fly to the south in autumn. They live in the south in winter. Wild geese fly to the north in spring. They live in the north in summer. 通过快速阅读的方式，在了解大雁的迁徙规律之后，学生需要了解大雁为什么要飞那么长的路来搬家的原因。

　　通过第一段的复述，学生产生了思考：南方这么适宜大雁生存，为什么春天大雁还是要飞回北方去呢？教师抛出问题：Why do wild geese fly back to the north in spring? 这时，视频和动态的图示可以帮助学生了解大雁迁徙的过程，春天万物生长，北方温暖，各种昆虫开始出现，大雁有了可以吃的食物，并且北方的温度适宜大雁 lay eggs and have baby geese，在文章中，学生还能发现，miss their home in the north 也是非常重要的原因。大雁的生活习性决定了他们每年的南来北往，对于他们来说，迁徙不仅仅是规律，也是习惯。学生对于大雁的迁徙有了进一步的了解。

　　借助板书，通过学生的对大雁迁徙进行简单复述之后，教师的再一个问题引发他们的思考：How is the wild geese's journey? 经过前面的阅读和思考，他们能比较容易地得出结论：long and difficult。这时教师的另一个问题可以让学生进入更深层次的思考：Why do wild geese have such a long and difficult journey? 课的开始时有复习环节，总结归纳了人们搬家的原因：People move homes for better life. 但这里对于大雁来说，显然不止于这个原因，通过 find enough food 可以总结出 for living，在通过 have baby geese 也可以推断出 for love，因此，大雁迁徙的原因是：Wild geese change homes for living and love. 学生体验大雁迁徙的辛劳，了解大自然的四季变化对于动物产生的影响,从而体会不管是人还是动物,搬家的真正意义在于更好地生活和更多的爱。

课后的教学评议中,有老师提出了:复述作为本课时的教学目标,但在形式上过于单一,整体复述较多,没有学生个人、两两合作及小组合作的形式出现,不能完全检验平时能力水平中等及偏下的学生掌握的情况。也有老师提出板书作为学生语言输出的重要支架,逻辑性有欠缺。我对这些意见进行了反思,主要集中在复述这个环节没有把握好。我思考为什么会出现这个问题,主要是对复述不够重视,对学生的语言实践活动的量与质要在教学中予以充分的重视。

在第二个班级上课时我按照教学监控强调的"调整行动",改变了原先教学方式:通过阅读连线,并进一步以问答形式把学习重心落在有关的英语词句上,以"when"让学生复习 in autumn, in winter, in spring, in summer 以 where, 学习 to the south、in the south、to the north、in the north, 然后以 When do wild geese changes homes? Where? 为问题导向不再把重点放在"了解"科学知识,"学生需要了解大雁为什么要飞那么长的路来搬家的原因",而是用英语表述大雁的迁徙,借大雁讲英语是关键。这样学生语言实践活动多了,会运用有关的词句描述大雁与表达大雁的习性,学生学得很有获得感。

群体参照下的课后监控

作为一个 20 多年教龄的老教师,在教学过程中,我能始终保持良好的教学情绪状态,通过表情、手势、肢体动作等吸引学生的注意力,引导学生全身心地投入到学习中。

原先的教学设想如果能借助两个问题链的引导,就能较好地帮助学生理解课文难点,从而知晓:大雁的迁徙是因为天气原因导致的食物匮乏,它们不得不飞到温暖的、食物充足的南方去越冬。教师的问题如果能更精准,教学难点就会迎刃而解。在课后评议中,有的老师认为,"基于学生学情,我能较好地设定教学目标,对于教学文本内容的再构能补充教材上内容的单一和不足,用较为浅显的语言清晰地解释大雁一年两次迁徙的原因。"但是,在上课以后,对照英语学科课程标准,我发现自己这节课的教学目标上存在问题,其他老师在英语学科的教学目标设定上也需要进一步探讨。其实老师的"用较为浅显的语言清晰地解释大雁一年两次迁徙的原因"我是认可一半,"用较为浅显的语言"来表述大雁的外形与习性,以此提高学生的英语语用能力多好。不认同的另一半是"解释大雁一年两次迁徙的原因",小学英语教学重点不在"解释原因"。

开展群体参照下的课后监控之后,在课堂中设计问题:Are they happy with their home? Why? 的问题,鼓励学生敢讲多讲英语,学生也给出了很多的答案。

P1:Yes. Because they have a big bright living room.

P2: Yes. Because they have a big garden for playing.
P3: Yes. Because Dad likes the bright and quiet study.
P4: Yes. Because they have three bedrooms now.
我还继续问：What do the Chens move home for? 学生的回答：
P1: They move home for a big home.
P2: They move home for convenience.
P3: They move home for the big garden.

学生所有这些回答初听都是在回答搬家的目的，离我预设的回答：They move home for better life.学生的回答还是差了一个层次，可能是对于问题的总结归纳还不到位。因此在预设中要充分考虑学生的学情和前后课时的联系与过渡。

课后监控在于有效调整教学

课后教研组的老师们针对我的这节课，结合他们各自监控的观测点，进行了细致又热烈的评课。通过这次的教学实践中的群体参照下的课后监控，我增强了教学监控的意识，不仅关注教学技术性问题，更要关注教学的规范、原理、策略上的问题，从学科特质上把握教学，这样才能形成一个课后教学反思链。我开始时认为自己这一节课作为一节阅读课，我通过 fast reading, skimming, scanning, read loudly 等方式让学生在不同形式的阅读中，通过阅读反复感悟大雁迁徙的原因和路线，并通过阅读划线、阅读配对、阅读问答等方式，让学生们在阅读的过程中带着问题进行理解、感悟，教师通过问题链的推进来帮助学生比较深刻地理解教学文本内容。对照老师们的意见，我觉察到这节课的语言活动设计需要从语用能力上考量，作出判断，并予以调整，并以此反思与反馈，进一步调整，真正实现教学中的自我监控。

通过自我监控和教研组同伴监控，我对这堂课的认识更深刻了，一节好课除了教学设计要细致、完美，教师本身的情绪和教态也是重要辅助，课堂中教学对话行为的发生能直接显示教师的课堂调控能力和学生对于新知的掌握程度。因此，英语教学中对话教学的监控对于教学目标的达成有极大地推动！

（吴 芳）

案例 16

结构性课后监控的践行与体悟

本课时是书本第 45 页，5AM3U3 的第四课时的内容。在教学过程中，通过阅读划线、阅读填空、阅读回答等形式新授故事。通过本课时的学习，使学生能够准确、流利地朗读故事，理解故事内容，并进行角色扮演以及故事复述。通过默读、齐读、快速阅读、精读等形式进行阅读训练，使学生掌握阅读方法，体验英语学习的快乐，并通过角色扮演能用英语表述保护牙齿的重要性。基于以上内容，我对课后监控的结构性有了较多的体悟。

选择题的取舍

在本课时的学习中，令我印象深刻的有两处教学片段。

第一处为：学生在代入情境后，发现老虎来临，小动物们内心充满恐惧，此时的他们需要做出抉择，A：fight with the tiger B：make friends with the tiger C：hide themselves in a place 学生思考并做出选择，此处重点教授"hide"这个单词。

在原先的设想中，我想借助情境，带领学生充分揣摩小动物们的情绪及揣测他们即将做出的选择，请学生讲述，为什么其他的选择不可取？所以，在课堂中的教学中，非英语语言教学的时间多了。

在评课时，老师们认为，在这环节中，我耗费的时间过长。由于我的课堂已经严重的超时，且重点不明确，大家认为应该将更多的时间花在教学重点单词"hide"上，而不要过多地与学生进行问答，虽然对学生的思维提升有帮助，但用时太多。

对照老师们的想法，经过反思，我认为我在课堂中确实过于啰唆，拘泥于小细节，的确耗费了大量的时间和精力，并且这些内容与我的教学重难点并不吻合，经过思考，我认为在该部分教学中，确实应该少问无关的问题，将重心放在课堂中最重要的部分。

教学形式小思考

第二处为：学生在学习"hide themselves in a secret cave"时，由于短语比较长，所以我进行了分解教学，首先学习了 hide themselves，再问 Where do they hide themselves in? 通过观察，学生先知道了 cave 的含义，接着，我在教学中设计了一处请学生上台移动石块等杂物的教学方式，请学生在移动中体会、感知单词"secret"的含义。我请学生上台拖动石块，将洞口隐蔽起来，这样一来，洞穴就从普通的洞穴变成了隐蔽的洞穴，很好地将"secret"这一单词的含义体现了出来。

针对此教学过程，老师们认为，这一步操作，对于理解单词的含义来说并没有非常大的意义，且耗时很长，一致认为这一部分应该省去。

虽然多位老师对我的这一项操作提出了质疑，但是我仍然觉得这是非常有必要的。首先，这一环节增加了课堂活动的多样性，此外，我认为相对于简单的查看单词释义，适当的肢体动作更加有利于学生对重点知识的掌握与理解，学生可以通过边做动作边说的方式理解词意，所以我认为这一部分不可以省去。

课后监控的结构性

课后监控具有结构性，不是随意进行的。本堂课教学中反映出我还缺乏横向维度上的教学要素监控能力，教学内容与形式匹配的监控不足，导致教学环节还不够流畅。究其原因我对教案、教学目标、语言点的不熟悉，所以在课堂中，教学内容与形式匹配上一些小细节没有处理好。例如在学生回答问题时，我没有将所有的精力放在学生身上，而是在思考下一个环节应该是什么，下一个引导性的语言应该是什么，于是对学生的回答草草地进行了评价，没有做到以学生为主体。

学生的知识技能培养要通过语量、语感中进行提升巩固。本节课的情境兴趣大大地吸引了学生，但是，作为青年教师，我还未意识到情境兴趣转变为个体兴趣的过程。

情境兴趣是非常必要的，但是它也与个体兴趣相辅相成，不能过多，也不能过少，一切基于学生而设定。个体兴趣是指自发地对某样事物的产生兴趣，如何产生呢？例如，在教授"secret"这一单词时，如果能够多说一些，让学生进行实践应用，学生将会获得成就感、收获感，以此激发学生的个体兴趣。

所以，基于这两节课，我认为本课的实践性还不够充实，由于英语学科的学科特性，我们必须要求学生多读多看；另外，学科的本质还不够明确，我要继续加强教学规范性。

本课时的重难点，是请学生完成故事的复述，虽然在一定程度上，学生能够讲出来一些，但是仍然需要老师的帮助，所以，对于教学目标的达成，并不是完全成功的。学生在看着黑板复述的过程中，我并未加以引导，而是请学生自己说，导致学生说得不完整、不全面，大大降低了板书的利用率和有效性。英语是一门语言学科，不得不通过听、说、读、写不断巩固、练习，来完成对知识的校验，如果在此过程中缺少了一些搀扶，那么学生就会失去主要路线，自由地进行发挥。

通过本节课的课后监控的践行，我更体会到课后监控的系统性是对教学结构性的监控，既要有教学要素静态监控指向，也要有教学动态关系监控指向。同时我也体会到了自主独立思考与群体评议参照的互动。

本节课后，老师们给予了中肯的评价与有效的建议，在这些建议中，我也有自己的想法。我认为，虽然其他老师们的教龄长，经验多，但是作为青年教师，应该有自己的思考，有选择地进行接纳。将老师们的意见，和自己的想法相统一，再运用在课堂中，获取最好的教学方式，能够帮助自己更快地成长。

（徐飘逸）

案例 17

瞬间与全程：群体参照下的自我监控

现如今，课后的自我监控已经被我们学校教师运用于自己的课堂教学中。对于课堂上所出现的教学过程和教学设计的改变以及是否达成教学目的等一系列问题,课后监控起到了帮助教师梳理、提高的作用。我也将基于匹配教学目标的达成和教学方法的使用对"多样的汉字输入方式"这节信息技术课的课后监控和自我监控进行剖析。

自我监控的瞬间

本节课的教学目标是让学生了解多样的汉字输入方式并学习使用汉字拼音输入法。在学习使用汉字拼音输入法的教学环节时,我觉察到学生打开写字板软件有较多困难,于是我作出判断,学生们大多已忘记了之前所教的方法,即从电脑的开始菜单—所有程序—附件—写字板这个路径打开写字板,也有同学甚至错误打开了记事本软件。在这种情况下,我及时做出了教学决策,调整了教学过程,我补充了打开写字板软件的教师演示环节,帮助学生回忆和再次掌握这个操作。

这仅是数秒钟的教学事件中却充满着一个完整的教学自我监控,我经历了从觉察与获取——判断与觉察——调整与行动——反思与反馈四个监控的过程。

学生输入的卡壳

在此之后,我演示了汉字拼音输入法的使用方法,通过键盘上的 shift+ctrl 键切换出拼音输入法输入"三年级"三个字的拼音,在拼音输入法中找到"三年级"三个字,输入前面的数字序号,在写字板中成功输入这三个字。在练习环节中,我让学生在写字板软件中输入"猜测与推想,使我们的阅读之旅充满了乐趣"这句话,但是能够完整打出这句话的学生数量较少,大多数同学都输入几个字就陷入困难,尤其是在输入"旅"字的拼音时,很多同学找不到"ü"的拼音如何输入,此时我对该拼音的输入方法进行了补充,在键盘上用 v 代替了"ü"的拼音,输入 lv 就可以打出"旅"字。但是在我补充完"旅"字的输入方法后,并没有及时地调整教学过程,尝试降低任务的难度,而是依照教案进入了下一个教学环节中。

在该教学环节中,听课老师首先对于我能够根据教学过程中学生出现的状况进行动态的调整,补充了教师演示打开写字板软件的环节。在操作练习环节中,也补充了"旅"字的输入方法。在觉察到学生在出现的状况时进行一定的调整,这是课中监控的察觉、调整和决策部分。对于听课老师的评价,我认为听课老师的观点非常具有参考意义。在课堂教学中,需要时时关注学生对于操作的掌握程度。一旦觉察到学生在练习环节中出现不熟练的情况,就要及时调整教学过程和教学设计,利用合适的教学手段来帮助学生掌握好操作技能。

教师同行评议的对照

在操作练习环节中,听课老师认为我过于参照教案中的教学设计,生硬地推进环节,忽略了学生对于汉字拼音输入法的不熟练,掌握程度低的状况,没有能够让教学设计贴合"学生学会使用汉字拼音输入法"的教学目的。教师演示和讲授的比例太高,而学生操作练习的时间太少。对于课堂中学生难以掌握教学目标中的技能的情况需要重点注意,必要时应为学生调整教学设计,使用更加贴合教学目标的教学方法并且给予学生更多的练习时间。

对于听课老师的评价,我认为非常具有参考意义。信息技术学科主要是学生学习如何掌握技能,所以应该给学生更多的操作和练习时间,而老师的演示和讲授比例需要降低,可以让先掌握技能的学生带动困难的学生操作,重视学生在课堂上的主体地位。这表明教师还缺少课堂中的自我监控,只是为了推进教学过程而进行调整教学方法,而非为了达成教学目标而调整教学方法和教学过程。在今后的课堂教学中,我需要更加注重学生的学习状态,感知和观察学生对于教学目标要求的技能的掌握程度,及时进行灵活调整。在教学手段上,更加需要培养学生自我学习和在操作练习环节中互帮互助的能力,给予学生课堂上最大的主动性。

教师自我监控的全程性

教学监控要重视对教师自己教学状态的监控。开始,我的情绪状态较为平稳,但是由于突发状态,发现学生在打开写字板的过程中出现了遗忘和不熟练的情况,所以我调整了教学设计,加入了复习打开写字板这一操作技能的教学过程。出现原有教学设计之外的情况使我的情绪有些慌乱。而在课堂教学中,教师应该警戒出现慌乱的情绪状态。否则会影响到教师对于学生掌握知识和技能的程度的判断以及是否达成教学目标的判断。因此教师需要及时进行情绪的平复,时刻记得以达成教学目标为整个课堂的主轴进行教学过程的推进和调整。慌乱的情绪状态会影响到教师对于学生掌握知识和技能的程度的判断以及是否达成教学目标的判断。

把握课后的教学监控贯穿性,对课前教学准备状况进行监控。我发现我对课堂准备还是不够充足。我并没有将技能的掌握作为教学的重点内容,缺少了学生的练习环节。在设计让学生输入"猜测与推想,使我们的阅读之旅充满了乐趣"这句话作为课堂练习时,我没有考虑到学生刚刚接触汉字拼音输入法,并不熟练这样的操作技能,而将任务的难度设置的太高,导致大多数学生难以完成这样的练习。因此,我需要使教学设计更加贴合教学目的,并且选用更加合适的教学方法。

对教学觉察、判断、调整与反馈的监控是一个完整的过程,不是平时大家习惯的课后反思那么简单。我并没有很好的对学生掌握技能的程度以及教学目标的达成程度进行觉察和判断。虽然我发现了学生在打开写字板软件的操作环节中出现的技能遗忘的状况进行觉察,并调整了教学过程和教学设计,添加了教师演示如何打开写字板软件的环节,但是在之后使用汉字拼音输入法的操作练习中,我没有对学生难以掌握汉字拼音输入法的使用方法的状况进行觉察,盲目推进教学设计,对达成教学目的的程度没有正确的判断。这是我今后教学中需要改进的。

课后监控的"反思链"

课后监控的重要性在于运用"反思链"。而我在开展"城乡携手项目实践"时才接触到"反思链"。起初也不以为然，但是通过这一节课的教学监控践行与群体参照，使我醍醐灌顶，明白了"反思链"的教学监控的价值。

教师不能满足于教学行为的对错，而应该以教与学中的因果关系作为反思的价值所在，这是监控反思的第二层次。教师应该对自己的教学作出解释，这个解释建立在教与学的因果关系上。本教学中，最重要的则是对于教学目标、教学过程和教学效果的课后自我监控，也即是对于教学因果关系的反思。我发现在课堂教学中我忽略了学生的技能掌握情况，使得学生练习的时间不充足，导致了教学效果欠佳，没能使学生达到"学习使用汉字拼音输入法"的教学目标。我理解了，在信息技术学科尤其是操作技能的教学中，不应该设置学生难以完成的任务。

监控反思更应该上升到对教学伦理与规范的反思。通过课后自我监控，我感悟到了我在教学准备和设计中，暴露出了我对于以学定教的教学规范性原则的不了解，对学生的学习研究不够。对于信息技术的教学，学生需要在大量的操作和练习中掌握技能，而在这个过程中，学生的互帮互助和小组学习可能相比于教师的演示和讲授要更加具有教学效果，也更加容易达成教学目标。在今后的课堂教学中，需要确立学生课堂中的主体地位，让学生在自我练习和小组互助中得到更好的成长。而我也需要时刻关注学生掌握知识技能的状况，并且动态地调整教学过程和教学设计，为了达成教学目标和帮助学生掌握技能而服务。

群体参照下自我监控的民主性

我们学校倡导群体参照下的教学监控，要求教师参照听课老师的评议与建议进行自我监控，这意味着这样的评议中，被评议的教师不是被动地一味接受评议，"虚心"听取意见，而是要有独立思考的精神。为此学校强调了"参照"，要求教师独立思考而不是"全盘接受"。

理解接受的观点。 听课老师提出应该给学生更多的主动性；要灵活利用电子设备让学生进行演示；给学生更多的练习时间来掌握操作技能；不应该忽略对于学生学习情况的觉察；为了帮助学生掌握拼音输入法，需要为学生设定梯度学习任务，循序渐进地提高任务的难度，并在操作时鼓励学生互相提问互相学习；在练习环节中教师演示和讲授"旅"字的输入方法这一环节十分突兀，会让听课老师认为是课堂中突发的教学状况而非教学设计。

我认为听课老师提出的以上观点我完全理解并接受。在课堂教学中我应该时时觉察学生的学习状态和技能掌握程度，当学生出现技能掌握不熟练的情况时，应该及时调整教学过程，在学生充分掌握操作技能以后再继续进行原定的教学过程。而在原有的教学设计上，也要注重和整体操作练习部分的匹配，像"旅"

字这样的穿插在学生操作练习环节中的新授技能应该是在一步一步循序渐进中插入这样的知识新授环节才不会显得突兀。而更多地让学生演示和讲授来代替老师演示和讲授才能帮助学生更好的掌握操作技能，并且体现出课堂上学生的主动性和主要地位。更加需要注意的是，对于操作技能的教学，一定要注意循序渐进地布置操作任务，这样才能由浅入深，由易到难，让学生能够掌握好操作技能。

有待思考的观点。 听课老师提出的应该将介绍手写输入法和语音输入法的环节让学生也进行相应的操作，并且在理解各种汉字输入法的特点和使用环境的教学中应该尽量简化教学过程，避免老师只使用讲授法进行教学的情况出现。

我认为听课老师所提出的以上观点我能够理解，但也需要进一步的思考。在教材中对于手写输入法和语音输入法的要求是让学生知道和了解，并没有操作技能的掌握要求，让学生尝试操作的环节会拖慢课堂的教学进度。但是听课老师的观点也有道理，让学生尝试操作可能会更好地帮助他们了解到这两种汉字输入方式的特点和特性。这点需要更加深入的思考。而对于后续教学过程的精简也需要考虑到学生能否快速地理解到各种汉字输入方法有不同的特点和使用环境，要结合特点和使用环境选择最合适的汉字输入方法。

通过这堂课教学监控的实践与反思，我深切感悟到对教学目标达成和教学方法使用的课后监控对年轻教师提高教学能力有着重要作用。

（李子涵）

案例 18

《小雨沙沙》的自我监控与课后反思

在音乐学科中《小雨沙沙》一节课中进行教学实践，教研组对此进行了评课活动，并由此让我深入地进行了群体参照下的"课后监控"的实践研究。

实践课中教学监控的经历

片段一：教唱顺序可以改变吗？

在课程的开始，我采用了视频播放引入的方式，学生观看视频《小种子成长记》之后，模仿小种子生长的动作，通过了解植物的生长过程为接下来的歌曲学唱做铺垫。这首歌的第三、四句歌词，正好是描述种子的生长过程，因此，我将第三、四句最先教唱。同时，这两句也是全曲最难学唱的部分。它包括歌曲的主要音乐语言——旋律。这两句旋律的主要节奏由八分音符、四分音符和二分音符组成。其旋律采用了同头异尾的方式。

③ 哎呀呀　　雨水　真　　甜，
　　哎呀呀　　我要　出　　土，

④ 哎哟哟　　我要　发　　芽。
　　哎哟哟　　我要　长　　大。

把最难的部分最先解决，之后其他句的学唱将会轻松简单很多。虽然植物生长的四个步骤，看起来不难，但对于一年级小朋友来说，想要理解、记住并唱好并不容易。在课堂中，经过反复的读、唱、动作表演，大部分学生是能按照顺序正确演唱。

对于我这样的设计，在评课过程中，A老师表示赞同，认为确实是前后呼应，设计得当，B老师则持保留态度，认为应当按顺序教唱，C老师认为自己虽不太懂音乐，但是课堂整体听起来是连贯顺畅的。

我认为不论是那种教授方式，目的都是为了能让学生更好的学唱歌曲。先教引子和第一、二句，是按照歌曲的顺序进行教学的，这样可能会让学生对于歌曲的顺序更清晰，但不易突破教学重难点。再教第三、四句，则是先把歌曲最难学、最有趣的部分挑出来学，之后还会有歌曲整体演唱，这样也是符合教学目标的。站在培养能力的角度，按这个顺序上课，课堂效果更好。

片段二："引子"和"尾声"

在学唱引子和尾声部分时，本来计划先介绍"引子"和"尾声"，但由于时间关系及学生的课堂表现，我在上课时直接出示了"引子"和"尾声"，并未过多阐述概念，且把更多的时间放在了歌曲学唱、分组演唱上，并突出了尾声"沙沙沙沙"的雨声渐弱。学生在教师的指导下，顺利地完成了尾声的渐弱，也让歌曲的演唱层次更丰富，更有韵味。

A老师很仔细地注意到了这点，他对照了我原先的备课及课堂教学，发现是有所出入的。在我的备课教案中写的是"知道引子和尾声是什么"，但是在我正式上课时，我并未对此过多阐述，而是直接教唱。因此，A老师认为我的课中监控是及时的，并且效果也是较好的。如此，更能体现教唱、学唱。B老师认为我在此处虽然没以叙述的方式解读引子和尾声的名词含义，但是通过教师示范，让学生切身感受到了引子、尾声的存在及区别。

总之，小学生低年级音乐课主要是培养学生的演唱能力，并非概念讲述。教师在课上应有自我监控意识，如果我详细讲解引子和尾声部分，就会减少学生的演唱、表演时间，且对于一年级的小朋友，理解能力欠佳，在很短的时间内将这种专业名词解释清楚，也非易事。教师的专业知识储备与能力和教学经验是相辅相成的两部分。有了丰富的教学经验，才能敏锐地觉察到学生对于教师教学的实时反应，并及时运用自己的专业知识技能对于课堂教学做出相应调整。这种技能是需要长时间积累并不断反思改进。

片段三：从唱歌走向创编

在课堂的最后，为了轻松课堂气氛，我选择了一首活泼欢快的儿歌作为拓展曲目。我选择这首歌的原因，一是旋律欢快好听且歌词朗朗上口，二是歌曲内容与本节课相关性强。我的教学计划是：先欣赏一遍，再让学生坐在座位上跟着音乐有节奏地自由编创律动。律动动作的选择，可以是本节课模仿过的动作，也可以是小朋友们自己喜欢的动作。从课堂表现来看，大部分小朋友都能做出一些动作来表演，但是创新性一般，学生的积极性也不如预期的高。

A老师指出，在让学生自由发挥时，可以把控制的维度再放开些。例如，如果能让学生离开座位去动，将把课堂推上一个小高潮，也能更好地激发学生的表演欲及课堂参与度。B老师认为，教师在要求学生做每一遍的演唱、表演时，都应有明确的目的性，且应紧紧围绕着教学目标展开。在课堂的前部分，一直是《小雨沙沙》的教唱与律动模仿，并未让学生自己进行律动编创。但在我的教学目标中是有提到"与听赏结合，按小雨、种子的角色进行表演、创作，进一步培养学生的表演能力"，因此，课堂最后的拓展歌曲《小伞花》，可改为《小雨沙沙》的学生编创，如此，将更符合教学目标的要求。

对于A老师的提议我需要思考，我没有选择让学生离开座位表演的原因是什么。担心学生一离开座位就不能迅速管住纪律？不信任学生有很好的编创意识和想法？不过，在以后的课堂上，我应当尝试着给予学生更多的主动性与权利，尽可能多地让他们尽情展示自己。对于B老师的提议，我觉得也是很中肯的。既然我的教学目标包含创编，那么应当让学生在模仿后尝试自己创编。相对于拓展歌曲《小雨沙沙》学唱了一整节课，是更为熟悉的，小朋友们自己编创，相比也是更得心应手的。这样，也是更好的巩固、呼应了本课主题——小雨沙沙。

课后自我监控的感悟

感悟一：从时间上形成反思链

在学唱引子和尾声部分时，我本来计划先介绍"引子"和"尾声"，在我的备课教案中写的是"知道引子和尾声是什么"，但是在我正式上课时，我并未对此过多阐述，而是直接教唱，把更多的时间放在了歌曲学唱、分组演唱上，并突出了尾声"沙沙沙沙"的雨声渐弱。教师在课上要有自我监控意识，如果我把时间分配给讲引子和尾声的概念，首先，对于一年级的小朋友，专业名词的概念性的东西是不好理解的，其次，唱游课本身也需要以唱为主，如何让小朋友们把歌学会，才更符合教学目标。因此，在课中，我还是将更多的时间放在了引子尾声的学唱上。从课堂教学实践来看，这样的调整是符合音乐课的歌唱能力培养的。

感悟二：从内容上形成反思链

在课程的开始，我采用了视频播放引入的方式，学生观看视频《小种子成长记》之后，模仿小种子生长的动作，通过了解植物的生长过程并为接下来的歌曲学唱做铺垫。这首歌的第三、四句歌词，正好是描述种子的生长过程，因此，我将第三、四句最先教唱。同时，这两句也是全曲最难学唱的部分。它包括歌曲的主要音乐语言——旋律。这两句旋律的主要节奏由八分音符、四分音符和二分音符组成。其旋律采用了同头异尾的方式。把最难的部分最先解决，之后其它句的学唱将会轻松简单很多。从课堂实践教学来看，我对于歌曲顺序的调整，能够更好地教唱并培养小朋友的演唱能力，是符合教学目标的。

在评课过程中，有老师评价我是一位有教学激情的老师，教学激情体现在两个方面：一是在歌曲教唱方面。唱歌课是以唱为主，不光是学生要唱，老师也要唱。老师的演唱，将为学生带来极好的示范作用，并能提升学生的学唱兴趣、歌唱兴趣。二是在师生互动。在课堂中，学生和老师的互动感也尤为重要。老师的亲和力、学生的配合度，对于课堂能更顺利的进行，有着重要的影响力。我也应当反思，怎么样才能把这种优势更好的发挥出来，更好地用于教学与课堂。

感悟三：群体参照下的反思链

在本课的教学实践反思中，我发现自己对教学目标的把握基本正确，但是在教学过程中没有很好的把握教学手段的多样性，组织教法较为单一。我在本堂课的课程设计中，花了很多心思在如何教唱上。我设计了全班分组、男女生分组等多样方式来教唱，也找寻了一些有教育意义的、符合学情的视频，希望在吸引学生目光的同时，也能让课堂更生动活泼，并开拓学生的思维、激发学生的创造力。不过我发现，由于唱游课的特殊性，让学生仅仅坐在座位上歌唱、活动，对于创造性极强的孩子们来说，是远远不够的。

既然鼓励学生展示自己，敢于创新是我的初衷之一，那么我就应该给学生更广阔的权利。边动边唱比只唱不动好，全身律动比限制在板凳之上的律动好。如果能让学生充分发挥他们自己，相信不仅是对唱游课兴趣的提高，也是课堂的亮点、高潮所在。

在教学过程中，我采用了多种方式教唱。例如，分大组演唱、分小组演唱、分男女生演唱，起立演唱、坐着演唱、带动作演唱等。通过整节课的进行我发现，绝大部分学生是愿意并能够整节课都跟着老师的课堂进程，但是极小部分学生，可能是课程吸引力欠佳，可能是自身注意力欠佳，总之，只会将一部分注意力投放在课堂,或者说是有选择性地投放在课堂。但是,当我请学生起立唱歌时,不论是一直认真的学生,还是偶尔开小差的学生,都能做到专注而大声地歌唱。

那么,这也就说明,小朋友的表现欲是比较强的,并且,在他们的意识里,对于站起来歌唱这件事,是更为看重的。我应当思考,如何更好地利用这个年龄段学生的特性,使唱游课更具吸引力,也让每个学生都更有参与感并愿意、希望能参与进来。

让我们从一节课一节课的教学监控做起,逐步提高教学监控能力。教学监控能力是构成教师素质的核心要素。正如著名教育学者林崇德所指出的,"21世纪教师能力中最重要的成分是教师的教学监控能力"。教师的教学监控能力对教师的教学行为起着调节和控制的作用,决定着教师教学的成效。

(龚 寒)

第七章 基于自我监控的系统性教学监控

○ 第一节　基于自我监控的系统性教学监控

○ 第二节　自主共生系统教学监控模式

○ 第三节　基于自我监控的系统教学监控的案例

第一节 基于自我监控的系统性教学监控

一、系统性教学监控的基本认识

(一)系统性教学监控的概念与内涵

长久以来,基础教育受到传统教学思想与模式的影响,课堂教学监控观念与模式依然较为陈旧,把课后的教学评价误认为是教学监控,教师的教学监控能力薄弱。教学监控缺乏系统性问题突出,课堂教学监控活动过于简单、碎片化,主要以听课评课形式进行教学监控,缺乏对教学系统监控的正确认知与积极践行。

教学监控是对教学要素与功能状况觉察、判断、调节与评价的连续活动过程,旨在不断改进与提高教学质量。我们学校开展了系统性教学监控的研究与实践,从教育生态意义上提升教师的监控能力。

在"基于自我监控的系统教学监控"课题研究中,我们在实践的基础上,对系统教学监控作了概括。我们认为,系统教学监控是指把教学监控作为一个人工的系统,依据系统思想与原则,教师与教学管理人员等对教学要素与功能状态进行有序的、连续的、整体的监控活动过程。

系统教学监控是基于教学的系统思想。教学监控是一个系统,作为一个教学监控系统必然要遵循系统系统性思想与原则。运用系统性思想指导教学监控活动,促进教学科学合理进行。系统性教学监控是教学实施的保障,结构化的教学监控直接促进教学设计与实施,实现教学改进与持续发展的教学价值。教学系统监控不仅可以把教学监控活动组织化,也可以推动教师系统的教学思考,提高教学思维能力。教学系统监控提出了一种定义、分析、调整所涉及教学监控过程中要素、结构之间紧密联系的流程,要求教师从一个普遍联系和动态发展的系统角度来观察和分析教学,既需要关注教学要素之间的紧密衔接、又要考虑教学监控系统整体结构与功能之间的一致性。系统性教学监控要求分析教学与教学主体之间的关系,而不仅仅是考虑教学本身,应当重视教学主体动态性,认识到这种关联对所采取的协调形式的影响。

系统教学监控的丰富内涵:

1. 系统教学监控是一个结构系统。

英文中系统(system)一词来源于古代希腊文(systema),意为部分组成的整体。系统的定义应该包含一切系统所共有的特性。一般系统论创始人贝塔朗菲定义为:"系统是相互联系相互作用的诸元素的综合体。"这个定义强调元素间的相互作用以及系统对元素的整合作用。系统具有一定的结构和功能，并处在一定环境下的有机整体。系统教学监控的要素就是指教学监控系统内部相互联系、相互作用的各组成部分。构成这个系统必须具备以下三个条件：第一，要有两个以上的要素，例如教学监控的客体要素、教学监控的主体要素；第二，诸要素之间要有一定的联系，例如，教学监控观念直接影响教学监控行为；第三，要素之间的联系必然产生相应的功能。当教师自我教学监控与外部的教研组监控正向互动，会增强教学监控系统的积极功能作用。

因此，系统教学监控即不是自我监控，也不是外部监控，而是一个有着自我监控与外部监控交融而成，具有新质的系统教学监控。其特征就是整体不再是局部之和，其最大的特点是系统性。

2. 系统教学监控是一个功能系统。

系统内相互关联的要素是按一定的结构存在的，要素与结构决定其功能。教学监控系统是一个要素-结构-功能体系，这些要素并不是孤立存在，而是依托结构互相作用，并产生一定的功能。系统有一定的功能，或者说系统要有一定的目的性。教学监控系统的功能是指系统与外部环境相互联系和相互作用中表现出来的性质、能力和功能。例如，教学监控的信息系统的功能是进行信息的搜集、传递、储存、加工和使用，辅助监控者进行对教学进行监控的判断、决策、调节和评价，帮助教师实现教学监控目标。

3. 系统教学监控是一个共生系统。

共生是一个物种进化或者事物变化必然引起另一相关物种或者事物发生协同变化的共存。这种相互适应、作用的共同进化与发展，即协变性共生。系统教学监控的共生一是教学与教学监控的共生，二是教师的教与学生的学在教学监控中共生。教学系统监控是教学各要素之间的有机关联和健康互动，形成系统共生发展的良好状态。系统将教学监控的价值及其合理性，存在于多样性的价值主体的共生互动的生态之中。共生互动是教学监控生态因子之间既相互对立，又相互互补的对立统一关系。共生互动与自我生长所形成的教学生态赋予系统教学监控自我生长的内在动力，也成为教学系统整体发展的内在动力。系统教学监控强调"共生同构"，教师个体与教师群体、教师的教与学生的学、教学与教学监控之间的关系与状态具有共时性与同构性，缺失相应的一方，另一方难以存在与发展。缺失共生同构性的教学监控，就失去了系统教学监控的意蕴。

（二）系统性教学监控的特征与结构

1. 系统性教学监控的特征

（1）整体性

系统教学监控是基于是系统多样性的统一，差异性的统一。教学监控系统作为一个整体具有超越于系统内各部分之上的整体性特征。系统整体之和大于各部分相加的和,即常说的 $1+1>2$。

系统教学监控的整体性还表现在教学监控要循序、系统、连贯地进行,是由于教学监控本身具有内在的逻辑联系,有着教学监控过程的环节、主客体关系所形成的教学监控的顺序。教学监控不相应地按照一定的顺序进行,就违背教学监控的客观规律。如果完全违反系统的整体性,教学监控就只能获得一些零碎片段的教学评价,导致教学监控质量降低。

(2) 关联性

教学监控系统内的各要素是相互关联的,从而形成了所有要素构成的复合统一整体。教学监控系统中不存在孤立的要素,所有要素或组成部分间相互依存、相互作用、相互制约。系统教学监控的关联性的重要表现是因果关联,通过教学监控所发现的"果",可以揭示教学中存在的"因"。同时教学监控质量也具有教学监控系统的要素-结构-功能之间的因果关系。系统教学监控强调教学监控循序、连贯、系统地进行,才能保证教学监控获得系统的功能,获得对教学监控对象科学的认识,把握教学监控系统的规律性的联系,只有在要素—结构—功能的关联中才能对教学监控有所把握。

(3) 元认知性

系统教学监控具有对教学监控的元认知特点。当前对教学评价关注多,而对教学评价以及教学监控自身研究少。例如,对教学三维目标的割裂的表述与实施缺乏教学监控,不少教师至今还在延续。这就表明对教学监控不到位、缺失,究其原因是对教学以及教学监控缺乏元认知,缺乏对教学及其教学监控的深度思考,对三维目标割裂表述,只知其然盲目执行,而不知其所以然,不思考割裂表述错在哪里。系统教学监控是教师在教学过程中对教学及其监控的深度思考与再认识,也就是对教学监控活动的认知与监控。教学监控与教学监控的元认知有着不同,教学监控是对教学监控认知的认知,例如,对教学监控的认识是否正确,就是对认知的认知。元认知反映了主体对自己"认知"的认知。同时,两者又是相互联系、不可分割的,认知是元认知的基础,没有认知,元认知便没有对象。教学监控的元认知通过对教学监控认知的调控,促进教学监控认知的发展。教学监控的元认知和认知共同作用,促进和保证认知主体完成对教学监控的认知任务,实现其认知目标。系统教学监控的元认知主要有教学监控元知识的知识、教学监控的元认知体验(例如对教学监控过程中主体的情绪、情感体验的元认知)、教学监控的元认知(例如对教学监控元认知是否施为、有否教学监控元认知调节机制)。教学监控元认知的实质是对教学监控认知活动的自我意识和自我调节。

(4) 连续性

系统教学监控具有监控时间上的连续性,课前监控、课中监控与课后监控,从而形成一个完整的监控时间上的连续统。缺乏教学监控的时间上连续性,这样的教学监控是不完整的,这样的监控是建立在不完整信息基础之上,会出现监控失真、失效。教学监控的系统性要求教学监控必须循序、连贯地进行。《学记》指出,"杂施而不孙,则坏乱而不修"。杂乱无章就会陷入混乱,得不到成效。朱熹说,"未得乎前,则不敢求乎后;未通乎此,则不敢志乎彼"。捷克教育家J.A.夸美纽斯则强调:"秩序是把一切事物交给一切人们的教学艺术的主导原则。"按照系统教学监控的逻辑顺序实施,使教学监控有序展开,是教学监控系统地连贯进行的重要保证。

(5) 动态性

教学监控系统是在不断的运动与演变的,不是一成不变的。教学监控的重要价值在于在教学信息把握的基础上的调节,而不是对教学与教学监控一成不变,而是动态生成。教学监控的主体、教学监控的客体随着教学与监控的环境与条件的变化而不断变化。教学活动诸环节,也要适应各种具体情况而作灵活的安排。教学监控中对教学的调整所显现的教学监控能动性是系统教学监控的关键。教学监控不是简单地评估教学水平高低、教学实施的对错问题,而是为了改进教学,通过教学监控揭示教学成功与失败的因果关系。系统教学监控系更加重视教学监控的基本标准——适度控制和充分适应,实现动态平衡。要理性地把握教学监控目标与教学监控现实之间的差异,根据环境变化情况及时修正教学监控方式,以实现教学监控目标路径以及监控需求之间的契合度。

(6) 开放性

系统教学监控的开放性,是教学监控系统作为一个系统在内部以及其与外部进行信息与能量的传递与转换,从而实现教学监控系统的自组织,发到教学监控系统的动态平衡。系统教学监控不是简单地对教学进行他评,或者自评,而是通过教学监控的主体间的互动、教学监控的主体与客体间的互动,这种互动不是强制的、封闭的、一言堂式的,而是以多元的、协商的方式进行教学监控。教学监控不追求唯一性,只有对与错,而是关注教学以及教学监控中的问题与现象的因果关系的解释与揭示。系统教学监控关注学生、家长的参与,在课前监控、课后监控时听取他们对有关教学的反馈信息,拓展教学监控的信息源,使教学监控的信息更可靠、更全面。

(三) 系统性教学监控的结构

系统性教学监控是一个系统,功能取决于要素—结构,正是系统性教学监控的具有的结构性,不是随意进行的。只有具有结构良好的教学监控,才能整体大于部分之和,这就可以解释我们学校实施的"自主共生系统教学监控模式"比传统的课后反思的教学意义更强。

系统性教学监控有三个维度结构:

1. 价值维度

这是教学监控结构中具有导向意义的维度,对于教学的性质具有根本意义上的确定性。

我们从两个角度上把握教学监控的价值维度:一是从价值取向角度来看,我们确立了以人为本的教学监控价值观念,并以此作为教学监控的目标参照,考量的教学监控状况。二是从归因角度上,也就是教学监控的方法论上把握教学监控价值。我们运用正确的归因方法,不是简单地把教学以及教师的自我监控的成败归结于教师个人,而是从多元角度,从教师与环境的互动中来考量。

2. 横向维度

教学监控从教学横向上来考量,教学监控有主体要素与客体要素。

从主体上来看,系统性教学监控强调教学监控是一个子系统,不仅包括自我监控的教师本身,而且也包括教学监控的其他教师。因为监控主体是相对的,依据其监控实施情境而发生变化,在一个学校教学监控系统中,教学监控主体会不断发生变化,但是主体间性关系是确定的。

从客体上考量,教学监控的课题是多元的,包括教学目标、教学内容、教学方法、教学过程、教学资源等教学因子。这些是教师教学监控的对象。在教学监控时我们关注这些要素动态关系的监控指向:

(1) 关于教学的设计;
(2) 关于教与学的动态生成问题;
(3) 关于教学资源开发和利用;
(4) 关于教学效果;
(5) 关于学生的学习状况;
(6) 关于教师自身状况。

3. 纵向维度

教学监控的纵向维度有两个范畴:

(1) 从教学监控时间维度上,教学监控有课前反思、课中反思与课后反思。这三个教学监控形成了教学监控连续统,前后衔接,互为影响。

(2) 从教学发生时间上,有教学监控与教学元监控。在教学中先发生教学监控,然后才会发生对监控的监控。这是教学监控的深化与高质量的表现。

二、基于自我监控的系统教学监控

我们学校在系统教学监控的研究与实践中,十分关注如何突破外部教学监控的不足,解决在教学监控中教师主动性不够,教师顾虑很多,往往认为是一种外部的压力。因此,我们提出了基于自我监控的系统教学监控。

教学中的自我监控是教师为了达到预设的教学目标，对自身的教学活动作为监控对象，自觉地不断对教学活动信息进行觉察、判断、决策、调整与反思的过程。自我监控是以自身的教学作为监控对象，这样教学监控的主体与教学监控的对象同一，从而使教学监控具有了主体能能性。这是教学监控的高级境界。

基于自我监控的系统教学监控是指作为教学监控系统的主体，在对教学要素这些客体进行监控的同时，也对自身的教学监控意识、监控观念、监控行为与监控伦理这些要素进行系统反思与持续调整的过程。基于自我监控的系统教学监控是系统教学监控中的一种模式，区别在于以外部监控为主，还是以自我监控为主。这对于教学监控的实施有着重要影响。通过自我监控可以极大地提高教师参与教学监控的积极性，也可以极大地提升教学监控的质量。

"基于自我监控的系统教学监控模式"的基本特点是：

1. 系统性。系统性教学监控强调教学监控是一个系统，关注要素与结构、部分与整体的协同、协调。但是可以发现教学监控较多时候呈现碎片化，重术轻道，即过分关注教学中的技术性问题，而忽视教学技术层面后面的规律性或者原理性，从学理上把握教学行为、教学行为与结果间的关系以及对自己的教学监控的认知。

2. 反馈性。教学监控是一种建立在信息反馈基础上，对教学情况感知、判断、决策、调整与反思，完成这个教学监控过程。对教学过程中信息流的把握，是教学监控的关键，也是教学监控中个体与群体活动的主要载体。这个模式强调群体互动，就是为教师个体自我教学监控创设教学信息的反馈。

3. 能动性。这个模式强调监控对教学有着调整的能动作用，这表明教学监控一个是教师自主、自觉进行的实践活动。与传统的教师的教学被评价不同，不是划分对于不对，而是以改进教学为主要目标任务。在自我监控中，根据反馈的信息和预期目的，对下一步教学活动采取调整措施。教学监控的能动性取决于教师对教学监控的主动性，发挥能动作用对教学主动自我调节。调整性是衡量个体自我监控水平的重要指标。

第二节 自主共生系统教学监控模式

一、自主共生系统教学监控的建模

我们在开展"基于教研组群体互动 提升教师教学监控能力"的课题研究中，运用了建模的研究方法，归纳形成了我们学校的"自主共生系统教学监控模式"。

这是基于自我监控的系统教学监控中的一种模式。我们认为,基于自我监控的系统教学监控会有其他模式,不会是唯一的。但是,从我们学校的实际出发,根据我们对实践的研究,提炼、概括出了"自主共生系统教学监控模式"。

现代科学方法论中,模型方法是一种重要研究方法。"人们总是使用模型作为解决问题的工具,因为它能使实际问题简单化。模型当然不可能包括真实系统的所有特性,否则,它将是真实系统本身了。然而,使模型包括所需求解或描述问题的基本特征是极为重要的。"[①]当我们试图把握或说明某一复杂的教育教学过程或现象时,可以用简化的模式方式描述它。在自然科学中常称为模型研究方法,在社会科学中常称为模式研究方法。

模式方法作为一种科学方法,它的要点是分析主要矛盾,认识基本特征,进行合理分类。模式方法的主要特点是排除事物次要的、非本质的部分,抽出事物主要的特征部分进行研究。模式方法要将事物的重要因素、关系、状态、过程,突出地显露出来,便于进行理论分析和实践操作。教学监控模式是教学监控作为一个系统结构形态或运动状态的一种易于考察的形式,是抓住反映教学监控系统本质属性的一种简易的描述方式。教学监控模式在对教学监控系统全面分析的基础上,对其要素、结构和功能进行抽象的描述,阐述教学监控中的要素间的关系。系统教学监控模式是客观的系统教学监控的抽象和简化,能使其复杂的系统简化地被把握。模式方法并不要求抽象的模式成为真实事物的精确复制,而是要使之简化,以便于揭示关键性的结构关系与运行过程。模式方法的重要程序是:按照研究目的,将客观事物的原型抽象为认识论上的模式;通过模式的研究,获得客观事物原型的更本质的认识。我们可以把模式方法表述为:

$$原型 \rightarrow 模式 \rightarrow 原型^*$$

模式是原系统的一种简化、抽象和类比表示,不包括原系统的全部特征,但能集中表现出它的本质特征。它在结构上比原系统简明,而且更易于操作或处理。原型是提供抽象为模式的客观基础,而原型*(模式)则是经过模式研究之后,更加深入认识了原型。

我们研究系统教学监控模式时,首先观察到的是一个个具体的系统教学监控实例,然后作理论上的提炼、概括,形成模式,在这些具体教学实例的本质特征上加以发展,使系统教学监控的特点凸显出来,形成比原先的系统教学监控更发展的新的系统教学监控。新的系统教学监控是原区域教育生态的基础上发展,更本质化,即模式化。我们主要采用理论模型(theoretic model),又称机理模型,进行

[①] S. E. Jorgensen; G. Bendoricchio, Fundamentals of Ecological Modelling, third edition, 2001 Elsevier B. V..

系统教学监控的研究。理论模型是从事物的基本要素、结构、行为出发，揭示其本质特性，反映真实事物的特性和变化机理，描述事物最本质的特性和行为。这个模型研究主要优点是从事物的实际出发，能模拟出新的行为，所揭示的行为是动态的，往往对事物的优化调控提出新依据。理论模型的共性是揭示多个亚系统，多个复杂的要素所形成紧密相联结构与功能，并阐明某个具体的系统机理。对研究与使用者来说，并不需要高度复杂的数学。系统越复杂，其优越性越是突出。

系统教学监控模式的确立是建立在教学监控的理论基础上，并对具体的运作程序作出规定。系统教学监控模式处于理论和实践的中介地位，能够承上启下引导实践。我们把系统教学监控模式表述为：

系统教学监控理论 ⟷ 系统教学监控模式 ⟷ 系统教学监控实践

从中可以看出，理论到模式再到实践这一程序，也可以从实践到模式再到理论这一程序，这就是系统教学监控模式的双向建构。模式能沟通实践与理论，能促进理论的提高，又能推动实践的发展。对不同的教学监控模式，关键是要善于提取特征、认识过程、恰当分类，只有这样才能深刻地认识特定的教学监控模式。因此，要抓住对生态问题具有重要意义的主要特征是极为复杂的事。研究系统教学监控模式有利于整体观照，然后再深入到个别的模式，最后形成系统教学监控模式较为完整的整体结构，也就是整体观照的结构分析。

我们建构系统教学监控理论模式主要采用了三种方法：一是目标导向法，以系统教学监控目标为中心，确立其要素间的关系，并以此形成其结构，把握其功能。二是关键突破法，以系统教学监控要素中的关键要素或者关键结构为重点，通过分析确认关键的要素，清晰其与全局关系，设计重点突破举措，以促进系统教学监控整体发展。三是案例研究法，以系统教学监控中发生的案例和现象为研究对象，以反思的方法对其经验进行分析、总结，把握其一般规律。这个建构方法的优点是在建模过程中、重经验、重总结，有充分的实例支撑模式的有效性预设，客观具体，容易为教师接受、熟悉，操作性强。

我们在系统教学监控的实践中以模式方法研究了其理论模型，并提炼出了系统教学监控模式建构的一个基本的程序：系统教学监控目标确定、系统教学监控建模方法选择、系统教学监控信息分析、系统教学监控模式确立、系统教学监控模式验证、系统教学监控模式应用等六个程序。

二、"自主共生系统教学监控模式"架构

（一）"自主共生系统教学监控模式"的界定

"自主共生系统教学监控模式"是在一定的理论指导下，对教学监控系统的结

构与运行过程的关系与特征作出的简要表述。"自主共生系统教学监控模式",是指以教学监控主体在自我监控与群体互动中形成自主与共生的教学监控关系,并依托这样的关系开展系统性的教学监控模式。

这个模式的理念是教学监控的健康实施,促进教学的可持续发展。这里的"健康实施"意味着教学监控以民主平等的方式实施,不是强制性的教学管控,是以作为教学监控主体的教师的自主作为监控的驱动力。这里的"可持续发展"是强调教学监控是为了改进教学,对事不对人,不是针对教师本身的区分。通过对教学监控提升"教师21世纪教师能力中最重要的成分——教师的教学监控能力",实现系统教学监控,促进教学可持续发展,最终实现学生的可持续发展。

这个模式的本质是基于系统教学监控的生态系统,即教师的自我监控与群体互动关系与状态的系统,教学监控的主体与教学监控的环境构成的教学监控的生态系统。教学监控健康实施需要一个良好的监控生态,这种健康生态是以教师主体的自主与群体支持互动为基础的。如果教师在民主平等的监控环境下,就能以积极的心态主动参与教学监控,不断提高自己的教学监控能力。同时,群体也以宽容的、民主的方式参与教学监控,提供积极的善意的反馈,提供专业的意见与建议作为教师个体的教学思考参照,形成了教师个体自我监控与群体外部监控,对教学进行深度反思与积极调整,营造了群体共生的教学监控生态。

(二)"一链二维三段四环"的基本架构

"自主共生系统教学监控模式"的基本架构是"一链二维三段四环"。

1. 一条反思链。系统教学监控的关键是反思链。我们的反思链可以概括为"三思三性三视角三层次"。

2. 二个维度。这是指教学监控指向与监控要素两个维度。

教学监控指向有两个方面:一是指向教学监控的客体,教学目标、教学内容、教学方法、教学过程都是监控的对象,二是指向教学主体,也就是自我监控,对教学者自己的教学进行监控。

教学监控主体要素是指构成监控主体自身的要素。教学监控要素一般包括监控主体的监控意识、监控观念、监控行为与监控伦理。特别是监控伦理包括主持教学监控者的目的伦理,也指个体实施监控的道德动机与行为。

3. 三个阶段。这是指系统教学监控包括课前监控、课中监控与课后监控三个阶段,这三个阶段形成一个完整的监控时间连续统。

4. 四个环节。这是指每一具体的教学监控,有着四个连续的环节:"觉察与获取""判断与决策""调整与行动"与"反思与反馈"组成的"四环节连续统"。前一个环节是后一个环节的基础,前一个教学监控又是后一个教学监控的基础。

（三）"三思三性三视角三层次"。

系统教学监控的关键是反思链。我们的反思链可以概括为"三思三性三视角三层次"。

"三思"是指个体自主性反思、群体互动性反思、过程贯穿性反思，这是教学监控反思的方式。教师个体在教学监控中要独立思考，善于反身性反思，即回归性反思，对自己的教学与教学监控教学反思。群体要有善于发现成员的教学经验与不足，也要善于协商、讨论，营造满足、宽容的学术氛围。过程贯穿性反思要求教学反思不是仅在课后或者课后研讨时进行，而应该在课前、课中，在整个教学设计与实施过程中进行反思，把反思贯穿于整个教学过程中。

"三性"是反思内容要求，这包括教学的选择合理性、教学的工具合理性、教学的规范合理性。

"三视角"是指教学监控的反思应该以教学视角、学生视角、教师视角进行反思，这是教学监控反思的立场。通过"三视角"反思避免教学监控反思只看到教学中的事，而忽视教学与教学监控中的人。

"三层次"是指反思的深度，反思的水准。教学监控中的反思不仅要进行技术得当性反思、还要关注关系因果性反思，更要重视伦理规范性反思。特别是伦理规范反思性这个人文道德层面上的教学反思在当前还没有得到应有的重视。

"三思三性三视角三层次"反思链，全面地从教学监控反思的内容、方式、立场与层次上建构反思，保障"自主共生系统教学监控模式"的运作。

三、"自主共生系统教学监控模式"操作要则

（一）把握教学监控时间连续统

"自主共生系统教学监控模式"具有阶段性与连续性，是课前教学监控、课中教学监控、与课后教学监控的整合成系统教学监控。因此也要把握教学监控各阶段的特点，采取适宜于监控目的达成的监控方式与监控行为。不同阶段的教学监控重点与教学监控方式应该具有共性，也有差异。课前教学监控要点为是否目标统整整体设计，课中监控的要点应该是教学要素的匹配与教学过程的流畅，课后教学监控的要点应该是教学反思链的运用。作为一个时间上具有连续统的自主共生系统教学监控的共性，必然要紧紧抓住教师个体与群体互动这个关系中介，才能充分发挥教师的自主与群体互动这个教学监控生态的支持作用。

（二）把握教学监控整体性

教学监控从局部监控不断向整体监控发展。一般教师注意的是课后评议与反思，常忽视课前监控与课中监控。一般认为，自我监控最初往往只是集中在活动过程的某个或某些局部步骤或阶段上，随后逐渐扩大到对几个步骤或阶段上，

最后发展到对整个活动的始终予以监控,整个过程监控不等于系统监控。

教学监控中,低年资教师常缺乏对教学问题的敏感,及时察觉,进行反馈与调节,自我监控意识薄弱。随着教学实践增加,教师教学反思增加,课后对教学活动的结果进行初步的检查、核对和修正,但这些只是发生在活动的结束阶段,即教学时段后检查一下结果。如果发现问题会在下一节课设法进行弥补。同时,教师的课后反思与教学评议常是碎片化,从某一个教学小点上发表意见,缺乏应有的深度,缺乏教育学学理的思考。由于反馈与调整只是在结束阶段才出现,因此,不可能在活动过程之中发现并及时纠正问题,这常常导致一错到底,无法在错误一出现就予以校正,这样就大大降低了教学成效,使其教学自我监控仍处于比较低的水平。成熟教师会在教学的各个阶段上采取自我监控行为,从教学起始阶段的教学目标设定、教学内容的组织、教学方法的选择,教学过程的展开等进行觉察、判断、调整、反馈,及时反思与调节教学。这样的教师自我监控贯穿于整个教学活动过程的始终,能够随时分析教学问题情境和教学过程,及时并适当地调整方法,也就是说,这种情况下教师自我监控和各种具体的教学活动基本上融合在一起的,从而使得教学信息反馈更及时、更充分、更有效,表现出较为完善的自我监控。这就表明了教学自我监控应该从延迟性、局部性的反思与评议转化为及时性、整体性的教学自我监控。

(三)把握自我监控元认知

传统教研活动中教师已经习惯与对教学客体的评价,往往集中于教学内容、教学方法的议论,而忽视对自己的教学监控进行元认知,自己对教学监控做得怎样很少有评议。例如,教师对教学目标设定一般不很重视,往往是很随意。在我们的研究中,教师增强了教学目标设定的监控,多次修改,明晰前次教学目标设计的缺陷,问题是什么,为什么是不够好的目标,应该如何调整,形成下一次预设的目标。重点放在了自己为什么会出现教学目标设计上的偏差。教师会多次对教学目标设计进行监控。这样教师逐步提高了对教学监控的监控,而不仅仅停留在对教学的反思上。

(四)关注系统监控能力发展

教师系统教学监控不仅是一个方法问题、观念问题,也是一个重要的教学能力。教师在掌握教学监控能力的基础上,继续发展基于自我监控的系统教学监控能力,不断提升教学综合素养。

教师基于自我监控的系统教学监控能力的提升首先要增强教师教学监控的意识,有一种积极的教学监控动机,正确对待自我监控与外部监控,参与群体教学监控的互动。同时,也要有正确的系统教学监控观念,扭转把碎片化的、技术性评价当成系统性教学监控。在不断学习、研究与实践中,提高监控要素上的能力、监控指向上的能力、监控实施上的能力。同时,还要更注意这些能力的能力表现。能力是抽象的概念,必须通过能力表现具体化。例如,课前监控能力的具体能力表现可以是教学目标监控能力表现、整体教学设计能力表现等。我们还可以细化能力表现,教学目标监控能力表现为目标偏差的理论解释能力表现、教学目标监控行为的觉察能力表现等。只有不断关注与提高系统教学监控的能力表现,才会逐步提高系统教学监控能力,把提升教学监控能力变成践行,而不是口号。

第三节 基于自我监控的系统教学监控的案例

案例 19

基于自我监控的系统教学监控下的英语阅读教学实践

【摘要】本文结合一节课例,探讨在英语阅读教学中教师如何通过自我监控,改善以往的传统教学模式,获取更有效的教学方式,形成阅读教学经验,提升学生的阅读能力,培养学生阅读习惯。

【关键词】系统性教学监控;自我监控能力;阅读教学能力

英语学科的核心素养包括四个方面:语言能力、思维品质、文化品格和学习能力。阅读是学生获取语言信息、建构语言知识和发展语言技能的过程,同时,也是培养学生思维能力的重要途径。阅读能力作为阅读素养的组成部分,是学生成长的核心能力。以往的阅读教学,教师往往注重学生知识的习得,而忽视学生阅读习惯与能力的培养,显然这样的教学方式,已不符合新课程改革的需要。因此教师需要通过教学监控能力的提升,改变和创新教学方法,摸索英语阅读教学的模式。让学生学习阅读(learn to read),更要让学生通过阅读提升学习能力(read to learn),从而形成良好的阅读习惯。

一、教学监控与教师阅读教学能力

基于自我监控的系统教学监控是指作为教学监控系统的主体,在对教学要素这些客体进行监控的同时,也对自身的教学监控意识、监控观念、监控行为与监控伦理这些要素进行系统反思与持续调整的过程。教师系统教学监控不仅

是一个方法问题、观念问题,也是一个重要的教学能力。教师在掌握教学监控能力的基础上,继续发展基于自我监控的系统教学监控能力,不断提升教学综合素养。

教学监控能力是教师对自己教学活动所进行的积极而主动的评价、反馈和调节,它具有能动性、评价性、调节性、普遍性和有效性等特征。教师素质是由教师的知识水平、人格特质、教育观、教学风格、教学监控能力,以及教学策略和行为等多种成分构成的综合概念。在这些成分中,教学监控能力是构成教师素质的核心要素,它对教师的教学行为起着调节和控制的作用,决定着教师教学的成败。正是由于教师拥有一定的教学监控能力,才能根据教学大纲和教学目标的要求,制定合理、科学的教学计划,选择适宜而有效的教学方法,并能在教学过程中不断地进行自我反馈,及时发现问题,作出相应的修正,从而减少教学活动的盲目性和错误,提高教学活动的效率和效果。

教师通过基于自我监控的教学监控,对阅读教学中教学目标的制定、课堂中教学过程的调整、课后的反思等教学活动进行持续调整,在教学实践中,逐步形成自我教学习惯与模式,提升课堂教学效果。

二、阅读教学案例分析与经验

以牛津英语上海版 5AM3U2 Clothes 第四课时为例,本课时"The emperor's new clothes"这个故事对于学生来说是比较熟悉的,但对于故事中人物的特点、故事的寓意学生不是特别的理解。因此,教师将本课的阅读目标定为:通过阅读学习国王的新衣的故事,能够理解故事大意,并尝试通过不同的阅读方式,朗读并复述故事,思考并理解故事中寓意。在本课设计中采用了 PWP 的阅读教学模式,即把小学英语阅读课堂分成读前(pre-reading)、读中(while-reading)、读后(post-reading)三个环节,并分环节进行教学活动设计。即读前活动激发学生阅读兴趣;读中活动培养学生各种阅读能力;读后活动的设计要有助于运用阅读策略及发展英语学习的其他技能。

1. 阅读前活动——封面解读,头脑风暴

读前活动又称为热身活动,是英语阅读教学的前奏和基础。读前活动的目的主要有:1.激发学生的阅读兴趣;2.激活或提供背景知识;3.引出话题;4.为进一步理解阅读扫清语言障碍。读前活动对于建构阅读文本的内容具有非常重要的意义。读前阶段教师可以让学生讨论标题、猜测阅读大概内容;也可以给学生介绍阅读背景知识或进行关键词的教学;还可以提出主旨性的问题让学生用简洁的语言回答。

【教学片段1】

T: Today we will learn a story — The emperor's new clothes. Look at the cover of the books. What do you learn from the cover?

S: I know the title of the story.

T: Yes. Who is the writer of the story?

S: Andersen.

T: Andersen wrote a lot of fairy tales, such as 'The ugly duckling', 'The little match girl' and 'The little mermaid'.

T: Who is this fairy tale about?

S: A king.

T: It is about an emperor.

T: What else do you want to know about this fairy tale?

S: ……

【分析】

在本课的阅读前活动中，首先运用预测方法，出示故事的封面（如图1），引导学生通过图片观察，关注故事名、作者和主人公等信息。通过关注作者，激活学生已有的关于安徒生的中文知识，并补充了故事的体裁——fairy tale。通过关注主人公，感知核心词汇。其次，运用头脑风暴的活动形式（如图2）让学生针对 The emperor's new clothes 提出相关的问题，引入新授，进行故事阅读教学。鼓励学生进行自由讨论，大胆思考，激活学生已有的相关背景知识，启发学生对故事的思考。

图 1　　　　　　　　　　　　　图 2

【经验】

读前活动能有效激发学生阅读兴趣，对阅读内容和背景进行初步的了解，根据阅读目标，通过提出问题、布置任务等形式，引导学生对阅读内容进一步学习。

（1）趣味呈现，激发阅读兴趣

教师的启发、引导在阅读教学中起着关键性的作用。教师要善于运用技巧，如设疑法、直叙法、表演法等巧妙地带领学生愉快地走入文章之中,激发起学生的阅读兴趣。如在本案例中在呈现故事时,给学生出示故事书的封面,让学生看一看,读取封面的信息,通过观察,了解故事大致的内容,激发学生的求知欲与阅读兴趣。

(2) 布置任务,明确阅读目标

不同的阅读目的,决定了阅读的方式和速度。阅读的方法有扫读、跳读、精读和泛读。教师应在阅读教学前呈现本课要解决的问题,提出具体任务,确定每一个教学阶段的阅读目的及方法,以提高学生的阅读能力。在本故事的第一章节,裁缝带来了箱子,提出阅读前的第一个任务问题 What's in the box? 接着让学生通过默读的形式带着问题去朗读。学生明确了任务,聚焦问题,阅读的能力提升,阅读效率提高。

(3) 巧设活动,排除阅读障碍

多数学生在阅读中会遇到一些生词和难以理解的语法。教师如果单以教单词,讲语法等枯燥无味的方式解惑,恐怕效果并不佳。教师在语法讲解方面,要力求简单、清晰、生动,举例要情景化、幽默化,学生才会乐于学。在呈现故事的文本背后的隐含意义,需要有概括提炼后,才能得出结论。本课例中,让学生就本文围绕的中心思想 honest or dishonest 展开讨论,学生在不断的思考中激发思维的火花。

2. 阅读中活动—指导方法,激发思维

读中活动的目的是帮助学生理解文章内容,结构以及作者的写作意图等。通过不同的活动形式组织学生进行阅读并完成相应的任务。在组织活动的过程中,应该遵循"以学生为主体,教师为主导"的原则,让学生积极主动地思考,真正参与到阅读活动当中来。教师课前要围绕中心主旨,精心设计一些指导性问题。以这些问题为契机,引导学生从整体到局部,从语篇到语句到词汇,逐步深入地阅读。

【教学片段2】

文本:One day, a man visits the emperor with some new clothes. But the emperor doesn't like them. Then the man says,'I have some magic clothes, but only clever people can see them!'

指导过程:

① 通过跟读,回答问题 What does the man do? 让学生了解故事的起因。

② 默读文本,让学生找出 What does the man say?,并请学生进行朗读,体会这一人物的心理活动,并理解"magic clothes"在文中的意思。

③ 齐读文本,思考问题—Are there any magic clothes in the box?,揭示箱子中

是空的事实。让学生对于骗子和国王这两个人物进行甄别"honest or dishonest"。

【分析】

提出问题,让学生带着问题默读、齐读课文。在故事的一开始的教学中分别提出了 What does the man do? What does the man say? 的问题,让学生带着这些问题开展阅读活动,进行朗读,培养学生读的技巧,使他们的注意力集中在文字上,并理解体会文中"magic clothes"的含义,以及人物的心理活动与特征。

【教学片段3】

文本:The man opens his box. The emperor cannot see any clothes, but he nods with a big smile and says, 'They are so beautiful.' So the emperor gives the man a lot of money and puts on the new clothes.

① 带着问题,快速阅读。出示问题 What does the emperor do? What does the emperor say?,请学生通过 Skimming 的阅读方式,划出答案。

② 思考问题,再读文本。以 Scanning 的阅读方式,再读文本,关注人物表情与语言特征,学生理解"Why doesn't the emperor tell the truth?",激发学生思维。

③ 齐读文本,做出判读。通过齐读文本让学生判断国王所作所说,通过事实揭露,再次让学生进行国王这一人物特点 'honest or dishonest' 的判断。

【分析】

快速阅读,要求学生通过阅读课文从整体上把握课文脉络,理解大意,找出关键词和中心句。在故事发展到 the man 把所谓的新衣拿出来给 emperor 看的片段中,让学生通过两个问题:What does the emperor do? What does the emperor say? 来引导学生,通过布置 Read and underline 这一任务,让学生快速找出关键信息,并且根据这些信息进行进一步讲解,厘清故事脉络,理解人物特点。

【教学片段4】

文本:The emperor walks down the street. Some people keep silent. Some people say, "You're so handsome, My Emperor." But a child cries out, "Look! He has nothing on!"

① 读演故事。在故事最后情节,让学生通过读一读、演一演的形式,理解故事情节,同时分析文中的人们和小男孩的人物特征。

② 人物对比,揭示寓意。通过骗子、国王、人们的虚伪和小男孩的诚实,揭示故事的寓意。

【分析】

模仿朗读,体会人物性格,归纳含义。通过听音模仿朗读,自我朗读,同桌互读等阅读活动,让学生对于每个人物 honest or dishonest 进行自己的评定,最终揭示出故事的寓意:To be honest,要做一个诚实的人。

【经验】

在读中活动中,教师要善于采取不同的阅读方式,帮助学生获得阅读技巧,提升阅读能力。

① 培养技巧,提高阅读能力。为了提高小学高年级学生阅读速度和效率,教师应该有意识地培养学生阅读技巧。根据"读"的心理机制,适当选择合理的阅读方式,增强阅读效果,提高阅读的能力。例如,对情节比较生动的阅读材料,可以引导学生在课上进行有感情的朗读,鼓励学生在朗读中表达自己的理解。也可以设计限时阅读的方式,逐步锻炼学生阅读速度。不同的阅读方式交替进行,提高学生的阅读兴趣和阅读效率。

② 快速阅读,提炼文本大意。由于随着学生年级的上升,对阅读量有了进一步的要求,为了达到这样的要求,他们不可能慢慢品读所有的文章。对此,我们在阅读课上,就要训练学生学会快速阅读,从整体上把握语篇脉络,理解语篇大意,找出关键词和重点句子,使学生对语篇内容,结构和作者的写作意图有一个整体印象。比如,在本课例中,在故事发展到 the man 把所谓的新衣拿出来给 emperor 看的那个判断,通过两个问题:What does the emperor do? 和 What does the emperor say? 来引导学生,通过布置 Read and underline 这一任务,让学生快速找出关键信息,并且根据这些信息进行进一步讲解,学生也自然而然地明白了这篇语段的含义了。指导学生进行快速阅读,并用不同方法来提取信息的教学处理,也是阅读教学中比较有效的方法。

③ 略读质疑,挖掘隐含意义。所谓略读质疑,就是通过阅读标题,第一段或中心句,形成对全文的内容的预测,引导学生围绕问题 who, where, what, when, how 等阅读,而且带着自己猜测的可能答案去理解阅读内容,把文字阅读变为一种印证活动。本课例中,在故事的引入部分,不是直接让学生阅读,而是让学生根据故事题目进行猜测提问。并且用学生的疑问贯穿个故事的教学。在故事结尾处,又把开始部分学生猜测的这些问题又拿了出来,进行总结归纳,这样首尾呼应的处理,使学生能够对自己如何提出问题并解决问题有更深的思考。

④ 阅读后活动——复述故事,作业延伸。

阅读后的课堂活动是一个围绕阅读材料的拓展和延伸的环节,是对阅读内容的深化和巩固。有效的活动能加深学生对文章的理解以及对其中的语言点的运用。在这一阶段,要求学生口头或书面表达阅读体会,或就某一话题联系实际进行小组讨论,加深学生对文章的理解,帮助阅读有困难的学生建立信心,进行知识的内化、迁移,从而掌握英语知识和技能,拓展视野、开发思维能力、提高语言实际运用能力。

① 复述故事。请学生听课文录音自读故事,根据板书(图 3)进行故事复述。

图3

② 作业延伸。在课后的作业中,布置长作业,请学生读一读安徒生所写的另外的作品(如图4),并通过阅读,理解故事的寓意。

图4

【分析】

在整堂课的教学中教师通过表格的形式为学生厘清故事的内容,引导学生对所读内容进行分析、比较、推理、归纳、总结,把握故事脉络,并根据板书进行故事的复述,再揭发故事背后的含义。在作业的布置中也设计了分层作业,同时还布置了一个两周的长作业,让学生对于安徒生的童话故事有更进一步的了解,激发学生的阅读兴趣。

【经验】

在以往的阅读教学中,我们往往非常关注阅读前、阅读中的活动,而阅读后的活动常常是轻描淡写或被忽略。阅读后的活动对于学生理解和掌握阅读内容起着检测评估的重要作用，借助阅读后的活动教师可以及时得到有关学生的阅读效果的反馈，因此，我们应该重视阅读后的活动设计，深入拓展和延伸，引导学生深入挖掘文本内涵，将学生的思维引向高级阶段，训练学生综合概括和进行独立思考的能力，完成从知识汲取到能力发展的过渡，升华阅读教学的效果。同时，在设计阅读后活动中应遵循主体性、生活化、拓展延伸等原则。以学生为主，关注学生的学习过程，关注这个过程中学生的知识、能力、情感态度及方法的优化组合。活动设计的生活化，让学生在真实的语境体会和学习语言，激发学生的学习热情。阅读后的活动设计是教材阅读内容的拓展与延伸，以选准拓展的切入点，激活学生思维，促使学生感受、领悟和思考，提升学生阅读能力。

结语

《英语课程标准》中指出：学生的阅读技能是通过"简单的阅读、朗读、获取直接信息的阅读、归纳分析式的深层阅读"四个层次逐步发展的。英语阅读占据英语学科教学的核心地位，通过积极开展阅读活动，不仅提高学生的英语阅读能力，还能增强学生的语言实践能力。因此，抓实英语阅读教学的每个环节，设计有效的阅读前、阅读中和阅读后活动，才能更好地指导和激励我们的学生进行英语阅读学习，提升学生的阅读素养。

（曹慧华）

案例 20

基于教师自我监控的听力障碍学生英语听说能力培养

英语是一门语言性学科，在小学阶段英语口语表达能力和英语听力是学生在学习过程中主要掌握的技能。这对于普通学生来说精准掌握也有一点难度，因此，对于听障学生在这两项技能的学习上尤为艰难。听障学生是指听力方面有一定障碍的学生，其分为先天性听力缺陷和后天的听力损伤。听障学生因为自身所带来的听力残疾，对他的生活及学习造成了不小的困难与阻碍。

教师的自我监控是指教师教学能力和教学行为的调节中枢，教师本人在教学监控的基础上对教学活动进行组织和调节的过程，提高教学监控能力直接关系到教师教学水平的提高。

本文旨在探究普通学校的教师在自我监控下对于提升听力障碍学生英语听说能力培养的策略，并结合实际案例进行分析。

一、听障学生学习英语的特点

听障学生在学习英语时面临很多困难与阻碍。首先,听力障碍严重影响其获取外语听力输入的能力。词汇和语音发音能力受到一定影响,这也会影响他们的口语表达和理解能力。缺乏听觉信息会导致他们难以获得口语和语音习惯,词汇和语法知识的掌握也会受到影响;其次,学习英语需要更多的时间和精力,因为他们需要不断地练习、查找资源和学习辅助技术等方法以提高自己的学习效果。受到精神压力影响也会导致孤立和焦虑等不良情绪在学习中的表现。再者,考试中,听力障碍学生在追求得分的同时,因为无法正确听取真正意思而感到沮丧。

二、听障学生学习英语的现状

针对听障学生学习英语的特点,目前有很多教学方法和技术已经被运用到了教学实践中。但是,由于教师只是普通学校的一名教师,对听障学生的英语学习情况的不了解,使得听力障碍学生的进步并不明显。听障学生在英语学习中面临很多阻碍和挑战,主要有以下几个方面的现状:首先,缺乏适合听障学生的特殊教学资源,如视频字幕、口形模仿、手语等;其次,没有充足的辅助技术支持,如助听设备、特殊学习软件等;再次,教师对听障学生的认知水平不高,缺乏针对性教学;最后,听障学生不具有比较长时间的专注力以及注意力不容易集中,影响了语言学习的效果。因此,教师需要采取特殊的方法和策略以满足听障学生的需求,提高其英语听说能力和整体学习效果。

三、教师在自我监控下提升听障学生英语听说能力培养的策略

教学监控能力是指教师为了保证教学的成功,达到预期的目标,而在教学的全过程中,将教学本身作为意识的对象,不断地对其进行积极主动的计划、检查、评价、反馈、控制和调节的能力。它是教师的反省思维和思维的批判性在其教育教学中的具体表现,是教师从事教育教学活动的核心要素。教师的教学监控能力主要包括以下内容:教师对自己的教学活动的计划和安排;教师对自己的教学活动进行有意识的检查、评价和反馈;教师对自己的教学活动进行调节、矫正和有意识的自我控制。教师的自我监控在教学中有很大的作用,可以更好地反思对听障学生的教学过程并及时调整对其的教学策略,从而提高听障学生的英语能力。

(一)备课充分,激发听障学生的学习兴趣

教师应该根据听力障碍学生的不同情况,制定相应的教学计划和教材,为学生营造一个与眼观部分相匹配的英语环境,并运用形象化、比喻化等方法帮助他们理解英语知识。

备课充分并且能够激发听障学生的学习兴趣是很重要的,因此,每次上课前我除了制订详细的教学计划,为每节课设立明确的目标外,还特意找出该听障学

生最感兴趣的话题和领域,将其融入教学中,并认真制作多媒体课件,运用图片、视频等,吸引他的注意力,使课程更加生动。同时,设计不同种类的课堂活动,以增强他的参与感,如情境模拟、小组讨论、角色扮演等或使用游戏和竞赛这样的互动性比较强的教学方式,吸引和激发学生的学习热情。

总而言之,教师需要了解听障学生的兴趣爱好,制定富有创意且富有吸引力的授课内容,鼓励学生实际运用所学的知识,这样可能能够有效地激发听障学生的学习兴趣。

(二)及时调整,调动听障学生的学习积极性

在教学中,及时调整并调动听障学生的学习积极性也是很关键的。教师应时刻注意学生的反应,注意自己的授课进度,并对课堂中可能出现的"意外"情况及时处理。比如,此时我的精力饱满吗?听障学生是否在听我的课吗?我的讲授清楚吗?课堂进程是否按照计划进行的,听障学生是否在积极配合我的教学,哪些内容不合适或非常好等等。这些监测活动在课堂过程中随时可能自觉或不自觉地发生,并影响到教师本人的心态和导致对课堂教学的临时性调整。

例如在教授 3AM3U3 第 2 课时,在前一课时中,我们主要学习了关于颜色的词汇及用 What colour 的句型来询问颜色。本节课将继续在 Parks and playgrounds 的主题下,学习几个关于游乐设施的单词及句型 Look at the … It's … (colour)。在设计教学过程时,我给学生创设情境,让学生结合自己的生活体验,通过观察、描述公园及大自然中的各种美丽事物,培养学生热爱生活,热爱自然,保护环境的美好情感,激发学生学习英语的兴趣。

片段一:

本堂课主要是结合色彩来介绍公园中看到的人或景物。因此在 Pre-task 的引入部分,我先让同学们一起唱一首关于 colour 的英语歌曲。歌曲既能很好的调动学生的情绪,又和今天的主题息息相关。

在 Daily talk 环节,自然而然地过渡到了颜色和季节的讨论。通过:

What colour do you like?

What colour is spring (summer autumn winter)?

What do you like to do in autumn?

等一系列问题逐步导入今天的教学场景,多媒体影像的展示让听障学生感受到秋天是一个美丽、收获的季节,也是一个适合人们外出活动的好季节。

片段二:

首先通过媒体展示一个公园的场景,请同学们讨论 What do you like to do in the park? How is the park? 公园如此的漂亮,让我们一起进公园去玩一玩,由此展

开今天主要的教学。

　　公园中有许多美丽的场景,如草地、儿童乐园、小河、小山等等。因此,在第一个场景我安排在了公园的草地上。在这个场景中,主要教学定冠词 the,同时,教学句型 Look at the … It's …

　　定冠词 the 的用法学生还不是最了解,往往分不清什么时候用 a,什么时候用 the。在教学中通过介绍太阳,引出 the,通过 the sun, the moon, the sky 等,让学生明白 the 的第一个用法:在独一无二的人或事物前用 the。公园的草地上盛开着许多美丽的花朵,通过 What colour is the flower? 来询问不同颜色的花朵,并通过:Look at the flower. It's …(colour)来展开新句型的教学。在操练新句型的同时,让学生逐步体会:当我们在谈论特定的事物或刚才提起的事物时,要用 the。此时我特别关注听障学生,在句子当中 the 是弱读的,我要为他强调一下这个读音以及用法。

　　总之,在日常课堂教学过程中,我能通过听障学生的表情、动作等注意到课堂上听障学生对自己教学的反应,也设法通过表扬、提问等引起他对课堂教学的注意。通过及时地反馈、个性化的教学和一系列积极的方法,教师可以调整听障学生的学习态度和参与程度,从而提高他们的学习积极性和英语水平。

　　教师在课堂教学过程中能通过恰当的语态、手势、表情等吸引学生的注意,调动学生的学习积极性,使课堂显得生动活泼。在遇到学生不明白的问题时,教师能把问题分为几个小问题,一个一个地进行讲解。

　　(三) 反思、个训,提高听障学生的学习效果

　　通过对学生学习情况的反思,教师可以准确定位问题所在,结合实际进行针对性教学,并在学生中建立良好的信任和沟通渠道,提高学生学习效果。

　　对于提高听障学生的学习效果,不断反思和改进教育方法是非常关键的。我还是以 3AM3U3 第 2 课时教学为例进行分析:

　　本堂课主要的教学目标为根据 Parks and playgrounds 的主题,以学生们爱去的公园为主要的场景,学习公园中一些游乐设施的词汇。在设计教学过程时,我给学生创设情境,让学生结合自己的生活体验,通过观察、描述公园及大自然中的各种美丽事物,培养学生热爱生活,热爱自然,保护环境的美好情感,激发学生学习英语的兴趣。游戏形式,猜猜学词。游戏是吸引学生注意力的有效手段,能够激起学生学习的兴趣,激发学生进行自主学习的途径之一,通过猜一猜的学习,学生的注意力增强了,刚刚习得的知识也得到了巩固,并为下一阶段的学习打下伏笔。

　　本堂课主要是结合色彩来介绍公园中看到的人或景物。因此在 Pre-task 的引入部分,我先让同学们一起唱一首关于 colour 的英语歌曲。歌曲既能很好的调动

学生的情绪，又和今天的主题息息相关。通过媒体展示一个公园的场景，由此来吸引同学们的注意力（包括听障学生），随后请同学们讨论 What do you like to do in the park? How is the park? 公园如此的漂亮，让我们一起进公园去玩一玩，由此展开今天主要的教学。公园中有许多美丽的场景，如草地、儿童乐园、小河、小山等等。因此，在第一个场景我安排在了公园的草地上。在这个场景中，主要教学定冠词 the，同时教学句型 Look at the ... It's ... 公园中除了草地，还有很多有趣的地方。接着，就通过媒体带领学生进入了第 2 个场景：儿童乐园。在这个场景中主要教学几个关于游乐设施的单词并继续运用所学的 Look at the ... It's ... 的句型来介绍这个场景中看到的景物及人物。

特级教师沈峰老师曾说："课堂上不是说要学生配合你，而是你为学生做了什么。"在短短的四十分钟里，你让学生学到了多少？是几个单词，几个句子还是能让学生学会在生活中使用的语段学习。这对我们教师也提出了更高的要求。通过本堂课的实践，我除了反思自己的教学是否按预先设计的教案完成、自己在课堂上的语言和声音效果怎样、板书是否工整、听障学生是否认真听讲等等，还会注意到学生对知识的理解情况、学生对所学课程的态度、分析自己的教学是否适合学生的实际水平、能否有效地促进学生的发展、分析自己的课在哪些方面成功，哪些方面还有待改进，听障学生是否掌握本堂课的重难点等。在听障学生遇到不适应的情况时，我的一个微笑，一句鼓励的话语及时协助该生调整心态，提高他的学习积极性。

总之，不断反思和改善教育方法，以适应不同水平的听障学生，并鼓励他充分利用自身优势，是提高听障学生英语学习效果的关键。

四、结语

我觉得教师的自我系统性教学监控对提高教师的教学水平起着尤为重要的作用。在课前备课时能充分地考虑到学生的认知发展水平，课堂上可能会发生的意外情况，师生之间的互动情况等等。在课堂教学过程中，教师能通过学生的表情、动作等注意到课堂上学生对自己教学的反应，也设法通过表扬、提问等引起学生对课堂教学的注意。课后正确评价自己的教学效果以及学生的学习状况，这是教师形成教学监控能力的基础。通过反思及评价，教师可以更客观地认识和评价自己的教学过程及效果。教师还应不断反思自己的教学方法，寻找改进的空间，帮助听障学生提高英语听说能力，使他们更好地融入学习和社交环境。

每一个听障学生都是一个完整的生命体，都有自己独特的光鲜。敬畏生命，真实生命，热爱生命，是教师努力工作前行的不竭动力。我愿沿着听障教育研究轨迹，不断奉献出我的智慧，惠泽我身边的特殊学生。

（邬　瑾）

案例 21

基于自我监控的数学教学的系统性监控

《大数的凑整》是四年级第一学期整理与提高中的内容。在这节课之前,学生已经掌握了"四舍五入"的凑整方法。本课就是在学生熟练掌握四舍五入的凑整方法后,通过生活问题的解决,认识去尾法和进一法,体验知识形成的过程,并能在实际中加以应用。通过对三种凑整方法的合理使用,培养学生学数学、用数学的意识,让学生感受数学与生活实际的紧密联系。

一、源于生活,用于生活

数学来源于生活,也必须扎根于生活,并且应用于生活。《数学课程标准》中指出:"教师应该充分利用学生已有的生活经验,指导学生把所学的数学知识应用到现实中去,以体会数学在现实生活中的应用价值。"小学数学是数学教育的基础,如何把枯燥的数学变得有趣、生动、易理解,让学生活学、活用,培养学生创造精神与实践能力,如何利用学生的生活经验,使抽象的数学知识与生活实际相联系,让学生感到数学就在身边,我们从让数学源于生活,用于生活尝试着做起。

1. 案例及分析

在新授过程中,我设计的三个环节始终注重给学生创设生活中的情景,把数学教学融入生活中去。

第一环节中,根据元旦需要表演节目,我设计了给三位小伙伴选表演服装的尺码。这样大大激发学生学习数学的兴趣,燃起学生研究数学的愿望。在这过程中学生自然而然地运用了"进一法"。让学生初步体会到生活中处处有数学,生活中可以处处用数学。

第二环节中,我原本设计让学生进行砍价,但鉴于学生缺少砍价经验,所以将原本的环节改为一个更贴近学生生活化的问题情境,引发了学生的兴趣和问题意识。我创设的商店促销"每满 100 元,即可获得一次抽奖"这一情境,购物时的优惠方式本身就是在运用"去尾法",所以学生对所学知识产生了亲近感,产生研究问题的愿望,很好的体现了数学来源于生活,让学生体会到数学有用和有趣。

第三环节中,我提出"你们在生活中有没有碰到过用去尾法或进一法凑整的情况"时,学生发自内心地有话想说,你一言我一语,在一位学生举例的过程中又启迪了更多的学生,便激发出了学生一连串的发散思维,甚至都超出了老师所能想到的情况。这一过程中促进了学生的知识内化和完善,也建构了学生的认知结构。

2. 经验

体会数学与日常生活的密切联系,灵活运用所学的数学知识合理的解决日常生活实际问题。感知数学是有趣的和有用的,使学生感悟,发现数学的作用与意义。让熟悉的、现实的生活数学走进学生视野,进入数学课堂,使数学教材变的具体、生动、直观,这样学生才能更好地将知识运用于生活。

二、挖掘知识,提炼本质

在这节课之前,学生已经掌握了"四舍五入"的凑整方法。本课就是在学生熟练掌握四舍五入的凑整方法后,通过生活问题的解决,认识去尾法和进一法,体验知识形成的过程,并能在实际中加以应用。通过对三种凑整方法的合理使用,培养学生学数学、用数学的意识,让学生感受数学与生活实际的紧密联系。

1. 案例及分析

上面的学习过程,让学生深深地体会到数学问题都源于生活问题。那怎样让学生理解数学高于生活呢?我没有止步于此,而是让学生思考:在学习中遇到这样的情况,是不是都和生活例子中的处理方式完全一样呢?

在学生初步感知凑整方法后,我将"进一法""去尾法"和"四舍五入法"进行比较,使学生自觉地将思维指向数学思想方法和学习策略上,形成了一个"再探究"的学习氛围,也促使学生进一步掌握了三种凑整方法。在比较的过程中学生用自己的语言总结概括了"进一法""去尾法"和"四舍五入法"的相同与不同点。相同点就是都需要找到凑整的那一位;而不同点则是进一法与去尾法的本质相同都不需要看尾数,四舍五入法需要看尾数的最高位,再进行判断。

之后,我引导学生再次进行观察和思考三种凑整方法的结果与原数大小的比较。学生也能通过表格中的数据总结、归纳出:去尾法总是比原数小,进一法总是比原数大,而四舍五入法都有可能,进而分析原因。这以环节目的是为了沟通三种凑整方法的联系。比较是常用的一种数学思考方法,学生通过比较事物之间的相同点和不同点,便于抽取出事物普遍存在的规律、区分出个体独有的特征。只有经历这样的过程,才能使直观感受到的经验得以提升。

2. 经验

学习数学知识是为了更好地去服务于生活,应用于生活,学以致用。让学生切实感受到生活中处处有数学,引导学生把数学课堂中所学的知识和方法应用于生活实际之中。在数学教学中应重视学生的生活体验,把数学教学与学生的生活体验相联系,把数学问题与生活情境相结合,让数学生活化,生活数学化。

教师在数学教学中积极创造条件,充分挖掘生活中数学,为学生创设生动有趣的生活问题情景来帮助学生学习,鼓励学生善于去发现生活中数学问题,养成运用的态度观察和分析周围事物,学会运用所学的数学知识解决实际问题,在实际生活中尝试到学习数学的乐趣。更重要的是使学生感受数学与生活中的联系,即数学来自生活实际,数学又应用于生活服务于生活。

(周　敏)

第八章 教师教学监控能力提升的策略

○ 第一节　教师教学监控能力的提升策略思想

○ 第二节　教师监控能力提升的案例

第一节　教师教学监控能力的提升策略思想

一、提升教师教学监控能力的策略思想

提升教师教学监控能力的策略思想是体现教师发展规律与教师教育原则在教师教学监控能力培养中普遍适用的方法思想。提升教师教学监控能力的策略思想从方法论角度看,是体现教学监控与教师培养与发展的方法思想,并以此引领实践的较为宏观的方法,对解决教师教学监控能力指出一种路径,一种预先的思考。提升教师教学监控能力的策略思想是教学监控和教师教育与发展的方法论应用于教师教学监控能力培养方法之中,对教师教学监控能力培养提升的方法起着规律性的引领。只有掌握提升教师教学监控能力培养的一般规律,才能正确地对待与开展提升教师教学监控能力培养,才能正确地研究和使用具体的提升教师教学监控能力培养的策略。提升教师监控能力培养的策略思想在提升教师教学监控能力培养的科学认识和逻辑思维中起着重要作用。

策略思想不同于策略,策略是具体的操作形态,而策略思想是直接影响提升教师教学监控能力培养举措、方式的总体思路。策略思想制约策略,进而制约具体的方法,方法是为实现策略服务的。把握提升教师教学监控能力培养的策略思想有助于从整体上把握提升教师教学监控能力培养的策略与方法。

我们通过课题实践研究,进行了分析概况,提出了"以教师个体自我监控为基础,以群体互动为支持,双向中实现系统教学监控能力提升",提升教师教学监控能力培养的策略思想。这个策略思想的内涵是:

(1) 这个策略思想是基于对教师系统教学监控与教师教学监控能力的概念认识及其价值认识,教师系统教学监控与教师教学监控能力具有一致性,这两者的价值指向都是为提高教学质量提供良好的环境与条件。

(2) 这个策略思想是基于系统论思想。强调系统教学监控建立在对系统教学监控的要素、结构剖析基础上,把握来自教师教学监控能力提升的要素、结构的变化导致教师发展生态的功能性变化,彼此互相整合发挥相同功能,并叠加增强系统教学监控功能。

(3) 这个策略思想充分体现了教育生态思想,教师在主体与环境构成的教师发展生态系统中互动促进教师发展。教师教学监控能力提升中教师个体与教师

群体互动是关键,教师自我监控,发挥教师主体自主能动作用,教师群体支持性作用,形成双向互动,形成教师个体与教师群体共生发展的生态系统。

(4) 这个策略思想强调了教师系统教学监控能力的双向建构。教师的教学监控能力发展需要教师群体的支持,特别是教研组的支持;而群体教师发展共同体的营造需要其成员的支持,教研组与学校的教学监控机制的形成也需要教师的支持。这种双向作用必然要求双向建构,才能形成基于教研组群体互动,提升教师教学监控能力。

(5) 这个策略思想导向下的策略应该包含着两个基本的操作要求:一是教师自主,二是群体互动。

教师教学监控能力提升的策略是指为提升教师教学监控能力有意识和有目的地采取的措施方式。这个提升策略体现在对提升教师教学监控能力过程全面把握与自觉调适的举措、各种提升策略理性选择与运用上。我们学校的课题通过实践研究归纳、提炼,形成了四项基本的教师教学监控能力提升策略,便于把握教师教学监控能力提升,避免以宽泛的教学能力替代教学监控能力的培养。这些策略是策略思想的具体化,具有操作性。

这些策略的建构,一是突出建构方式上的操作性,不是概念化的;二是运作方式上多元要素整合性,发挥综合功能;三是作用方式上强化持续性,在教师教学监控能力提升过程中稳定地表现出来。通过教师教学监控能力提升的研究促进教师实践性学术发展。

古希腊著名哲学家亚里士多德的一句话:"每个系统中存在一个最基本的命题,它不能被违背或删除。"学校发展也是"凡事总有原因",那么,那个最基本的、最本质的原因就是"第一性原理"。马斯克在这样的思维模式下,爆出的一个金句——"很多企业混淆了焦点,花许多钱去做一些不会让产品变得更好的事情。每家公司都应该自问,所做的事情到底有没有让产品或服务更好;如果没有,就应该喊停。"我们着眼于课堂教学发展与教师教学能力发展,聚焦"21世纪教师能力中最重要的成分是教师的教学监控能力",着力提升教师教学监控能力,在学校办学基本工作上发力,建构学校发展特色。我们依托课题研究,促进教师实践性学术与学术性实践融合,经过提炼,归纳出了教师教学监控能力提升的四项策略:实践尝试策略、群体交互策略、情意增强策略与元认知反转策略。

二、教师监控能力提升的四大策略

(一) 实践尝试策略

实践尝试策略是指通过平时教学尽可能地让教师尝试把系统教学监控理论转化为教学实践,并在教学情境中尝试教学的自我监控,获得系统的教学监控经历的策略。尝试是一种新的生命状态。爱默生说:"人的一生就是进行尝试,尝试得越多,生活就越美好。"尝试是一种实践,是一种重要的学习,尝试也是创新的前提,不断尝试才能有所发现。

杜威指出:"On the active hand, experience is trying — a meaning which is made explicit in the connected term experiment."[1]意为在主动的方面,经验就是尝试——这个意义,用实验这个术语来表达就清楚了。这里杜威使用的"experience"是过程的经历意思。杜威进一步阐述尝试的意义,指出"Under such conditions, doing becomes a trying; an experiment with the world to find out what it is like; the undergoing becomes structiondiscovery of the connection of things."意为在这种情况下,行动就变成尝试;变成一次寻找世界真相的实验;而承受的结果就变成教训——发现事物之间的联结。[2] 杜威还进一步批评不经过尝试就能形成经验,就能达到领会的观点,他说,"The failure arises in supposing that relationships can become perceptible without experience — without that conjoint trying and undergoing of which we have spoken."[3]认为他们的错误是由于假定没有经验,没有我们前面所说的尝试和承受的结合,就能领会事物的关系。让教师在尝试中提升教学监控能力。每一次尝试都珍贵无比,因为它给了教师一种教学经历,乃至产生经验。

尝试涉及教师与其环境之间的互动,这意味着教师是一个积极的参与者,尝试的基础是教师必须亲历课堂教学监控活动。教师能不能获得丰富的系统教学监控的经验,在很大程度上取决于学校与教研组能不能为教师创设尝试的机会,让他们在多种多样的合目标性的活动中进行学习与尝试。让教师在尝试中,积极地去思考系统教学监控问题,寻找方法,提高能力。引导教师主动尝试替代被动接受,这是教师必须树立的观念。

实践尝试策略运用要注意:

1. 注重教学监控能力培养的实训

传统的教师培训注重教师培训参与时间,获得多少培训学分。教师培训异化为学分,走流程过形式。我们通过在教学实践中培养教师教学监控能力培养的实训,避免被培训流程替代。在进行理论培训后,我们分阶段组织教师对课前教学监控、课中教学监控、课后教学监控与系统教学监控等进行实训,把教师教学监控能力的实训在内容上、实践上都认真安排好。

---

[1] John Dewey: Democracy And Education, P145, A Penn State Electronic Classics Series Publication Copyright© : 2001 The Pennsylvania State University.
[2] ibid, P146.
[3] ibid, P150.

2. 注重教师在教学中的能力表现

教师教学监控能力只能在实践中养成,理论知识转化为能力只能通过教师的教学表现(performance)。要组织教师有意识在自己教学中的监控活动,教学监控能力只有在活动中,而且只有在那种没有这些能力就不能实现的活动中表现出来。能力和活动联系在一起,只有通过活动才能发展能力。能力是在掌握知识与技能的过程中形成和发展起来的,具有强烈的实践性。能力具有特质性,不能笼统讲"提高教师教学能力",教学能力范围很广,例如,教学设计能力、教学评价能力等。教学监控能力仅是教学能力中一种能力,是保证顺利进行教学监控活动所必须具备的能力。但是正是一种一种特定的教学的提高,才能有教师整体上提高教学能力的可能。

关注教师教学监控的能力表现才能真正落实教学监控能力的提升。例如,课前教学监控能力,其能力表现包含着对教学目标确定依据的监控、对教学目标表述的监控、对教学目标修改理由的反思等行为监控能力表现。教学监控能力表现的形成关键在于其能力形成的实践性,教师通过实践,可以观察到相关能力的行为变化。教师教学监控能力必须通过具体的能力表现才能获得发展,这就要求教学监控能力的培养必须提高能力的具体表现才具有操作性,不是关于教学监控的知识,而是要通过能力表现,使相关知识转化为能力。

3. 注重实践尝试中的学术性实践

针对教学监控中对教学问题的不知其所以然的现象,改变类似有的医生只能依据医学检测报告看病的,而不会自己看心电图、CT片子、不理解检测数据所蕴含的病理机制的现象,我们要求教师要通过"自我监控的系统教学监控"的课题研究,以"课题探索研究、课堂理性实践"的学术性实践,旨在解决教师专业发展中的普遍性的缺乏教育、教学思维问题,即不善于用合理的教育理论解释、思考与解决实际教育教学中的现象与问题。不少教师教育理论与教学实践脱节,对教学实践的思考大多停留在具体行为层面的对与错,缺乏对这些行为的深层次分析与理论阐述的教育思维能力,导致这些教师长期停留在对教育教学的白描水平上。我们强调教师运用教学监控的理论,以学理的逻辑解释自己的教学监控方面的现象。这种学术性实践是当前教师比较缺少的,我们为教师提供系统教学监控的理论与实践基础上,尤其注重教师的教学思维上的锤炼,这种学术性实践经历是"按葫芦画瓢"式教学实践不能替代的,是宝贵的教学经历。我们学校站在教师发展高度上组织课题研究,摆脱为科研而科研,促进教师的学术性实践。

4. 注重实践尝试中的实践性学术

我们发现对教学监控的认识存在偏差,常把"评课当作监控""反思当作监控",所导致的教学监控在实际教学中难以真正展开的问题。教学专业上的望文生义与本质把握,充满着谬论与正论,这需要教师们的思考、讨论与批评。教师应该成为一个思想者。我们要敬畏教育规律,只能用思想来培育教育。"一个民族要想站在科学的最高峰,就一刻也不能没有理论思维。"我国的孔子、朱熹,外国的苏格拉底、卢梭、康德、杜威之所以成为世代公认的教育家,因为他们有自己独特的教育思想。教育不应该缺失什么?不应该忽视规律、缺失思考。子曰:"学而不思则罔;思而不学则殆。"子还曰:"好仁不好学,其蔽也愚;好知不好学,其蔽也荡;好信不好学,其蔽也贼;好直不好学,其蔽也绞;好勇不好学,其蔽也乱;好刚不好学,其蔽也狂。"笛卡尔的名言:我思故我在。(I think before I am.)教师最需要的是思想。

我们以课题研究为契机,引导教师走出"教师不需要研究理论"的误区。只有不断提升自己理论素养,发挥教育理论与教育实践结合的优势,提升科学研究的能力,摆脱脱离课堂、学生真实情境的空谈清谈陋习的影响,回归专业人员的自我,真正提升专业精神。教师的工作不是流水线上的重复操作,而是创新性的实践。我们开展教师教学监控能力的研究,借助教育科研方法与教育科学思维,对具体教育情境中的问题在事实分析基础上,运用教学理论揭示其蕴含的内在教学关联与深层原因,有利于解决教师教学理论与教学实践脱节,克服对教学实践思考大多停留在具体行为层面的对与错,缺乏对这些行为的深层次分析与理论阐述的教育思维能力,克服停留在对教学的白描水平上。通过解读教师自己的教学监控中的现象,善于总结,获得基于自我监控的系统教学监控的规律性认识,提高实践性学术水平。

5. 注重教研、科研与师训融合的实践机制

依托教研、科研与师训融合建立了教师教学监控的实践尝试机制。通常师训较多的是碎片式培训,培训过分注重技术层面,而缺乏以深层的理论诠释实践,缺乏指导实践的理论储备,也缺乏深化反思的研究提炼,在教师专业素养建构上缺乏真正的引导力。缺乏深度与系统的师训导致教师专业学习的浅学习。

通过教学、科研与培训三者融为一体,使教师有机会持续参与教学监控的专业学习,有可能养成对自身教学进行回归性反思的良好习惯,增强教师的专业敏感性和解决实际问题的能力,培养教师的交流与合作精神。在"基于教研组群体互动,提升教师教学监控能力"课题研究时,各学科教研组在学校科研室、教导处积极推动下,积极开展对课堂教学监控的实践研究。按照系统教学监控基本框架,各教研组组织教师开展实践研究活动,每学期一个实践研究主题,引领教师聚焦课堂教学监控研究,组织教师、领导与专家一起开展研讨,形成对主题研究的案例。通过这样一次次的学习,探讨,调整,再实践,教师个体系统监控能力不断提升。

6. 鼓励教师大胆进行系统教学监控的尝试实践

只有不断地鼓励教师参与教学监控的研究与实践活动,才能让教师体会到过程的参与感、满足感,体会到过程的艰难。尝试,是一种意志,每一次尝试都是那么有价值,充满希望和活力。尝试,是勇气,是去超越自我的勇气。在这实践尝试的过程中,增强教师的自主意识,激活教师的参与意识。在教师的尝试实践过程中,教师会展现解决问题的独到之处,会提出极富独创性的见解。鼓励教师在教学中善于创设机会,让教师把已获得的关于教学监控知识运到实际教学中,在运用教学监控知识的过程中,让教师体验教学监控的过程,关注结果形成的过程。在尝试实践活动过程中,学以致用,才能让教师不断提升自我教学监控能力及系统教学监控能力。要充分认识到教师是一个个具有主观能动性的人,他们带着自己的知识、经验、思考、灵感、兴趣参与教学的实践活动,验证实践的成效。

7. 为教师营造宽松的教学监控能力提升的氛围

朗费罗指出:"有所尝试,就等于有所作为。"我们应该营造宽松的学习氛围,创设丰富的活动,让教师进行尝试。教师在不断的尝试中走向成功,浅尝辄止不会有所成就。创设教师的实践活动要依据教师的需要与现实。尝试要量力而行,尝试需要一定的知识和能力作为基础。教师不仅要依据教学监控的理论开展实践活动,同时要营造教研组的民主、宽容的氛围,允许教师有关教学监控实践的不完善、不妥当之处,也不以这些评价教师的水平。我们强调,在教学监控中教师与群体关系应该从外部参照、群体互动,到自主共生不断发展,营造出教师教学监控的良好生态,起着引导激励教师作用,为教师系统教学监控起到支持功能。

8. 充分给教师实践尝试的自主权

充分给教师实践尝试的自主权,意味着强调教学中的自我监控。"放"就是充分给教师以教学监控中自主权,最大限度地在时间上、空间上给教师以自主实践的机会。放手让教师凭借已有的教学监控经验与能力,探索教学监控的新方式、新路径,让教师找到适合自己教学监控的最佳途径。让教师亲自体验解决教学监控中的问题获得成功的乐趣,激活自我监控的潜能。只有大胆地"放"才能让每一位教师都自觉开展教学监控,才能让"教学质量是生产出来,而不是检查出来"成为可能。自主意味着"放手",关注教师教学监控的实践与尝试过程,尝试一种新的方法,在某种意义上就是关注教师的专业学习。让教师在专业学习过程中去尝试、去实践、去探索、去体验,摸索出一套适宜的及系统教学监控方法。

(二)群体交互策略

群体交互策略是指运用生态学的共生原理,优化教师实现系统教学监控的共生环境,增强教师间、教师与群体间多种互动,优化教师教学监控中的角色与行为,强化教师个体与群体间的"双向建构",促进教师系统教学监控能力提升的策略。系统教学监控是一个多元系统,涉及多个监控要素以及它们的互动关系。多元交互是监控主体与环境之间,通过能量转换和物质循环建立密切的依存联系。多元交互本质上是建立一种共生的教学监控关系,监控中的监控主体与监控对象、监控主体间是一种地位平等、关系民主、互相尊重的互动,也是教学监控主体与环境良性的互动,通过这些多元互动教学监控全面融合,共生适应。在教学监控中,教师与管理者、教师与教师群体、教师与学生、监控内容与形式等等要素之间都是一种共生关系,而且这种共生比之于生物间的共生更加鲜明。教学监控过程的共生适应着眼于教学监控各要素的"联系",通过"联系"使监控中的各种关系和谐。多元交互追求教学监控关系的良性发展,始终处于不断发展的关系链条之中,多元交互作用的结果就是健康的教学监控生态支撑起高质量系统教学监控,教师系统教学监控能力得到极大提升。

在实施凸显多元交互策略时,应该注意以下各个方面:

1. 建构教师个体与教师群体的"双向建构"

系统教学监控关注在群体发展与教师个体发展互相促进,孕育共生发展的教研环境,以此支持系统教学监控活动的展开。在系统教师教学监控中,教师群体与教师个体"双向建构"的第一个方向——教研组提供条件与环境为教师提供支持,促进教师发展。教师群体成员对教师个体的教学提出评价与改进意见,即外部教学监控。第二个方向——教师提供自己的智慧与经验,为群体教学监控提供支持,即教师参与群体教学监控活动。这两个方向互动、交融,对教师教学监控系统产生综合作用。在教师教学监控中,往往偏重于对教师的教学进行评价,而容易忽视教学监控的环境创设,以支持教师教学自我监控的开展。教研组应该通过愿景激励,良好的教学学术氛围、建设性的教学建议等,促进与支持教师教学的自我监控。

2. 注重教学监控的实践与科研的"双重践行"

在教师教学监控能力提升过程中,不仅要注重课堂教学实践中提升教学监控能力,而且也应该关注教学监控及其能力的研究。只停留在同一水平上的教学监控活动,这是同一水平,甚至低水平的反复,缺失教育科学理论的引导。要不断提升实践的水平加深对教学监控的认识,就要注重实践获得学术上即专业上的支撑,使实践获得学术性特征,避免盲目实践,解释不清的实践。使教学监控的实践具有教育理论上的解释性与指导性,就是学术性实践。实践性学术要求对教学监控的阐述与认识进行专业角度认识,对实践进行分析、概括,使之上升到学术上,即专业水平上的认识。教师的教学监控案例、经验总结不能停留在白描上,只讲做了什么,没有透过所做的事(例)揭示本质性问题,获得规律性认识,这样的实践没有从专业性上阐述清楚。通过教学实践与科研实践,提高教师系统教学监控的学术性实践与实践性学术的水平。

3. 多元交互中关注教师个体的增强

每一位教师的专业发展和教师行为转变汇聚成教师的整体发展，关注每一位教师是学校教学改革的关键。系统教学监控中作为主体的教师教学监控能力的提升是教学监控实施的重要基础。忽视教师个体教学监控能力的发展，必然导致教学监控流于空谈，流于形式。

教师教学监控能力的提升首先要增强教师的主体性。教师主体意识愈强，他们在教学监控中实现自我监控的自觉性就愈大，从而也就愈能在监控活动中充分发挥主体自身的能动力量，对外部教学监控作出积极回应。在教学监控中尊重教师人格，尊重教师在教学监控中应有的权利与尊严。在教学监控中特别要尊重教师的教学水平，不要把外部评价等同于整个教学监控，也不要把外部评价的意见强加给教师，始终要坚持教学监控中获取信息的客观性、全面性，决策的情境性与差异性、评价的协商性与专业性。在传统的教学监控中，容易对认为教学水平较高的教师与初入职教师、年轻教师的评价产生偏差，常常见到教学专家的意见使教师不知所云。

多元交互中关注转变教师被动的地位。教学监控中教师与群体共生是多元交互的结果，也意味着教学监控中的人际关系发生根本的转变。教学监控并不是有关人员之间的监控与被监控关系，而是对教学活动状态的反馈与调整。多元交互共生中的教师是教学监控的主体，积极参与教学的自我监控与外部监控活动。

4. 多元交互中关注教师群体的增强

教学监控的多元交互中教师的群体是教师教学监控活动的生态环境。从四个方面增强教师群体在多元交互中的作用：一是基于教研组在教学监控中的重要作用，通过教研活动提高教研组的外部教学监控的作用，组织教学监控的实践活动。二是发挥各类教师组织在教学监控研究与实践中的专业作用。三是积极开展全员教学监控上的伦理教育活动，优化民主宽容的教学监控的环境。四是教师校本培训中增加教学监控的内容，不断丰富教师关于教学监控的知识。

关注教学监控的教师个体差异，不仅表现在教学监控观念上，也反映在教学监控能力上，特别是自我监控的态度与水平上的差异。关注教师群体中教学监控上的差异与失衡，促进处于不同教学监控水平教师的互动，增强群体激励和个体激励，给予教学上尚有不足的教师通过教学监控提供针对性的帮助与支持。通过教学监控中自主与共生的交互，调适教师教学中自我监控与外部监控的适合度。

5. 关注教学监控中教师与学生的交互

教学监控一般而言是教师的教学一部分，但是教学监控不仅涉及教学监控的客体教(教学目标、内容、方式、过程等)与学的要素,也涉及教学监控的学生参与。交互多元策略使学生对教师的教学,以及教师对教学的监控可以作出反馈,从学生的角度提出教学反馈意见和建议,而且是十分重要的教学监控的信息来源,更为重要的教学监控质量的参照要素,即学生是否参与教学监控,教学监控对学生学习的效果。关注教学监控中教师与学生的交互,可以避免以教师为主,而忽视学生参与的单向监控。

6. 确立对话协商的互动方式

对话协商是自主共生系统教学监控重要方式。教学监控不是简单的单向管控,而是依靠对话与协商方式实现多元交互。教学监控活动必定在充分对话和协商基础上展开的。在教学监控过程中要关注成员间的深度沟通,表现在教学监控愿望的协调、教学监控情感的共鸣、教学监控行为的理解、自主精神的交汇等方面。教学监控中的沟通不是一元线性的,是多元复变的沟通。教师需要与教师、学生、其他相关人员等进行沟通,在沟通中保持教师个体对教学监控所涉及的教学观念、方法等以及权利的完整性,表现为独立性融合。教师与不同群体的沟通需要平等的对话、民主的协商,不仅是教学与教学监控的专业层面上的交流,而且也是教学监控中的情感与伦理的交流。教学监控中对话协商的深度沟通才会体现教师对教学监控的责任,相互依赖,表现为共生性融合。这两种不同的融合,是教学监控深度沟通的基础,也是深度沟通的标志。

(三) 情意增强策略

情意增强策略是指在教学监控过程中,教师强化学生在教学监控过程中对教学监控活动的体验,在积累教学监控经历的基础上不断通过体验感悟,形成相关的系统教学监控经验的策略。这项策略重点在于使教师获得的教学监控经历转化为教学监控的经验,其实现的方式主要是情意增强与转化。

教学监控强调教师在教学监控过程中获得经验,通过教师主动参与活动,经历栩栩如生的互动体验,摆脱教学工具性的羁绊,获得对教学监控的经历。杜威指出,"最好的教育就是'从生活中学习''从经验中学习'",也提出了"从做中学"的教育原则。同样教师的教学监控能力也离不开体验与感悟。

教师的教学监控经历不能只是停留在经历层面上,也不是简单地积累,其价值指向是不断地获得对教学监控方面的经验。发展教师对教学监控的感悟能力应该遵循从感性到理性的路径,让学生在教学监控过程中感受、领会、思悟,对教学监控指向的现象与事例在独特感受的基础上能自主理解,教学监控能力个性化发展。教学监控经历具有个体性,强调教师对教学监控知识和能力等的个体内在的认同,教师必须自己体验感悟,需要有独立的见解和批评性思维。教学监控体验,就是教师个体主动亲历教学监控活动,并获得相应的认知和情感的直接经验的活动。让教师亲历感悟经验,不但有助于获取教学监控的知识与能力,更重要的是教师在体验中能够逐步掌握教学监控的一般规律和方法。

实施本策略时我们要注意以下操作要点:

1. 专业与人文并蓄兼修

系统教学监控不仅是教学专业的问题,也是教师人文素养的问题。教师在教学监控中本着提高教学质量,以良好的师德对待教学监控中的各种关系。正如孔子曰:"克己复礼为仁。一日克己复礼,天下归仁焉。为仁由己,而由人乎哉?"在教学监控中"非礼勿视,非礼勿听,非礼勿言,非礼勿动。"但是有时也可发现出于不同动机,会表现出不同的态度,无论在自我监控与外部监控中缺乏尊重与责任的表现。因此,教师教学监控能力必须从专业与人文两个维度上同时并蓄兼修,才能提升教学监控能力。

2. 增强系统教学监控体验

教师教学监控的体验是从参与教学监控活动开始的,先行而后知是体验的特征。增强教师教学监控的体验可以从三个方面着手:一是加强教师在日常教学中的自我教学监控,可以通过撰写课后反思、课前修改教案等,也可以听听学生对自己教学的意见增强教学监控的体验。二是通过教研活动与教学试验课的教学监控研究活动,增加外部教学监控的体验,三是通过自己的教学监控的公开课活动,增强自我监控与外部监控的体验。在这些教学监控活动中教师借助多种感官参与认知、情感、意志等心智活动,经过体验,获得关于教学监控的新知识或能力。教师不再单方面地被动被评价,更重要的是利用亲身体验与践行,用自己的头脑思考,用自己的心灵去亲自感悟。

3. 以多元体验为基础上感悟

教师要以多种方式去体验,提供"做"的机会,让教师在教学监控活动中体验。教学监控能力的提升应该注意联系教学实际,充分利用教师已有的教学监控经验,把自己所掌握的教学监控经验应用到教学中去。让教师充分体验教学监控过程,在多种感悟中,体验教学监控的过程、体验教学监控的创新,从而达到深化教学监控经验目的。通过感悟让教师掌握教学监控的方法,使教师能够透过现象认识本质,去粗取精,去伪存真,由此及彼,由表及里。具体的方法很多,教师应该结合一定的监控情境采取相应的监控方法。

注重教学监控感悟的经验结果。教学监控经验的形成中要突出感悟的三个要素:一是感知,教师对教学监控的认识,总是从感知始。二是思悟,教学监控思维是掌握教学监控观念、知识和技能的必要条件。三是过程,注重对教学监控过程的感悟过程,对教学监控的过程中的现象与事例的感知和思悟过程因人而异。这不仅是教学监控的重要过程,而且是教学监控结果。通过教学监控过程中的感悟，培养教师教学监控能力，促进教师相关教学监控主题经验的生成。

注重经验积累，注重实践性学术。教师从参与和体验中获得直接经验。教师应该重视教学监控的直接经验，充分利用他们已有教学监控经验。在教学活动中教师必须增强教学监控意识，敏感地体验场景，借助迁移已有的教学监控经验，进入新的教学监控活动。在感悟中积累，在积累中深化感悟，增强教师良好的教学监控能力，积累这个基石非扎扎实实的铺设不可。

4. 关注教师教学监控情意增强环节

教师对教学监控的体验有着参与、体验、分享、整合、应用等环节。参与是体验过程的开端。多给教师教学监控实践研究的机会。经历是基础的环节，是获得体验的过程。分享是与其他人进行交流探讨，分享各自教学监控的经历与经验。整合是从教学监控的经历中总结或归纳提炼获取经验，并进一步定义和认清体验中得出的成果，直至形成规律性认识。应用是将这些教学监控体验应用在教学中，以检验自己通过体验所获得教学监控的合理性。而应用本身也成为一种体验，有了新的体验，循环又开始了，不断推进教学监控活动发展。

5. 注重观念转变与行为转变的双向建构

我们注重教学监控中的教师观念转变与行为转变的双向建构。不同的教学监控观念会有相应的教学监控方式与行为。当教师认为教学监控是对教师评估，针对教师自己的，或者认为是作为区分教师水平用的，那么对教学监控会很消极被动，甚至抵触。当教师认为教学监控是为了改进教学的一种方式，提升教师教学能力的一种途径时，会采取积极投入，充分在自己教学中进行自我监控，也以开放的心态与教师群体互动。通过系统教学监控的研究与实践，教师感受与体验教学监控的益处，特别是教学自我监控对教学境界的提升、教学能力提升的价值以后，也会进一步促进教师确立正确的教学监控观念，促进教师教学观念转变与教学行为转变的行知合一，淬炼教师实践智慧。

（四）元监控策略

元监控是对监控的认知，这个概念是我国学者王铉在2022年提出的，"监控不仅指向对客体的监控，也存在着对监控本身的监控，需要对监控本身进行探索认知，把握监控本身。"（王铉，2020）同时，他还指出，"元监控可以简单理解为对监控的监控，即监控者以自身的监控系统为监控对象，对监控过程的自我意识、自我评估和自我调节进行监控，是关于监控者对自己监控知识、观念、情意和行为的监控。"

元监控是指向监控的一种复杂、有层次和动态的监控系统，它由元监控知识、元监控监测和元监控制三个有机成分构成。个体的元监控能力也因此表现在三个方面：元监控知识的多寡与可激活性、元监控监测判断的精确性及元监控控制的有效性。个体依靠元监控系统对自己的监控活动进行监控，表现为监控活动中的"元"的活动能力和技能。

本课题的教学元监控是指把教学监控作为认知与监控的对象进行研究，并将其有关规律性认识予以运用的活动。（王鋑，2020）教学元监控是在教学监控活动进行的实际过程中，根据教学监控目标及时评价、反馈监控活动的结果与不足，正确估计自己达到监控目标的程度、水平；并且根据有效性标准评价各种监控行动、策略的效果。元监控具有制约性，使教学监控的计划、判断、调节更合理。元监控是一种更高级、更复杂、更全面的监控。教学的元监控是监控人员，一般教师与教学管理人员在监控活动的全过程中，将自己正在进行的监控活动作为意识的对象，不断对其进行积极的计划、觉察、检查、评价、反馈、控制和调节的过程。

我们认为，学校教学中的教学监控水平，很大程度取决于教师的元监控能力。如果教师缺失元监控能力，必然对自己的教学监控放任自流，或者缺乏应有的教学监控意识。如果教师具有较强的元监控能力，就会主动、自觉地把教学监控作为监控的对象，对自己的教学监控活动加以觉察与调控。

实施本策略时我们要注意以下操作要点：

1. 把握元监控的两个层面

我们要关注元监控指向的是监控活动本身，不是教学监控，尽管两者有联系，但是又有区别，不把这个区别掌握，很难提高教学监控的质量，也很难提升教师的教学监控能力。

元监控有着两个层面：一是对监控活动认知，包含什么是元监控的知识、获取监控活动的信息、作出监控活动的判断；二是对监控活动的调节，包括依据对监控活动的判断作出决策、对监控采取调整举措或行动。

2. 把握元监控的两个维度

元监控是教师关于对自身的监控过程和监控结果的监控，是对监控过程进行监督和调控，正因为有了元监控的作用，教师才能通过不断的监察、调节和控制自己的监控意识、监控观念、监控行动来使自己的教学监控尽量符合教学规律。元监控能够帮助教师对监控结果及时作出评估以及发现问题，并做出正确的决策，采取有效的监控方式方法进行调节，减少监控行为的盲目性。

3. 着力提升元监控能力

元监控能力，是指监控者对监控的认知能力、监控观念能力、情意能力与行动等方面进行监控的能力总称。教学元监控能力直接影响教学监控活动，教学元监控能力是更为高级的监控能力，它建立在对监控活动的认知与监控过程基础上的,并对这些认知与过程是否合理性、和目的性进行监控。元监控能力与监控者的思维品质之间存在显著的相关。元监控能力可使教师在监控活动中能更好地做到事前计划、优选方案、及时获取监控的信息,发现监控过程中存在的问题,并对监控作出相应调整,从而增强监控活动的目的性、能动性、灵活性,减少盲目性、随意性,提高监控活动中的成效。

4. 注重元监控的过程

元监控是一个动态的监控活动,也是一个对监控活动的监控过程,元监控过程包含对监控活动的意识过程和调节过程。对监控活动的意识过程是元监控调节监控的基础,以监控者理解和掌握元监控知识为前提,以元监控意识为基础,以积极的情绪体验为条件,以实现对监控的监控、获得教学监控与教学适应性为目的。在本课题实践研究中,通过"反思链"技能的培养,形成教师对"教学行为—教学监控—教学元监控"的思考。在这个反思链的运用中教学行为追问法,触发教师从教学行为到教学监控的意识关注,反思监控活动合理性、及时性,在进一步追问"为什么要怎样监控",对监控行为所产生的结果作出评估。例如在课前监控的目标设定监控中,教师们反复修改目标,对目标设定教学的监控持续进行监控,为什么修改后还是出现问题,反思监控后没有达到预期目标的原因,即对监控活动与监控过程的监控。

5. 重视教学监控中的失误反转

教学监控中的错误要转化为元监控的资源。德国哲学家黑格尔曾经说过:"错误本身是达到真理的一个必然环节,由于错误,真理才会被发现。"如果我们能确立正确的错误观,就能把教师实践探索中的错误变成教师发展资源。传统教育是"永远正确"的教育,是消灭错误、鄙视错误的教育。夸美纽斯也曾认为:"只有要求学生在课堂上不犯任何一个错误,才能在练习中没有错误。"他建议教师:"不要使学生在第一次学习数学规律时就解错例题和应用题。"长期以来,这样的观念深深地影响着教育工作者,人们视错误为"洪水猛兽",错误是教育的"敌人","不错"等于成功,"不错"是教育的永恒追求。于是反映到教学监控中也要求通过教学监控到达教师教学正确,学生学习不出错,这种观点贻害了不少师生。元监控过程不是停留在对教学与教学监控的对错的区分,而是要通过元监控使监控中的失误激发教师的教学思维活动,主动纠错,养成对自己教学监控也要进行反思的习惯。

元监控就是不断纠错的思想,思考监控应该怎样合理、正确,怎样发现监控问题加以调节使监控可持续进行。在暴露监控失误所在之后使失误反转,引向合理地纠错,获得正确教学监控。在元监控过程中教师积极寻找失误失策原因,进行针对性地对教学监控加以调整。

第二节 教师监控能力提升的案例

案例 22

为人师表在教师教学自我监控中

一、教师要反思，学生要追问

巴西教育家保罗·弗莱雷说过："没有对话，就没有交流，也就没有真正的教育。课堂应该是对话的课堂。""对话"是提问的延伸，不是简单的一问一答，而是在提问的基础上，教师和学生、学生与学生之间形成相互问答，教师可以了解学生的思维过程，学生可以提出自己对问题的看法。所谓"追问"，是在学生回答了教师提出的问题后，教师根据学生的回答，有针对性地进行进一步引深提问。

我们所研究的"追问"是课堂教学中对话策略的重要组成部分，有效的"追问"不仅能够引导学生对问题进行探索，而且对促进学生思维的广度与深度的开发，提升学生探究能力也具有重要的意义。在小学数学教学中，教师抓好"追问"时机，系统教学监控是建立在对系统教学监控的要素、结构剖析基础上，把握来自教师教学监控能力提升的要素、结构的变化导致课堂生态的功能性变化，我们要准确把握住和学生交流的深度、灵活应变、不断反思，才能逐步提高课堂教学的有效性。

漫无目的地思考难以发挥强有力的思考力，常常会把思考引进死胡同，导致思路夭折和无果而终。教师要反思，通过老师有目的性、方向性、一致性的"追问"，及时进行课中教学监控，就决定了思考的角度和方向，更有助于促进学生思维广度与深度的开发，挖掘出数学知识的本质属性与内在联系，是非常有必要的一种提高教学有效性的方法，值得推广！

在实施过程中，我们首先要注意避免无效追问。

1. 追问禁无的放矢

"追问"是在一问之后又再次提问，穷追不舍，直至学生真正理解为止。课堂教学中适时的"追问"可以促进学生学习，调动学生深入思维，实现有效学习，促进学生智慧的生成。为了"追问"而去"追问"，设计一些没有思维含量的问题，往往没有应有的价值。如"你发现了什么？"问题太大而没有针对性，结果孩子老是答不到点子上，教师也因此急躁不已。

2. 追问禁浅尝辄止

在数学课堂中,学生投入的程度、学生的积极性如何,很大程度上取决于课堂教学的氛围。高明的教师善于调动学生的积极性、激发学生的兴趣。在教学中,教师要做的不仅是替学生铺路架桥,还要点燃他们的热情,而追问就是一个很好的点火器。但追问中要避免思维含量太低的问题,例如,"听明白了吗?""回答得好不好?"之类的问。这样看似是师生之间的互动追问,其实学生根本不用动脑筋,学生的思维能力不仅没有得到提升,还降低了学生的学习兴趣。要让学生对于教师的追问及时思考、反馈,沉醉其中,犹如漫步丛林,豁然开朗,自喜从中来。教师的课中监控能力也能适时得到提高。

3. 追问禁急功近利

在数学课堂中,为了尽快的完成教学任务,有很多时候教师的问题一经抛出,极短时间就拍手叫停,学生缺乏独立思考的时间,不能进入真正的思维状态。课堂上学生缺乏"想"的积极参与因素,"答"也就肯定是浅显的。教师如果多一点耐心,学生就会从一个同学的回答中得到启发,从而得出更多的结果。

其次,要加强有效追问。

1. 在缺乏深度欠思处追问。学生在学习新知识前,并不是一张白纸,他们或多或少地会通过预习或耳濡目染中无意识地记住某些内容,造成"我已经会了"的假象。而事实上,他们对知识的掌握只是流于表面,并没有真正的理解。这就需要教师通过一系列的操作体验活动让学生既知其然,更知其所以然!

2. 出现错误歧义处追问。学生在课堂中出的错是一种宝贵的资源,教师不应以一个"错"字直接堵住了学生的嘴巴或者亲自把正确的答案双手奉上,而应该帮助学生弄清楚产生错误的原因。经验丰富的教师会将否定隐藏在巧妙的追问之中,通过追问的语气、追问的角度来引导学生自己去发现问题,让学生自己认识并纠正错误,效果更佳!

3. 在意外生成闪光处追问。教学中经常会出现教师预设之外的生成,如果教师能够借机发挥,把握住意外生成中的教学契机,发现生成与教学预设间的联系,进行追问、引导,课堂定会因为意外而更精彩!

二、教师自我监控与学生追问能力同步发展

1. 在缺乏深度欠思处追问

尝试是一种新的生命状态。爱默生说:"人的一生就是进行尝试,尝试得越多,生活就越美好。"尝试是一种实践,是一种重要的学习,尝试也是创新的前提,不断尝试才能有所发现。

在"长方体和正方体的认识"一课中,学生在低年级学段已直观认识了长方形、正方体的形状,对长方体、正方体的感性认识比较丰富,已经积累了长方体和

正方体关于面、棱、顶点的初步经验,也知道正方体是特殊的长方体。但是生活中给学生的经验往往是长方体和正方体不是包含关系。本课的学习是通过观察、操作、想象等活动进一步认识了理解长方体正方体的图形特征,为学生后续学习长、正方体的体积,以及表面积进行知识的准备。

教学活动中,我尝试通过两个问题——"需要几个长方形的面可以确定一个长方体的形状?""需要多少条棱可以确定一个长方体的形状?",来引发学生思考和探究,并多次借助学具操作和空间想象,结合对原有长方体形的直观认知,让学生进行尝试、想象,及时追问,步步推进从而解决问题,让学生进一步认识了长方体的图形特征,发展了学生的空间观念。

首先,我设计了"如果把长方形看作长方体的面,你需要几个长方形的面就能确定一个长方体的形状?"的问题引入,犹如一粒小石子儿激起了学生思维的浪花。学生经猜测(预设:6个、4个、3个、2个)、想象、质疑、操作、验证、肯定中体会到:1. 在选择长方形时除了要选出3组完全相同的长方形外,还需要注意边的长度要匹配,否则就围不成了(在这种情况下,行动就变成尝试;变成一次寻找世界真相的实验;而承受的结果就变成教训——发现事物之间的联结);2. 长方体是由6个长方形的面围成的立体图形;3. 长方体相对的面完全相同;4. 至少2个相邻的长方形的面才能确定一个长方体的形状。这样,从面到体的想象和追问过程中使学生对长方体的面的特征能更深刻地体会并运用,尤其是"至少2个相邻的长方形的面",对于相邻的面而引发思考——"第3个面怎么确定?"每一次尝试都珍贵无比,因为它给了教师一种教学经历,乃至产生经验,教师的自我监控可见一斑。在一系列的操作体验活动让学生既知其然,更知其所以然!同时,既培养了学生学习数学的兴趣,又进一步增强了合作意识。

其次,我通过二年级时长方体框架需补齐缺漏的小棒和小球引入新知。我认为,能力和活动紧密联系在一起,只有通过活动才能发展能力。先让学生展开想象的翅膀,知道一个顶点出发的三条棱,从两条棱能确定一个面,从而确定了三个面,因为对面是完全相同的,所以可以看成6个长方形的面围成的长方体。并极其自然地认识了长方体的长、宽、高。再次深入探究——已知两条棱能确定长方体的形状吗?得出结论:至少三条棱才能确定长方体的形状。问:哪三条棱?学生通过观察想象并描述长方体的样子。让学生感受由"线"到"面"再到"体"的立体图形的建构过程,经历图形从"一维"到"二维"再到"三维"的变化过程,丰富立体图形在学生头脑形成过程的表象经验,进一步认识长方体棱的特征。只有这样的深度思考才能拓宽学生的思维广度和深度!

再次,在理解正方体是特殊的长方体的过程中,首先通过一组数据为3,3,10的棱,让学生通过想象在头脑中构建出长方体的"形"的表象,接着借助长方体的形变,学生看到一个动态变化过程,发现正方体不仅具备长方体的所有特征,而且还具有其自身的特征,从特征理解的角度来理解长、正方体这两个几何概念的包含关系。教学自我监控能力只有在活动中,而且只有在那种没有这些能力就不能实现的活动中表现出来。

最后,我设计了针对长、正方体关系的开放性问题。以此让学生进一步厘清长、正方体的特征,掌握长、正方体之间的关系。同时,游戏活动进一步提高了学生的逻辑思维能力和空间想象能力。关注教师教学监控能力表现才能真正落实教学监控能力的提升。教学监控能力表现的形成关键在于其能力形成的实践性,教师通过实践,可以观察到相关能力的行为变化。教学监控能力的培养必须提高能力的具体表现才具有操作性,不是关于教学监控的知识,而是要通过能力表现,使相关知识转化为能力。

2. 在出现错误歧义处追问

在"位值图上的游戏"一课中,我先通过读一读、写一写,让学生认识位值图,能将位值图上借助于小圆片的表达式翻译成由数字组成的表达式,并能说出不同数位上的数各表示什么?

通过学生的学具操作,进而观察、思考,发现同样一个数,放在位值图上不同的位置,表示的数值也不同。

在学习添加小圆片时利用合作学习、自主探究,寻找数的变化规律,我适时追问:"你发现了什么?有几种情况?怎样才能一个不重复、不遗漏地把答案全部写完整?""你发现这几个答案有什么共同点?"学生知道小圆片的总个数增加了1个,即十位、个位上的数字和要加1。通过分层次、由扶到放的学习,促进学生思维发展,能认识到有序的重要性,体验到数学的乐趣与魅力。

在拿走一个小圆片时学生就能进行知识的顺迁移,问题自然也就迎刃而解了。

本课的学习难点是移动一个小圆片,总会发现漏答案的现象,而此时我要做的就是帮助学生弄清楚产生错误的原因。我问:"你是怎么移的?"同时,学生边说,我边进行连线示范,让其他同学更简洁明了地看明白该生的解题思路。"还可以怎么移动?""你们有什么不一样的想法吗?"并重点表扬火眼金睛的那个学生。然后追问:"怎样移比较有规律?既不会重复?也不会遗漏?"最后观察并思考:"你发现这6个答案有什么共同点?"同学们发现小圆片的总个数不变,以此来验证并判断结果是否正确?在教学中,教师不断关注学生的所思所想,及时进行循循善诱,通过连线示范,让学生初步学会有序思考,在得到普遍规律后,拓展特例,并通过操作验证,培养学生发散思维,促进了学生思维深度的开发,教师的教学监控能力也有所增强。

3. 在意外生成闪光处追问

在"点图与数"的课中,学生已有一位数乘一位数的知识基础,对于接下来的平方数的学习和计算是有利的。数学中,要充分渗入数形结合的思想。本课中,让学生从点图中发现平方数的特点,形成的是一个正方形。随即,发现了 100 以内的平方数:1,4,9,16,25,36,49,64,81,100。立马有同学问:"接下来一个平方数是几?""11 的平方数怎么算?"根据平方数的特点,学生能推测出是 11×11 的结果,由于两位数乘两位数还未学过,我适时引导,加以点拨:"我们可以用转化的方法把两位数乘两位数分拆成学过的几个几加几个几,试试看,怎么解决这个棘手的问题?看谁第一个算出结果?"学生们的学习热情马上被点燃了,得出 10 个 11 加 1 个 11,即 110+11=121。随后,开展小组竞赛,陆续算出 12,13,14 的平方,学生的思维广度被拓展了,不再局限于 100 以内的平方数,也能运用转化的数学思想去解决未知的问题,做到学以致用。追问的火花就是这么闪现的,璀璨的数学之光是慢慢形成的,期待孩子们给我更多的惊喜!教学中经常会出现教师预设之外的生成,课中我们要能够借机发挥,把握住意外生成中的教学契机,提升自身的课中监控能力,发现生成与教学预设间的联系,进行追问、引导,让学生融会贯通、学以致用,我们为课堂上这些精彩的意外而鼓掌!

三、感悟:为人师表在自我监控中

在《小学数学新课程标准》指出,数学教育作为促进学生全面发展教育的重要组成部分,一方面,要使学生掌握现代生活和学习中所需要的数学知识与技能,另一方面,要充分发挥数学在培养人的科学推理和创新思维方面的功能。数学教学活动必须激发学生兴趣、调动学生积极性、引发学生思考。"追问"体现了关注每一位学生发展的新课程核心理念。我们要处理好教师讲授和学生自主学习的关系,通过有效的"追问"来启发学生思考,引导学生自主探索,鼓励学生合作交流,使学生真正理解和掌握基本的数学知识与技能、数学思想和方法,得到必要的数学思维训练,获得广泛的数学活动经验。

有效的追问,能促进学生思维广度与深度的开发。在数学课堂中,学生的积极性如何,很大程度上取决于课堂教学的氛围。我们要善于调动学生的积极性,激发学生的学习兴趣、充分调动他们的学习内驱力。在数学教学过程中,教师要做的不仅是替学生铺路架桥,还要利用自身的语言魅力、行为魅力点燃他们的热情并征服他们,让彼此沉醉在数学的广袤海洋中不可自拔!如"点图与数"一课中,学生利用学过的几个几加几个几来解决未知的问题,通过竞赛的方式你追我赶,学得不亦乐乎!下课铃响,仍意犹未尽,此乃上佳境界!

有效的追问,还能培养学生良好的思考习惯。小学数学教学,不仅要使学生长知识,还要长智慧。古人云:"学贵有疑。""学起于思,思源于疑。"问题既是思维的起点,又是思维的终点。如"20以内加减法解决问题"中,出示情境图:我们一共16个人踢球,踢了7个球,已经来了8个人,还有几个人没有来?师问:"从图中我们知道了什么信息?要我们解决什么问题?"生回答后,师追问:"要解决这个问题,我们要用到哪些信息?"学生思考,明白了其中"踢了7个球"这个信息是用不到的,是陷阱!通过教师的追问,学生明白了并不是拉到篮里都是菜,根据问题进行思考,选择相应的条件和数据去解决问题,从而学会了思维的方法,避免了掉坑的危险。

子曰:"学而不思则罔;思而不学则殆。"无数的课堂教学实践证明,如果要在教学过程中有效地训练学生的思维,以便达成启迪学生智慧的目的,一个很重要的教学原则,就是要善于把学生的思维导火索很好地点燃起来,并加以引导、发展,使之燃成燎原之势。教师在教学中要不时提升自身的监控能力,追问无疑是课堂中体现这一优势的最佳推手!通过追问,教师可以引导学生由浅入深,层层深入地思考问题,以明确概念、发现规律、发现事物的本质,使学生思维的深刻性、敏锐性得到较好的训练,思维的广度和深度得到更好的开发!

只有不断提升自己的理论素养,发挥教育理论与教育实践结合的优势,回归专业人员的自我,才能真正提升专业精神。在尝试实践活动过程中不断学以致用,才能提升自己的系统教学监控能力。对于具体教育情境中的问题在事实分析基础上,利用追问,揭示其蕴含的内在教学关联与深层原因,有利于解决教师教学理论与教学实践的脱节问题,我们时刻要根据自己在教学监控中的现象不断反思、善于总结,获得基于自我监控的系统教学监控的规律性认识,提高实践性学术水平。在专业学习过程中去尝试、去实践、去探索、去体验!

(金彦萍)

案例 23

找准学生认知起点,促进数学概念有效建构

我的教学主张"找准学生认知起点,促进数学概念有效建构",意蕴着教师教学的自我监控。教师在课前要对自己的学情分析进行自我监控,是否找准学生认知起点。同时,也要对教材分析进行自我监控,反思自己是否把握了数学教学中的一个重要问题——数学概念,在课中是否让学生真正掌握了有关的数学概念。因此,我在践行自己的教学主张促进学生数学概念有效建构上,我最深的体验是要提高教师的课前监控的备课指向与课中监控的目标落实。

一、对教材分析中关键教学内容的教学监控

数学概念是客观现实中的数量关系和空间形式的本质属性在人脑中的反映。数学的研究对象是客观事物的数量关系和空间形式。在数学中,客观事物的颜色、材料、气味等方面的属性都被看作非本质属性而被舍弃,只保留它们在形状、大小、位置及数量关系等方面的共同属性。由于小学生年龄的特点,本研究所提出的"数学概念"有相当一部分属于数学的描述性概念。

认知起点是指在学习过程中完成一个学习内容所需要的知识基础。本研究中的"认知起点"是从两方面进行理解的,其一是指学生通过生活经验、数学前期的学习活动,以及对于数学言语理解等形式所获得的对所学新概念的初步理解。其二是指学生在获得概念过程中,对概念内涵和外延所产生的不同程度的理解。

教学监控一般而言是教师教学的一部分,但是教学监控不仅涉及教学监控的客体教与学的要素(教学目标、内容、方式、过程等),也涉及教学监控的学生参与。交互多元策略则使学生对教师的教学,以及教师对教学的监控可以做出反馈,从学生的角度提出教学反馈意见和建议,而且是十分重要的教学监控的信息来源,更为重要的教学监控质量的参照要素,即学生是否参与教学监控,教学监控对学生学习的效果。关注教学监控中与学生的交互,一是可以避免以教师为主,二是避免忽视学生参与的单向监控交互。

二、找准学生认知起点的学情分析的课前监控

以"丰富生活为起点",建新知生长点,促学生积极参与。

"以学生发展为本"是有效教学的基本理念。学生是一个个情感丰富的个体,在学习之前并不是像一张白纸一样空着脑袋进入教室的,而是一个个有着丰富的"生活经验"的个体。因此,教学中教授任何新知时都需要唤起并暴露学生的生活经验,并与之对接,然后由学生自己把新知内化,逐渐建构,完善自己的认知体系,学生才会印象深刻,学的扎实和牢固。教学中我们应该正确找寻学生的现实生活起点,并以此为教学新知生长点,这样教学活动才能有的放矢,从而有效促进课堂教学的效率的提高。

例如,在教学一年级《左与右》一课时,左右问题学生相对较容易混淆,课堂中我先让学生分清自己身体中的左和右,再联系生活找左右,如上下楼梯靠右行,公交车右边停等。通过生活实例,是学生获取大量感性材料,为正确认识左右奠定基础。本节课难点处是两人面对面时找左右。通过握手游戏同学们初步感知到对面同学的左右方向和自己相反,体会了左右的相对性。如△—笑脸—○,笑脸的左边是△,笑脸的右边是○。因为笑脸和我们面对面,所以笑脸的左右刚好和我们的左右相反,这样进一步加深了学生对左右方向的辨析。学生在生活中和学

习中已经积累了大量的关于左与右的生活经验。比如,有的学生说:"我用右手写字,左手拿尺。"有的学生说:"我右手拿勺子,左手扶碗。"有的学生说:"我左手拿畚箕,右手拿扫帚。"还有的学生说:"弹钢琴时,我右手主旋律,左手弹和旋"……由此可见,绝大部分学生都能分清左手和右手。既然学生已经具有了如此丰富的"左与右"的生活经验,那么教师就应该以学生"丰富的生活经验"作为起点,从学生的"最近发展区"——左右手入手引入新课,让学生聚焦左与右的概念的本质。如,教学中我先通过问题:"你是怎样分辨左、右手的?"以唤起学生的丰富的生活经验,然后引导学生利用左右手这一工具自主迁移学习自己躯干上的左与右。当学生对自己的躯干上的左与右有了清晰的认识以后,再拓展到自己身边的左与右(即我的左边和右边)。学生对我的左与右有了清晰的认识,教师又引导学生利用我的左与右迁移学习小丁丁、小巧和小胖的左与右(即他人的左与右)。学生通过经历"我的左右手"→"我的左与右"→"他人的左与右"三个环节,学生对左与右的方位概念就会有一个比较丰富的认识和建构,学生的思维在教学环节的有序推进中得到了提升。

三、提升教学监控能力的感悟

美国著名认知心理学家奥苏泊尔曾说过:"如果我不得不将教育心理还原为一条原理的话,我将会说,影响学习的最重要的原因是学生已经知道了什么,我们应当根据学生原有的知识状况去进行教学。"小学生在数学概念的习得过程中,其认知起点有的来自他们的生活常识,有的来自前期的学习结果,也有的来自学生对数学概念的言语表述的理解。这些已有的认知基础对学生概念学习起到了一定的正迁移作用,但是同时也存在一些负迁移作用。我感到无论是正迁移还是负迁移,就整个学习过程而言,都是正常,并符合学生认知规律的。

然而,概念学习的最终目标是在学生头脑中构建起正确的对概念的认识,帮助学生完成"去伪存真"的概念学习目标。因此,无论是起到正迁移作用的还是负迁移作用的认知起点,对于教师的教学而言都是一份好的教学资源。通过对于这一份学生生成资源的合理运用最终使学生的头脑中建构起对数学概念的正确认识。

正确的数学概念是学习一切数学知识的基础。教学中,我们要依据小学生获取概念的特点,尊重其已有的认知结构和思维特点,从他们的认知基础出发,充分发挥学生的积极性和主动性,组织生动有趣、丰富多彩的教学活动,才能让数学概念教学更有效。

在教学中教师要关注学生数学概念形成过程中自己的教学是否符合概念的形成、理解与运用的学习心理过程,要对自己的概念教学方法是否合理以及对教学过程中学生学习信息及时反馈与觉察,并调整自己的教学。教学监控中关注教师是否重视学生生活经验的感受,让学生在已有的经验中进行建构;是否重视学生的生活经验,密切数学与现实的联系。通过教学监控,使教学的起点真正的建立在学生已有的知识和生活经验的基础上主动的建构知识。

(周　莹)

案例 24

预习教学中提升教师教学监控能力

一、预习教学中教师监控能力的表现

古人云:"凡事预则立,不预则废。"教师讲课要备课,学生上课更要备学,即预习。预习首先有助于培养学生良好的学习习惯,学会自主学习,掌握自学的方法,为终身学习打下基础;其次有助于了解下一节要学习的知识点难点,为上课扫除部分知识障碍,通过补缺,建立新旧知识间联系,从而有利于知识系统化;最后有助于提高课堂学习的效果,预习中不懂的问题,上课老师讲解这部分知识时,通过教师的引导激发学生主动预习的动机,使学生乐于学习,善于学习,提高自主学习、主动预习的能力,养成良好的学习习惯,对学生的终身学习都将会有重要的影响。

所谓预习是指学生预先自学将要学习的内容。这里预习的关键词是"自主学习",这是新课程中的重点,甚至是灵魂。在新课程实施中,学生的学习方式正由传统的被动式接受向自主探究学习转变。教师也要从传授知识的角色向学生发展的促进者转变。更要关注教学监控,不断地调整自己指导学生预习的教学方式。预习没有在教材中以显性的文本内容明示,但却是语文学习重要的内容,这是学生学习能力的重要方面。

那么,可以预习教学的教学监控什么呢?

(一) 预习的点

1. 读准生字字音;2. 画出文中的词语,读正确;3. 把课文读通顺、读流利;4. 整体感知课文,概括文章大意;5. 搜集相关资料;6. 整组课文的预习。

(二) 预习的量

当然,这个量的设置也不是一成不变的,是有弹性的,一个年级的开始与结束,量的要求的增加会是循序渐进的。例如三年级第一学期,只要求做到:1. 读准生字字音;2. 画出文中的词语,读正确;3. 把课文读通顺。到第二学期,在上学期的基础上,再要求把课文读流利。

（三）预习课的度

开始，对学习基础、学习能力不同的学生有不同的要求，基础、能力较好的学生，相应的要求会高一些；而基础、能力较差的学生，相应的要求会低一些。当然，随着年级的升高，预习能力的提高，对于预习的要求，会逐渐趋同。

（四）预习的法

1. 读：朗读可以帮助理解文章，默读适合边读边思考。

2. 批：预习课文不只是读读、想想，同样要注意多动笔。预习时，在课文一些重点地方写写画画，圈圈点点是很有必要的。例如，给不认识的字标上拼音，不理解的词写上注释，含义深的句子画上线，重点的字词加圈加点，有疑难的地方打个问号等。做上这些记号，等到上课的时候，再特别加以注意，把自己觉得模糊不清的地方彻底弄明白。

3. 查：预习课文时，往往会遇到没有学过的生字、新词，或以前学过现已回生的字词。要了解这些字词的读音、意思或用法，就要运用字典、词典这些无声的老师。学生预习课文时通过自己查阅工具书，就能扫除语言文字的障碍，较牢固地掌握这些字词的读音、意思和用法。另外，还要查阅文章写作的背景以及相关的知识，可以利用电脑在网络上查，也可以到书店去查阅相关的书籍。

4. 思：对于一些精读课文我们可以结合课后的习题去预习，而一些略读课文，前面都有预习提示。学生预习课文时，一定要根据这些具体要求，带着预习提示中提出的问题去认真地读课文，自己寻找问题的答案，把要求做的地方做一做。

5. 摘：把应该积累的词语、句子和自己认为值得学习、借鉴的词句摘录下来。

这样的预习课虽然步骤多，但却具有实效性。学生前后共读了5次课文。而且每一次读课文时的任务都不一样。同学们还经历了多次思考，有初读时的浅层思考，有再读时的深层思考。有提问的训练，也有自我解疑的训练。而那些没有解决的问题就带入课中，让学生带着问题去听课。如果课后还有不懂的问题，课后再去请教。就这样，把问题从课前带入课中再延伸到课后。如果每节预习课，都做得这么扎实，那么课堂教学的效率就会大大提升，尤其是优生会更优秀。

二、在预习教学中提升教师教学监控能力

我国学者王镜在2020年提出教学元监控这一概念，教学元监控是指在教学监控活动进行的实际过程中，根据教学监控目标及时评价、反馈监控活动的结果与不足，正确估计自己达到监控目标的程度、水平；并且根据有效性标准评价各种监控行动、策略的效果。元监控也是一种更高级、更复杂、更全面的监控。

学校教学中，教学监控水平很大程度取决于教师的元监控能力。如果教师具有较强的元监控能力，就会主动、自觉地把教学监控作为监控的对象，对自己的教学监控活动加以检查与调控。

经过一个学期的预习,学生们已经养成了良好的预习习惯,那么到了第二学期,在预习的课前监控方面我做了更细致地检测,以第一课为例,设计了每一课的预习单,让预习的检查落实到每一个环节。

	1. 古诗三首预习单
朗读	1. 这三首古诗我读了(　　)遍,能做到(正确流利有感情)地朗读。 2. 边读边在不明白的地方画上"?"。
概括	1.《绝句》描写了春天到来时江山美丽,鸳鸯安睡的情景,表现出一派生机勃勃、欣欣向荣的景象,表达了作者欢愉、闲适的心情。 2.《惠崇春江晚景》通过对竹林外的几枝桃花和短短的芦芽的描写,描写了早春时节春江的景色,抒发了对早春的喜爱之情。 3.《三衢道中》用生动的笔触,描写了初夏＿＿＿＿的景色和诗人山行时的心情。
理解	结合注释,说说下列诗句的意思。 1. 迟日江山丽,春风花草香。 2. 竹外桃花三两枝,春江水暖鸭先知。
资料	搜集描写春天的古诗,读一读,选一首背诵下来。
质疑	通过预习,你还有哪些疑惑?写下来吧。

三年级,学生已经进入了中年级的阶段了,也通过一个学年的训练,对于怎样高质量的预习有了一定的感悟,那么作为教师来说,也更明白了预习的重要性。原本以为,到了三年级,学生的识字量也大幅度提升了,但是在学习的过程中却发现,有一小部分学生遇到了困难,读的时候明显没有以前的课文流利,也不会正确停顿了。

三年级的语文学习明显课文的篇幅长了很多,《花的学校》这是一篇全文没有注音的课文,旨在引导学生运用学到的方法,自主识字,自主阅读,继续培养学生默读的能力。

课堂预习时,我要求学生:
1. 在读的过程中先圈出不认识的字,借助学过的方法来猜一猜。
2. 安排学生来交流,引导学生读准字音。
3. 检查重点词语。

　　荒野　簌簌　衣裳　扬起手臂
　　风笛　放假　湿润　急急忙忙

对于不认识的字,我慢慢引导学生充分发挥插图的作用,借助形声字的构字规律,勾连学生的生活经验等方法引导学生去猜读。

经过一段时间的预习教学监控,我在觉察自己预习教学中的问题与调整预习教学方法中,逐步积累了一些指导学生预习的方法。例如,词语预习中猜读词语的方法:

1. 借助形声字的构字规律来识记。
2. 与熟字进行比较。
3. 借助词语识记。

其实,我还是不太赞成去猜一猜字的读音,因为学生去猜的话,他的依据就是根据字的一部分的部件来猜,但往往猜错的概率也是很高的。比如,"腮",很多学生猜成 sī;"贲",很多学生猜成 bèi。这不就成了一个白字先生了吗?

所以,我个人更愿意多花一点时间,让孩子们拿着字典,用部首查字法去查一查自己不认识的字的读音,然后认真地把字的读音写在这个字的上面,连成词语读一读。

我在预习教学监控中,体悟到:

1. 预习教学监控能力具有铺垫作用

预习是初步感知课文的阶段。其实质在于把学生引导到一个新的水平线之上,提高他们学习课文的起点,从而改变学习的被动局面,为高质量的教和学打好基础。一方面预习不能是"浮光掠影",另一方面又不必都要求"水落石出",适度是其关键。

2. 预习教学监控能力具有预测作用

对于教师而言,预习具有洞察性,它是教学过程中的一个环节,也应看作备课过程中不可缺少的一部分,类似文章中的"过渡段",教师应十分重视预习过程中的信息反馈,以便恰当调整教学方案,取得较好效果。学生通过预习,初知概貌,生出疑问,"测量"出自己知识的深浅,认识到课文难点之所在,然后再去学习课文,其积极意义是很明显的。

3. 预习教学监控能力具有自练作用。

预习主要是为学生提供一个阅读和独立思维的机会,一般来说,它是学生根据一定的预习要求进行自己练习的过程。这种自练,从近期目的来看,是为学习具体课文做铺垫;从长远目的来看,它是在培养发现问题、分析问题、独立撷取、驾驭知识等能力——因为这种自练本身是在"尝试了解"课文,只要没有忘记启迪心智方面的训练要求,是很有利于培养"会"的能力的。

预习的方法也是千万种,作为教师可以教给学生很多种预习的方法,同时,教师更要对自己预习的教学进行课前、课中与课后监控。课前监控预习的预设合理性、预设与课堂教与学的关联性。预习教学的课中监控要关注预习对学生理解课文的作用,及时发现预习的不足之处,并加以弥补。预习教学的课后监控重点要落在反思教师是否比较正确把握了课文预习的关键点,学生自主预习能力的提高上。通过预习教学的教学监控促进学生找到适合自己的预习方法,在广度和深度上精益求精,为预习打开一扇敞亮的大门。

(陈　萍)

案例 25

教学主张践行中的教学监控能力提升行与思

教师的教学监控能力在实践中提高,在实践中增强教学自我监控能力。我在践行《在阅读教学中巧用列表,提高学生阅读效率》中深切感悟到了教学监控是教师提高教学水平的有效路径。

一、在提出教学主张时进行自我监控,确定选题

教学主张的选题不是一蹴而就的,需要反复思考、不断酝酿,对几个选题方向进行系统反思,调整,还与其他教师讨论听取意见,经历了教学主张的确立前的教学监控。因为表格是由一行或多行单元格组成,用于显示数字和其他项目,以便快速引用和分析。表格通常由行、列、单元格三个部分组成。在现实生活中,表格一般多用于工作、学习、生活等方面。它能很清晰、简明地表达所需要表达的东西。究其原因,就在于表格的层级分类和系统联系与逻辑思维较强的理科具有一致性。

表格可以系统明了地展示学习内容。表格运用到语文教学中就意味着思路清晰、要点明确、语言简明、重点突出。表格本身的特点决定了表格在语文教学中的这些优势。表格行列分明,纵横交错,按顺序设计可突出思路;每一框格,可涉及一个内容,目标具体,要点明确;表格形式紧凑,框格范围有限,准确填写必须语言简明。一个完整的表格,其实就是一个知识的框架,其中的重难点也会一目了然。

教师根据不同的课文内容和不同的教学目标来设计不同的表格,可以作为学生预习课文的依托,可以作为指导学生学习的一个手段,可以梳理已学的知识,也可以用在学生复习总结方面。把表格运用到语文教学中来,对学生的思维能力、概括能力、提取知识的能力来说,都将有一个飞跃的发展。

二、教学主张践行中提升教学监控能力

借表格阅读理解进行监控。在阅读理解文章的过程中,学生常常不能一下子看透文章的思想内容、结构形式、表现手法等。在这种情况下,根据文章的内容有

针对性地设计一份直观性强的表格，借此帮助学生来解决问题。特别是对于那些条理比较清楚的课文来说，一张小小的表格就解决了许多学习中的问题。

表格的设计分几种情况，有的是针对整篇课文设计，有的是针对重点部分，也有针对课文结构的，有的是针对课文内容的，究竟在教学中应该针对哪一方面，那要看你教学的目的和课文的难点所在了。

针对课文重点部分设计表格。统编版四年级上册第四单元是一个神话单元，"了解故事的起因、经过、结果，学习把握文章的主要内容""感受神话故事中的神奇想象和鲜明的人物形象"，是本单元的学习重点即单元语文要素。在这一单元的教学中我大量的运用表格去突破这一重点，下面我以《盘古开天地》为例来说一说在教学过程中我是如何让利用表格落实本单元的语文要素的。

起 因	混沌一片	
经 过	有一天	起身猛劈
	天和地分开后	顶天踏地
	过了一万八千年	支天撑地
	盘古倒下以后	化生万物
结 果	世界形成	

对于四年级的学生来说，他们已经接触过了不少的故事，而这类神话故事也是有趣的、易接受的，使得学生能够很快地把握故事的起因、经过、结果。但是由于经过部分信息较多，很多学生容易丢落某些情节。所以在教学中，我将"经过"按时间顺序划分出四部分内容，让学生找到关键词句，并概括在这一时间段盘古做了什么，然后以表格的形式提供给学生。

设计这张表格的同时也紧贴着学情，表格里所要填写大多内容都是学生可以在课文中快速找到的，易于激发学生填表的兴趣，使得他们更加主动地投入到课文学习当中，充分调动了学生学习的积极性。

其实，学生填表的过程也是积极主动思考的过程，能够让他们将这些关键信息有意识地记忆起来。课堂中，大多数学生可以高效快速地填完表格，从而得以把握文章的主要内容，做到复述课文，这也完成了本课的一个教学目标，而且是在无形之中做到的。可见在情节信息较多的神话故事教学中，运用表格可以有效地帮助学生提取信息，厘清脉络，以此来达到把握文章内容，简要复述故事的学习目标。

三、提升教学监控能力的感悟

运用表格在大多时候能够对学生起到引导自学的作用,既体现了"学生是语文学习的主人",又能使教师的教学能够有的放矢,更有针对性。这样的方法确实是一种简便易行而且效果不错的教学手段,但是,为用表格而用表格只求教学手段简单的变化是绝对不可行的。只有在充分考虑到其特点、功效的前提下,正确、恰当、充分地运用到课文的学习里,才能更有利于学生语文基础知识的把握、语文基本素养的提高和语言综合能力的训练。

1. 建构教师个体与教师群体的"双向建构"

系统教学监控关注在群体发展与教师个体发展互相促进,孕育共生发展的教研环境,以此支持系统教学监控活动的展开。教师群体成员对教师个体的教学提出评价与改进意见,即外部教学监控。第二个方向——教师提供自己的智慧与经验,为群体教学监控提供支持,即教师参与群体教学监控活动。这两个方向互动、交融,对教师教学监控系统产生综合作用。在教师教学监控中,往往偏重于对教师的教学评价,而容易忽视教学监控的环境创设,以支持教师教学自我监控的开展。

通过愿景激励,良好的教学学术氛围、建设性的教学建议等,促进与支持教师教学的自我监控。巧用表格就是教师个体与教师的群体的"双向建构"。

2. 注重教学监控的实践与科研的"双重践行"

在教师教学监控能力提升过程中,不仅要注重在课堂教学实践中提升教学监控能力,而且也应该关注教学监控及其能力的研究。因此,我在设计表格和应用表格的过程中,其实就是注重教学监控的实践与科研的"双重践行",从而不断提高学生的阅读效率。

3. 关注教学监控中与学生的交互

教学监控一般而言是教师的教学一部分,但是教学监控不仅涉及教学监控的客体教与学的要素(教学目标、内容、方式、过程等),也涉及教学监控的学生参与。交互多元策略使学生对教师的教学,以及教师对教学的监控可以做出反馈,从学生的角度提出教学反馈意见和建议,而且是十分重要的教学监控的信息来源,更为重要的教学监控质量的参照要素,即学生是否参与教学监控,教学监控对学生学习的效果。关注教学监控中与学生的交互,可以避免以教师为主,而忽视学生参与的单向监控交互。在阅读理解文章的过程中,学生常常不能一下子看透文章的思想内容、结构形式、表现手法等。在这种情况下,我们可以根据文章的内容有针对性地设计一份直观性强的表格,借此帮助学生来解决问题。特别是对于那些条理比较清楚的课文来说,一张小小的表格就解决了许多学习中的问题。这样的监控是十分有效的,为学生提高阅读效率起到很好的。

我之所以能不断践行自己的教学主张,关键在于在这个过程中不断进行教学监控,是自己的教学主张的实践更有方向感,不断反思与改进,提升教师教学监控能力是提高语文教学的需要。

(吴密娣)

案例 26

增强创设语言情境的教学监控能力

在教学监控的实践研究中,我体悟到较为深刻的是教学监控能力不是空泛的概念,而是一个实在的教师教学能力。教师教学监控能力的提高要从教学监控能力表现着手,能力表现是我们学校这个课题的亮点,确实是从小处着手,大处着眼,培养教师的教学的核心素养的重要组成要素。

教师提出教学主张有助于自己的教学研究的总结,有助于对教学研究与实践,走向符合教学规律的教学。在确立与践行教学主张的过程中教学监控一直伴随着我,我的教学自我监控能力也获得了提高。近年来,我从英语作为外语学科这个基本学科特质出发,结合自己的教学感悟,提出了"创设语言情境,增强语言活动"这个教学主张。

一、增强群体互动下的自我监控能力

通过教学自我监控,把握教学中创设语言交际情景,增强课堂教学中语言实践的真实性。课堂教学中以学生的生活为素材创设语言交际情景,让英语教学跟学生的生活联系越密切,学生自觉接纳知识的效率就越高。《牛津小学英语》2A Unit1 My family 的主要教学内容是"认人",十分贴近生活实际。它涉及的新句型和词汇有:Who's he/she? He's /She's my …, father, mother, brother, sister。在教学过程中,我通过用人物影子及问句"Who's he/she?"创设语言情景来复习一年级学过的八个人物:father, mother, grandmother, grandfather, 和单词 he, she。二年级的学生活泼好动,注意力不集中,针对这一特点来设计教学内容和方法,充分调动学生积极性和学习兴趣,所以在此利用自己带来的全家福操练人物介绍句型。接着出示自己的全家福,引出单词 family 和句子 He is my father. 和 She is my mother. 再然后让学生出示自己的全家福照片,引出 Is she …? Is he …? 等学生基本能掌握这个句型后,我让学生以小组为单位,用自己的全家福反复操练 Is she …? Is he …? 反复利用学生带来的全家福创设情景,让学生在快乐中学习英语,开展语言训练活动,增强语言活动的效率。创设语言活动的情景,从已有知识过渡到新知识,既激活了已有知识的沉淀,也把新旧知识连贯起来,达到了良好的

教学效果。

通过教学自我监控,把握教学教具创设语言交际情景,增强课堂教学中语言实践的丰富性。小学生年龄小,学习主要依靠形象思维。语言文字抽象枯燥,如果能巧妙使用图片、实物等直观教具不仅能有效激发学生的参与互动和交流的热情,调动学生的多重感官参与课堂活动,加深学生的理解和记忆,同时也有助于为学生营造语言交际的情景,凸显语言实践的真实感,让课堂教学事半功倍。我在牛津英语 2A Module 4 Unit 2 In the forest 第二课时的教学实践中,我对 In the forest 这一课进行的教学整体设计,将这一单元划分为两个课时,第一课时主要话题为"In the forest",教学任务是通过学习动物及他们喜爱的食物单词来进行小动物扮演,并让同学猜一猜什么动物;而第二课时则是在第一课时的基础上,对一个动物的外貌及食物习性进行介绍。两课时均有句型教学,但第一课时沿用旧句型,用"I am …","I can …","I like …"来带动新单词的学习,词汇教学不能脱离语境孤立进行教学,因此,第一课时我设计了小动物们在森林中玩耍的语境,利用头饰图片等创设语言环境,用低年级孩子富有的童真和童心开展教学,通过扮演和猜谜的方式灵活使用语言。

教学监控体验,就是教师个体主动亲历教学监控活动,并获得相应的认知和情感的直接经验的活动。第二课时句型要求学生能用第三人称对某一动物的食物喜好进行描述,在初次处理教材的时候,我把教学内容复杂化了,由于常年教中高年级英语,而恰恰一般现在时是高年级学生在语法关上的弱项,因此我不自觉地将一般现在时第三人称单数搬上了备课稿上,试问二年级的孩子如何消化得了时态上的难点。针对课前预设和课前监控反复推敲和对课程标准反复研读,我把教材内容重新定位到二年级上,二年级孩子的学习重点是背默词汇并能识读句子,而句子并非他们的学习重点,这样一来,教材内容便容易处理多了。我把整堂课的主体设计分为三段式教学,第一段通过看图听录音,让学生初步了解所学动物的习性,锻炼学生听并能跟着仿说的能力,对于语段有一个初步感知;第二段进行句型教学,主要通过一句叠加一句的方式呈现,让孩子能从说一句话到说上三四句关于动物的描述语句,重点处理"Look at the fox."中的"the fox"以及"It likes meat."中的"It likes …",让学生通过跟读、仿说、配对等练习对动物们喜爱的食物进行关联,从而能准确表达出来,至于"It likes …"中的动词 s,学生能准确表达不遗漏即可。第三段进行二次听语段,并能跟着仿说,第二次仿说学生明显熟练准确许多,在此基础上学生能选一种喜爱的动物进行介绍,与此同时我在这里设计了话题难度分层,对于不同基础的学生可以选择难度不一样的语段进行输出,由于这样的主体设计是符合学生语言学习规律的,因此,课堂反馈比较好。通过这样的教材处理,学生在语用与语感、理解与表达上均有所提升。

二、把握教学监控客体,提升教学自我监控能力

教师在日常教学中的自我教学监控,通过研读课标,研读学生进行课前修改教案,增强教学监控的体验。联系教学实际,充分利用教师已有的教学监控经验,把自己所掌握的教学监控经验应用到教学中去。

通过教学自我监控,把握创设交际情景,增强课堂教学中语言实践的流利性。创设英语学习情境,激发学生英语学习的内驱力,凭借交际情境将学生置于真实而富有吸引力的学习氛围,凸显课堂教学的真实感,让学生处于"心欲求而未得,口欲言而不能"的跃跃欲试的学习状态中,让课堂成为学生主动学习的殿堂。本课是 M3U3,主题是 My clothes,这节课是第二课时,学生已经基本掌握了单词 trousers, sweater, shirt, coat 和句型 I have … for spring/summer/autumn/winter. 而且在本学期 M2U1 中学生们主要学习了句型 I like doing … 以及 M3U1 The four seasons 中学生们学习了各个季节的特征和在这个季节中喜欢做的事情。所以在这节课的开始前,我为同学们设计的对话主题是 The season I like. 我先给同学们提出了 3—4 问题,1. What season do you like? 2. How is the weather? 3. What do you like doing in/spring/summer/autumn/winter? 4. What do you have for spring/summer/autumn/winter? 然后邀请同学们来回答。在这个环节,我通常邀请 1~2 个比较好的学生来回答,给其他同学一个参考,也给其他同学一些思考的时间。第二轮我会邀请 3—4 中等的学生,他们的回答有时候也不会是全部正确,我通常根据他们的回答用正确的句子表达出来,然后再让他们重复。最后我 1~2 个学习能力较弱的学生,学习能力比较弱的学生有很多时候还是不太会回答,我通常会帮助他们,让他们跟着回答一遍。我们通过在教学中创设情境可以促进学生们进行情感的体验,让我们的学生可以在一个愉快轻松的环境之下进行学习。这样不仅可以让我们学生认知与智力系统在一个兴奋的状态之下,还可以让我们的学生全身心地投入到认识与意向的活动中来。在情境创设的过程中,学生们可以进行思路的开拓与碰撞,这样可以培养我们的学生创新的能力。在英语课堂教学中,教师监控自己是否以情境为载体,将语言学习成为学生在英语环境中语言实践活动,引导课堂教学走向高效。

通过自我监控,把握凭借媒体创设情景,增强课堂教学中语言实践的生动性。巧妙利用各种现代教育媒体把生动的画面、富有情趣的影像、言简意赅的文字、悦耳动听的音乐搬进课堂,为学生创设声情并茂的语言交际环境,将课堂变得生动形象,富有情趣,引导学生主动积极通过多重感官获取信息,实现英语课堂教学最优化。

教师可以借助三个助手平台提供的这些丰富的教学资源和多模态的教学手段,合理利用组合设计适合自己教学班学生语言水平的课堂教学,提升学生语言

能力和思维品质。本节课是 3AM3Unit1 My school 的第三课时,是一篇日常对话式语篇,让学生在新生到校这样的生活场景学习和运用语篇。三个助手平台资源中提供了视听排序、观察选择、问答交流等多种活动模式。在教学设计中我运用了"三个助手"提供 watch and order,让学生通过听和观察图片,获取相关信息,整体感知语篇,初步了解 What's this/that? Is this/that …? 以及单词 classroom, hall, tiolet。通过运用"三个助手"提供 think and choose 的活动,引导学生观察图片人与房间的距离,进一步理解 this 和 that 的区别以及简单运用句型 Is this/that …? 为了提升学生观察能力、语言能力以及逻辑思维能力,我采用了平台提供的活动 Think and say,学生不仅要观察人与房间的距离,还要注意回答 yes 还是 No,来确定空缺中所填的名词。但在教学中发现学生不注意到两幅图的连贯性,在第一幅图的问句中出现多个答案时,我及时进行课中教学调控,增加了 Where …? 的句型提醒学生,培养学生的观察和逻辑思维能力。

```
P1: Is this the classroom?
T: No, it isn't.
T: Where does Tim want to go?
T: Does he want to go to the toilet?
Ps: No, he want to go to the library?
T: Yes, he wants to go to the library.
T: Do you get the answer now? Look at
the picture 2.
P2: Is this the library?
```

教学监控是为了改进教学的一种方式,提升教师教学能力的一种途径。通过自己的教学监控课中的活动,增强自我监控与外部监控的体验。教师亲历感悟经验,不但有助于获取教学监控的知识与能力,更重要的是教师在体验中能够逐步掌握教学监控的一般规律和方法。

在教学中教师必须提高教学自我监控能力,促使自己的教学符合外语教学规律。我在教学监控中关注自己的教学是否落在让学生在语境中理解语言知识和内容,在语境中操练能提高学生实践的量和质。不断提高教学中的自我监控能力,使自己在课堂教学中利用多种手段,创设语言情景,培养学生语言能力,有助于学生提升文化意识、发展跨文化沟通与交流的能力。

(王 晖)

第九章 「共生与自主」为特征的教研组生态建设

○ 第一节 "共生与自主"教研组生态建设的必然性

○ 第二节 "共生与自主"教研组生态建设的设计

○ 第三节 "共生与自主"教研组生态建设的实施

○ 第四节 教师教学主张的确立与制定

第一节 "共生与自主"教研组生态建设的必然性

一、共生：教研组生态对教师教学发展的支持

教研组发展生态是学校生态的重要组成部分，关系到教师的发展。"橘生淮南则为橘，生于淮北则为枳，叶徒相似，其实味不同。"（《晏子春秋·集释》）这意味着教师在不同的生态环境中会有不同的发展。教师的发展需要良好的生态，生态是主体与环境的关系和状态的总和，教师的专业关系、人际关系与规范关系等都影响教师的发展。当前，不仅要关注教师的培训，而更为要紧的是营造教师发展的健康生态。就以教学监控来看，如果只是以外部的统测、飞行检查等方式监控教学质量，这种简单、粗暴的方式对待教师的教学，偏离了以人为本的目的，那么离开真正的教学监控还有一段不小的距离。

在教研组生态中也存在着非生态化现象，所谓的"名师"不是自然涌现，拔苗助长，犹如影视业的造星；教学重术，忽视道，不讲学理，还有所谓专家提出"教师不需要研究理论"；教学上盲从，人云亦云，例如，英语"集中识字法"（英语是"词"，汉语中是有"字"）以讹传讹。还有一知半解，误人子弟，例如，培养学生能力、培养学生思维，其实对这些问题除了词语外，其对什么是能力、思维的概念等都缺乏把握，教学仍然停留在讲解知识的水平上，谈不上很好地培养能力、思维等。教研组活动形式多于实质内容，以行政性工作布置代替教学研究。教研组生态需要不断修复、改善、优化，不断生态化，使教研组生态的适宜性、丰富性、共生性、开放性、整体性、民主性不断凸显，提升为教师共生的共同体。

我们学校在新优质学校工程中明确发展重点目标之一是"通过'教研组生态改进与优化促进教师发展'项目，营造教师发展的生态，增强教师专业自觉发展能力，提高教研组建设能力，从而优化学生发展的基础条件，为明显改善办学质量打好基础。"以教师为关键——以教研组生态改进，营造教师发展的良好环境，推进教师在教书育人中自觉发展，为学生的发展提供支持。

学校深感加强教研组生态建设的紧迫性。教师工作认真潜力较大，但队伍建设面临瓶颈。学校教师工作认真踏实，在中青年群体中，有不少有想法、有干劲、

有能力的教师,有些老师长年不计报酬义务为学生补缺补差。但是教研组生态的问题还重视不够,对教师发展支持力度不足,这与学校办学发展之间存在距离,对学校发展带来很大挑战。我们在开展"基于教研组群体互动,提升教师教学监控能力"项目时深感教学监控与教研组生态有着密切关系,教研组发展目标认同性强、人际关系与专业支持和谐,教师自我监控与群体互动监控整合性强,教师教学监控能力提升较快,教学改进明显。我们学校以优化教研组生态促进教学监控实施,促进教师发展。

共生的教研组生态才能对教师教学发展提高积极的支持。教研组生态是教研组成员在一定的教研环境下进行交互所显现出来的关系与状态的总和。教研组生态是由作为活动主导要素的教师和教研组环境构成一个生态系统——教研组生态。共生是教研组生态的主要特征,共生是教研组发展的目的,也是教研组发展的路径。生态哲学强调相融共生的观念,认为共生是一种生态智慧,它包容,它尊重,它提供发展的每一次机会。自我生长、健康互动、良性循环的有机联系,是生态关系的最本质特征。生态学三个定律:一是高效原理,资源的高效利用和循环再生产;二是和谐原理,系统中各个组成部分之间的和睦共生,协同进化;三是自我调节原理,协同的演化着眼于其内部各组织的自我调节功能的完善和持续性,而非外部的控制或结构的单纯增长。我们应该遵循这些定律建设共生的教研组,共生互动赋予教研组以自我生长的内在动力。

教学监控中教师共生充分反映了教研组生态的发展程度。教学监控中的共生是不同教育生态主体之间的积极关系,也是监控主体间、监控客体中的要素间共同相处,各种形式的互相作用和影响。共生的教研组是教研组生态不断生态化的过程。教研组生态化要努力实现以下六个方面:

1. 系统整体性,教研组工作有系统性,整体实施,避免工作碎片化。
2. 合作共生性,教研组讲民主平等,有凝聚力,成员共同进步。
3. 专业适切性,教研活动重视合理适宜性,关注教研质量实效性。
4. 活动多样性,教研组活动要丰富多样,以适应教师发展的需要。
5. 结构开放性,教研组要善于利用校内外资源,丰富学习与发展专业。
6. 发展均衡性,教研组工作要关注全局,课程教学与师生要同步发展。

教研组共生生态营造是教研组与教师之间的双向互动的过程,营造民主、合作的教研氛围;提升教研组长教研组领导力的过程,增强教研组长的学科工作决策力、课程实施组织力、学科专业引领力、专业学习引导力。

依据"双向建构"理论,我们认为教学监控共生生态通过三个结构的双向建构形成互动系统。教学监控这三个结构分别是教师群体的主体结构、教师个体的主体结构以及教学监控客体结构,正是这三个结构的互动形成了学校教学监控系统的整体功能,并推动教学监控实现其目标。

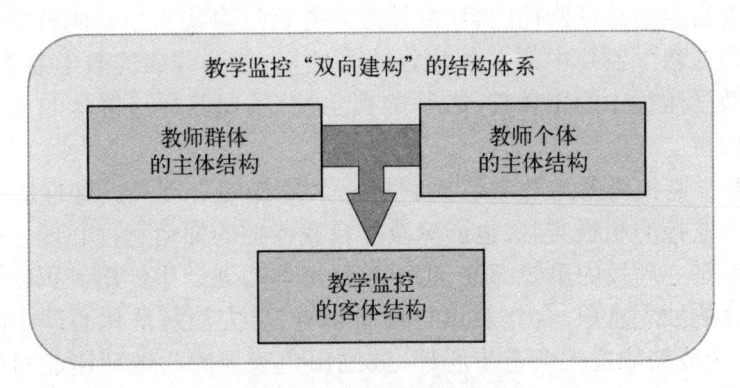

教学监控"双向建构"的结构体系

教学监控中共生关系的建立依靠对话与协商。共生性教学监控关系强调关注教师个体与教师群体在充分对话和相互理解基础上展开教学监控。在教学监控过程中要关注监控中的深度沟通,表现在监控的需求协调、教学监控的情感共鸣、自主心理的展现、独立精神的交汇等方面。教学监控最终的沟通不是一元线性的,是多元复变的沟通。教师需要与其他教师、学生,以及家长等进行沟通,这些沟通需要民主平等的宽松环境。在沟通中保持教师人格的完整性,表现为独立性融合。教学监控中教师的情感与思想的交流的深度沟通才会体现教师的责任,相互依赖,表现为共生性融合。这两种不同的融合,是教学监控共生的基础。

二、自主:教学监控需要健康的教研组生态

共生的教研组生态强调教师作为生态系统主体的地位,以发挥教师作为学校主人、作为专业人员在学校办学中的作用。在教学监控中教师常被误解为监控的对象,而不是监控的主体,这就导致监控目的的异化。教学监控需要良好的教学监控生态的支持,教学监控的主体——教师需要从学校生态的组成部分——教研组生态中获得自主发展的滋养。这是教研组共生发展必然需要的教师个体的充满活力的发展。

教学监控的主体性来自教师的自主性,是教学监控质的基本保障。在一个整体的环境中,当赋予教师以信任和权力以后,其教学监控的质和量都会出现指数级变化,尤其是当教学自我取代了分数和等级而成为监控核心以后,教师对自己的要求就会更高。教学监控中的自主表征的是教学监控的内在品质,相对于被动监控、外部监控和"他主监控",自我监控对所有教师适用,不仅是高年

资教师创生性教学需要,而且对初入职教师激发教学愿望,增强他们的自我监控意识也需要。教师与教师群体互动是教学监控必要条件,教师可以根据自身条件和需要自主地选择监控内容、监控方式并通过自我监控完成教学任务。针对传统教师在教学监控中的主体地位缺失处境,营造健康的教学监控生态,支持教师在教学监控中的主体性,教师的自主性,实现教师与群体的交互下的自我监控高质量。

教师教学监控需要为教学监控营造一个宽松的心理场。这样的心理场影响教师教学监控的积极实施,也影响教师自我监控的知情意行心理过程。教师的人际关系是心理场的重要部分,也对教师群体心理产生作用。积极引导与培育教师群体的独立意识、合作意识与创新精神,努力消解群体心理中的妒忌才能、妒忌出色成绩的反社会进步心理,鼓励出色表现的心理环境能增强教师在监控上的自主性,有力地促进教师自我监控的发展。这种积极的教学监控心理场需要持久营造日常性的支持性环境。环境氛围是具有弥散性与广泛性的。要持续地强化环境作用方式,使教学监控环境能长期起到促进教师自我监控的习惯养成。教师教学监控的积极体验的良好经历的支持性环境氛围具有相对稳定性,在各种教学活动中表现出来。这种环境应该处处时时在教学中让教师感受到,不是概念化的,因为教师需要一个接纳性的、支持性的、宽容性的教学环境氛围。营造这样的环境在于日常化,不是形式化的,或贴在墙上完事,而是实实在在的,处处时时能感受到的平等合作的交流氛围和民主讨论的专业氛围。只有在教学监控中教师得到足够的尊重、关心、理解与信任,才能在教学中自觉自我监控,才会乐意群体互动,又不盲目从众,坚持正确的观点与实践,敢于发表不同的意见与想法,情感上交融,行为上合作,教师心情舒畅,思维活跃,专业才能得到充分发展。

"勒温格式塔"心理学认为,将个体行为变化视为在某一时间与空间内,受内外两种因素交互作用的结果。"勒温"称个人在某时间所处的空间为"场","场"一词借用物理学上"力场"的概念,其基本要义是:在同一"场"内的各部分元素彼此影响;当某部分元素变动,所有其他部分的元素都会受到影响,此即"勒温"的场论(field theory)。他用场论来解释人的心理与行为,并用以下公式表示个人与其环境的交互关系:$B = f(P \times E)$(B:Behavior 行为;P:Person 个人;E:Environment 环境;f:function 函数)。此公式的含义是,个人的一切行为(包括心理活动)是随其本身与所处环境条件的变化而改变的。

我们可以从下列人的行为变化示意图中看出自我监控的基本心理过程,认知、判断、调整、反馈的基本环节,其本质是作为教师的个体与外部的教师群体互动。

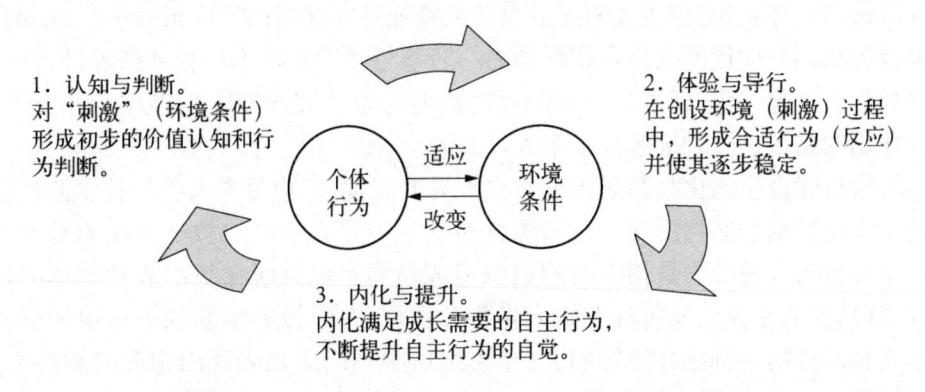

1. 认知与判断。
对"刺激"（环境条件）
形成初步的价值认知和行
为判断。

2. 体验与导行。
在创设环境（刺激）过程
中，形成合适行为（反应）
并使其逐步稳定。

个体行为 ⇌ 适应/改变 ⇌ 环境条件

3. 内化与提升。
内化满足成长需要的自主行为，
不断提升自主行为的自觉。

行为主义者有这样的基本假设：行为是学习者对环境刺激所做出的反应。他们把环境看成是刺激，把伴而随之的有机体行为看作反应，认为所有行为都是习得的。以此，我们可以解释教学监控中主体与环境的互动关系。我们应该为教师的自我监控创设一种环境，尽可能在最大程度上强化教师自我监控的合适行为，消除不合适行为。

教学监控的自主性强调教师教学监控的自律。关注教师教学监控从他律走向自律，关注教师教学监控能力养成中的主体价值。教育家苏霍姆林斯基说，"促进自我教育才是真正的教育"。这也适用于教师的教育，只有教师的教育与教师自我教育协调发展，形成"共振"的时候，教师的发展才是可以预期的。因而，创设教师自主发展的环境，是营造教研组生态首先要关注的问题。创设自由、民主的气氛，使教师有充分思维空间，个个精神振奋，畅所欲言，真正激发教师的能动性、自主性。同时，采用群体合作的教学监控形式，让教师自主合作，克服"整齐划一"缺失情境的缺点，便于因人而异，因人制宜，通过群体互动讨论，不仅要表达自己的观点，还要对别人的意见作出评价，而且能通过集思广益形成自己的观点，深度思索，善于探究，增强合作。注重教学监控中的体验与交流过程，这种过程不仅是单向的言语，而是互动的对话，多向交流。在这个过程中思考问题、归纳问题、解决问题的综合能力获得提高。

发展性的教研组生态要求教师在教学中充分发挥主体作用，鼓励批判性思维，在民主平等的研讨氛围中引导教师自由表达。发展性的教研组生态中的合作学习，能够充分体现教学监控的自主性。能够形成一种独立自主的、富有批判精神的思想意识，以及培养自己的判断能力，以便由他自己确定在各种不同情况下他认为应该做的事情。

三、建设"人人都有领导力的教师生态"

自主与共生的教研组生态是群体互动下教师教学自我监控的必然要求。格朗(Gronn, P.)等认为,分布式领导最重要的特征是"共同行为"(concertive action)。共同行为是相互作用结果的累积性动力。教学与教学监控不是教师孤独地进行,而是教师们一起工作,通过相互间的互动激发与增强彼此专业精神和专业能力,彼此作用的结果是一种远远高于个人行为的一种合力。

教研组建设生态化是教研组分布式领导的新视角,也是人人参与教学监控模式的生态化要求的必然反映。教研组分布式领导是人人参与教学监控的基本保障。学校分布式领导力是指学校的组织与成员为实现其所在组织或者群体的目标,以其自身的专业以及所具有的人格相互作用,在学校办学活动中对组织群体其他人员产生的一种综合性影响力,即由组织中不同成员表现出相应的领导力,并且通过交互过程发挥作用(王钰城,2011)。教研组分布式领导强调教师的地位,应当占据重要地位,强调教师参与领导的重要性。我们营造共生自主的教研组生态强调"人人都有领导力的教师生态",并以此推进教研组各项工作。生态型教研组突破传统的管理思维定势,确认"人人都是领导者"。教研组管理需要观念转变,突破思维定势,更多地关注教师与教研组的双向建构,共生发展下的教师自主发展,更多集中于教师专业发展的共享环境创设。

我们在"基于教研组群体互动,提升教师教学监控能力"课题研究中注重研究教研组生态,发现了教学监控与教研组生态的正相关,越是教研组生态良好,教学监控越是深入开展,教师教学监控能力明显增强。教研组建设生态化首先要确立教师的领导地位,树立"教师人人都是领导者"的观念,确认每一位教师在教育教学工作中的领导力。教学监控在一定意义上来讲是一种教学管理与领导,同样具有分布式领导力(Distributed Leadership),正如埃尔玛指出的:"领导力分布于课堂教学第一线的人身上,应该授予他们权力,让他们承担领导的任务并付诸行动。"(Alma & Daniel,2005)教学监控领导力分布于第一线的教师身上,承担领导责任,并发挥着领导力作用。我们不能再把教学监控领导看作是一个控制系统或授权给某个人或某几个人的工具。教学监控与单独的某个人、某个角色及其身份无关,而主要是学校内各层面上从事教学的专业关系。传统的管理语境中,教师只是被管理者或者被监控,即学校以其领导者对教师所采取的管理方式或管理行为。另一个方面出现了一种精英教师倾向,不少"骨干"不是自然涌现而是加工出来的,学校教师生态失衡,大部教师积极性受到影响。秉持"教师人人都有领导力"的理念,建设共生自主的教研生态,促进学校教学监控健康发展。

"人人都有领导力的教师生态"的主要特征是共生自主,而共生自主的教研组生态以民主为要义,有着两个基本内容:一是平等,教师在人格上一视同仁,都有尊严地进行教学。对不同教师平等、公正对待,即使是教学能力不足的教师也要鼓励与帮助,都有平等地享有被尊重的权利,在教学监控中有阐述与解释自己教学的权利,同时,任何教师都没有权力主宰或者轻视其他教师。二是自由,允许教师从不同选项中进行教学选择的可能,也就是给予教师依据具体情境自主选择教学方式的权利以及提出自己教学主张的权利的可能。我们应该把教师领导看作是一种共同领导的过程,在教学监控中建立专业互动关系。通过教师自主发展与群体发展的双向互动建构的实践过程,促进教师职业生涯的发展和教研组共同体的形成,提高教学实践能力,促进教研组和教师共同发展。

第二节 "共生与自主"教研组生态建设的设计

一、"共生与自主"教研组生态的基本要求

教研组要营造一个"共生与自主"的教研组生态,把教研组建设成为一个生态化的教研组需要制定教研组发展规划。通过教研组规划的制定,梳理、明确与诊断教研组发展的现状,明晰教研组发展方向,确定教研组系统化的实施举措,凸显教研组重点解决的问题,促进教研组与教师双向发展建构的路径。这样的规划对教研组发展具有很好的导向作用,也可规范教研组工作。当前,学校都有学校发展规划,不是每所学校的教研组都制定教研组发展规划,不少学校还是以学期教研组工作计划为主。从教研组建设的长期性来看,教研组应该制订较长周期的发展规划,以便使教研组工作系统化,能环绕学校发展规划周期确定各教研组的发展愿景、任务与具体工作举措,有一个长规划短计划,增强教研组建设衔接性(与学校规划)、有序性、连续性。一般教研组发展规划的时间长度可以2~5年。2~3年的规划小步走可视化强,任务或者项目适中,容易聚气鼓劲。5年的规划主要是与学校发展规划时间上的匹配。

制订教研组发展规划要明确教研组建设的基本标准。我们归纳了十项要求:

1. 先进的学科文化:学科理念成为学校文化组成部分,具有学科特质。
2. 适切的教学方法:形成适应学校学生的教学方法,教师教学主张凸显。
3. 校本的课程体系:课程校本化实施、校本课程丰富、开发特色课程,学科课外活动丰富,特色项目广泛性强。
4. 专业的教研活动:教研活动稳定、质量高。
5. 普遍的课题研究:教研组有主课题,教师有课题,研究有成果。

6. 合理的师资结构：学科教师梯队结构良好，骨干教师作用明显。
7. 出众的教研组长：学科组长成为教师领导者。
8. 健全的管理制度：教研组的主要活动与工作有明确的制度。
9. 有力的公共关系：能得到专业支持、对外有影响力。
10. 出色的学科成绩：学生学习水平良好，师生学科展示、竞赛获得社会认可。

上述十项要求涵盖了教研组文化、专业工作、人力资源以及成效，但不以分数、奖牌或者称号为重要标识，而是以质量的描述与师生、社会认可为依据，是以教研组建设的可持续发展为追求的目标。

二、教研组生态建设发展规划的基本格式

由于不同学校的教研组建设有不同的发展目标与内容，以及发展战略，有自己校本的发展统领性课题(项目)，因此，教研组发展上就会有不同的要求。我们学校统领性发展项目"基于教研组群体互动，提升教师教学监控能力"，为了有利于全校聚焦教育生态营造，为教师核心素养发展提供良好的教研组生态环境，我们要求各教研组制订"教研组生态建设二年发展规划"。教研组生态建设是以生态文明与教育生态思想为理论基础，这是教育哲学的思想指导，对教研组建设具有方法论意义。

教研组生态建设二年发展规划的基本内容要求：

一、教研组建设的基础分析
(一)教研组发展水平状况
教研组发展水平——参照"教研组建设基本标准"。
(二)教研组建设要素分析
例如，课程教学因子、教研组文化要素等分析。
(三)教研组人力资源结构分析
例如，教师多方面结构分析，不同生态位教师的发展状况等分析。
(四)教研组生态适宜性分析
教师发展的生态适宜性——教研组的适宜性、共生性等方面分析，教研组生态对教师教研组发展作用的分析。
(五)教研组生态位分析
教研组在学校、区系统中的发展位置分析。
不同生态位教师的发展状况分析。

二、教研组建设的发展目标

(一) 教研组建设发展的总体目标

总目标,这较为概括,要有达到的水平描述,有两种方法:第一种是比较方法,例如达到区、市,或者学校先进水平,第二种是直接水平描述,例如,教研组建设的水平,以什么作为标识性目标。

(二) 教研组发展生态建设具体目标

根据总目标作细化,对具体的几个方面/项目做阐述。

三、教研组生态发展的重点项目

(一) 项目名称:××××××

(二) 项目背景

为什么提出这个项目,可从实践需要与学科理论角度分析撰写。

(三) 项目内容与实施

可以概括一点,逐条内容陈述。不要过多分析,实在地写出做什么。

(四) 项目进度安排

具体任务的时间节点。

(五) 预期成果

以什么来表达成果,书面完成什么、展示什么,实际效果是什么。

四、教研组发展生态建设的举措

(一) 教师共同发展方面
(二) 成员结构合理方面
(三) 课程教学适应方面
(四) 文化凝聚力方面
(五) 资源利用开放方面

五、教研组发展建设的进度

(每学期做哪些基本工作以及成效)

教研组生态建设发展规划对于较多的教研组长来说是比较陌生的,学校要组织教研组长培训与具体指导,我们的做法是一个一个教研组,由教研组组长与其成员、学校领导和专家共同分析现状与明确思路,把指导融于探讨协商过程之中。学校把教研组制订发展规划,作为提升教研组与教研组长课程领导力纳入学校规划,并作为学校管理的重要内容加以统筹安排。

我们在实践中感到教研组发展规划的制定难点在于把握教研组发展的主题。在编制规划过程中确定与表述规划主题以及相关内容时,常发生偏离与跑题的情况。我们学校要求各教研组制订教研组生态建设发展规划,但是发现编制的视角与使用的话语体系是非教育生态的,与一般的学期教研组计划差不多。

三、"共生与自主"教研组生态建设计划案例

实例 1

语文教研组生态建设三年发展规划

一、教研组建设的基础分析

（一）教研组发展水平的现状

语文教研组按年级分为低、高年级两个教研组。同年级老师组成备课组。低年级教研组为一、二、三年级,共有9个教学班。3位老师教龄在30年以上,3位老师教龄25年以上,3位青年教师(其中,1位8年教龄,1位3年教龄,另一位为新入职教师)。高年级教研组为四、五年级,共有6个教学班。其中,3位老师教龄30年以上,2位老师教龄25年以上,一位教师10年教龄。从这些数据可以看到,语文组老师教龄长,老师积累了丰富的教学经验。但同时也存在着弊端:因为教龄长,对教学不求改变,教学时按部就班,缺乏学习的动力。

语文教师在担任语文教学的同时,兼任道德与法治的教学任务,承担班主任的职责,任务较为繁重。但语文组成员都有很强的责任心和使命感,在语文教学上始终坚持以学生为主体,以课堂为中心,认真落实教学常规,认真搞好教研教改。老教师在专业上传帮带青年教师,青年教师主动承担课堂展示活动,形成良好的教研组环境,曾在2017年获"区优秀教研组"称号。

从学情的角度来看,我校的语文学科建设在阅读和写作上,存在较大困难。由于地区特点,我校学生生源不是特别理想。每个班总有一部分学生存在学习基础差,学习能力差,家长重视程度不够等问题,这些因素造成学生成绩不理想。三年级以后,随着阅读、作文比重的增加,这些学习有困难的劣势尤其突出。特别是表现在阅读和写作上。

（二）教研组建设要素分析

1.从教学方法来看:部编版语文教材,生字教学集中、大量增加古诗文、更是增加了口语交际篇目。我校老师基本上能跟上教材更新。识字教学上,我们始终立足文本,夯实基础。阅读教学上,把阅读课外书籍作为每天的固定家庭作业,养成阅读好习惯。课中、课后重视学生语言积累,为写作打好基础。

语文组的拓展课程虽然有配音节的语文拓展课程,但课程建设上还是比较单一,内容不够丰富。

2. 从教研活动来看：本学期以"融合教学"为主题，结合空中课堂，汲取精华，提升线下教学监控，形成自己的教学主张。

语文组开展教研活动时，老师们全员参与，讨论热烈，教研质量较高。

3. 从教学监控来看：提升课前、课后监控能力方面，我们组织开展多层面的教研活动。每位老师每学年开展一次组内课教学研讨活动。教龄10年以上的老师每两年开展一次专家课的教学研讨活动；青年教师开展每年一次专家听评课活动。

语文组特别注重青年教师的培养，采取带教活动。青年教师每两周上一节"家常课"，课前、课中、课后都与师父共同打磨课堂，全面提高教学监控能力。

课前监控：由老师独立备课，形成初步的教学设计和方法，在试教时根据学生的反应，课堂的实际对教案进行调整。

课中监控：教学过程中教师要根据学生在课堂中的反应，及时对自己的教学设计做调整，做到"眼中有学生"，而不是一味地按照教案走流程。在教学实践中，逐步形成教师个体的教学主张。

课后监控：教师根据教研组主题教研，通过同伴间的听课、评课，形成初步的自我监控意识，并通过反思实践，改善教学方法，提升课堂教学效率。

教学监控能力是构成教师素质的核心要素。教师的教学监控能力对教师的教学行为起着调节和控制的作用，决定着教师教学的成效。

(三) 教研组成员结构分析

从语文组教师建构来说，我校语文教研组是一个老中青相结合的集体，共有成员15名。

教龄	30年以上	29~11	10以下	新入职
人数	6	6	2	1

教研组师资在年龄层次存在着较为严重的失衡。以经验丰富型老师居多，这有利于青年教师借鉴学习，促进专业快速成长；但另一方面，随着信息技术的发展，教育方式的不断更新，老师的接受程度却各有差异。因此，如何促进团队协作巧干，老中青相互配合，在落实青年教师帮扶制度的同时，也激发老教师的教育热情，使其更新理念，掌握适应当前形势下的科学教育方法，是教研组发展的关键所在。

(四) 教研组生态适宜性分析

1. 教研组生态适宜学校发展

以学校工作计划为核心，以《小学语文课程标准》，立足我校学生学习的实际情况，坚持面向全体，打好基础，围绕"基于教研组群体互动 提升教师教学监控能力"的教研主题,以研促教,提高教师教学监控能力,优化教师教学行为,促进教师的专业自主发展,注重教师队伍的梯队建设。

2. 教研组生态适宜教师发展

语文组教师以经验丰富型教师居多,新教师近年来也在慢慢加入队伍,增添了鲜活的血液。教研组在教导处指导下定期开展多层次的校本培训,以研促教,形成课堂教学结构、内容、方法和手段的改革。

自我校青年教师参加数字教材项目组以来,青年教师在校长以及分管领导的领衔指导下,开展了多次教学公开课展示活动。在活动中积累经验,以点带面,发挥数字化教育的优势。语文教研组适宜教师的发展。

(五) 教研组生态位分析

语文组在学校三大教研组生态位中处于中等水平。组内教师普遍年纪较大,在未来三年内,有三位老师面临退休。基于这一现状,语文组将更为扎实地落实学校的分层培养计划,紧抓教学常规,提高教师的教学监控能力。开展教科研一体化研究,将感性经验上升为理性思考,提升专业知识技能,使语文组优秀的教育理念星火相承。

二、教研组发展建设目标

(一) 教研组发展建设总体目标

依据学校发展规划与学校统领性项目的要求,通过"关注语文要素的落实,提升教师教学监控能力"的项目,加强教研组常规建设以及加强中青年教师的培养,打造一支团结协作、教学风格个性鲜明、以自我更新为取向的学习型教师团队,保持"区优秀教研组"的光荣称号。

(二) 教研组发展建设具体目标

1. 树立均衡发展的语文教研组文化。聚焦基础课程与拓展课程,中青年教师与老教师的均衡发展。

2. 完成"关注语文要素的落实,提升教师教学监控能力"的课题。形成一批案例,提高教师监控能力。

3. 通过加强中青年教师培养,发挥老教师优势,构建合理的师资队伍。

4. 提升专业的教研活动质量。营造教研组积极的文化氛围,提升专业教研活动的质量。

三、教研组生态发展的重点项目

(一) 项目名称

关注语文要素的落实,提升教师教学监控能力。

(二) 项目背景

1. "部编本"语文教科书结构上有明显的变化,是采用"双线组织单元结构",一条线索是按照"内容主题"组织单元,另一条线索将"语文素养"的各种基本"因素",

包括基本的语文知识、语文能力、适当的学习策略和学习习惯,以及写作、口语训练、等等,分成若干个知识或能力训练的"点",由浅入深,由易及难,分布并体现在各个单元的课文导引或习题设计之中。因此,在教学中我们必须深入领会教科书的这一编写特点,要把体现语文核心素养的知识点、能力点有机地落实到课文教学中。

2. 根据课程标准要求,本课题中的"语文要素"是指识字、阅读、表达。

3. 三个语文要素的提升,语文要素要解决的是"教什么"和"学什么"的问题,是语文老师教学的抓手。关注语文要素,对语文教师用好教材,在教学实践中充分发挥教材的学习价值,具有重要的指导意义。

(三)项目内容与实施

1. 分年段语文要素课堂监控的研究

(1)一、二年级语文老师的课堂监控要把握识字要素。老师在教学中应重视识字教学环节的设计与教授。每个生字的教学从字音、字形方面各有不同的侧重点,采取多种方法开展识字教学。重视方法的培养,为学生自主阅读打好基础,逐步形成独立阅读的能力。同时,也为书面表达夯实基础。

(2)三、四年级语文老师的课堂监控需要把握阅读要素。老师要关注、理解每一单元的语文要素,深入研读教材、挖掘教学价值;研究课后练习、把握教学重点;分析课文间的关系找准联系点;这样才能更好地进行整合,灵活处理单元内容版块的内容;避免孤立、机械地处理教材内容。

(3)五年级语文老师的课堂监控需要把握语文表达要素(书面表达)。老师的教学要注重方法的指导,拓展学生的写作思路。

2. 基于语文要素的多元教学监控的研究

(1)自我监控与他人监控相结合:教师对自己的教学监控首先是自我监控。根据学生的实际学情,主动调整教学方式。由教研组中部分中青年教师切实有效地开展基于语文要素的教学,实现课堂效率和教学效果双赢。教研组全体教师参与听评课活动。在研讨交流中,反思自己的教学行为。

(2)整合课前、课中、课后监控:教学监控不是割裂的一部分,而是课前、课中、课后的整个过程。收集和积累典型的成功教学方法、策略和不同年级的教学课例,借助案例分析探讨处理教学关键问题的有益做法。

(3)整合语文要素的监控:定期开展教研组、备课组主题教研活动,根据年级特征,明确本校各年段语文教学中语文要素的落实,给予全面的梳理、提炼,并提供解决问题的实践指导策略。

有条件的备课组围绕同一单元的语文要素开展教学实践。

(四)项目进度安排

准备阶段(2020年11月—2021年1月)

1. 根据项目研究相关资料，各备课组确定本备课组研究的一项语文要素。
2. 研究有关理论文献及实践资料。
3. 制订项目研究方案及研究计划，做好研究准备。

实施阶段（2021年2月—2023年1月）

1. 分年段开展语文要素的课堂监控。
2. 开展基于教师自我监控能力的课前、课中、课后监控实践，形成实践的经验总结文章以及案例。
3. 组织教师实践经验与研究成果交流展示活动。

围绕"关注语文要素的落实，提升教师教学监控能力"研究主题，拟定五个主要教研活动。分别在各个学期开展：

活动一：一年级备课组"落实语文识字要素"主题研讨活动。
活动二：二年级备课组"落实语文识字要素"课堂展示活动。
活动三：三年级备课组"落实语文阅读要素"主题研讨活动。
活动四：四年级备课组"落实语文阅读要素"课堂展示活动。
活动五：五年级备课组"落实语文表达要素"主题研讨活动。

4. 开展教研组的主题教研——"群体参照的教师自我反思"研究。

改变传统教学管理模式下的课堂教学监控——以监控、控制为出发点的模式。逐步形成从教师的自身出发，提高教师教学监控意识与能力，并且从教研组生态环境出发，营造教师教学监控的良好的监控环境，民主平等的、合理科学的、促进教师自我实现的教学监控环境。激发教师的职业自我意识，在职业上的自我实现，以教研组群体为参照，对教学全过程进行自我反思、自觉调整，从而提升教学的质量。让教师理解教学监控能力与教学能力的正相关性，激发教师参与提高自我教学监控能力的动机。

结题阶段（2023年2月—2023年6月）

1. 积累基于语文教师群体互动下的教学监控的各种案例，进行更细致的梳理和提炼，整理项目研究成果集。
2. 进行总结提炼和实验成果的综合评估，撰写报告，提交鉴定、验收。

(五) 预期成果

1. 制作项目研究成果集，含教学设计、个案、教学课件、教学反思等。
2. 围绕"关注语文要素"开设校级或区级公开课若干节。
3. 撰写实践研究报告。

四、教研组建设的举措

1. 教师共同发展方面

(1) 认真抓好理论学习，更新教师的教育教学的理念。明确形势发展要求，学习新课程，在思想上树立新课程意识，更好地为课堂教学服务，为学生服务。要继续加强全体语文教师在信息技术上的应用能力，不断优化现代化教学手段。

（2）积极开展教学研究活动，提高教研水平。各年级要积极探讨在新的教学理念指导下如何优化课堂教学结构，在年级组互相听课，共同提高。坚持集体学习研究和个人自学相结合的做法，语文组每位教师都要做一个终身学习者。除了参加学校规定的学习内容之外，个人根据自己的实际情况，制定自修内容，重在提高个人的素质品位。

（3）做好推荐开课、讲学培训、外出参观学习、课题研究参与等活动。同时也要重视发挥非骨干、非青年教师在语文课改中不可低估的作用，注意教师的均衡性发展，落实教学管理中以人为本的理念，真正促进教师队伍建设。形成终身学习的意识，把学习作为一种工作方式。

2. 成员结构合理方面

（1）加强教师结构和均衡建设。语文教研组现有15名教师，平均年龄偏大，发挥新老师各自的优势。

优化语文组梯队建设。进一步完善教师生态链，教师结构形成合理梯队。加强中青年教师之间的交流学习。提供成员专业发展的条件，以促进教师多元发展的需要。

（2）搭建校本培训平台，不断提升中年教师专业水平。根据学校新进教师的情况。

3. 课程教学适应方面

（1）重视课前监控，一起钻研教材、处理教材，整合课程资源，在集思广益，群策群力。将语文要素分解落实到每一单元、每一课上，共同研究出一套较合理、有创新、可操作的教案设计。

（2）教研组开设语文拓展课程。根据学校实际情况，开设朗读、课本剧等拓展课程。

4. 文化凝聚力方面

（1）大力推行"集体协作，资源共享，整体提升"的基础上，为每个老师提供尽可能宽松的发展空间和优越的环境。

（2）"以教促研、以研促教"，提高全组教师理论水平，教研能力与专业素养。

5. 资源利用开放方面

（1）重视与市区、外区兄弟学校交流，坚持"走出去"和"请进来"的对外合作与交流。

（2）积极参加小学语文学术活动。拓展教师的视野，互相取长补短，不断提高教育教学水平。

(3) 每月一次教研活动，发挥团队成员的主体能动性和创造性，在全体教师融合和协作下，形成教研组独特而积极的文化氛围，努力打造学习型教研团队。

（施　柳）

实例 2

数学组生态建设三年发展规划

一、教研组建设的基础分析

（一）教研组发展水平状况

近几年数学教研组能在学校落实全面、协调、可持续的科学发展观，在继续完善核心素养为育人目标的"金钥匙"课程引领下，推进基于课标的教学工作，促进学生核心素养的发展。我组教师在学校各项工作面前都能比较积极对待，在困难面前也能团结合作，勇于担当，教研组在稳定中逐步发展，曾在2011年获"区优秀教研组"的光荣称号。

1. 本组教师成熟型教师偏多，有自己鲜明的教学风格，已经形成适应我校学生的教学方法。

2. 组内教师能积极参加区级、校级教研活动，能认真对待分配到的任务。

3. 组内区骨干教师一名，能在组内起到引领作用。

4. 教师研究课题的积极性还有待提高，集体备课深度还不够。

在发展的过程中如何保持优势，全面规划，优势互补，调动一切积极因素，促进数学教育的全面而稳定发展是本组面临的一个重要问题。

（二）教研组建设要素分析

1. 课程因子。大家比较适应传统的教学课程，课程设置上按部就班，创新不足，在新课程研究和与校本课程联系上还需要改进。

2. 教学因子。绝大多数课堂教学规范合理，但是基于经验的教学方式未能有效提升开放、交流的课堂，这已成为阻碍教研组发展的重要因素。

3. 文化因子。教研组内教师能互相关爱帮助、互相切磋交流，具有较好的学习型校园文化，新老教师之间交流顺畅，和谐的关系有助于各项工作的开展。

4. 监控因子。组内教师自我监控能力一般，监控意识不够强，日常教学中较难做到对自己的教学行为进行课前课中前后的监控。

（三）教研组人力资源结构分析

本教研组教师成员如下图：

序号	姓名	性别	学历	教龄	职称	任课情况		其他工作
						年级班级	周课时	
1	陆晓洁	女	本科	29	一级	五1 五2	10	班主任
2	王 莉	女	本科	28	一级	八3	5	教导主任
3	周 莹	女	本科	27	一级	四1、四2	10	
4	金彦萍	女	本科	26	一级	一1 一2 一3	12	
5	黄志弘	女	本科	25	一级	三2	5	班主任
6	包唯依	女	本科	8	二级	四3	5	大队辅导员
7	顾诗意	女	本科	2		三1 三3	10	学籍管理
8	周 敏	女	本科	1		二1 二2 二3	12	

教研组成熟性教师偏多,教龄在25年以上的成熟型教师占62.5%,教龄在8年的发展型教师只占12.5%,教龄1—2年的新教师占25%,随着这两年新教师的加入,数学教研组在人力结构上有了很大改善,平均教龄18.25年。

(四)教研组生态适宜性分析

数学组的教育生态基本上是适宜教研组成长的,目前年龄结构问题、专业水平问题可能阻碍教研组生态发展。如果能在成熟型教师中发展骨干教师、特长教师对教研组教育生态发展有积极作用。

(五)教研组定位分析

教研组在学校系统中处于中等偏上的位置,在区系统中处于中等的位置。在每学期学校教研组评比中,数学组在教师获奖、教学成果等方面居于中等偏上水平。在区系统中,我校数学组参与度不够,教学效果一般。

二、教研组发展建设目标

(一)教研组发展建设总体目标

经历"研磨教材、深入课堂、教法更新"的过程,根据教师自身特点,设置不同研究重点和培训内容,发挥合作、增效的教研组文化,逐步提升组内教师的监控能力。通过三年的努力再次成为区优秀教研组。

(二)教研组发展建设具体目标

1. 通过研磨教材、研究教法,经历并体验在研究中实践,在实践中成长的发展过程,不断增强组内教师内生意识,从而构建健康充满活力的课堂,使每位教师都能在研究实践中提高能力。

2. 通过传、帮、带的师徒结对模式，使得新教师在成熟型师父有针对性地指导下破土发芽。成熟型教师在竞争中自行调整成长方向，并追求与更高层次老师的合作，也能在收获中体验满足。发挥组内教师团结合作的精神，增强优势互补，提升整个教研组的监控能力。

3. 通过全组教师的努力，完成课题——基于问题解决的教学，提升教师教学监控能力的实践研究。

三、教研组发展的重点项目

(一) 项目名称

"基于问题解决的教学，提升教师教学监控能力的实践研究"

(二) 项目背景

作为学校《基于教研组群体互动 提升教师教学监控能力》的子课题，数学教研组结合课堂教学的变革和数学学科教师的专业发展需要确立了新三年研究项目。

根据时代对教师的要求、数学课程标准的要求，问题解决的教学模式被广泛采纳，问题解决的过程有助于学生综合运用已有知识经验解决新情景问题，有助于核心素养的生成。

教师在成长过程中有自我意识对其教学活动的控制——监控能力的提升是教师高级的心理需求。

我们找到了以上两个需求的融合点，用问题解决这一平台为教师监控能力的提升提供一个可以操作舞台。

(三) 项目内容与实施

第一阶段：启动阶段(2020.1—2020.6)

1. 开展教师自我监控能力、教师教学监控能力、教研组群体互动三者关系研究，明确本项目重点教师教学自我监控的实践路径。

2. 形成"基于问题解决的教学，提升教师教学监控能力的实践研究"项目的实践框架。

第二阶段：问题解决教学中课中监控研究阶段

1. 关注课程标准的差异和重点，寻找课中监控的重点内容，研究问题教学中的课堂生成与评价。

2. 开展问题解决的课中监控课堂实践研究，重点关注课堂生成和预设之间的差异，设计合理的课堂调整方案。(4课时)

3. 形成上述实践的案例。

第三阶段：问题解决教学中课后监控研究阶段

1. 在观课议课过程中，围绕问题设计这一主线，结合学生四基与数学思想获得情况，在原有基础上调整和改进有效问题，提升教学监控的力度。

2. 开展课后监控课堂实践研究,此阶段主要是群体参照的自我监控。(4课时)

3. 形成上述实践的案例。

第四阶段:问题解决教学中课后监控研究阶段

1. 通过同课异构的方式,尝试不同类型的问题解决和教学效果之间的关系,提升教学监控的深度。

2. 开展课前监控课堂实践研究,此阶段主要是群体研讨的自我监控互动。(4课时)

3. 形成上述实践的案例。

第五阶段:问题解决教学中课前监控研究阶段

1. 研磨值得引领课堂的好问题,根据不同的维度选出能揭示知识本质承载学科素养有思维空间的问题。

2. 开展课前监控课堂实践研究,此阶段主要是群体研讨的自我监控互动。(4课时)

3. 形成上述实践的案例。

第六阶段:总结阶段(2023.2—2023.6)

1. 开展本项目总结,梳理实践,形成相关经验。

2. 形成"基于问题解决的教学,提升教师教学监控能力的实践研究"文集。

3. 组织本项目的展示活动。

(四) 项目进度安排

1. 任务一:基于问题解决的教学,关注教师课中监控能力的实践研究(2021.2—2021.6)

2. 任务二:基于问题解决的教学,关注教师课后监控能力的实践研究(2021.9—2022.1)

3. 任务三:基于问题解决的教学,关注教师课后监控能力的实践研究(2022.2—2022.6)

4. 任务四:基于问题解决的教学,关注教师课前监控能力的实践研究(2022.9—2023.1)

(五) 预期成果

完成"基于问题解决的教学,提升教师教学监控能力的实践研究"案例集、经验总结。

四、教研组发展建设的举措

(一) 调整合理的成员结构

1. 发展引领性教师的作用

增强管理意识,提升责任人的角色意识,做好骨干教师的引领和辐射作用,深入新课型的研究,三年内初步形成各种课型的研究框架。

2. 提升成熟型教师的活力

提升理论素养和文化底蕴,积极进行课堂教学的实践,强化反思意识,提升反思能力,积极构建开放的课堂,努力使课堂焕发生命的活力。

3. 提高成长性教师的能力

提高解读教材、逻辑把握教材的能力,有效整合教学内容,积极进行课堂实践,在骨干教师的指导下,进行计算、形概念、数概念、综合应用的课型结构研究,逐步具备弹性预设、捕捉资源和判断信息的能力。

(二) 促进教师共同发展

1. 组织各类观摩学习

积极参加全国、市级、区级各类观摩研讨学习,如:上海市教学一等奖课例展示、全国数学论坛等。

2. 制定不同的培训重点

"新教师型"教师培训重点是"外在适应",包括课堂教学、课后反思等内容;"发展型"教师培训重点是"内外兼修",除了课堂教学,还需关注理论学习,并撰写论文课例等。"成熟型"教师培训重点是"内涵发展",要求以"讲座"的形式分享自己的经验、实践成果等,并逐渐形成个人教学风格。

3. 组织各年级微视频设计

在教学中,微视频具有短、快、精的特点。我们可以用微视频制作一个知识点、一道题的分析、解法。对于教材中的难点,练习册和校本练习中的B级题制作成微视频可以更好起到示范引领的作用,尤其对于落后的孩子是很好的再学习媒体资源。每个年级每个学期制作5个及以上微视频,通过3年的积累,形成我校数学解题微视频题库。

4. 探索新型课程内容

教学过程的生成性和课程内容的开放性,要求教师在组织教学过程中要提倡求疑和创新的策略。在这种策略的引导下教师通过反思来定位情感态度价值目标的体现,以适应新型的课程教学内容。

(三) 文化凝聚力方面

1. 专业切磋和沟通

加强教师之间协调沟通,成熟教师经验和青年教师才能各取所长,增强专业切磋,互相学习,彼此支持,公共成长,创建"合作增效"的教研组文化。在理性与感性的交融中,在质疑与创新的引领下提升教研组实力。

2. 分享资料和经验

我校规模比较小,一个年级只有1至2名教师,同年级组老师同步备课比较困难,大多老师是单打独斗,一个人备课,一个人制作教具、课件,工作量很大。为能减负增效,需要加强教研组之间的合作交流。每位老师将资料传于下一届老师,在资料共享中逐步优化得到适合我校学生的教法、课件、作业等内容。

五、教研组发展建设的进度

1. 第一学期(2020.9—2021.1)教研组三年计划制定工作,明确工作方向和目标。

2. 第二至第五学期(2021.2—2023.1)以课题为引领,以问题教学研究为载体,开展教研组主题教研。

组内微视频设计、课中监控研究(2021.2—2021.6)

组内微视频设计、课后监控研究(2021.9—2022.1)

组内探究性练习设计、课后监控研究(2022.2—2022.6)

组内探究性练习设计、课前监控研究(2022.9—2023.1)

3. 第六学期(2023.2—2023.6)教研组群体互动下汇总项目文集资料、文集编辑,形成经验论文,提升教研组监控能力。

(黄志弘)

实例3

英语教研组生态建设三年发展规划

一、教研组发展的基础分析

(一) 教研组发展水平状况

英语教研组团结奋进,曾在2014年获"区优秀教研组"称号,教研组生态化水平良好。坚持以学生为主体,以课堂为中心,认真落实教学常规,大胆创新,认真搞好教研教改。英语组成员在平常的教学工作中合作共生,充分发挥全组力量团结奋进。老教师在专业上传帮带青年教师,形成良好的教研组生态环境。教研活动形式多样,促进教师专业成长,每位教师都在自己的教学岗位上发光发热。

(二) 教研组因子分析

英语组具有良好的文化因子。虽然我校是一所普通小学,生源不佳,家长的文化水平也不高,辅导能力也比较有限,但全体英语组教师不抛弃、不放弃任何一名学生,我们始终怀揣着"不放弃,不抛弃"的教育理念。我们是一支充满青春活力的队伍,在学校各级领导的关心指导下,全体英语教师积极进取,重视理论学习,开展各种主题研讨、课程研究、教学实践活动,促进教师的专业发展,提高教师的专业发展。

英语组具有丰富的拓展课程因子。除了基础型课程外,我们英语组从2016学年起使用"儿童动画配音"作为培训学生良好语音语调及丰富学生阅读视野、提升学生阅读能力的校本拓展教材,利用英语兴趣课和每天的"二分钟预备铃"时间,引导学生以轻松的方式进行语音训练以及阅读能力的培养,以有趣的方式学习英语,领略经典动画的文化底蕴,激发学生对于未知领域的求知欲,并引导学生进行更多的英语动画或小片段的配音,引导学生增加课外阅读。2020学年起,为了丰富英语学习基础课程建设,英语组又以"每月一歌"为特色项目,用有趣生动的方式提升学生的英语阅读能力的同时,也慢慢渗透文化意识的培养。

(三) 教研组结构分析

英语教研组现有英语教师7名,平均年龄39岁,其中,高级教师1人,一级教师3人,二级教师3人;具有研究生学历1人,本科6人;党员教师4人。现有2名区级骨干教师,组员年龄结构均衡,形成老中青梯队,师资生态链具有一定的连续性和稳定性,具有可持续发展的可能性。英语老师受到英语学科的影响,乐于接受新理念,尝试新实践,对新教材的教育理念经历了一个从抽象到具体、从表面到内部的过程。

(四) 教研组生态适宜性分析

1. 教研组生态适宜学校发展。

英语组严格遵守学校的各项规章制度,积极配合学校的各项教育教学活动。英语组的教研活动始终围绕学校教导处的学年、学期目标开展。

2. 教研组生态适宜教师发展。

教研组有意识的整体、系列、递进地策划教研活动,努力使教研组不仅是教学常规的落实者,日常教学活动的组织者,而且还是教学创新的"孵化器",进一步激发教研组每个成员的激情、斗志和潜能。近年来,我组区级公开课的数量明显上升,不少青年教师都在区级教学展示活动上一显身手,大放异彩。2018年,两位区级骨干教师进行了区级公开展示课,2019年和2020年,各有一位青年教师进行了数字教材教学区级公开课的尝试。老教师和新教师,实现了较好的"传帮带",为教研组的工作及发展,提供了非常好的土壤。

3. 教研组生态适宜学生发展。

"使每位学生都得到发展"——这是教师神圣的职责,况且小学英语教学的目的不是选拔与淘汰,而是要使每一位学生都得到一定的英语语言素养。所以我们努力做到"爱心、关心、耐心",不放弃任何一个孩子。特别是对英语学习薄弱的学生,我们没有轻言放弃,我们以发展的眼光看待他们,用深厚的爱去感化他们,用实际行动感染他们,取得他们的信任,增强他们的学习积极性,培养他们学习英语的兴趣,提高他们学习的信心,教会他们科学的自我学习的方法。课中,我们用愉快的气氛感染他们,课后,我们不断地鼓励他们,让学生的情感、态度、价值观在愉快的活动中得到发展。

(五) 教研组定位分析

近几年,英语教研组每年都有区级公开课,学生的学业质量管理情况较好,在历次的区质量调研中均高于区平均分,且教研组的课程设置合理,故英语组在学校各教研组生态位中处于中等偏上水平。我校英语学科整体水平处于区中上水平。英语组中区级骨干教师人数相对于学校其它教研组而言比例略高。

二、教研组发展生态建设目标

(一) 教研组发展总体目标

依据学校的三年规划发展要求,和"城乡结合"项目的开展,通过教研组的基本建设、凝聚力建设、课程建设、资源建设以及课题研究,打造一支团结协作、个性鲜明、以自我更新的教师团队,力争保持"区优秀教研组"的光荣称号。

(二) 教研组发展建设具体目标

1. 加强教研组基本建设,形成结构比较合理、专业能力发展较快的教师梯队。努力促进教研组组员学科专业素养的快速发展,为组员教师的学习、工作提供良好的教研组校本研习环境支持。

2. 加强教研组凝聚力建设,形成教学研究主动性较强、团结协作力较高的教师团队。在全体教师的融合和协作下,互相学习,不断进取,形成教研组积极向上的文化氛围。

3. 加强教研组课程建设,形成具有校本特色的拓展课程和基础课程的完整系列课程。以校本的拓展课程和基础课程为依托,加强英语教学,努力提升普通学校学生的英语核心素养。

4. 加强教研组资源建设,形成比较系统的完整的校本英语教学资源。充分利用"数字教材"等平台,学习更新教学理念,共享优质教学资源的同时,提升组内教师的教学"软件"。

5. 加强教研组课题研究,形成比较成熟的课题研究梯队。在教研组校本研习的基础上,发挥组内教师的主观能动性和研究力,让每一个组员教师真正动起来,通过课题引领,有所思,有所想,有所悟,有所得。

三、教研组发展的重点项目

(一) 项目名称

基于教研组校本研习 提升英语教师课堂教学课中监控能力的实践研究

(二) 项目背景

我校地处长江路地区,随迁子女较多,生源情况不够理想。学生普遍英语基础较差,家长不重视子女的英语学习,没有英语学习的氛围,学生缺少学习英语的动力。如何让学生对英语学习产生兴趣并且获得英语学习的成就感,是我们需要解决的一大难题。

结合学校课题,以提升教师"课堂教学课中监控能力"为目标,我们需要不断提升教师的教学观念和教学方法。结合本校学生的实际情况,学生对英语的学习兴趣有待提升。所以,根据实际需求,我们将项目研究主题确定为"基于教研组校本研习 提升英语教师课堂教学课中监控能力的实践研究"。

(三) 项目内容与实施

该研究项目主要有两大研究方向:一是基于"教研组校本研习",提升"英语教师课中教学监控能力";二是通过"教师课堂教学课中监控能力的提升",解决"教研组校本研习的系列化问题"。针对这两个研究方向再进行细化,进一步确定具体的项目内容。

1. 基于"教研组校本研习",提升"教师课堂教学课中监控能力"。

(1) 定期开展教研组、备课组主题教研活动,以《单元整体设计》一书为主要学习材料,根据年级特征,确定本校各年段英语教学的基于单元整体设计所面临的问题,给予全面的梳理、提炼,并提供解决问题的实践指导策略。发挥教研组以老带新的"传帮带"机制,并在平时的教学中开展闲暇式教研模式,及时解决青年教师课堂教学中碰到的疑难问题。

(2) 组织开展学习品读活动,教研组教师自学《单元整体设计》《小学英语作业设计与实施指导手册》等教学书籍,撰写并交流学习心得。提供组员专业发展的条件,每学期学习一本学科素养理论书籍,观看一节好课,理论联系实际,以促进教师多元发展的需要,从而提升课堂教学课中监控能力。

(3) 收集和积累典型的成功教学方法、策略和不同年级的教学课例,借助案例分析探讨处理单元整体教学面临的问题的有益做法。加强教研组的学科专业素养的学习和提升,努力打造学习型教研团队。在平时的教学中,做一个有心人,平时的教学资料悉心收集,形成资料库,并逐年完善,为课堂教学课中监控能力的提升提供保障。

2. 通过"教师课堂教学课中监控能力的提升",解决"教研组校本研习系列化"的问题。

(1) 组织骨干教师、青年教师在我校部分班级切实有效地开展基于"教研组校本研习"的课中监控教学,实现课堂效率和教学效果双赢。教研组全体教师参与听评课活动。

(2) 备课组根据确定研究的一个教学关键问题开展"课堂教学课中监控"的同课异构教学实践。

(3) 在区学科指导团骨干教师引领下,我校优秀青年教师基于研究主题,在区域或者区级范围内开设公开课教学。以数字教材实践课为平台，发挥青年教师的能动性和积极性，争取一年有一节区级展示课。

围绕"基于教研组群体互动　提升教师教学监控能力"研究主题，拟定六个主要教研活动：

活动一：学习品读交流活动（2020学年第二学期）

活动二：一、二年级备课组教学展示活动（2020学年第二学期）（主题待定，待确定该年级教学关键问题后再定主题）

活动三：三年级备课组展示活动（2021学年第一学期）（主题待定）

活动四：四年级备课组展示活动（2021学年第二学期）（主题待定）

活动五：五年级备课组展示活动（2022学年第一学期）（主题待定）

活动六：优秀课例展示、经验总结交流活动（2022学年第二学期）

（四）项目进度安排：

准备阶段（2020年9月～2021年1月）

（1）根据项目研究相关资料，备课组确定本组研究的一个教学关键问题。

（2）搜集有关理论文献及实践资料。

（3）制订项目研究方案及研究计划，做好研究准备。

实施阶段（2021年2月—2022年12月）

（1）研究本项目中可能出现的问题和困难，及时拟定出对策。

（2）组织区、校级公开课，并进行反思研讨。

（3）通过问卷调查、专项测试等形式检验教学实效。

总结和结题阶段（2023年1月—2023年6月）

（1）整理项目研究成果集。

（2）进行总结提炼和实验成果的综合评估，撰写报告，提交鉴定、验收。

（五）预期成果

1. 形成研究成果集，含教学论文、教学设计、个案、教学课件、教学反思等。

2. 围绕"单元整体设计"开设校级或区级公开课若干节。

3. 撰写实践研究报告。

四、教研组发展的举措

（一）加强组内教师共同发展

1. 组织全组教师加强理论学习，通过学习，要提高教师的理论水平，顺应时代要求，更好地为教学服务。

2. 利用多种渠道，提高各位教师的业务水平和自身素质。自学和组织学习相结合，要求全组成员做好理论学习笔记，经常写读书笔记及心得，定期讨论和研究，从而提高我组成员的理论水平，为更好地搞好教学工作奠定基础。

（二）调整组员教师合作结构

1. 提升新教师的教育教学及科研水平。英语教研组现有7名教师，年龄结构较为合理，老中青教师都有，教龄在20年以上的有5位教师，两名教师为五年内新教师，分别由两位区级骨干教师带教，引领作用的发挥比较明显。

2. 调整部分备课组成员结构。目前备课组成员结构略不合理，尤其是现在的低年级备课组，两位教师已有30年教龄，年龄偏大，可配备一名年轻教师进行协助和学习，达到共同进步的目的。

（三）加强课程教学研究创新

1. 重视集体备课，一起钻研教材、处理教材，整合课程资源，在集思广益，群策群力的基础上，共同研究出一套较合理、有创新、可操作的教案设计。

2. 倡导任务型的教学途径，让学生"用英语去做事情"，体现语言工具性。

（四）加强组内教师文化凝聚力

1. 统一思想目标。创造积极向上的教研组氛围，具有浓厚的凝聚力。成员对于学科发展和教研组建设有着共同的理念、价值观，能共同践行教研组目标。

2. 明确分工职责。教研组长是教研组文化创建的第一负责人，是领导者和管理者，教研组内的每一位教师都是教研组文化的参与者、创建者、共享者。大家结合本教研组的具体情况，通过共同研讨和协商，形成本教研组成员共建共享的文化。教研组文化的建设过程，正是具有文化自觉意识的教师积极实践的过程，同时也是教师在教育自觉意识引领下的专业自我发展过程。

3. 开展学科活动。为了激发学生的学习兴趣，强化英语技能，各年级根据学生的语言水平、年龄特点和兴趣爱好，以"每月一歌"等文化活动为平台，通过开展形式多样、内容丰富的主题英语文化活动，促使学生在英语听、说、读、写等各方面相互交流学习。

（五）加强教学资源开发利用

1. 目前我校为"数字教材"实验校，借助校际间的交流、合作，我们可以共享数字教材教学的许多资源，例如，教案设计、试卷命题等。

2. 依托我校区骨干教师所在的学科指导团的引领以及辐射作用，依托团队力量，得到学科教研员和区级骨干团队的精心指导和精准点拨。

五、教研组发展建设保障

1. 加强教研组领导力建设。首先，提高教研组长的领导力，要关心重视教研组的活动内容，组织好备课组参加教研活动，并及时沟通，使得英语组的活动始终是围绕学校的学期目标开展，紧扣主要问题，不断消灭低效的教研活动，加强教学研究和反思，大步提高课堂教学校本研习的质量。其次，要加强英语教师的领导力建设，做学生的引路人，引导学生树立准确地世界观、人生观和价值观；引导学生学会做人、学会学习、学会创新发展。课堂教学中,教师要充分投入自己的情感和管理智慧,给学生以积极、自由的空间,引导学生充分参与到课堂学习中,教师、学生、课程之间真正地融为一体。

2. 完善教研组制度建设。为了规范各项教科研活动的工作开展,教研组精心制定每学期的教研组工作计划,按学校的各项规章制度有序展开教研活动。除此以外,根据教导处安排,教研组还会在学期中进行不定期的检查,比如,备课情况检查、作业情况检查、教研组备课组活动情况检查等等,且每次检查结果都有记录,督促各项工作落到实处。

(吴 芳)

实例 4

综合教研组生态建设三年发展规划

一、教研组发展的基础分析

（一）教研组发展水平状况

综合教研组主要承担学校体卫艺科等各项工作。因组内成员年龄偏大,缺乏主动学习的积极性,使得教研组总体教学教育能力停滞不前,课堂自我监控能力及外部监控能力较差。同时,教研组内外出学习提高的机会较少,使得教研组发展的可持续动力相对不足。

综合教研组积极承担每年的运动会、艺术节、科技节等活动,体现了综合教研组团结凝聚力的表现,促进了教研组的生态化发展。

（二）教研组因子分析

1. 学科因子

综合教研组包括音乐、体育、美术、自然、劳动技术、信息科技、探究、心理等学科,是一个多学科复合型教研组,主要担任学校综合类学科教学工作。其中,探究学科的科研及教学能力走在市、区级学科领域的前沿,学科教师担任区探究中心组成员并在上海市中青年教师大奖赛中荣获二等奖。音乐、美术学科能积极参与区级学生艺术节展示并获得荣誉。体育学科与第三方合作在球类、竞技类训练中提升学生运动技能。目前我校综合学科教师在监控能力方面存在以下问题。

（1）缺乏监控热情

教师缺乏自觉地反思、评价和控制教学质量的意识,教学态度不够积极,没有主动地对自己的教学活动实施有效的监控。

(2) 教学设计和实施能力不强

教师对整个教学过程的安排与计划缺乏系统的、全局的细致认真思考，课堂突发情况的应变和调整能力不足，备课仅仅做到了准备课堂教学内容，更多的只是为了如何呈现和讲授知识，表现在课堂教学过程中往往是"满堂灌""填鸭式"，不利于学生知识结构的构建。授课时没有充分考虑到各环节的衔接和如何激发学生课堂主体意识，在组织教学方面存在着经验不足的现象。教学内容也有待于充实、优化，教学方法和手段有待于进一步的改进和提高。老教师备课往往是基于经验，教育观念和教育模式转变不明显，对教学内容的难易度与学生理解和接受知识能力的平均水平之间的差异缺乏清醒的认识，教学内容不利于学生知识结构的更新，直接影响着授课效果和教学质量。

(3) 不重视进行教学反思与总结

不重视对自己的教学行为进行反思和总结工作，换位思考不够，不能从学生接受知识的角度审视自己的教学行为和教学效果。虽然大多数教师进行了自我检查和反思，但是要成功地进行反思性教学，不仅要观察、回味自己的教学内容和教学行为，还要注意学生的反应，体察学生的心理。教师实施的教学方法与教学手段，对学生学习积极性有很大影响。

2. 课程因子

开设合唱、舞蹈、击剑、足球、桥牌、航模多项拓展性课程，课程因子丰富，为我校校本课程的建设奠定了扎实基础。合唱与美术（装饰画）一直都是我校的传统艺术特色，校合唱队以及美术兴趣小组多次参加校内外比赛活动并获得各种奖项。目前，正充分利用学校场地优势，借助外力，不断内化，使体育项目优势逐步显现。

3. 文化因子

综合教研组的老师都比较热心，组内教师关系融洽，整体教研组团结向上。教研组的整体文化发展具有一定优势。

(三) 教研组人力资源结构分析

综合教研组现有12位教师，平均年龄45.5岁，一级教师8人(66.7%)，二级教师4人(33.3%)；本科10人(83%)，大专2人(1.7%)。

教师年龄结构具有连续性，但是整体年龄偏大，缺乏可持续性。缺乏年轻教师加入，为教研组添加新鲜血液，教师的工作积极性比较局限，教学水平有上升空间。教研组人力资源整体结构不合理。

(四) 教研组生态适宜性分析

基于学校对于综合学科教学的要求，综合教研组的成员整体与学校的课程相契合，教研组成员在自己专业领域都为学校的课程教学提供了较专业的教学。因此教研组的生态适宜学校课程多样化的整体发展。

教研组的现状特点明显符合现今学生发展需求,对学生发展具有一定的适宜性。因此整个教研组教师的专业发展与学校对于学生的发展具有共生性。

因为各学科教师专业特点,因此,教研活动的开展就是提升教研组教师课堂监控能力的关键,但是因为教研组的复合型特征,学科之间存在着一定的差异,常规的教研活动不能很好地满足教师个人发展,因此,目前的教研活动并不能适宜教师的专业发展。

(五) 教研组定位分析

综合学科科目多且复杂,在学校的总体位置还是处于弱势,组内教师普遍年龄较大,缺乏主动的课堂教学监控能力的意识。学科边缘化,教师能够得到发展的机会以及评到先进骨干的机会也比较少,阻碍了组内教师的发展步伐。

二、教研组发展建设目标

(一) 教研组建设发展的总体目标

加强团队建设,提升各学科教师课堂教学监控能力。教研组力争三年内成为学校优秀教研组。

(二) 教研组发展建设具体目标

1. 加强教育培训,提高教师教学热情和增强监控意识。通过激发教师的内在动机,增强教师的责任意识和教学积极性,引导教师主动关注教学效果和教学质量,培养教师监控教学质量的自觉意识,实现其教学监控能力的提高。

2. 围绕课堂教学,了解教学的技术并进行训练(包括课堂教学的语言技术、课堂教学的逻辑技术、课堂教学的管理技术);围绕课堂教学,做好前期的工作,如备课、说课等的技巧和训练技术;围绕课堂教学,进行后期训练,如复课、评课、课后反思等训练,从中寻找提高课堂效率的规律。

3. 巩固与促进体育、艺术、科技教育特色,充分利用学校场地优势,发展足球、舞蹈、桥牌、花样跳绳击剑等项目,借助外力,不断内化,使项目优势明显。依托学校特色课程(项目)的建设,提升课后教学监控能力。以学生发展的特色项目的建设为抓手,为丰富学生的学习经历建设丰富的课程体系积累经验。根据学校条件、学生学习兴趣与成长的需要,调动校内课程资源与整合校外资源,进一步促进部分拓展项目课程化,积极引进适宜学校学生发展项目,发展与凸显学校特色项目。

4. 加强教研组活动建设。进一步对教研活动加强规范、监督,积极组织教师定期研究教学,发掘集体智慧,真正发挥教研活动在培养青年教师,培养骨干教师,提高教师教学和研究水平,加强师资队伍建设等方面的培养阵地作用,坚持以观摩教学等教研活动为载体,培养和提高我校教师的课堂教学监控能力。

三、教研组发展的重点项目

（一）项目名称

基于教师自我教学监控下综合学科教师教学专业能力提升路径的研究

（二）项目背景

基于教育改革的深化，以及教育生态思想的日益凸显，学校进一步提出了"基于教研组群体互动　提升教师教学监控能力"这个项目，作为学校发展的实验项目，不断推进教师队伍建设，形成学校教师队伍建设的特色。综合教研组围绕学校项目，确立"基于教师自我教学监控下综合学科教师教学专业能力提升路径"的项目研究，从综合学科教师的自身出发，提高教师教学监控意识与能力，并且从学校教师生态环境出发，营造教师教学监控的良好的监控环境，民主平等的、合理科学的，促进教师自我实现的教学监控环境。探求教师关键能力提升的路径，对教学全过程进行自我反思、自觉调整，从而提升教学的质量。

（三）项目内容与实施

1. 理清综合学科教师教学监控能力的现状，从教师自身与学校两个方面展开调研，分析教师关键能力的要素。

2. 自我监控下对校园活动课程的监控，例如，音乐美术学科相整合，以校园艺术节为载体；体育学科教师以校园体育节为载体，自然拓展类学科围绕学校"百果园"课程；心理教师利用专业知识策划心理活动月。

3. 提升自我专业能力学习监控，通过专业学习引领提升教育教学专业能力。创造机会让教师以"走出去"的方式，学习先进教育教学方法提升自我监控能力。

4. 探索出综合学科教师教学自我监控能力的教学实践及其有效经验，形成教师自我教学监控评价系统，并形成提升策略。

（四）项目进度安排：

第一阶段：启动阶段(2020.9—2021.1)

1. 形成"基于教师自我教学监控下综合学科教师教学专业能力提升路径的研究"的实践框架。

2. 开展关于综合组教师如何提升专业能力的调研。

3. 组织学习"基于教师自我教学监控下综合学科教师教学专业能力提升路径"项目研讨交流会。

第二阶段：

实施阶段（一）(2021.2—2021.7)

1. 开展提升教师自我专业能力的课中监控实践。

2. 形成上述实践的叙事故事。

3. 组织教师外出学习。

4. 组织本项目教师实践经验与研究成果交流展示活动。

实施阶段(二)(2021.8—2022.1)

1. 开展提升教师自我专业能力的课后监控实践。
2. 形成上述实践的经验总结文章及交流讨论会。

实施阶段(三)(2022.2—2022.7)

1. 开展提升教师自我专业能力的课前监控实践。
2. 开展基于群体研讨的外部监控与教师教学自我监控互动的实践。
3. 形成上述两项实践的案例、经验总结文章或叙事故事。

实施阶段(四)(2022.8—2023.1)

组织本项目研讨会,扩大本项目成果影响。

第三阶段:总结阶段(2023.2—2023.6)

1. 开展本项目总结,梳理实践,形成相关经验。
2. 组织本项目的展示活动。

(五) 预期成果

1. 形成一套教师自我教学监控下提升专业能力的途径与策略。
2. 初步整理出综合学科教师在项目研究中的研究课例。
3. 建构综合学科教研组教师培训课程的初态案例。

四、教研组发展建设的举措

(一) 教研组建设举措要求

综合教研组的建设离不开每一位组内成员的成长,是教研组成员在一定的环境下进行交互所显现出来的关系与状态的总和。组内的文化建设,教研活动的开展都将按照《基于教师自我教学监控下综合学科教师关键能力提升》要求来实施,所有成员应该上下拧成一股绳,团结一致共同成长,与学校的发展共进步。

逐步形成各自的教学特色和风格,每个教师要有自己的教学示范课和精品课。积极开展教学研究活动,做教学工作的有心人,要求每个教师每学期撰写一篇教育教学案例,教研组每年要有教学论文或案例参加市、区级评选。

(二) 教研组学科工作举措

1. 提高教研活动开放性,保持横向联系,加强互动交流。重视向兄弟学校学习,组织综合学科教师学习兄弟学校相关的先进理念和经验。并邀请教育专家来校指导我校的综合学科教学工作。

2. 进行教研展示活动,通过课的展示、研讨过程的展示,多角度观测研修活动开展的策略,达成共识。关注学科活动中学生良好习惯的培养与检测,落实项目验收,促进教学优质发展。

3. 教研组通过"校本研修、组团研讨等多种研讨方式,营造课堂教学文化"对话、合作、互动"的良好氛围,提高教师专业水平以及教学实践能力。

4. 结合项目的实际,体现综合学科教师特点,设计基准评价课时目标内容与评价方法。深入探索教师自我教学监控下提升关键能力的策略。

五、教研组发展建设保障

1. 制定综合教研组工作制度,组建核心团队。
2. 细化教研组内各学科考核标准。
3. 落实学科展示评比方案,做好验收准备。

(宋玲玲)

第三节 "共生与自主"教研组生态建设的实施

一、"共生与自主"教研组生态建设的要点

在教研组发展规划编制以后,关键在于规划的落实。教研组规划实施包括学期计划制订与实施、教研组发展目标管理、教研组生态营造措施落实等主要方面,这是将教研组规划转变成教师行动的过程。

(一) 关注教研组生态的认同

教研组生态建设首先要有个思想基础,是教研组成员对教研组生态发展的认同,认同及一种生态对教师的发展价值,认同教师的发展需要良好的生态支持。

教师的发展需要良好的生态,教研组生态是十分重要的教师发展生态。教研组生态是教研组教师主体与其教学工作与教研环境的各种关系与状态的总体,其中包括专业关系、人际关系与规范关系。当前教研组生态失衡,非生态现象不少,教研活动质量低,口号式教研,有些教学基本问题都没有得到厘清,例如教学三维目标割裂,教学专业问题行政化实施等。当前要以教研生态观念不断推进教研组生态化,使教研组生态的适宜性、丰富性、共生性、开放性、整体性、民主性不断凸显,不断修复、改善、优化教研组生态。

我们着力教研组生态营造的基础——教研组文化的建设。教研组不可没有精神,教研组的人文高度决定了其发展的高度。我们提倡教研组树立进取、合作的教研组精神,在项目中合作,提高成员间的互相,凸显共生性。我们注重凝聚教研组的价值认同,进取的职业精神,增强规范关系,强化整体性。我们通过教研组

文化建设,促进经验型教师转化,促进内生型、学习型教研组建设。

我们通过教师教学自我监控与群体互动的相结合的"自主交互系统教学监控",推进"共生与自主"教研组生态营造,从而进一步增强了教师对教研组发展生态的认同。我们在实践中突出教研组生态化,不断通过优化、完善、修复教研组生态,建构生态化教研组,使教研组生态特性越来越凸显。

(二) 关注教研组建设的载体——核心项目的推进

中介理论指出,"一切都通过载体",因此,教研组生态建设需要良好的载体来实现。教研组规划中的教研组主项目就是一种很好的教研组建设载体。教研组主项目关乎教研组发展方向,又能把教研组发展目标贯穿于教研组整体工作中,可以有序调动成员分工合作,对于教研组规划实施具有凝聚作用。在教研组生态建设中确定主项目,以此推动教研组的专业发展与提升教师专业发展的适宜性是有价值的选择。

我们学校在教研组生态建设中采用了项目推进方式,改变教研传统的行政化教研,以研究学生的学习为重点促进教研工作的升级换代。我们学校确立了"基于教研组群体互动,提升教师教学监控能力"这个项目,以此改善教师结构性困难给教学带来的压力,提升教师核心素养。对于这样一个基本而重要的问题解决,不是一般的教研能够解决的,也不是单学科的教研活动能承载的,必须由学校统领,组织一个核心项目,各教研组根据学科特点围绕学校核心项目与教研组生态建设确立一项主项目。通过教研组的主项目,引领全体教师参与研究、学习与实践。教研项目管理的最大特点是任务明确,可以使教学研究主题化,有利于教学研究的内容深化,改变过去浅尝辄止,缺乏教研的深度,也不易受短期任务冲击或诱惑,以一定时限内完成项目为最终目标。通过主项目各教研组同步进行,互相交流,打破学科教研组局限,有立足教研组,营造教师教学监控的良好氛围,促进教研组的专业发展,提升专业发展的适宜性。

我们各个教研组确立与实施的项目如下:

语文:关注语文要素的落实,提升教师教学监控能力

数学:小学数学模块教学中的教师教学监控能力提升的实践研究

英语:基于校本研习,提升英语教师课堂教学课中监控能力的实践研究

综合:基于教师教学自我监控下综合学科教师教学专业能力提升路径的研究

各教研组在主项目管理中抓住两个基本的环节:项目的确定、项目的实施。

1. 教学项目的确定。教研项目的确定是教学项目管理的关键,也是教学项目实施的关键。首先每个教研组慎重确定主项目,反复组内讨论,主要咨询,集体确认。对项目的提出作价值判断,而不是随意拍板。

2. 教学项目的实施。教研主项目实施还关注了项目的范围管理、时间管理、

质量管理、人力资源管理、交流研讨管理、集成协调管理,以期达到理想的最终效果。这就使主项目实施避免了通常容易出现随意性,表现出有计划、有步骤地专业化推进。

通过各教研组主项目,教研组形成学习理论、教学实践、科学研究三位一体的发展,实现教研组活动形式丰富性与个体成长的差异性,促进教研组专业化发展,避免以行政事务为轴心的教研活动。同时有力地营造了教研组生态,为教师的教学自我监控与群体互动的外部教学监控的整合创设了良好的实施环境,即教研组生态。

(三)关注教研组建设的基础——教研组文化的建设

教研组生态建设的关键任务是教研组文化建设,这要求教研组文化要先进,具有人文精神,为教师的工作与发展提供民主平等适宜的环境。教研组不是仅靠几个骨干教师,而是要有一个组织精神,教研组的精神文化。教研组不可没有精神,教研组的人文高度决定了其发展的高度。我们学校提倡共生自主的教研组文化。教研组成员在工作中互相支持共同发展,同时教师有在工作中积极主动,发挥自主创新精神。在培育教研组文化过程中不断凝聚教研组的文化认同,激发教师个体的进取的职业精神。

在教研组文化建设中,我们重视教师的全面发展,不仅是专业能力发展,更关注教师的人文素养的发展。没有高人文素养的教师,无法培养出高人文素养的学生。对学校教学中的人与事冷漠的教师,根本无法进行基于群体互动下的教学自我监控。同时,我们坚持以人为本的教学自我监控,通过教学监控实现教师的发展,增强教师以学生发展为荣的职业自豪感。让教师把教学自我监控作为心灵纯美的天梯。尊重教师的差异性,相信教师人人有合适的位置和发展的价值,高度关注教师的竞争与利群行为、合作关系、平等作用,共生共享。我们也重视教研组文化建设中的主流文化的培育与扬升,突出教师与教师群体、教师与学生、教师与家长等的和谐共生,打造新型的教育人际关系,把和谐共生作为师生的价值理念和精神追求。在这样的积极健康文化下,教师群体互动下的教师教学自我监控有了一个确切保障。

(四)提升教研质量,实施教研质量动态管理

教研组的生态可以从教研活动中得到观察与感知,在教研活动中,一个教研组的文化品质、职业伦理、专业水准等大致可以得到反映。因此,可以把教研活动作为教研组生态建设的抓手。教研活动质量离开应有的要求还存在不小的差距,主要是教研活动质量不高,缺乏教学研究,即使教研也是技术层面上的,缺乏教理上的解释,缺乏教学逻辑阐述,以个人认知水平作为评论意见的依据,更多的是教学上的描述(白描)与回顾,缺乏经历向经验转化。教研主题不够确切,显得空泛,

缺乏校本性自主思考，往往受到非专业人际关系影响。教研活动学术性实践与实践性学术缺乏，因此，提高教研活动质量具有紧迫性。

我们在提升教研活动质量中，关注树立正确的教研观。我们通过多种形式的校本培训确立以专业为基础，以校本为出发点，提高教学实效为目的的教研观。坚持把握教研的价值取向，逐步转变以行政性教学工作安排，以事务性工作为主的教研活动价值取向，同时，改变教研质量缺少评价的状态，关注教研质量，不能以教学质量代替教研质量，建立教研活动的评价制度。

我们要求各教研组关注教研活动质量，教研活动任务要明确，主题要具有校本价值，开展多种形式的教研组活动，开展学习、培训、观摩、项目研讨、带教等丰富的教研组活动，引进来走出去相结合，专家与教师互动。转变以教学质量替代教研质量，从教研活动的主题、过程与参与度三个方面编制教研活动记录与评估表，实施校本教研质量动态管理，提升教研质量。增强教研活动的专业性，拓展教研功能。运用主题式研讨、案例研究等多种教研方式、运用网络教研、教学论坛等多种途径精心打造校本教研平台，实现教研与科研结合，以解读教学文本和优化教学设计为突破口，以课例讨论和教学实践研究为主要方式展开校本教研，提高教师的教学能力，提升实践智慧，改变教学行为方式。教研活动主题切合实际，教研团队分工合作；教研组工作记录与工作小结有价值。

教研活动质量三个方面的具体要求：第一，教研任务要具体，教研主题贴近教学实际，有学期特征。第二，教研活动安排有序，重点突出，解决问题；体现分工与合作。第三，教研形式多样适切，讲实效；教研发言紧扣主题，引发思考，发言面广；对他人的看法有回应。同时，对教研组长提出了三个基本要求：把握教研组工作目标任务、抓好教研组常规工作、加强教研组团队建设。我们组织了教研组开放式的教研活动，让其他教研组长参加，学习如何组织好教研活动。通过结合现场培训，提高了教研组长的角色意识与责任感，学习了怎样制订教研组活动计划和具体安排教研活动内容，怎样建立教研组活动常规以及开展各种形式的教研活动，怎样进行教研组内的质量监控，等等。

（五）强化教研组长培训，提高教研组长领导力

教研组长是学校重要的教师领导者。我国学校的教研组长不算是学校某一级的领导，他们没有行政权权力，他们开展工作更多的是依靠自身在教研组中的影响力，这种影响力来源于其在专业上的地位，凭借的是他们在教学中的权威和个人品格的影响力。随着教研组建设的深入开展，教研组长的地位与作用日益凸显。教研组是学校教学的行政组织，具有学科教学、研究、管理的职能，是学校发展的重要条件，也是教师成长的基地。但是长期以来，教研组长的专业培养严重缺失。各类成员的培训不少，恰恰没有教研组长培训。教研组长是一个特定的专

业岗位,不仅对学科专业素养,而且对领导力素养要求很高。教研组长作为教师领导者需要具有本学科专业的影响力、教研活动的组织能力、教学工作的领导能力等。但是现在的教研组长是先上岗,再摸索,在模糊中前进,或者平庸,甚至淘汰。教研组长的上述这些能力不是与"生"俱来的,而是需要精心培育的。

我们重视教研组长的培养从培训起始。学校组织了专题教研组长的培训,主要有教研组生态化建设、教研组组长的领导力与岗位职责、教研组发展生态的改进与优化二年计划的制定等。我们着重在三个方面提升教研组长的领导力:一是学科领导者角色的担当。教研组长要以教研组发展规划为工作任务导向,坚持完成教研组主项目,充分激发成员的自主发展,营造教研组民主和谐环境,通过多种途径的教研,促进教师专业发展。逐步创建教研团队的活动制度、交流制度、评价制度和资源共享制度,从而促进教师专业发展的长期性和有效性。二是教研组织者职责的承担。教研组长领导力的重要角色就是教研活动的组织者。组织教师学习与贯彻学科课程标准,根据学科特点、教学要求和学情,制订教学计划、优化备课,落实教学常规,提高教学质量。三是起好教学研究领头者的作用。教研组长要发挥学科专业上的领导力,积极组织教师开展教学研究,带头参与学校统领性课题,组织与实施教研组主项目,四是做好教研组工作的管理。建立与实施教研组日常管理工作,组织听课评课,上好研究课、展示课等,搞好课例分析,定期总结教学经验,分析教学中存在的问题,研究落实改进办法;组织课程教学评估,进行学科教学质量分析监控,加强课程评价,提高课程开发与实施质量。

教研组长的这些工作都是教研组良好生态的反映,也是教研组良好生态营造的途径。

二、"共生与自主"教研组生态建设的案例

案例 27

聚焦课堂生成性问题　提升自我监控能力
——记语文组主题教研活动"基于
群体对照下的自我监控"

【活动背景】

教学过程是教师和学生围绕教材文本进行对话的动态生成的过程。课堂上的生成性问题往往会成为我们教师的教学资源,作为教师,要有一双善于发现生成性问题的双眼,把问题变成教学资源。落实自我监控能帮助我们发现、解决生

成性问题。我校在发现生成性问题、智慧应对生成性问题方面的研究较少,针对教研组发展演变过程中的需要,适应语文课程标准要求,以学校"课前、课中、课后"监控研究项目为理论指导,根据语文教研组三年计划,生态构建良性有序的教研组建设与管理,结合本学期校公开课展示活动,开展主题为"基于群体对照下的自我监控"的教研活动。

【活动准备】

1. 问题提出

素质教育的根本是要培养和全面提高学生的综合素质。素质教育的实施,归根到底离不开教师的教学活动。教学需要有老师的预设,但是精彩的课堂,作为学习主体的学生,肯定有很多超越老师的预设的动态生成。学生认识问题的差异性和认识角度的多样性,决定了课堂教学中所有学习活动的过程组织具有不确定性,为动态生成提供了可能。

在教学实践活动中,教师只有具备了丰富的学科知识,才能形成一定的教学监控能力。而教师监控能力的高低,直接影响到教学效果的好坏。那么,在教学中如何解决教学生成性问题呢？提高语文教师教学监控能力,在语文教学实践活动中具有怎样的意义呢？我们又该怎样有效提高语文教师的教学监控能力呢？

2. 问题分析

语文教师的监控能力就是指教师在教学活动中,根据课程标准,为达到教学目的,完成教学任务所采用的一切必要手段和措施。它包括对教材的学习研讨、对教学目标的明确、对教学计划的安排,以及在教学实践活动中的及时反馈调节。在具体实际教学中,就是语文教师有目的地向教学主体即学生表达自己的教学目的,能运用最新、最合适的教学手段,将教学任务用系统的模式、具体的教学方法表现出来,以引导学生接受,并通过教学主体的及时反馈,对教学进度、教学环节做出及时调节,并能够根据自己的教学经验,有意识地去调整控制。

语文教师的自我监控能力能直接影响教学质量以及教学任务的完成情况,是达到教学目的的重要保障。同时,语文教师的自我监控能力也是教师在课堂中对教学每一个环节的具体把握,由生涩到成熟的过程,也就是教学艺术形成的具体体现。它直接影响到学生对这位教师所教授内容的接受程度。所以,语文教师自我监控能力的高低,即教师教学水平的高低,是学校教学质量优劣的具体表现。

3. 教学关键问题确定

从上述提及的课程标准内容与要求来看,语文教学活动是一项复杂的活动,也是一个科学的系统。这其中各因素互相关联,互相制约,互相促进,这些因素能更加科学地发挥各自的功能,教师的监控能力在其中起着不可缺的作用,这对语文素质教育的发展具有重要意义。基于以上原因,我们决定从教师教学监控着手,确定本学期我组的教研活动主题为"基于群体参考下的自我监控"。

【活动过程】

活动环节一：理论学习

每位教师认真学习《小学语文教学》《义务教育语文课程标准》(2022版)中与"生成性问题"及"自我监控"相关的概念与案例,并观看相关的讲座和课堂实践片段,讲座结构清晰、干货满满,大家学有心得,积极地进行讨论。

通过学习,语文组全体教师对《义务教育语文课程标准》中生成性问题的概念与分析进行了深入学习和研究。首先,我们按照新课标的总括,明确了生成性问题的重要性。课堂教学不是简单的知识学习过程,它是师生共同成长的生命历程,它应该是五彩斑斓的,蕴涵着无穷生命力的。因此,教师应该用变化的、动态的、预设生成的观点来看待课堂教学,着力建构开放和谐、动态生成的语文课堂。

生成是课堂上学生的思维被激活而动态生成的过程,是教师和学生自主构建教学活动的过程。课堂教学生成性问题是指教师与学生、学生与学生、学生与文本在一定的课堂教学情境中,随机出现的教师预期之外的、超出预设方案的、影响课堂氛围、师生思路及行为的即时信息。随着语文新课程标准的深入实施,学生在课堂中的主体性、自主性不断增强,课堂变得更加自主、更加开放,生成的问题也更加多样化、复杂化。

在课堂中教师要善于捕捉各类生成性问题。这些生成性问题一般具有以下特点：一是生成性。例如,师生、生生之间在课堂对话中因思维融合、思想碰撞、合作探究、成果展示、总结反思而即时生成的新情境、新发现、新思维、新方法、新疑问,这些问题的生成是即兴的,是随机的,是来自课堂自身的。二是动态性。课堂中生成的问题,会随着教师应对方法的不同而发展,有的可能会衍生出新的问题,从而使生成性问题具有不确定性、动态性。三是多样性。课堂中生成性问题的存在和表现的形式多种多样,学生提出一个教师意想不到的问题、教学进程中的一次突然冷场、一次干扰教学活动的突发事件等都是语文课堂教学中的生成性问题。四是隐蔽性。课堂中大量的生成性问题不是显性的,而是隐蔽的,有些甚至是稍纵即逝的,例如,学生心中的一个疑问、教师一句影响学生思维判断取向的口误等。我们针对语文学科的特点,致力于课堂教学的改革,对语文学科的生成性课堂作了初步的思考和探索。

活动环节二：课堂实践

2021年5月14日，施柳老师教授了《青蛙卖泥塘》一课，重点落在以课中监控为抓手，引导学生在了解课文内容的基础上，分角色演一演故事。为了落实这一教学难点，施老师在课前通过几次教研组磨课，对课程进行了适当的修改，这一举措正是基于群体对照下的自我监控。在课上，她带领学生了解课文内容，在理解的基础上，进行讲故事、演故事。但由于二年级学生年龄小，认知能力有限，讲故事出现了遗漏的现象，施老师适时引导他们借助提示，就故事内容进行梳理，厘清故事的顺序，很好地体现了自我监控的指导性和及时性。

2021年10月21日，杨云帆老师以语文《蟋蟀的住宅》这篇课文的教学开展了群体参照下的课后监控的教学践行。杨老师先带领学生整体感知，知道课文1~4自然段讲了蟋蟀在选择住址，5~6直接介绍了蟋蟀的住宅特点，7~9写了蟋蟀修建住宅的过程，并且点明了这三部分内容是有关系的，为第二课时做了铺垫。接着学习第二自然段，感受蟋蟀在选择住址时的慎重和不愿意随遇而安。本课的重点是第5、6自然段，学生通过圈画关键性的词语或词组，找出住宅外部和内部的特点，从而知道蟋蟀的住宅很讲究，既安全又舒适。在学习了蟋蟀的住宅特点之后，让学生介绍整体住宅外部的特点，进一步理解了课文，也培养了学生的概括能力和语言表达能力。

这节课主要是采用了互动课堂的形式，重点是课堂如何开展，接下去该如何进行引导，其实很大程度上取决于学生上传的答案，这非常考验老师的课堂灵活应变能力，以及处理及时生成性问题的能力。课后，教研组进行评课，大家的发言重心都落在了生成性问题的发现、处理上。吴密娣老师表示，关于开发和利用教学资源方面，她认为在教学资源和基础设施方面可以进行推敲，比如，课堂上理解词语"半掩、9寸深1指宽"，学生对"半掩"一知半解，而门就在那儿，让学生去掩一掩，就能更清楚地理解词语了。当课堂遇上生成性问题，如能结合生活中随手可及的东西，更方便孩子方便理解。

2022年11月10日，陈荣老师执教了一堂公开课，课题为《圆明园的毁灭》。课堂上陈老师松弛有度，抓住重点难点，突出教学监控能力，显示了较高的驾驭课堂的能力。课后，语文组教师纷纷发言，全身心投入，展开了氛围良好的评课活动。观课教师不仅积极参与听课评课，把听课作为自己学习经验、发现不足的机会；还在评课过程中畅所欲言，无论是授课者还是听课者都有较大收获和提高。课堂充分体现了"学生为主体，教师为主导"的教学理念。老师备课认真，教态自然，语气亲和，尊重每一位学生。在课堂教学环节上，抓住生成性问题，智慧应对的同时还能保证每一位学生都能听懂、学会。在教学设计中融入了小组讨论、小组合作探究，增强了课堂氛围，提高了学生积极性，体现了学生合作精神。这堂课也展现了教研组对照下的自我监控、互相学习和团结精神。为了上好公开课，语文教研组的老师们认真备课，耐心听课，用心评课。每位评课的老师都在评课前查阅资料、积极发言，在为授课老师提供力所能及的帮助的同时，也为自己总结教学经验，真正落实群体对照下的自我监控。

2022年11月11日，范亦欣老师执教了一堂公开课，课题为《富饶的西沙群岛》，是三年级第六单元的一篇精读课文，这篇课文按照海面、海底、海滩、海岛的顺序，介绍了我国西沙群岛的风景优美和物产丰富，表达了作者对西沙群岛的赞美以及热爱祖国的思想感情。课堂上，范老师能觉察到生成性

问题,及时评价、鼓励得当,体现了自我监控的及时性和鼓励性。随后陈萍老师进行评课发言,专家曹宏亮老师进行专家点评,展开了氛围良好的评课活动。本次教研活动结合教研组工作的实际情况,使教学工作有章可循。

2022年12月1日,一年级组语文老师严秀晔执教了一堂教学展示课,执教课文《四季》。课堂上,严老师全身心投入,展示自我,营造出轻松、愉悦的学习氛围,课堂精彩纷呈。学生兴趣浓厚,善于表达,积极发言,回答问题自信满满。我们语文组全体教师认真观摩,虚心学习。课后,语文组教师一一进行发言,曹宏亮老师进行专家点评,展开了氛围良好的评课活动。本次教研活动为老师们提供了交流、学习、研讨的机会,大家受益匪浅。

严老师在充分集中总结个人多年成功教学经验的基础上,开出有特色的公开课,展示了深厚的课堂教学功底和独特的教学风格。一年级学生在回答问题时难免有错漏,严老师对学生情况把握准确,及时进行指导,很好地开展课前、课中监控,为全体教师提供了学习、借鉴的机会。在课堂中,严老师有针对地确定教学研究方向,进行了大胆而有益的尝试与摸索,并取得了一定的成功经验。

【活动收获】

1. 钻研教材,提高监控能力,做好应对教学生成性问题的知识储备。

课堂教学前的钻研备课是教师在整个教学活动中最主要的环节,而其中教学计划的制定又是课堂教学活动的指南。教师在授课前应先要熟悉所要讲授的内容,明确其教学内容、教学目的并熟悉学生的情况,掌握学生能力的不同层次,设计自己的教学计划的各个环节。教师能够预想并设计各种具体的教学细节,如:教学中会出现什么问题、哪些学生会做出积极的反馈、针对不同学生接受能力,该采用怎样的方法去解决。课前精心备课是提高教师教学监控能力的一个重要环节。

教师充分地备课,独立地精读文本,在不参考任何资料的情况下,形成自己的文本独特的理解。只有教者对教材具有个性化的解读和个性化的理解,才会有课堂教学的个性化。教师在教学的理解和对教学内容的充分储备,才为课堂上的教学生成和引导学生走进文本深处,形成独特个性化的理解提供可能。

我们语文组教师根据学校要求,制定符合本班班情的教学工作计划,在教学中根据本班学情进行相应调整,做好应对教学生成性问题的知识储备,不断提高教学质量并将计划落实到教学工作的方方面面。

2. 加强队伍建设,提升教研能力,保证教学生成性问题的有效与方向。

课堂教学中教师的作用应该是对话中的首席,应该在关键时候起到引领、点拨、帮助、促进等主导作用,这样才能保证课堂教学的对话沿着既定的方向前进,才能保证学生对话生成的有效性。当学生话题扯远的时候,要把他拉回来;当学生的话题理解偏颇的时候,要矫正过来;当学生的话题缺乏深度的时候,教者应该引导深入。所以,作为教师,在课堂上一定要适时地发挥自己的主导作用,才能保证课堂教学对话和生存的有效性和方向的正确性。

这次"基于教研组群体互动,提升教师教学监控能力"的活动主题鲜明、内容丰富,具有很强的针对性和实践性。通过本学期的教学活动,老师们互相学习,既了解、借鉴、吸收了其它老师的好教法,也积极讨论、接受建议,在原有教学水平的基础上得到了提升,可谓是获益匪浅。

通过实践课的观摩,我们相互学习、互相辅助;通过研讨交流,我们群策群力、共同探讨、认真反思。我们语文组教师努力将先进的教学理念融入课堂教学,实现课堂教学的变革和自身专业化的成长,共同提高,共同发展。

3. 以生为本,提高学生能力,为教学生成性问题的产生提供机制。

课堂教学的过程,其实是教师和学生围绕文本进行对话的过程。作为独立个体的学生,他们也有对教材文本的独特理解。课堂上应该充分尊重学习的主体——学生,给予他们空间和时间。只有在平等宽松的环境中,学生才能真正深入地思考,表达自己心中的对文本的理解和看法。所以,在语文课上,语文老师对课堂教学民主氛围的创造,对学生独到见解的尊重和学生有自己独到看法的引导,是教学生成的前提和基础。独霸课堂"一言堂"是很难有教学生成的,更谈不上教学的民主和创造。

在教学过程中,教师应该充分调动自己的积极性,针对自己设计的教学活动环节,结合课堂上学生的实际情况,艺术而又合理地进行调控,以达到满意的教学效果。教师应紧扣自己的教学计划,针对突发的教学细节,能够机智而艺术地进行调整,并达到预想的适度的控制效果。且也能根据所遇到的实际情况,灵活地修改自己的教学计划。既不呆板地死扣教学计划,也能够适度地掌控课堂节奏。在调动学生学习积极性的同时,根据学生的兴趣,适度调控课堂气氛,使教学活动能更接近教学目标,更能达到教学目的。语文教学细节的调控,离不开课堂的主体——学生。教师既要严格要求学生配合,也要艺术地掌握各个学生的特点,根据课堂需要,引导个别学生为课堂创造出更新颖别致的教学热点,从而引起学生的共鸣,激发一个新的教学高潮。这样师生交互性强,在问题的探究中培养学生的思维。我校语文教学质量在大家的齐心协力之下稳步提升,在和谐合作的氛围中奋进,在融合交流里创新发展。

【未来展望】

1. 基于语文课程标准,促进群体参考及教研组建设

(1) 继续定期开展教研组、备课组主题教研活动,以《义务教育语文课程标准》为主要学习材料,深入解读新课标,根据年级特征,确定各年段语文教学的核心素养,给予全面的梳理、提炼,并提供语文教师自我监控的实践指导策略。

(2) 继续组织开展撰写随笔活动,教研组教师自学《小学语文教学》《小学语文教师》等教学书籍,根据自我监控撰写随笔,并交流学习心得。

(3) 认真收看"空中课堂",通过观看优质教学资源,根据学情,借鉴其中的教学环节,汲取空中课堂值得借鉴的部分,发挥优质资源的最大优势,提高教学质量。

2. 通过学习型教研组建设,提升语文教师自我监控的目标达成

(1) 继续组织骨干教师、青年教师在我校部分班级切实有效地开展基于"群体参考下的自我监控"的教学,实现课堂效率和教学效果双赢。教研组全体教师参与听评课活动。

(2) 备课组根据确定研究的自我监控方向,开展教学实践。

(3) 在区教研员及学科指导团青年沙龙团队的引领下,我校优秀青年教师基于研究主题,在区域或者区级范围内开设公开课教学。

(范亦欣)

案例 28

问题解决与自主发展

三年前,在学校《基于教研组群体互动 提升教师教学监控能力》的课题引领下,数学教研组结合课堂教学的变革和数学学科教师的专业发展需要,进一步细化了研究项目——基于问题解决的教学,提升教师教学监控能力的实践研究。数学团队在此项研究活动中取得了多方面的进步。

【缘起】

教师在成长的过程中会有自我意识对教学活动产生控制，这个教师高级的心理需求能提升自我监控能力。如何集合每位老师的努力，通过何种途径提升教研组的监控能力？在学校课题的指导下，教研组寻找合适的平台、找准契机在专家团队的带领下开展课中、课后、课前监控的研究。

根据时代对教师的要求、数学课程标准的要求，问题解决的教学模式被采纳，它以问题为核心，以互动对话为形式，问题解决的过程有助于学生综合运用已有知识经验解决新情景问题，完成对知识的建构，有助于核心素养的生成。

数学教研组抓住问题解决这一主线，开展了《基于问题解决的教学，提升教师教学监控能力的实践研究》。用问题解决这一主题为教师监控能力的提升提供一个可以操作的舞台。借助问题解决研究和教研组活动平台让教师心理需求和学生认知需求的高度融合，从而提升整个教研组的监控能力。

【过程】

一、整体规划

问题解决的教学结合核心素养与教师自我监控，借助自主研究、互助研究、通过课堂实践的过程形成双向发展和优化。

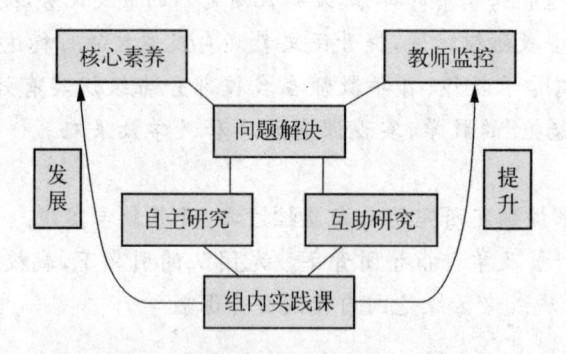

基于核心素养引领和自我监控的需求，通过问题教学这个过程，分别带动教师思考和学生能力发展。

一般认为，教师教学监控能力包括以下方面：计划与准备，课堂的组织与管理，教材的呈现，言语和非言语的沟通，评估学生的进步，反省与评价。数学组用问题解决这一纽带监控以上各部分，在课前计划和准备阶段，在课中组织管理阶段，在课后评估反省阶段，都围绕本堂课的知识点研究设计有价值的问题。如何鉴别该数学问题是否有价值，主要关注是否有利于学生核心素养的培养。

二、实践研究

1. 自主研究

首先，教师积极学习理论。小学数学教育要让学生会用数学眼光、数学思维和数学语言来观察世界、思考问题与表达现实的世界。数学核心素养具备了数学思维方式、关键能力和良好的数学品格与健全人格。虽然关键能力只是核心素养中的一部分，但它是学生发展数学必须具备的，因此，有了课标中的十个核心素养。分别是数感、符号意识、运算能力、几何直观、空间观念、推理能力、数据分析观念、模型思想、应用意识、创新意识。

其次，教师先有问题意识。思维总是从提出问题开始的，教师在教学中要根据教学目标、学生学习的知识水平和认知特点，精心设计问题，这一问题提出的过程既是为学生寻找思维的起点也是自己思维的起点。

教师在自主研究阶段，备课时围绕问题解决来设计过程，学生通过教师的引导，在一系列的问题中经历问题解决的过程，才能让学生在做中学。课堂中，学习对于老师提出的问题是否能根据知识经验和基础得出解决办法，如果不能，需要调整问题或细化问题，让更多的学生参与思考和讨论。课后反思也是围绕问题教学的效果，学生是否在问题解决中完成对知识的建构以及能力提升，如果反馈效果不好，需要调整问题的切入点或呈现方式。总之，教师们在备课、上课、课后反思的各个阶段都会围绕问题教学展开了一系列的自我教学监控。

2. 群体研究

群体研究过程是组内教师互助监控的过程。数学组围绕课题开展了多次课堂实践，在项目实施过程中，教师在实践中成长。

(1) 课中监控案例《小数加法》

教师为保证教学成功达到预期的教学目的，而在教学的全过程中，将教学活动本身作为意识的对象，不断地对其进行积极主动的计划，检查评价，反馈控制和调节。在课中监控阶段的实践中，教师对课堂中出现的问题及时纠正和调节，在监控意识的指导下，教学行为也在悄悄发生变化。

(小数加法 片段)

师：用竖式计算84.89+11=

$$\begin{array}{r} 84.89 \\ +11 \\ \hline \end{array}$$

核对(8人错误)

生：数位对错了。

师：你猜猜他是怎么想的？

生：找好朋友。

生：我猜他是习惯了。

生：你懂这个意思吗？

生：原来(整数加法时)都是末尾数字对齐先加的。

教师原来的设计是发现数位对错，只要改成小数点对齐(相同数位对齐)即可。但是由于错误人数较多，学生受到原有知识的干扰，产生了负迁移，如果不解决这个疑点,就无法建构和完善加法的计算法则,所以沟通算理的一致性尤为重要。

课中,教师根据学生的实际情况,提出"末尾对齐为什么能用在整数加法中,却不能用在小数加法中?"学生展开了激烈地讨论。

生:原来末尾都是个位,所以能末尾对齐,就是个位和个位对齐,没有错。

生:天小数加法,一位小数和两位小数,末尾是十分位和百分位,不能对齐加。

生:看着好像不同,一个能末尾对齐,一个不能,其实也一样,数位一样能加。

师:小数加法小数点对齐,也是要相同数位对齐,整数加法和小数加法的竖式计算,从形式上对齐的方法不同,但是从实质上看是一样的,都是相同数位对齐。

最终学生理解两者虽然形式不同,但是相同单位的数相加的道理是一致的。

学生在探究中理解小数加法和整数加法是"一家人",感受到整数加法和小数加法的计算法则并不是独立存在的,整数加法就是小数加法中的整数部分相加,整数加法计算方法可以用小数加法计算方法来解释,这或许只是部分同学的感受,但是这个问题非常有价值,沟通算理的一致性是提升计算能力的关键。

教案是预设的,课堂是生成的。在教学中教师应该善于把握时机,抓住关键点,不断地追问,提出具有生成性的问题,问在该问处,问在当问处,问题要结合课堂教学进展与变化,以及教学需要提出生成性的问题。教师通过有效介入,及时对问题进行点拨、评论、推广,拨动学生的心智及思维。通过对学生的独到分析以及对其创新思维的肯定,促进师生之间、生生之间的良好互动,共同进步与成长。在教学活动中,教师抓住某一有价值的知识点,形成生成性的问题,对问题进行设计,启发引导学生发表对数学的看法与见解,可以促进学生积极主动地探索数学,沉浸在数学的美妙世界中,学生能够大胆热情地表达自己的思维观点,营造浓厚的教学活动氛围,通过对数学的学习展现学生的智慧。

(2)课后监控案例《商和被除数的关系》

教师的教学监控能力对教师的教学行为起着调节和控制的作用,决定着教师教学的成效。一节课授课结束后,对课堂效果、教学策略等的反思也是教师教学监控的重要内容。

例如,在学习小数除法后,探寻商和除数被除数的关系目的是提升估测、数感和计算能力。按课本25内容引入,学生只是机械性记忆,并没有理解算理,所以出现了乘除纯小数、带小数混淆的情况,所以课后教师做了反思,提出问题,一个数除以纯小数,商有什么变化?为什么除以纯小数商会变大?

第一个问题希望学生从以下方面自己解决问题：1. 尝试用举例的办法解决问题。2. 综合运用所学知识理清知识脉络。（预设）学生首先举例 4÷1＝4，如果除数变小，成为纯小数，商反而变大，所以得出结果，除以纯小数，商会变大。再举例 0÷0.1＝0，发现被除数是 0 时，商等于被除数。所以得出一个数除以纯小数，商会变大。（条件是除数和被除数都不能为零）

第二个问题比较难理解，孩子要通过大量实例理解，也可这样引导理解，用除法的意义理解。二年级学习除法时，平均分和装袋分都用除法，现在除数是纯小数，不能想平均分，例如 1÷0.1，不能平均分成 0.1 份，可这样理解，1 元钱，把 0.1 元作为 1 份 1（1 角作为 1 份），在线段图上，可以看到结果总共是 10 份。再举例，1÷0.2，1 元钱，把 0.2 元作为 1 份 1（2 角作为 1 份），在线段图上，可以看到结果总共是 5 份。通过多次数形结合发现，除以小于 1 的数后，份数反而多了，得出除以纯小数，商变大。

从后续的实践结果发现这两个问题的引领有较好的作用，了解商和被除数数的关系，采用推理和数形结合的方式理解原理，只有深入理解原理，才能辨析乘纯小数、乘带小数、除以纯小数、除以带小数的区别。

（3）课前监控案例《乘法分配律》

教师自我监控的意识逐渐增强，教师们备课时更加重视问题的设计。乘法分配律一直是四年级一个教学难点，关于乘法分配律的文字描述就比较麻烦，再加上和前面学习的乘法交换律和结合律产生干扰，所以是运算定律中的难点。在第一教时重点在实际实例中感受两种形式的变化，和的积等于积的和，也就是两个数的和乘一个数，等于把两个加数分别和这个数乘，再把两个积相加，并计算验证正确性。第二课时教师根据学生的实际情况和困惑设计以下问题：

1. 已知 $(a+b)×c＝a×c+b×c$，那么 $a×c+b×c＝(a+b)×c$ 吗？请用你的办法来证明？

2. 两种形式的转化有什么作用？你能编一些题来说明吗？

第一个问题学生从数据尝试中验证，很多孩子也联系到二年级学过的几个几加几个几，个别孩子用图形面积和周长来解释。虽然课本上没有这个层次的教学，但在实践中部分学生只会单向变化，所以这个过程是必要的。

大多孩子感受到学习乘法分配律是为了简便，但在后续练习中会和乘法的两种运算定律混淆，所以让孩子自己编题，有利于定律的运用。实践中，小部分同学起了引领作用，带领小组同学编题，例 $25×78+75×78，99×21+1×21，(25+250)×4$，学生在说明编题理由的时候能结合乘法分配律的概念，在实践中体会到运算定律的魔法。

以上三个案例是数与运算的内容,教学中教师关注数感、运算能力等核心素养,学生在解决教师预设的非静态的问题中形成认知冲突,通过分析和解决问题达成共识、完成知识的建构,理解算理,沟通前后知识,获得基本素养。

三、问题整理

通过近三年实践研究,数学组老师创造总结了多个课堂核心问题,总结如下。

课　题	问　　题	学科素养
二年级《三角形和四边形》	折三角形时,折痕的两端在边上,只有分割成一个三角形和一个四边形这一种情况,为什么折四边形时,折痕的两端在边上,却有两种情况?	几何直观
《小数点移动》	一个数乘10、乘100、乘1 000,只要在数的末尾添一个"0"、两个"0"、三个"0"?	逻辑思维 推理能力
《小数加法》	整数加法中末尾对齐的方法为什么在小数加法中不能适用?小数加法与整数加法有什么关系?	运算能力 模型意识
《平行》	两条直线垂直于同一条直线,这两条直线一定平行吗?	空间观念
《小数乘整数》	一个两位小数乘整数,积一定是两位小数吗?	逻辑思维 运算能力
《小数乘小数》	两数相乘,积一定大于因数? 一个数(零除外)乘纯小数,积为什么变小?	逻辑思维 运算能力
《循环小数》	两数相除,如果除不尽,商一定是循环小数吗?	逻辑思维 推理能力
《平行四边形》	平行四边形邻边的积是它的面积吗?	空间观念 逻辑思维
《长方体的认识》	至少知道几条棱的长度能确定长方体的大小? 至少知道几个面的大小能确定长方体的大小?	空间观念

【收获】

经实践,组内八位老师在教学上更加投入,有更强的学习愿望,有鲜明的教学主张。教研组各方面的水平都大有提升。

1. 研究和发展提升监控能力

教师们在自己教学主张的引导下,结合不同时段的自我监控,形成自主研究、反思提升的优良工作习惯。监控能力提升,监控意识增强,日常教学中,在不同阶段都有监控有意识。

教龄最小的教师已有三年多的教学经验,在组内经验老师的带领下,青年教师的努力下,专业水平差异和教学成绩正在逐步缩小。

组内老师经常利用碎片时间开展闲暇式教研,这也促进组内教师共同提高,教师自身的理论研究和课堂实践也逐步融合。

2. 学习和互助提升教研组文化

随着教学改革和数字教学的发展,每位老师都有学习的迫切感,大家根据自身特点和需要学习新技术、探究新方法。不同的教学风格都有规范合理的课堂教学。随着新技术的熟练运用,教学中媒体辅助增效,教学手段也丰富多彩,极大地提升了教学质量。尤其是由青年教师带领的三个助手实践让全组教师的学习热情达到高潮,希沃进入课堂,微课制作,三个助手资源利用和开发也把教师们凝聚在一起。增强专业切磋,互相学习,彼此支持,公共成长,创建了"合作增效"的教研组文化。

"问题解决与自主发展"的教研组成长模式促进内生性的教学自我监控,教师教学监控能力逐步提高,教师教学行为逐步优化,教师的专业自觉发展得以促进,教研组充满活力和朝气。在理性与感性的交融中,在质疑与创新的引领下提升教研组实力。

(黄志弘)

案例 29

聚焦课堂教学对话　提升团队研修能力
——英语教研组主题教研活动"基于课堂教学对话行为的实践"

【活动背景】

以学校课题《基于教研组群体互动　提升教师教学监控能力》为指导,根据英语教研组生态发展项目《协同视域下小学英语课堂教学对话行为监控与优化的行动研究》,结合校级公开课展示活动,开展主题教研活动。

【活动准备】

1. 问题的提出

协同理论研究作为一门新兴学科,基础理论研究还不太完善,在教育教学中的应用经验也比较少。但协同理论能为人们认识事物、处理问题提供了新的视角和方法。协同理论在教研组的教学实践活动中能为教师的教学发展提供合作研究的条件,为本课题中的把协同理论应用到课堂教学的监控和培养中提供了启示。

国内教学对话行为研究进行了一系列的视角与结果的积累,比较关注学生的进步和发展,教学效益的提高,以及教师的反思意识开始增强。但在具体的实践操作中,缺少对新课程观念下交流有效性教学策略的研究,如有效交流与转变学生的学习方式,有效交流与学生参与等,未能根据课程特点进行更深入的研究。

国内外学者有关教师教学监控的研究中看出:通过对教师教学能力的监控能够帮助教师在教学实践的过程中不断反思,在创造性的教学对话行为中不断优化教学过程,提升教学能力,这对本课题在协同理论视域下通过对课堂教学对话行为进行监控,从而提升并优化教师教学能力有一定的启示作用。

2. 问题分析

小学英语课堂教学中,协同理论的应用能使教研组凝聚力增强,通过同伴之间的合作与监控,能使对课堂教学对话行为的监控更深层、更深入,协同让同伴之间的协作更紧密、更有实效性。

通过教研组内自我监控及互相监控,在"协同效应"作用下,支持同伴间的监控、研讨和调整,通过自组织,课堂教学对话行为的监控与优化的点面从简单向复杂、从粗糙向细致方向发展,能不断地提高同伴监控的精细度;通过与监控的同伴交换信息,不断地提高课堂教学对话监控与优化的有序度;在"监控""优化""优胜劣汰"机制的作用下,将同伴监控组织结构和运行模式不断地自我完善,从而不断提高其对于课堂教学对话行为监控和优化的作用。

教研组定时、定点、定主题,组织组内老师对于上课教师的课堂教学对话行为进行两轮以上的监控,每个老师确定监控点,详细记录并评价,提出优化建议,确保后一轮中教师课堂教学对话行为问题精准、内容有效,有利于学生口语能力的提升和思维能力的发展。

监控与优化的目的在于师生的双发展。对课前、课中、课后的教学监控的过程,即发展教学能力、改进教学对话中存在的问题的过程。监控能力与优化策略对于一线教师来说,很多的做法可复制、可推广。

3. 选题的依据

"协同"意指开放系统中各子系统(要素)相互作用、相互配合、协调协作,形成拉动效应。协同的结果使个个获益,整体加强,共同发展。在本研究中,协同理论,指的是英语组的教师们在对课堂教学对话行为监控的过程中,互相研讨、协作并解决过程中产生的问题的模式。

课堂教学中,师生之间、学生之间交往互动与共同发展的过程,借助生生之间、师生之间的有效对话,构建起自主探索与合作交流英语学习方式。通过监控教学对话行为,优化对话行为的方法和模式,借助语气、肢体语言等,体现课堂教学对话行为对学生的尊重、理解优化教学过程,提升教师的教学能力。

在课堂教学过程中,教师为了完成预期的教学目标,达到良好的教学效果,针对自身的课堂教学对话行为,不断地进行积极主动、科学有效的统筹计划、检查反思、控制调控,从而提升教师教学监控的能力。教师课堂教学对话行为的监控是同伴之间的互相监控后进行评价反馈,教师个人再根据同伴的监控与反馈,结合组内成员的听课记录、上课录像等资源再进行自我监控,对自身的课堂教学对话行为检查思考。优化是指在同伴监控和自我反思的基础上,通过同年级班级的多轮教学或试教对课堂教学对话行为进行改进。

4. 选题的确立

我们通过文献研究,梳理了课堂教学监控中存在的问题。结合对教师的访谈,了解教研组内教师的教学监控中存在的问题。从组内教师积累的经验中发现教学监控过程中存在的问题。通过文献梳理,我们进一步认识"协同理论"的内涵,梳理其主要特征,找到"协同理论"与课堂教学对话行为监控与优化的关联。两者关联性见下表:协同理论与课堂教学对话行为监控与优化的关联。

协同理论的特征	课堂教学对话行为监控与优化的理念
自发性	基于问题解决的自主监控
协作性	同伴互相监控并实践
生成性	监控后问题的共享和交流

通过文献研究,我们初步建构基于"协同理论"视域的课堂教学对话行为的监控的基本路径分为课前监控、课中监控和课后监控。我们建构了基于"协同理论"视域的课堂教学对话行为的监控的基本路径。见图2:

我们以同伴间的协同效应或自组织活动为前提和保障,通过课前监控,围绕教学目标,预设并明晰课堂教学中的对话点,并且针对这些对话点预设学生的反应,厘清预设这些对话点的原因。通过课中监控,针对课堂教学对话行为的目标、内容、过程进行监控,检测课堂教学对话行为是否具有实效。最后通过课后监控,同伴间交流与反馈发现的问题并提出改进意见后,上课教师个人进行反思并实施优化。

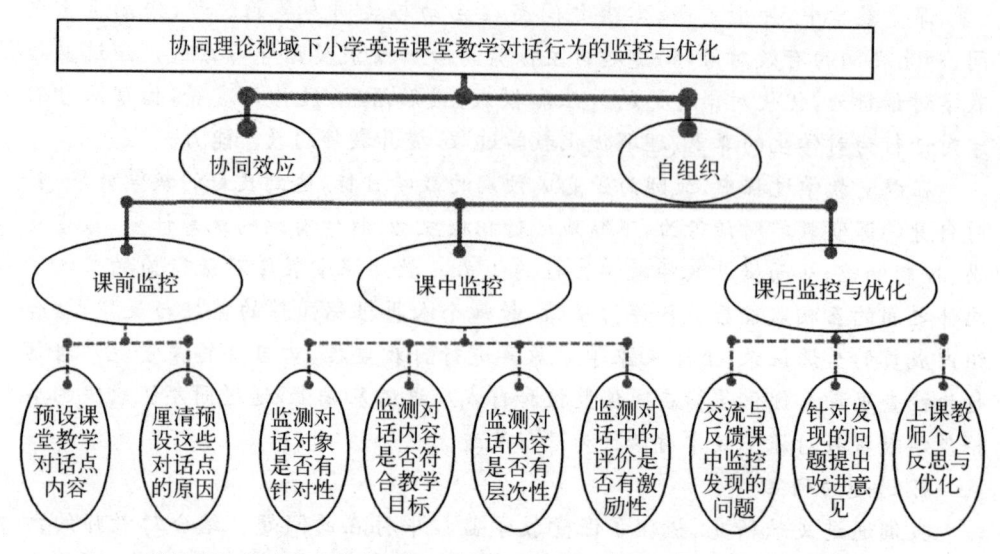

协同理论视域下小学英语课堂教学对话行为监控与优化的内容和路径

【活动过程】

活动环节一：理论学习

为学习理解新的《关于教师教学监控能力的培养和研究》《当前课堂师生互动存在的问题和建议》《课堂教学中的对话研究》等相关理论书籍和资料，帮助英语组教师们深入了解新的英语课程性质、课程理念和课程目标，深化教师对课程育人导向的理解，在课堂教学中落实立德树人根本任务，教研组组织所有的英语教师通过线下学习研讨、云教研等方式，引导教师深入学习理解新课程标准，提高课堂教学对话行为的研究能力及课堂施教能力，助力英语教学高质量发展。

我们深入学习了课堂教学中对话行为的一系列理论知识，认识到小学英语课堂教学的对话行为研究的实际意义。我们可以通过从探讨教师与学生"教学对话行为有效性"出发，寻找到"教学对话行为"的有效途径与基本方法，进而提升小学英语课堂教学的绩效。我们也可以通过对"教学对话行为"策略的研究，能够在教研组内将对话理论演变为对话教学的实践活动，使教师掌握"教学对话行为性"的有效途径与方法。我们还可以在课堂内营造师生间民主、平等的氛围，通过有效的教学对话行为的监控，优化课堂教学效率的有效手段，提高学生口头表达能力。同时，基于"协同理论"，通过对课堂教学行为的监控，我们更能提升教研组团结协作能力，在团队的合作中提升并优化教学能力。

分管领导曹慧华和教研组长吴芳老师通过深入研究，确立了课堂教学监控7个观测点，在课堂教学及监控中围绕这7个点进行实践研究，探索和分享。

课堂教学对话行为的观测点：

1. 教学关系：引导与帮助（师生互动的有效性）
2. 师生关系：尊重与赞赏（课堂教学的和谐）
3. 讲解策略：精讲与精练（教学重难点的解决）
4. 问题刺激：创境与答疑（思维能力的培养）
5. 关注差异：分层与异步（层次差异的满足）
6. 动态生成：促进与应对（因势利导的把控）
7. 学习评价：发展与开放（教学评的一致性）

活动环节二：课堂实践

2021年4月14日，徐飘逸老师首先执教了4BM3U1 Peter's new bicycle bell 的展示课，徐老师运用了数字教材、互动课堂和希沃平台推进课堂教学，通过数字教材的流转笔记功能，徐老师检查了学生第一课时的作业，并且与学生一起点评，激发学生的思考，调动学生学习的积极性。接着，徐老师对本课时的音标进行了新授，借助数字教材的音频功能，实现学生跟读。在进行新课引入时，徐老师借助问题：Who does Peter meet? 梳理了文本内容，接着以问题链的形式，例如，What is...dong? Can he/she hear the bell? What does he/she say? 将故事的整体结构清晰化。徐老师不仅培养学生扎实的语言能力，还积极调动学生的主动性，引导学生探索思考问题，例如，在本课时的最后一个部分，提出了这样一个问题：Is Peter's bicycle loud or quiet? 学生能够各抒己见，充分调动学生的思考，利用辩证的眼光思考问题，大大提升学生的思维能力。同时，徐老师也结合了希沃和互动课堂软件进行辅助教学。比如在Fill in the blanks的环节中，徐老师采用互动课堂的在线完成练习的功能，不仅巩固了学生对新知的掌握程度，还锻炼了学生的思维能力及读题能力。教学内容与信息化手段的巧妙融合，呈现了多元化的课堂，突破了教学的重难点，课堂效率大大提高。

2021年4月28日，刘佳老师进行了5BM3U3 Changes in Shanghai的教学展示课，教学内容为本单元的第四课

时，教学目标是通过上海过去、现在、将来的发展变化的学习，激发学生对上海的热爱之情。在确定了教学目标后，对教学环节进行课前监控，进一步提高师生互动的有效性。学生对现在的上海更熟悉，更有话可说，因此先通过视频导入，让学生领略现代上海的风采。随后，学生戴上耳机，根据自己的兴趣点击电子博物馆中的图片和视频，让学生对过去的上海有更多体验，同时，为后面的介绍过去的上海作铺垫，提升了教学效果。课的最后，刘老师让学生畅想20年后上海的变化，从而让学生体会到未来上海的变化是每个人的责任，激发学生的情感升华。本节课教学内容与信息手段融合，突破教学的重难点，进一步提高课堂的质效，提高师生互动的有效性。

2021年10月27日吴芳老师以5AM2U3 How do wild geese change home为例，进行了教学展示。本课时虽然是阅读课，但是科普性的文章，对于一般学生的理解会有一定的障碍。吴老师重视课堂动态生成，在教学过程中设计了问题链来推进教学过程，解决教学重难点，帮助学生比较深刻地理解课文。吴老师在设计问题链时考虑到了"瞻前顾后"，让其具备生成性、开放性的特点。她设计的问题链不是教师提出几个问题并让学生简单回答，而是师生双方围绕环环相扣的问题情境，进行多元、多角度、多层次的探索、学习和发现，从而能极大地激发学生的学习热情和学习兴趣。教师在使用问题链与学生互动的过程中，应鼓励学生独立思考、大胆质疑，推动语言和思维的共同发展。通过问题链的推进，学生以快速阅读的方式，进行了很多图片阅读信息的信息提取，在了解大雁的迁徙规律之后，学生掌握了大雁为什么要飞那么长的路来搬家的原因，很好地解决了本课的重难点。

2021年12月22日，曹慧华进行了 3AM4U3 Plants 展示课。作为M4U3的第一课时，在根据模块主题和单元任务后，曹老师设计了可爱的精灵Bud，带领孩子们一起走入奇妙的植物世界。希望孩子们通过学习能够听、说、读基本词汇：plant, sunflower, flower, leaf, leaves 等，并通过对植物 sunflower 的逐步深入了解，以及在多

种活动的帮助下,学生们能简单描述喜爱的植物,并驱动他们探究植物的好奇心和懂得欣赏植物的美好情感。在课堂的进行中,曹老师提出了"What colour is it?""What does it have?""How is it?"等一系列问题,让学生通过不同角度来观察植物,同时,为学生搭建语言交流的支架,帮助学生更好的达成学习目标。在语言输出环节中,曹老师设计了"Draw and introduce your favourite plant"活动,让学生在小组中互助交流讨论,让更多的学生参与到课堂的学习中,促进学生语言的表达。

紧接着,邬瑾老师执教了 4AM4U1U2 At Century Park 的展示课。课的伊始,邬老师通过语音以及儿歌部分及时复习第一课时的核心词汇,同时,在儿歌部分融入本课的重点句型 Where is …?接着通过一首欢快的歌曲自然过渡到今天的主题。邬老师注重课堂中师生关系的和谐,在课中,她用微笑不断给予学生鼓励和赞赏。在歌曲的歌词方面,邬老师也整合、改编了文本,为课文内容教授做铺垫。邬老师本节课有不少亮点,比如,在上课伊始就在地图上一边标注各景点,一边通过语音让学生整体感知文本。邬老师老师也注重思维能力培养,让学生自己思考问题,然后自己得出答案,形成文本,符合学生的认知规律,也激发了学生自主学习能力。

2022 年 11 月 22 日,李荣执教的 2AM3U3 In the kitchen 一课同样精彩。李老师在认真地研读课本后结合二年级学生现有的英语水平和认知,初步设计了教学目标。李老师在对初步设计的教学目标做自我监控时,发现教学目标四要素没有体现,于是对教学目标做出修改。在确定了教学目标后,围绕教学目标李老师设计了以 Alice 在厨房帮助妈妈拿餐具这一故事情节。单词教授根据学生的专注力设计了从难到易的顺序,而句子由易到难。在教学过程的课前监控中,李老师特别关注师生的互动有效性,例如,chopsticks 这个词对于二年级的学生来说发音较难,李老师将 chopsticks 拆分 chop(加上切的动作加深理解) sticks(出示木棍复数)帮助学生记忆。同时用儿歌,歌曲 chant 等多种方式调动学生的积极性,引导学生用 there be 句型进行练习运用。学生的学习积极性高,课堂气氛活跃。在对整个教学过程进

行课前监控后，有效的改进了课堂教学环节，提升了教学效果。

2023年5月10日，王晖老师进行了3BM3U3 Seasons一课。这节课是3B Module3 Things around us 中的 Unit3 Seasons。王老师设计了这课的 topic 为 Things we can do。由于学生在2B已经学习过四个季节和每个季节的气候特征；而且人的活动和天气相关联，人们的活动会受到天气的影响。所以王老师在本节课的设计中采用了这样的一个思路：season — weather — activities — emotion，所采用的句型_____（season）is _____. We can _____（activities）. We can _____ too. We can do many things in _____（season）. We can have fun in it.（emotion）。本单元中要求学生掌握四会单词 ski, ice-skate 和词组 plant a tree, have a picnic，因此在教学环节的设计中，她把 spring 和 winter 作为新授环节，把 summer 和 autumn 作为巩固和操练环节，最后以 Things we do in the four seasons 来输出。

【活动收获】

通过课堂教学对话行为来监控自己的教学是小学英语课堂教学重要的研究方法，教师在课堂教学中可以大胆尝试，基于课堂教学中存在的问题，聚焦课堂中师生对话行为，本文将从七个维度阐述如何进行课堂教学对话行为的监控和实践，从而帮助教师更好地提升课堂教学能力，培养教师教学能力的灵动性、实用性和有效性；通过一系列课堂教学对话行为的预设，启发学生思考，培养他们思维品质的灵活性、深刻性和创新性。

1. 良好的课堂教学对话行为有助于提升师生互动的有效性

学生是学习的主体，也是课堂的中心。因此，课堂问题设计应基于学生的认知规律和心理特点。因此，教师在设计课堂提问时需要重视学生的主体地位和兴趣点，设计的问题或过于简单，无法让学生深入理解文本内容；或过于复杂，问题所要求的语言输出超出学生已有的认知水平和语言能力，致使学生产生挫败感，课堂教学效率低下。在教学中很多学生难以理解的问题可以比较直观、形象地展现在学生面前，便于学生理解和接受。教师通过多媒体教学，并辅以一系列的有效提问，以一种动态的方式向学生展示教学的重难点，在多种感官的刺激下，能更好地开发学生的创造力，想象力，给学生一个更好的学习空间，在多姿多彩的图片展示下，学生犹如身临其境的感觉，更能体会所学内容，通过不断的输入和输出，调动了学生学习积极性，也提升了师生互动的有效性。利用有效的课堂教学对话的预设,有助于提高教学效果,合理利用好课堂时间,在相同的时间内让学生掌握更多的知识,又促进我们老师学习,提高教学能力。作为教师,应该充分利用师生课堂教学中的互动,抓住动态生成的对话行为,在教学中去勇于创新,探索出更好的教学方法。在日常的教学过程中,灵活地运用预设的课堂教学对话问题,让它在教学中起到画龙点睛,恰到好处的作用,引导学生不断思考和深度思维的发生,课堂互动的有效性就显而易见了。

2. 良好的课堂教学对话行为有助于提升课堂教学的和谐性

叶澜教授曾提出:"没有沟通就不可能有教学。"教学是师生彼此敞开心扉、相互理解、相互接纳的对话过程。在成功的教学过程中,师生形成一个"学习共同体",他们都作为平等的一员在参与学习过程,进行心灵的沟通与精神的交融。没有交往,没有互动,就不存在或不发生教学。因此,教学过程中,良好的课堂教学对话行为有助于和谐课堂的产生。课堂互动是新课程倡导的重要理念之一。课堂对话是实现互动的有效途径。对话是师生双方或生生之间在教学过程中相互交流思想和情感、传递信息并相互影响的过程。对话中对话双方都是具有独立人格的自由主体。课堂对话还是一个动态的过程,师生之间、生生之间通过心灵的对接、意见的交换、思想的碰撞、合作的探究,实现知识的共同拥有与个性的全面发展,提升课堂教学的有效性。

教师是学生学习的合作者、引导者和参与者,教学过程是师生交往、共同发展的互动过程。在语文课堂对话教学过程中,改变了传统的教师控制课堂、学生被动听讲的局面,构建以师生人格上的平等和在探究式的教学过程中的交往为主要特征的师生关系,师生共同探讨、共同研究。在这一过程中,教师给学生以指点,"想学生所想""思学生所思",使学生在课堂上能够自由地呼吸,学生给老师以启发,相互促进,共同发展。

3. 良好的课堂教学对话行为有助于课堂教学重难点的解决

英语学习是一个双向的过程,需要老师与学生共同合作。老师输入知识,通过学生课堂表现和课后作业反馈等,来检查学生的输出情况。在英语课堂教学中,对话教学是一项十分有效率的教学方式。一方面,增加了老师和学生之间的互动性,吸引学生的注意力,使得每一位学生都能参与到课堂学习中来,增加小学生自主学习的能力,激发小学生的创新意识和发散思维。另一方面,对话教学可以让老师很好地了解到学生的学习情况,检查学生对所传授的知识是否掌握,当学生在对话中出现错误时,可以及时纠错,增强小学生对知识的记忆。除此以外,还可以锻炼小学生的沟通交流能力,很好地引导小学生,使得小学生在对话的过程中就牢牢掌握课堂知识。对话教学使得课堂充满活力,不再是老师一味地灌输,这一教学方法也符合素质教育的要求,充分发挥学生的主体性,调动学生学习的积极性,提高课堂效率。

良好的课堂教学对话行为的发生,能够更好地促进小学生进行英语学习。老师给出的问题会引导学生回顾以往学的知识,并开创自己的思维去创想出更多的方法,能够激发出学生的学习兴趣,提高学生对英语的喜爱程度。但是,教师预设的对话和问题不能太过于复杂也不能过于简单,要符合学生的学情和需要。而设置合理的教学目标,可以使老师的课堂教学更为清晰,很好地解决课堂教学中的重难点,也可以使老师更加地明确自己存在的不足,进一步改善。

4. 良好的课堂教学对话行为有助于学生思维能力的培养

著名教育学家叶澜说过:"一个教师写一辈子的教案不一定成为名师,如果一个教师写三年反思可能成为名师。"这句话意味深长,旨在强调教学反思的重要性。课堂教学的对话设计,要根据小学生的生理心理特点,紧紧围绕教学目标,充分利用多种生动活泼的教学形式,例如情境图,课件,声像资源,将所学习的知识和生活整合起来。让学生在听、说、读、玩的过程中,乐于动脑,敢于开口,从而达到灵活运用语言的目的。

在整个教学过程中,教师不再是灌输者、教说者,而是引导者,组织者,引导学生灵活运用语言,培养学生的创新能力和合作探究的能力。教师应该努力去营造一种宽松愉悦的课堂,学生获得相当大的主动权,提高教学质量,引导学生走向新知识的殿堂。教学中,教师重视思维能力的培养,让学生带着问题学习。学生不仅可以接触到信息技术,拓宽他们的视野,活跃他们的思维。让学生带着问题学习的过程也是他们自主学习,思考并发现的过程,学生从被动地接受知识变为主动探索求知。在课堂中,通过学习和模仿不同角色的语音语调,培养同学的英语朗读能力和语感。学生对故事有着天生的热爱,朗读故事可以从中得到阅读的乐趣。我引导同学通过模仿不同角色的语言,让他们从模仿中体验朗读的乐趣,在朗读练习中培养朗读的能力和语感。

课堂教学对话的设计,从易到难,从理解到运用,从模仿到生成。这样的设计符合了英语语言学习的特点,遵从儿童的认知规律,同时,数字化的设备与软件交互功能也使我们的教学更加高效。

5. 良好的课堂教学对话行为满足了不同层次学生的差异

英语新课程标准明确提出,教师在教学过程中要正确认识学生之间存在的差异,实施因材施教的办法,从而有效促进学生的学习效率。教师针对不同程度的学生,提出不同的教学目标,创设不同程度的课堂教学情境,对于不同的程度的学生采取不同的教学方法。针对课堂对话教学,在课前教师要基于学生的学情,充分考虑每个学生的学习现状,合理地制定教学内容、教学目标、教学活动等。教师要预设课堂教学中提出的问题,同时,问题的提出要考虑学生的个别差异,对于不同水平的学生提出难易程度不同的问题,让每个学生都能参与课堂的交流中,提升学生的学习兴趣。在课堂中,教师要及时发现对话教学行为的内容是否有针对性、层次性和激励性,适时的调整自己的教学行为,有效的解决学生的疑惑与困难,增强学生的学习信心。课后,在教研组的互动讨论中,教师进一步反思教学目标以及不同层次的学生的学习效果是否达到预期目标。

6. 良好的课堂教学对话行为有助于教师因势利导的动态生成

在小学英语课堂教学中,教师要根据课文文本的特点,围绕文本的主线,从整体上设计贯穿语篇的问题链,逐步促进学生对文本内容的感知、理解与深度阅读。教师根据教学目标,以问题为纽带,以知识的形成、发展和学生思维能力的培养为主线,以师生动态的合作互动为基本形式,通过问题引导学生积极思考,培养学生的高阶思维,增强课堂教学效果。

在设计课堂教学对话问题时,教师基于教学目标和文本内容,从知识的关键点、问题的疑难点、思维的发散点、内容的矛盾点出发,整体设计问题。同时,教师应围绕核心主线的问题,再设计一系列问题,形成以结构性问题为引导、以核心问题为本、以辅助性问题为跟进和以创生性问题为宗旨的问题链。典型的发散性思维问题,问题一定是开放且有深度的,能有效培养学生的发散性思维和创新性思维。

《义务教育英语课程标准(2022年版)》指出,核心素养是课程育人价值的集中体现,是学生通过课程学习逐步形成的适应个人终身发展和社会发展需要的正确价值观、必备品格和关键能力。因此,在小学英语课堂教学过程中,教师在设计课堂教学对话时应充分考虑不同层次学生的发展需求,发展学生的核心素养。问题链的设计目标一定要明确,即:基于本课、本单元的教学目标,反映本课的重难点,面向所有学生,符合大多数学生的心理特点、认知特点和学习特点。同时,问题链的设计应难易均衡,问题既能满足基础相对薄弱的学生的需求,又能满足能力相对突出的学生的需求,让不同层次的学生在自己的最近发展区都能学有所得。更好地调动学生的学习热情,启发他们积极思考,培养学习兴趣,才能有精彩有效的动态课堂对话行为的发生,课堂才会变得生动又有趣。

7. 良好的课堂教学对话行为提升了教学评的一致性

在教学对话活动中,教学评的一致性是有效教学的基本原理,它要求教师的教、学生的学、课堂的评是一致性,这种一致性体现在"教、学、评"必须共同指向学习目标。通过多次教研活动,我们带着观察点去观课,评课,我们深刻体会到评价任务的设计要指向学习目标。教学设计是否有效,要看指向学习目标的评价任务是否能够达成。因此,只有评价任务的设计指向学习目标,我们才能检测出学生达成的情况,分析出学生经过学习是否发生了教师所预测的变化,这是否是监控教学最有效手段,以及下一步教学策略如何开展的重要参照。教学的评价不是在课堂教学结束的时候发生的,整个教学过程是一个循序渐进不断进行的评价过程,评价问题的设计难易程度要层次性。有效在英语教学过程中应以形成性评价为主,评价要有利于促进学生综合语言运用能力和健康的人格发展,促进英语课程的不断发展与完善。

综上所述,小学英语课堂教学对话行为的监控在小学英语课堂教学中至关重要。教师可以在充分解析教材的基础上,灵活运用多样化的对话方法,实现课堂教学的高效性、真实性和趣味性,让学生体会到英语学习的乐趣,从而从根本上实现思维能力和综合语言运用能力的提高。同时,也能切实提升英语教师的课堂教学监控能力,在实践中不断改进和改善英语教学的策略和方法,提高小学英语课堂教学的质量。

(吴 芳)

案例 30

强化个体与群体间的"双向构建促进教师教学监控能力提升"
——综合教研组生态建设活动案例

一、案例背景

因为综合教研组是复合型教研组,学科之间存在着一定的差异,通常的教研活动不能很好的满足教师个人发展,因此通过"基于教研组群体互动 提升教师教学监控能力"发展性实验项目研究,从综合各学科教师生态环境出发,提高其教学监控意识与能力,促进其对教学全过程进行自我反思、自觉调整,激发教师参与提高自我教学监控能力的动机,从而依托团队建设,不断提升综合各学科教师课堂教学监控能力和教学的质量。

二、案例举措

(一)在课后反思中,保障"自主共生系统教学监控模式"的运作

在音乐学科龚寒老师执教的《小雨沙沙》一节课中进行教学实践,教研组围绕"课后反思"对该堂课进行了教研。

片段一:

在课程的开始,龚寒老师采用了视频播放引入的方式,播放了视频《小种子成长记》,并在观后让学生模仿小种子生长动作,旨在让学生了解植物的生长并为接下来的歌曲学唱做铺垫。这首歌的第三、四句歌词,正好是在描述种子的生长过程,因此,她将第三第四句最先教唱。

对于这样的设计,组内A老师表示赞同,认为确实是前后呼应,设计得当。B老师则持保留态度,认为应当按顺序教唱。C老师认为自己虽不太懂音乐,但是课堂整体听起来是连贯顺畅的。

教研组认为不论是那种教授方式,目的都是为了能让学生更好的学唱歌曲。先教引子和第一、二句,是按照歌曲的顺序进行教学的,这样可能会让学生对于歌曲的顺序感更浓,但不易突破教学重难点。而先教第三、四句,则是先把歌曲最难学、最有趣的部分挑出来学,而之后还会有歌曲整体演唱,这样也是符合教学目标的。站在培养能力的角度,这样上课因果关系比较好。

片段二:

在学唱引子和尾声部分时,由于时间关系及当场的课堂表现,龚老师在上课时直接出示了"引子"和"尾声",并未过多阐述概念,并把更多的时间放在了歌曲学唱、分组演唱上,并突出了尾声"沙沙沙沙"的雨声渐弱。学生在教师的指导下,就顺利的完成了尾声的渐弱。也让歌曲的演唱层次更丰富,更有韵味。

A老师很仔细的注意到了这点,他对照了龚老师原先的备课及正式上课,发现是有所出入的。在备课教案中写的是"知道引子和尾声是什么",但是在正式上课时,并未对此过多阐述,而是直接教唱。因此,A老师认为龚老师的课中监控是及时的,并且效果也是较好的。如此,更能体现教唱、学唱。B老师认为此处虽然没以叙述的方式解读引子和尾声的名词含义,但是通过教师示范,让学生切身感受到了引子、尾声的存在及区别。

片段三:

在课堂的最后,龚老师为了轻松课堂气氛,选择了一首活泼欢快的儿歌作为拓展曲目。选择这首歌的原因,一是旋律欢快好听且歌词朗朗上口,二是歌曲内容与本节课相关性强。从课堂情况来看,大部分小朋友都能做出一些动作来表演,但是创新性一般,学生的积极性也不如预期的高。

课后A老师指出,在让学生自由发挥时,可以把控制的维度再放开些。例如,如果能让学生离开座位去律动,把课堂推上一个小高潮,也能更好的激发学生的表演欲及课堂参与度。B老师认为,教师在要求学生做每一遍的演唱、表演时,都应有明确的目的性,且应紧紧围绕着教学目标展开。在课堂的前部分,一直是《小雨沙沙》的教唱与律动模仿,并未让学生自己进行律动编创。但在教学目标中是有提到"与听赏结合,按小雨、种子的角色进行表演、创作,进一步培养学生的表演能力",因此,课堂最后的拓展歌曲《小伞花》,可改为《小雨沙沙》的学生编创,如此,将更符合教学目标的要求。

(二)围绕"课前监控",提升教研组群体互动教研水平

在丁一老师执教的美术课《我喜欢的鱼》的教学实践中,教研组围绕课前监控

对该堂课进行了教研。

课前,教研组一起商讨制定本课的具体教学内容以及学习要求。主要围绕教学目标的设计,监控教学内容的契合度、教学方法的匹配度、教学过程的合理度。参照教学目标监控方式,在教研组互动下对教案进行了几次修改。学习要求:本单元作为小学阶段美术"绘画"学习的低级阶段,要求学生尝试以客观和想象结合表现动物,鼓励学生细心观察、关注生活,用绘画的形式感受生活,激发美化动物的愿望,培养爱护动物的意识。审美导向:① 观察与表现鱼,发现绘画鱼的美感与乐趣。② 综合运用线条表现鱼的外观和花纹。

具体细化到第一次试教阶段,第一次试教后发现学生知道鱼的基本外形结构,能够用线条和色彩表现椭圆形和其他形状的鱼的造型和花纹。但在观察与交流过程中,还不是特别善于发现鱼的不同的造型,学习用线条与色彩装饰鱼的方法。大多数学生会使用椭圆形与其他形状表现鱼,也能用变化的线条、丰富的色彩装饰鱼。基于第一次试教学生的课堂表现及作业反馈,教研组调整教案和课件,出示更多不同海洋鱼类的图片,并引导学生观察不同的鱼类的基本形状,并且进一步强调线条的变化:通过教师的示范和板书,感知点线装饰赋予的美感,知道可以通过点的变化、线的变化以及点线的组合装饰小鱼,通过疏密、粗细、点线的结合,让图案更富有变化。

第二次试教,学生在基本形状上明显有更多变化,线条运用也有进步,但仍然觉得基于一年级学生的年龄特点,可以尝试在课堂中除了教学基本技巧与方法外,更多地让学生有创意表现的空间,于是调整了课件,增加了"添加并夸张鱼儿的组成部分"这一教学环节,示范夸张添画鱼儿组成部分,启发学生说说自己的创意想法,让鱼儿变成他们喜欢的样子,让鱼儿更富个性,激发学生创作兴趣。

(三)以"课中监控"为主题,提升教研组群体教研能力

通过李子涵老师执教的信息技术课《汉字输入》一课,教研组着重围绕课中监控对该堂课进行了教研。

在输入汉字教学环节中,教研组教师对执教老师能够根据教学过程中学生的状况和以往技能的遗忘进行动态的调整的肯定,同时,补充了教师演示打开写字板软件的环节。在后续学生输入一句话的教学设计中,听课教师也补充了旅字的输入方法,在觉察到学生在操作方面出现的问题后,也进行了一定的调整,这是课中监控的察觉,调整和决策部分。听课教师提出建议,教师在课堂教学中,需要时时关注学生对于知识和操作的掌握程度。一旦觉察到学生在操作环节出现操作的不熟练和掌握得不够,就要及时调整教学过程和教学设计,利用合适的教学手段来帮助学生掌握好操作技能。

但是在之后学生操作练习汉字拼音输入法的部分,听课老师认为过于参照教

案中的教学设计,生硬地推进环节,忽略了学生对于汉字拼音输入法使用得不熟练,掌握程度低的状况,没有能够让教学设计贴合学生学会使用汉字拼音输入法的教学目的。对于课堂中学生难以掌握教学目标中知识技能需要重点注意,必要时应为学生调整教学设计,利用更加贴合教学目标的教学方法,给予学生更多的练习时间。教师演示和讲授的比例太高,而学生操作练习的时间太少。

作为信息科技学科老师,需要了解信息科技学科主要是学生掌握技能的学习,应该给学生更多的操作和练习时间,而老师的演示和讲授比例需要降低,让先掌握技能的学生带动对于掌握技能感到困难的学生,重视学生在课堂上的主体地位。这表明教师还缺少课堂中的自我监控,只是为了推进教学过程而进行调整教学方法,而非为了达成教学目标而调整教学方法和教学过程。而在今后的课堂教学中,需要更加注重学生的学习状态,感知和观察学生对于教学目标要求的技能的掌握程度,根据大部分学生的掌握程度进行灵活调整。在教学手段上更需要培养学生自我学习和互帮互助能力,给予学生课堂上最大的主动性。

三、经验与收获

教师教学监控能力只能在实践中养成,理论知识转化为能力只能通过教师的教学表现。要组织教师有意识在自己教学中的监控活动,教学监控能力只有在活动中,而且只有在那种没有这些能力就不能实现的活动中表现出来。能力和活动联系在一起,只有通过活动才能发展能力。关注教师教学监控能力表现才能真正落实教学监控能力的提升。

在系统教师教学监控中,教师群体与教师个体"双向建构"的第一个方向——教研组提供条件与环境为教师提供支持,促进教师发展。教师群体成员对教师个体的教学提出评价与改进意见。第二个方向——教师提供自己的智慧与经验,为群体教学监控提供支持,即教师参与群体教学监控活动。这两个方向互动、交融,对教师教学监控系统产生综合作用。教研组应该通过愿景激励,良好的教学学术氛围、建设性的教学建议等,促进与支持教师教学的自我监控。

(宋玲玲)

第四节 教师教学主张的确立与制定

一、"教学主张"的丰富内涵

"主张"一般认为,是"对于如何行动持有某种见解"或"对于如何行动所持有的见解"。"主张"是一种认识和理解,也指向行动,对如何开展行动具有鲜明的指向作用。"主张"作为一种认识,与产生这种认识的具体的特定主体紧密联系在一起。

"教学主张"是指教师在个人的教学实践基础上产生的,蕴涵着教师的教学思想、信念等在内的,对教学提出明确实践方向与形式的见解与认识。教学主张是以一定的教学理论与学习理论为指导,对教学的一种个性化的、独特的、稳定的并指向行动的见解。"教学主张"也是教师个人对教学实践经验的理性升华和概括化的认识。

"教学主张"有着丰富的内涵:

1. "教学主张"是一种理想追求

教学主张熔铸了教师个人的理想、信念、情感和意志,表达了教师对教学的真切希望和诉求。"教学主张"是教师对什么是"好教学"的追求。它始终把教学的公平、公正和有效作为自己的追求。美国教育哲学家奈勒说:"那些不应用哲学思考问题的教育工作者必然是肤浅的。一个肤浅的教育工作者,可能是好的教育工作者,也可能是坏的教育工作者——但是好也好得有限,而坏则每况愈下。"教学主张是对所任教学科的教学作出价值判断,什么样的学科教学是合理的、科学的。教师从自己内心的渴望和经验建构的角度思考自己的教学主张。

2. 教学主张是一种理性认识

教师的"教学主张"是其教学思想的行动化的简要表述,来源于自己对教学的认识与价值判断。教学主张植根于教学思想,是教学理念的聚焦。教师不管自觉还是不自觉,都客观存在着自己对教学的思想,即想法、认识等。教师形成明确的"教学主张"的过程,是一个对自己所积累的教学实践的反思与经验聚焦,把核心的想法概括为简单明了的概念化的主张。教师结合自己的实践与思考,提出自己的见解,并加以梳理和概括。教学主张具有理论色彩,但它不是空泛的语词和抽象的概念堆砌,而是在实践中产生又有待进一步实践和提升的个人知识,紧密关联着教学理论与教学实践行为,具有活跃的行动色彩和实践张力。

3. 教学主张基于规律,具有学科特质

教学主张源于学科及其特质的把握。教师的教学其实是学科教学,即要遵循教学的一般规律,也要遵循学科教学的特殊规律。不同的学科有着自己的学科特质,数学就是数学,体育就是体育。不同学科的教学主张必须基于对自己任教学科的深刻理解与丰富经验,对所任教的学科特质有比较深的把握,基于学科,超越学科又回到学科。有教师初次提出的教学主张:"在数学学习中张扬个性""生态和谐:我的英语教学主张",这类教学主张是套话,缺乏学科特质。

4. 教学主张是理论与实践的高度概括

教学主张是一种双向建构，连接着理论与实践。教学主张以一定的教学理论与学科教学理论为指导，有着教学理论基础，例如，"英语'四语'教学法"这个教学主张的命题是："在一定的英语语境下，增加英语语量，积累英语语感，发展学生语用能力。"（王钰城，1997）语境、语量、语感、语用这四个概念都是英语语言学的概念，具有学科特质的理论色彩，同时，又表述了如何操作"四语"具有明显的操作特点。这个教学主张体现了理论与实践的高度概括。

5. 教学主张注重实际性，可操作性

教学主张必须有实践导向，具有操作性、可行性，否则的话，成为了理论认识或者教学口号。教学主张来自实践，对教学行动反思的产物概括；指向实践，以确信的理念引领教学实践；可操作性，具体可行，可转化为实践智慧。但是，教师不能只是操作型的，甚至是技术性的，只是按规定实施，应该摆脱"教书匠"的桎梏。教学主张是指向行动的，是为行动服务的，行动的改进才是它真正价值的体现

6. 教学主张是个性化的，表现出独到的见解

教学主张属于教师的个人知识，是教师在丰富变幻的教学情境中运用自己的教学体验对教学知识和经验的个性化解释、判断和理解，展现了教师个体独特的认知方式、表达方式，体现教师作为教学知识的建构者和发展者的专业身份。教学主张是在理论与实践的基础上，提出的关于学科教学的自己见解，具有一定的独立见解，内在地包含着教学行动。教学主张在目前不能过多地强调创新，这不适合教师整体状况。对学科教学持有相同的主张是可能的，也是允许的。当然，由于不同的学校、不同的班级、不同的学生，在实现即使相同的教学主张时，其教学主张的具体内容与方法等也应该注意其不同。我们切忌为了"创新"而搞成不符合教学规律的标新立异。

7. 教学主张具有普遍的意义和价值

教学主张具有一定的普适性，这是教学遵循教学规律的必然结果。只有普遍意义的教学主张持有其生命力。教学主张拒绝"固化"和"僵化"的思维方式，它始终以一种灵动的、智慧的姿态应对着教学实践中新的变化和新的要求，对复杂的教学现象进行与时俱进的深刻洞察和真理把握，从而保持教学活动不竭的生机与活力。教学主张的普遍意义在于其他教师也可以借鉴，只要根据借鉴者自己特定的条件，可以运用这个教学主张所蕴含的理论与经验。

教学主张是教师对什么是"好教育"的价值性判断。一位有教学追求、拥有教学主张的教师，对于教学现象和问题，必然会持有赞成或反对、选择或排斥、赞美或谴责的态度。所有这些态度都涉及教学的价值判断，并据此产生自己对

教学的看法和主张。教学主张虽然是个人的,但是它不是一种价值无涉的自我表达。教师首先要对自己这个教学主张为什么要提出作出判断,其次对是什么做出是否符合教学规律、是否合理等做出价值判断,第三要对如何实施的操作方式作出价值判断,以便教学主张的实现。教学主张的价值性引领,保证教学活动的正确方向,促进教学实践的发展与创新,使教学实践成为一种价值指导的实践。

8. 教学主张是一个完整的生成性体系

教学主张尽管是一句简单明了的话语教学表述,但是它有着自己的概念、命题体系,也有着其教学理论的基础与操作体系所形成的教学主张的框架结构,更是对自己的教学的整体的意义建构。教学主张不是教师对自己教学的碎片化的陈述,而应该是系统的思考结果,是一个完整的关于教师自己教学的表述,具有相对的要素、结构与功能的稳定性。

教学主张是"活"的思想,是在教师切身的教学行动中产生的,随着教学情境的变化而变化,并指导着这种丰富性的变化。这一动态的变化的教学现实决定了教学主张是开放的、未完成的、有待进一步生成。与一般性的教学基本理论不同,需要在教学实践中不断验证,不断丰富,成为一个自洽的教学主张。

二、教学主张的教师发展价值

"教学主张"是教师思想与实践的产物,一项具有科学性与实践性的"教学主张"是教师成熟的标志。教学主张的形成是教师"教育自觉"的关键性标志,也是教师学科领导力的重要支撑。

1. 教学主张的教学思想影响力

教育是灵魂的事业,思想是教师的灵魂。教师最需要的是思想。只能用思想来培育教育。我国的孔子、朱熹,外国的苏格拉底、卢梭、康德、杜威之所以成为世代公认的教育家,因为他们有自己独特的教育思想。现今的教育不应该缺失什么?不应该忽视规律、缺失思考。我们教育工作者需要什么?独立思考。子曰:"学而不思则罔;思而不学则殆。"罗丹的不朽的雕塑作品"思想者"所传递的是:凝重而深刻的思考是整个身体的力量使然。深刻的思想是靠富有生命活力的人的表现,蕴含着深刻与永恒的精神。正如,一位从小学教师里走出来的儿童教育家,曾说:"我不敢说自己是一个思想者,但我觉得,即便是小学教师,也应该有自己的思想和教育主张,那么,我就可以大言不惭地说,我是一个思想者。"[1]的确,教学主张对于教师发展有着重要价值。

---

[1] 成尚荣:名师应当是思想者——谈教学主张与名师成长,人民教育,2009.1.

笛卡尔说"我思故我在",教师有了自己的教学思想,才能有自己的教学的存在。教师的"教学主张"在很大程度上反映了教师对自己教学的思考,表征其思想力。教学不能没有思想,教师不能没有自己的教学主张。不思考自己的教学,缺乏自己的教学思想,意味着教师自我的缺失,在教学过程中难以有心灵的沟通,就不存在真正意义上的教学。教师通过形成与实施自己的教学主张,在与其他教师的教学交流中,在教师群体活动中积极发挥教师的教学思想的影响力,在学科活动与学科建设上参与决策、推动实施,发挥教师领导的作用。

2. 教学主张的教学实践引领力

实现教学主张是教师专业成长的重要路径。有什么样的教学主张,就会有什么样的教学实践。通过教学主张的形成与落实,教师的教学自觉增强,在教学主张的引领下,不断改进自己的学科教学,验证自己教学主张的合理性,也不断充实自己教学主张的经验。教学主张的落实也是教师专业成长的基本动力。一个有影响力的老师,应该有自己的教学主张,并且致力于实现自己的教学主张。在这项教学主张的实践过程中教师对同伴与教师群体的教学与学科发展产生影响。

教学并不是单纯的共通性教学理论知识的简单应用,而是教师调动自己的知识和经验,对教学进行的判断、改造、选择和创造。在这个过程中,教师不断地反思自己教学活动的合理性,促进个人"见解"向教学"合理"发展,以教学实践来提高自身的理论品质,进一步建构出适合于自身教学实践提升的教学主张。这些为不同教师所形成的教学主张,虽然具有很强的个体性和主观性,但是,一旦这些教学主张经过符合逻辑的进一步转化和交流,还可以在不同程度上为其他教师所确信,成为教师群体共享的教学资源,从而为具有公共性的教学理论生产提供丰盈多样的智慧资源。

实现教学主张促进经验型教师向智慧型教师转化。教师专业发展的主要目的并不在于外在的、技术性知识的获取,而是在于通过这种或那种形式的反思,促使教师对于自己、自己的专业活动直至相关的物、事有更为深入的理解,发现其中的意义。教学主张打开教师专业发展的心智之门,把教师从一般性的技术成长和教学习俗的规训中解放出来,将教师专业素养中的教师主体性和教师的成熟理性有机结合在一起,唤醒教师的内在精神,突出教师个人知识的价值,凸显教师个人的实践和思考对于教学理论的选择、应用和创造作用,能够推动教师对自己日常教学活动进行深入感受、自我反思、批判创新,超越现有理论和固有经验的限制和束缚,不断拓展专业发展的宽度和深度,从而达到理智的澄明。正是在这个过程中,教师才能真正获得专业的自主权,并发挥教师领导力。

三、教师教学主张的确立要则

（一）教师的教学主张的确立原则

1. 注重学科特点，切忌套话

教师的教学主张的确定首先要符合本学科的规律，具有学科的特质，不能以一般的教学概念掩盖本学科的特征。例如，本校陆颖丹提出的"多靶点递进式实施浸润式英语交际能力培养"，抓住英语教学的核心目标交际能力的培养，并有明确的实施路径，特别是"浸润式"符合教与学的基本规律。

2. 注重教学对象，切忌泛化

注重学科教学的年龄特征意味着关注学生年龄阶段，关注学科课程在相应年龄的内容适宜。教学中有着不同学科教学，同一学科教学中也有着不同学段的教学。低年级、中年级与高年级在学科教学中不仅有着学科内容的不同，而且也需要采取不同的教学形式。例如，本校教师的"小学科学教学的生活化"的教学主张，具有明显的小学生的特征，从情境创设生活化、活动组织生活化、知识运用生活化三个方面来落实。

3. 注重实践操作，切忌口号化

注重实践操作性。教学主张是要践行的，不是为了提一个主张而主张。教学主张要注重实践操作的可行性。

注重从教学中的问题出发来探索。教学主张可以从问题引发，并对问题作教学上的判断，考量这个问题转化为普遍意义上的教学主张的研究价值，这样的教学主张才会有发展的空间。教学主张必须把研究学生、研究学生学习放在核心地位。从学生发展中的问题出发，才能在解决教学问题的过程中，促进学生发展。同时我们所指的教学问题不仅是实践中的问题，也可以是教学理论上或者教学观点的问题，可以转化为自己的教学主张，探究其实现的可能、实现的路径等。

4. 注重校本性，切忌脱离实际

注重校本性。教师教学主张是要在本校落实的，因此，教学主张要适合本校学生的实际，特别是在教学主张的操作设计上，要充分考虑学校的条件。教师的教学主张可以同学校的教育理念、课程理念相结合，使自己的教学主张更具有学校教育教学的传承性。但是并不是一定要局限于学校的办学思路，要避免教学主张的同质化，只有教师教学思想活跃，教学的丰富性才会有学校教育的繁荣。

教学主张切忌脱离实际，意味着教学主张确定后就得认真考虑其可行性。要避免教学主张时髦话的语言堆积，例如培养学生高阶思维，其实什么是高阶思维还是一个需要研究的问题,把认知水平作为高阶思维分析唯一依据值得商榷,艺术家的想象思维是不是他们的高价思维。培养学生思维能力是对的,但是前提要好好学习什么是思维,对思维的形式、思维的方法、思维的过程,以及思维品质等好好地把握,特别要区别能力以及能力表现,只讲能力培养,不懂能力表现,这样能力培养能实现吗?

5. 关注教师自身的专业基础

教学主张是教师对自己教学的理论化概括,是基于教师自身专业实践的学习、研究的产物。因此,确立教学主张时要充分考虑到自身专业背景。

注重教师自身的经验反思。教师提出的教学主张应该是在自身的教学经历中感悟的经验基础上,形成概括化的教学主张。教师自身的教学经验对于落实教学主张有着重要的作用。

(二)教学主张的表述

教学主张是一种教学框架,包含着自己对教学的某些观念与经验,是学术性实践与实践性学术的结晶。教学主张的表述是很重要的,这是对自己的教学深思熟虑,经验梳理与研究探索的结果表达,因此,教学主张表达要清晰,清晰是对教学主张的本质的表述,模糊或者空泛都是不清晰的表现,也就难以践行,也就是不知道应该做什么。通过教学主张的表述,有利于教师进一步梳理自己的教学,凸显重要的部分,明晰自己的教学,同时,也在对教学主张的表述过程中,反思自己的教学,优化自己的学科教学。教师在教学主张表述时在内容上有五个方面:

1. 教学主张首先要有明确的教学主张的主题思想。提出的教学主张都有一个主题,以陈述句的形式表示。教学主张主题要明确,教学主张的主题涉及面不要宽泛,可以是学科中一定内容或者一定阶段的教学,例如,英语教师提出的"有效提高英语词汇的复现"等这些主题,是教师对学科中特定教学内容提出教学主张。再如"设疑思维数学"这个教学主张是看似教学中一个具体问题,但是蕴含着培养学生置疑与质疑的思维能力的培养。总之,教学主张的主题要科学,明确地表述自己的学科教学见解,表述要简要。

2. 教学主张要有主题的概念、内涵。要对教学主张的主题作出界定与阐述,具体说明这个教学主张的"是什么",即对教学主张涉及的概念做界定,并对整个教学主张作定义。例如,有位语文教师结合小学生的心理特点,以及语文学习的心理过程,提出"情趣语文"教学主张,并作了教学主张基本阐述"以变引趣,促进理解;以情生趣,促进感悟;以问激趣,促进探究;以读品趣,促进审美。"这个主张主题明确,操作性强。这个阐述对"情趣语文"作了操作上的定义,从而使教学主张具有可操作性奠定基础。

3. 教学主张要进一步阐述其立论。这是指对教学主张的科学性、合理性做出阐述。教学主张的科学性表明是否符合该学科教学的规律，是否符合学科知识技能的正确性。教学主张的合理性是指教学主张是否具有理论基础，从学科教学理论上给予论证，也可以从现有的经验或者实效来证明，教学主张是可行的。教学主张的论述要关注两个方面，一是教学主张所指内容的是否正确，二是教学主张的实现方式是否合理，内容与方法是否匹配。

4. 教学主张实现的举措。教学主张如何实现，也即落实教学主张的路径必须进行阐述。例如，"提高英语词汇复现的有效性"这个教学主张阐述的实施举措是四个方面，"预设任务，自主归类；游戏辅助，激情引趣；语境操练，强化功能；拓展思维，学以致用"，教学主张的落实举措要具体。教学主张不能以一般化的举措，或者套话式的举措来充塞。这些举措的陈述要突出重点，要针对落实教学主张提出相关举措。

5. 参考文献。这是为了引导教师学习教育文献，教师阅读教育文献不足的问题值得引起关注，例如当时提出教师执行力问题是，已经有不少教师领导力的文献。关于学生"学习能力表现"问题同样也有文献，没有引起重视。教师浅阅读，网上寻找别人备课教案，直接解决快速备课。但是涉及教育教学基础理论或者教育教学新发展的文献阅读的教师就少了。教学主张提出时要求教师先学习，再结合实践思考，然后确立自己的教学主张。

在教学主张表述时要注意以下三个方面：

1. 教学主张的完整性，即教学主张的四大部分要建立内在联系。在确定教学主张的主题之后，要对主题做出定义阐述内涵，这是第一个关联。教学主张的表述中要对立论作阐述，解释为什么这个主题的命题是正确的，这是第二个关联。教学主张的举措要针对教学主张的落实，不能偏离主题。这是第三个关联。因此教学主张的表述要一环扣住一环。

2. 教学主张的反思性。教学主张的提出是建立在对自己长期教学的反思基础上，在有效的教学反思中确立教学主张的主题。许多教师正是由于没有能够在反思中通过语言呈现出自己的教学经验，澄清认识，认识教学自我，才失去了收获教学主张的可能。在教学主张形成的过程中教师必须努力提高教学反思的水平和语言转化能力，通过描述、对话、批判等方式，把握教学的"原始性素材"，展示教学经验的品质，对教学进行意义的重构(即为何而教、如何教)，使教学反思蕴含着教学完善和提升的功能，为教学主张的建构提供必要的思维基础和语言条件。

3. 用课题来凝练、提升教学主张。教学主张的表述常用课题的方式。课题最具凝练性，关注发展方向与重点内容的表达。把自己的教学主张形成课题来实施,既是对教学主张的进一步确认,又是在研究中对其提炼、提升,使之更准确、更清晰,通过研究去完善它、发展它。通过类似课题设计的方法可以发现自己主张的偏颇与缺陷,因而可以作进一步的修整、调整,完善教学主张。

四、教师教学主张的实例

实例 1

通河新村第三小学教师"教学主张"

学科: 数学　　**姓名:** 金彦萍　　**教龄:** 27　　**制定日期:** 2021.6

主张的命题	绽放追问的火花,促进学生思维广度与深度的开发
主张的概述	所谓"追问",是在学生回答了教师提出的问题后,教师根据学生的回答,有针对性地进一步的引申提问。"追问"可以激发学生的兴趣,放大学生对问题的思考过程,是提高小学数学课堂教学有效性的重要方法之一,同时,也属于一种教学艺术,其目的就是对学生的思维广度和深度进行开发。 　　思维广度是指横向思维能力。这种思维大都是从与之相关的事物中寻找解决问题的突破口。横向思维的思维方向大多是围绕同一个问题从不同的角度去分析,或是在对各个与之相关的事物的分析中寻找答案。 　　思维深度是指集中思维能力。从许多资料中,找出合乎逻辑的联系,从而导出一定的结论;对几种解决方案加以比较研究,从而导出一种解决办法的,就属于这种思维。即透过现象得出本质。 　　漫无目的地思考难以发挥强有力的思考力,常常会把思考引进死胡同,导致思路夭折和无果而终。而通过老师有目的性、方向性、一致性的"追问",决定了思考的角度和方向,更有助于促进学生思维广度与深度的开发,挖掘出数学知识的本质属性与内在联系,是非常有必要的一种提高教学有效性的方法,值得推广。
主张的依据	(一)理论依据 　　巴西教育家保罗·弗莱雷说过:"没有对话,就没有交流,也就没有真正的教育。课堂应该是对话的课堂。""对话"是提问的延伸,不是简单的一问一答,而是在提问的基础上,教师和学生、学生与学生之间形成相互问答,教师可以了解学生的思维过程,学生可以提出自己对问题的看法。我们所研究的"追问"是课堂教学中对话策略的重要组成部分,有效"追问"不仅能够引导学生对问题进行探索,而且对促进学生思维的广度与深度的开发,提升学生探究能力也具有重要意义。在小学数学教学中,抓好"追问"时机,准确把握住和学生交流的深度,才能对课堂教学有效性进行提高。 　　(二)课程标准依据 　　《小学数学新课程标准》指出,数学教育作为促进学生全面发展教育的重要组成

续　表

主张的命题	绽放追问的火花,促进学生思维广度与深度的开发
主张的依据	部分,一方面,要使学生掌握现代生活和学习中所需要的数学知识与技能,另一方面,要充分发挥数学在培养人的科学推理和创新思维方面的功能。数学教学活动必须激发学生兴趣、调动学生积极性、引发学生思考。"追问"体现了关注每一位学生发展的新课程核心理念。我们要处理好教师讲授和学生自主学习的关系,通过有效的"追问"来启发学生思考,引导学生自主探索,鼓励学生合作交流,使学生真正理解和掌握基本的数学知识与技能、数学思想和方法,得到必要的数学思维训练,获得广泛的数学活动经验。
具体举措	一、避免无效追问 　　1. 追问禁无的放矢。"追问"是在一问之后又再次提问,穷追不舍,直至学生真正理解为止。课堂教学中适时"追问"可以促进学生学习,调动学生深入思维,实现有效学习,促进学生智慧的生成。为了"追问"而去"追问",往往没有应有的价值。如"你发现了什么?"结果孩子却老是答不到点子上,而教师却急躁不已。 　　2. 追问禁浅尝辄止。在数学课堂中,学生投入的程度、学生的积极性如何,很大程度上取决于课堂教学的氛围。高明的教师善于调动学生的积极性、激发学生的兴趣。在教学中,教师要做的不仅是替学生铺路架桥,还要点燃他们的热情,而追问就是一个很好的点火器。但追问中要避免思维含量太低的问题,例如,"听明白了吗?""回答得好不好?"之类的问。这样看似是师生之间的互动追问,其实学生根本不用动脑筋,学生的思维能力不仅没有得到提升,还降低了学生的学习兴趣。 　　3. 追问禁急功近利。在数学课堂中,为了尽快的完成教学任务,有很多时候教师的问题一经抛出,极短时间就拍手叫停,学生不能进入真正的思维状态。课堂上学生缺乏"想"的积极参与因素,"答"也就肯定是浅显的。教师如果多一点耐心,学生就会从一个同学的回答中得到启发,从而得出更多的结果。 二、有效追问体现 　　1. 在缺乏深度欠思处追问。学生在学习新知识前,并不是一张白纸,他们或多或少地会通过预习或耳濡目染中无意识地记住某些内容,造成"我已经会了"的假象。而事实上,他们对知识的掌握只是流于表面,并没有真正的理解。这就需要教师通过一系列的操作体验活动让学生既知其然,更知其所以然。 　　2. 在出现错误歧义处追问。学生在课堂中出的错是一种宝贵的资源,教师不应以一个"错"字直接堵住了学生的嘴巴或者亲自把正确的答案双手奉上,而应该帮助学生弄清楚产生错误的原因。经验丰富的教师会将否定隐藏在巧妙的追问之中,通过追问的语气、追问的角度来引导学生自己去发现问题,让学生自己认识并纠正错误,效果更佳! 　　3. 在意外生成闪光处追问。教学中经常会出现教师预设之外的生成,如果教师能够借机发挥,把握住意外生成中的教学契机,发现生成与教学预设间的联系,进行追问、引导,课堂定会因为意外而更精彩!
参考文献	1. 郎建胜.追问本质,不厌其深.小学数学教师[J].2015(11) 2. 保罗·弗莱雷.被压迫者教育学[M].华东师范大学出版社,2001

实例 2

通河新村第三小学教师"教学主张"

学科：__英语__ 姓名：__王 晖__ 教龄：__31__ 制定日期：__2021.6__

主张的命题	创设语言情境，增强语言活动
主张的概述	情境是按照言语内容的要求，所呈现的场景和心理活动的外显行为的境况，是在时间上存在于某一点的表现多重刺激模式、时间、对象等的一个辅助整体。语境是语言的环境，是说话的现实情境——运用语言进行交际的一定的具体场合。语境可以是语言要素出现的上下文，也可以是包括社会环境、自然环境等项因素，为人们进行语言表达活动的依据。语境和情境是不同的概念，语境是情境的一种，情境是为了语境，情境主要是视觉性的，而语境是语言性的、交际性的，是为了交际，在语境中交际。因此英语教学中强调的语言情境，即语境。在语言学科中，活动由目的、动机、动作和共同性构成，具有完整的结构系统。语言是以声音/符号为物质外壳，以含义为内涵，由词汇和语法构成并能表达人类思想的指令系统。语言活动是指学习者通过目的、动机、动作等，具有完整的结构系统从而获得的语言能力。 　　英语是源于生活的语言，语言所表达的意义必须在直观的状态下才能体现出其特定的意义，同样英语教学也必须借助相关的情景和交际活动才能促进学生对语言知识产生必然、肯定的理解和结论，帮助学生有效感悟和理解语言意义。新课程标准中也明确指出英语教学要结合学生的年龄特点和学习特点，创设真实丰富的交际活动的情景，增强语言实践活动的真实感，让语言学习趣味化和形象化，引导学生在丰富的听、说等交际活动中强化学生对语言的感受和体验，促进学生积极参与各种语言学习和实践活动，提高学生的综合语言能力。现行小学英语教材中语言素材大多源于生活，教师在教学中要凸显语言的交际性，激发学生的学习兴趣，引导学生在真实的交际活动场景中有效体验、合作和交流，引导学生在掌握语言形式的同时有效把握语言的意义，有效达成语言教学的三维目标。
主张的依据	美国心理学家林格伦(H.C.Lindgren)认为教育中有3个要素或焦点区域同教育心理学家和教师有关，这就是学习者、学习过程和学习情境。学习情境是指学习者认识自己和学习过程得以实现的环境。学习情境是指任何影响学习者或学习过程的因素或条件。林格伦指的学习情境是一个学习的大环境，包括了影响学习的所有因素。我国心理学家陈琦、刘儒德在《当代教育心理学》一书中论述学习动机的激发时写道："实施启发式教学，创设'问题情境'，激发认识兴趣和求知欲。"作者在叙述教学过程时写道："创设情景。正式上课之前，先来一段引子，唤起学生的兴趣……"由此可以理解陈琦、刘儒德两位教授在使用"情境"与"情景"上是有针对性的。 　　建构主义认为，知识不是通过教师传授得到，而是学习者在一定的情境利用必

续　表

主张的命题	创设语言情境，增强语言活动
主张的依据	要的学习资料，通过意义建构的方式而获得。建构主义提倡在教师指导下的、以学习者为中心的学习。也就是说，既强调学习者的认知主体作用，又不忽视教师的指导作用，教师是意义建构的帮助者、促进者，而不是知识的传授者与灌输者。学生是语言信息加工的主体、是意义的主动建构者，而不是外部刺激的被动接受者和被灌输的对象。在学习过程中，建构主义强调学习者不是知识的被动接受者，而是认知的主体，教师由舞台上的主角变成幕后导演，成为学生建构意义的帮助者、指导者。 　　语境作为语言学概念，最早是由德国语言学家于1985年提出来的，告诉我们语言的意义是通过实际使用而产生的，语言的意义也只有根据语境才能确定。而后，Malinowski系统地提出语境概念。他把语境分为三种，话语语境(context of utterance)、情景语境(context of situation)和文化语境(context of culture)。
具体举措	一、凭借生活创设语言交际情景，增强课堂教学中语言实践真实性 　　生活是语言的源泉，离开生活，英语学习将成为无源之水。新课程标准中指出，英语教学教师要密切联系学生的实际生活，让学生对英语产生亲切感，让学生感受英语学习的魅力和乐趣。课堂教学中以学生的生活为素材创设语言交际情景，让英语教学跟学生的生活联系越密切，学生自觉接纳知识的效率就越高。 　　在英语课堂教学中，教师要密切联系学生的生活创设语言交际情景，凸显语言活动的真实感，让学生主动积极地进行语言的探索和实践，鼓励学生用生活经验去更好地进行语言的学习，促进学生语言能力的不断提高。 　　二、凭借教具创设语言交际情景，增强课堂教学中语言实践丰富性 　　小学生年龄小，学习主要依靠形象思维。语言文字抽象枯燥，如果能巧妙使用图片、实物等直观教具不仅能有效激发学生的参与互动和交流的热情，调动学生的多重感官参与课堂活动，加深学生的理解和记忆，同时，也有助于为学生营造语言交际的情景，凸显语言实践的真实感，让课堂教学事半功倍。 　　在英语课堂教学中，教师要巧妙运用图片、实物等直观教具来增强课堂教学的生动性和真实感，让学生由景动情，让学生可观可感，让学生可触可摸，在这样真实的交际情景中学生才能轻松学习，高效学习。 　　三、凭借问题创设交际情景，增强课堂教学中语言实践的流利性 　　科学源于问题，创设问题情境让学生关注疑问，引起学生认知的矛盾和内心的冲突，唤醒学生的思维，激发其英语学习的内驱力，让学生成为问题的探索者，在解决问题的求知欲的驱使下主动积极探索来构建知识。凭借问题创设交际情景，将学生置于研究的氛围中，营造真实而富有吸引力的学习氛围，凸显课堂教学的真实感，让学生处于"心欲求而未得，口欲言而不能"的跃跃欲试的学习状态中，让课堂成为学生主动学习的殿堂。 　　在英语课堂教学中，教师要巧妙以问题为载体，创设问题情境，将语言学习成为学生解决问题的真实实践活动，引导课堂教学走向高效。 　　四、凭借媒体创设交际情景，增强课堂教学中语言实践的生动性

续 表

主张的命题	创设语言情境,增强语言活动
具体举措	现代教育技术日新月异,在生活和教育中发挥着越来越重要的作用。巧妙利用各种现代教育媒体把生动的画面、富有情趣的影像、言简意赅的文字、悦耳动听的音乐搬进课堂,为学生创设声情并茂的语言交际环境,将课堂变得生动形象,富有情趣,引导学生主动积极通过多重感官获取信息,实现英语课堂教学最优化。 　　在英语课堂教学中,教师要灵活运用媒体为学生创设丰富生动的交际情景,让单调、枯燥的语言文字变得生动形象,让抽象的语言现象变得更形象、更具体,有效引导学生在情境中理解、运用语言,有效突破语言学习的难点和教学的重点,让学生在媒体创设的交际情景中体验真实的语言意义。
参考文献	1. 上海市教育委员会教学研究所:小学低年级段英语学科基于课程标准评价指南,上海教育出版社,2015 　　2. 上海市教育委员会教学研究所:上海市小学英语学科教学基本要求,上海教育出版社,2017 　　3. 王鋐、王钰城:英语"四语"教学法

实例 3

通河新村第三小学教师"教学主张"

学科： **英语**　　姓名： **顾永红**　　教龄： **31**　　制定日期： **2021.6**

主张的命题	运用课内外语言活动,提高英语词汇的复现率
主张的概述	词汇是语言重要的组成部分之一,是理解语言和表达语言的基础。由于词汇具有数量大、没有很系统的规律性和难以控制等特点,它常给学习者带来很大的困难。因此,词汇教学中的频率效应对于语言习得起着重要作用。 　　什么叫复现率?复现率这个术语在国家语言资源术语整理工作中有这样的定义:某一调查对象在调查范围内重复出现的次数。具体到英语教学中来,词汇的复现率一般是指词汇在教材中重复出现的次数,包括在生词表、课文、练习解释等教材内容中出现的频率。
主张的依据	一、从记忆心理学的角度来看 　　语言学研究表明只有当一个词汇在不同的语境中反复出现 7 次,孩子才能最终彻底记牢这个单词。

续 表

主张的命题	运用课内外语言活动,提高英语词汇的复现率

主张的依据	心理语言学将词汇的记忆过程分为三个阶段：输入、存储和输出。大脑将感知的信息进行编码存储在感觉记录器中以备短时记忆来处理,记忆的目的其实就是把获得的新信息储存起来,以便以后使用；有的时候是马上使用,而有的时候是为了不定时的长期使用。事实验证,正常人类的记忆绝对不可能完整的记住经历过的所有信息。因为其中必定会有一些信息在存储的过程中丢失了。即使在记忆存储以后,那些次要信息仍然会被记忆系统放弃,只有最重要的信息将会被保留下来。所以记忆的强度越大,提取的可能性就越大,速度也越快。但是随着时间的推移,记忆强度渐渐衰退,遗忘的可能性必定会增加,缓解这个现象的办法只有回述和再认,通过反复的练习和回顾,记忆的强度会再次提高,从而降低遗忘率。将其应用到学习和记忆中也是如此。
	  二、从心理语言学的语感来看
	  有人将语感翻译为：speech feeling, the sense of speech。语感被认为是一种类似直觉的感觉,是掌握语言习惯的一个较高级的阶段。从心理语言学角度看,语感是语言的社会变体——言语直接作用于人的各种语言感觉器官,使人脑产生对言语现象的个别属性的反映。人接触了某一言语之后,大脑对它的结构尚未确定,但这一信息被储存在人的短时记忆或长时记忆中,一旦再次遇到类似的言语,记忆中对它的感觉被激活,但仍处于未系统化阶段,因此,虽然能够正确处理这一言语,但至于怎样处理、为什么这样处理,则仅凭感觉而已。一旦被系统化,即它的结构储存在人的记忆中,就不再是语感,而成为人们对语言的认识。可见,语感是人们对于外界言语刺激的处于混沌状态却能做出正确处理的认识,实际上就是对语言文字的敏锐感受。语感能力是可以培养的,个体学习语言的先天素质、掌握相应的语言的理论知识和足够的实际运用语言的言语实践这三个因素是非常有帮助的。

具体举措	教科书篇幅的局限性告诉我们,教科书不可能面面俱到把每个单词都复现到,或复现多次,因此提高词汇复现率的最佳途径是在日常的教学活动过程中。
	  1. 采用语义联想,提高词汇复现率
	  课堂教学是提高词汇复现率的最直接的途径。影响记忆效果的一个重要因素是词汇是如何呈现在学习者面前的,它包括词汇在什么样的语言环境下,以什么样的方式被学习者所感知。在课堂上,教师可以采取多种方式复现词汇,如以旧带新复现法,语义场复现法,联想记忆复现法等。例如,在"fruit"这个概念支配下,"apple, mango, pear, peach, cherry"等单词构成一个语义场。用语义场的概念对词汇进行分类、汇总,再加以复现,这种复现方式具有稳定性,能使学习者更容易记住词汇。
	  心理学实验表明多数信息是通过联想从短时记忆进入长时记忆的,这是因为如果新信息不能和已知信息建立起某种联系就不容易被理解并记住。联想记忆法可以调动学生的视觉、听觉甚至触觉等感官。教师要挖掘甚至创造词汇建立与各种已知信息联系,使学生加深印象。

续 表

主张的命题	运用课内外语言活动,提高英语词汇的复现率
具体举措	2. 合理编排练习,提高词汇复现率 　　词汇的学习不是一次性就完成的,词汇的记忆、理解和运用,需要在后继的练习中不断的磨合。把复现重点安排在练习部分,有助于节省课文教学空间,也利于提高词汇教学效率。应该要设置一些新颖、有趣的题型,提高练习趣味性;注重题型的变化,让训练层次更丰富。设置与学习者自身密切相关的题目,充分调动学习者的积极性。 3. 增加课外阅读,提高词汇复现率 　　课外阅读涉及到的词汇面广、量大,是提高词汇复现率的有效途径。它能训练学生的语感,丰富学生的语言知识,培养学生的学习兴趣。要求学生一周读一两篇短文,教师可以用多种方法来督促检查,如:做配套的阅读理解题、复述文章大意、朗诵等。这些方式要有针对性,并且可以交替进行,这样有利于保持学生的阅读兴趣。教师还要注意选择合适的阅读材料,尽可能保证阅读材料中目标词汇的高复现率,让学生在尽可能多的情况下接触目标词汇。 4. 开展课外活动,提高词汇的复现率 　　英语课外活动通常用于所学知识的复现和巩固,它帮助教师将单调乏味的复现巩固活动变得生动有趣,引人入胜。它能巩固,加深和扩大课堂上所学的知识,有利于提高学生运用英语交际的实践能力,帮助学生从被动复现转变为主动复现。小学阶段可以开展的活动有:英语讲故事比赛、课本剧表演、每月一歌等。可以这么认为,在课外活动中,学生能对词汇进行最主动、最活跃的复现。
参考文献	杨治良.记忆心理学.上海:华东师范大学出版社,1994年 胡学云.语感的概念和语感形成的规律.外语教学,1992年 桂诗春.心理语言学.上海外语教育出版社,1985年

实例 4

通河新村第三小学教师"教学主张"

学科: 语文　　**姓名:** 沈　庆　　**教龄:** 32　　**制定日期:** 2021.6

主张的命题	关注低年级识字教学方法的多样性,提高识字的有效率
主张的概述	识字的多样性是指采用不同的手段、利用多样性的载体,最大限度地调动学生学习的主动性,刺激他们进行积极思维,减少学生的学习疲劳,激发课堂活力,提高课堂教学效率,使课堂教学"提速"。同时将课外阅读纳入课内,实现厚积薄发;让生活走进课堂,把学习语言与体验生活结合起来。本次课题研究就是为了让学生能养成良好的识字习惯,掌握"活"的识记方法,能积极主动的自主识字,为今后的自学阅读打下良好的基础。识字的方法还有很多很多,俗话说,识字各有各法,只要得法。

续 表

主张的命题	关注低年级识字教学方法的多样性,提高识字的有效率
主张的概述	在识字教学中只要根据学生的认知规律,依据学生的年龄特征和已有的生活经验,让学生在轻松愉快的氛围中习得,那么识字教学就事半功倍了。但学生的识字方法和能力不是与生俱来的,而是通过老师引导和同伴之间相互启发、影响逐步学会的。老师在教学过程中追求的是一种"教是为了达到不需要教"的境界,注重教给识字方法,培养识字能力,同学之间的合作和交流也能起到互相学习的作用。学生经过一个阶段的"学会",逐步变成了"会学",并且越学越精彩。
主张的依据	《2021版小学语文部编版课程标准》指出:低年级识字教学的目标,首先要让学生"喜欢学习汉字,有主动识字的愿望。""认识常用汉字1800个左右"。因为兴趣是学习的动力,只有有了这种对汉字的喜欢,才会激发他们学习的欲望。同时,识字写字是阅读和写作的基础,是整个小学阶段语文教学关键。 识字难,难记、难认、难写。一个个方块字是多么的乏味、枯燥,将一个个汉字变成了一幅幅美丽的图画,一个个精彩的故事,一首首优美的诗歌,令人过目不忘,学而不厌,兴趣大增。在教学中,完全可以引导学生通过感悟汉字构字规律(象形、指事、会意、形声)来识记生字,并使学生逐渐产生探究汉字规律的浓厚兴趣。 让学生多识字、多阅读、多积累。多识字,促阅读;多阅读,固识字。识字教学以识字为重点,这是长期从事低年级语文教学教师的共识。多年的识字教学实践,让我认识到小学低年级的识字教学应使学生在生活中主动识字、阅读中识字,将教学和生活、阅读三者结合起来才能更有效的开辟低年级的识字空间,培养学生学习汉字的热情,感受汉字的无穷魅力,使课堂充满活力。 新的课程理念倡导培养学生自主识字的能力,然而,面对大量的生字,很多教师力不从心。因此,我们在课堂上常常看到学生在识字的过程中方法单一、陈旧,机械记忆还大有市场,严重影响了儿童识字兴趣,导致识字效率低,教学效果不好。究其原因就是教师在教学中,本身缺少识字方法。因此,多样化的识字方法不但可以提高识字效率,也可以在多样化的识字过程中提高儿童识字的兴趣,培养其思维能力、想象力、语言表达能力。
具体举措	多年的语文教学形成了我识字教学的多样性: 一、唱儿歌识字 儿歌琅琅上口,生动有趣,一旦记住便永久难忘,在教学中,教师要注意抓住汉字的特点引导学编一些通俗有趣的儿歌。比如:在教学"碧"字时。可以编成"王大娘,白大娘坐在石头上聊天"。易学易记,突破字形复杂难记这一教学难点。 二、猜字谜识字 可以利用自编简单的字谜来识字记忆,像"一口咬掉牛的尾巴。(告)""十粒豆掉到口里。(喜)"儿童觉得有趣,自然提高了识字兴趣,久而久之,他们根据自己的观察和想象,也能编些儿歌。 又如:教师在教学"日"字时,编了"四周不透风,一横在当中"字谜,学生猜对后,兴趣来了,教师乘机又教"目"字,引导学生"谁能够给大家出一个谜面,请大家猜猜?"在"日"字谜的启发下,学生很快地编出"四周不透风,二横在当中"的字谜。这样,在猜字谜和编字谜的过程中,让学生轻松愉快地记忆了字形,同时,有效地进行了形近字的区分。

续 表

主张的命题	关注低年级识字教学方法的多样性,提高识字的有效率
具体举措	三、图形结合识字法 　　低年级学生形象思维能力比抽象思维能力要强得多,识字教学与事物的形状结合起来,有利于学生识记,这样才能记得住,记得牢。 　　"燕"这个字,对于一年级学生来说比较难。难就难在笔画多,共16笔;容易漏写笔画,把"廿"错写成"十";也容易写错笔顺,把第十一笔撇错写成竖弯钩。针对以上的情况,在教学中,我先写了"燕"的象形文字,接下来让学生思考,如果老师让你们画燕子,你先画它的哪部分再画哪一部分。学生说应先画头部,接着画身子,然后画翅膀,最后画尾巴。明确顺序之后,我让学生把"燕"分成了头部"廿",身子"口",翅膀"北"和尾巴"、",让学生试着按顺序写,逐个突破。在学生写头部的时候,要求学生观察象形文字,让学生明白燕的头部是封闭的,所以比草字头要多一横。再结合上学期学的"北",让学生知道第十一笔是撇,而不是竖弯钩。通过图形结合,不但让学生记住了字形,而且掌握了笔顺,防止学生漏写笔顺。 　　四、直观形象识字 　　汉字是表意文字。据物造字,据形造字。儿童对这些很感兴趣,教学中要恰当的利用这些因素。用文字代表的直观去激发儿童的识字兴趣。帮助学生加深识记的印象。 　　案例1:做动作。如用手遮住眼睛,直观地演示看字的形;拿出毛笔让学生观察笔的结构和组成,学生会发现笔是由竹字头和毛组成的。 　　案例2:利用简笔画来直观再现汉字的形体。如:在教学影字时,根据影字形貌,在黑板上画亭子,亭子在阳光照耀下,投下了影子。学生把图和汉字进行比较观察,会发现亭子就像景,地上的影子就像三撇儿。 　　五、在游戏中识字 　　多用于巩固生字,爱游戏是孩子的天性,教师利用这一特点将用于教学中,可以提高学生的学习积极性,如字、图对号贴膏药;部首、偏旁组字游戏;改错游戏"找地雷";复习巩固"打扑克"等。 　　六、成串识字 　　将学过的字组成词语和句子是种将巩固与应用结合在一起的识字方法,集中地认识一批汉字,效率很高,如"我爱爸爸和妈妈",就一下子记住了六个生字。 　　七、自主"造"字 　　引导学生根据自己的识字经验进行学习。 　　比如,在教学"品"字结构的归类识字时,可以这样教学; 　　师:通过刚才的学习。我们认识了几个"品"字结构的字,谁能够说说他们的结构特点? 　　生:"品"字结构的字由三个相同结构的部分重叠而成的。 　　师:对,"品"字形结构的汉字在造字上大多具有这一规律,下面我们做个游戏,请同学们按照这个规律创造几个"品"字结构的字,看看我们制造出来的汉字是不是和字典里是一样的? 　　然后再通过自主思考,让学生去发现森、晶、众等字。 　　八、在生活中识字 　　为了扩大学生的识字量,识字教学还必须从课内到课外延伸,可以从看书、看电

续 表

主张的 命题	关注低年级识字教学方法的多样性,提高识字的有效率
具体 举措	视中识字;可以从各种学生喜爱的商标中识字;如各种路牌、单位门牌、广告牌子等。 总之,教师在教学中,千万不要局限于一种方法,要尽可能教给学生多种多样的方法,在掌握方法的前提下,鼓励学生运用方法自主选择自己喜欢的方法进行学习和记忆。
参考 文献	1. 上海市教委教研室:语文课程标准,上海教育出版社 2. 余秀英,用多样化的识字方法提高识字效率,中国论文网

实例 5

通河新村第三小学教师"教学主张"

学科: 语文　　**姓名:** 杨云帆　　**教龄:** 3　　**制定日期:** 2021.6

主张的 命题	重视段落教学,提高写段能力
主张的 概述	段落是构成文章的基本单位,是由句子或句群组成的,在文章中用于体现作者的思路发展或全篇文章的层次。作为教师,我们不仅仅要教会学生理解段落,还要让学生学会迁移。迁移指的是一种知识、技能的学习对另一种知识、技能学习的影响,即我们平常说的举一反三,触类旁通。我们应该让学生先举一反三,在不同的文本阅读中获取段落结构,然后,再实现举一反三,将结构运用到写段,甚至写作中,提高写作能力,帮助学生克服写作难、不愿写的困难。
主张的 依据	在《语文课程标准》中明确指出:"要重视写作教学与阅读教学之间的联系,善于将读与写、说与写有机结合,相互促进。"小学语文中有许多优美的语句,不同的写作方法,都非常值得我们好好去感悟、深究,而在课后设计一些与之有关的写段练习,它不但能加深对课文语言的感悟和语言形式的把握,而且能较快地提高学生的表达能力、写作能力,训练学生的思维能力,从而有效地增进学生的发展,提高学生的语文素养。 　　而对于语文学科本身来说,语文教学随着层次的不同有不同的侧重点,在小学低年级,主要注重对学生拼音及词语等基础方面的教学;在中年级,主要侧重于对学生的句子与段落以及阅读能力的培养;在小学高年级,则应注重于对学生写作能力的培养。而处于中年段,应注重培养学生对于段落内容和结构的理解,并慢慢培养学生从语段中寻找写段的灵感和能力,才能在高年级面对写作时,能有足够的能力去完成一篇习作。而且作文教学一直都是语文教学的一个重点及难点,在三年级段落教学时就应该要重视对学生作文能力方面的培养及提高,为以后的学习打下坚实的基础。

续 表

主张的命题	重视段落教学,提高写段能力
具体举措	"教育部编义务教育语文教科书"是我国当代教育史上的一个里程碑,教材以儿童为本,尊重学生的发展;以语言文字理解为本,注重运用能力。在教学实践中,统编版教材为中年级写段教学提供了很多可供挖掘的宝藏,用好教材是辅导中年级学生写段、写话的有效途径。 朱熹说:"古人作文作诗,多是模仿前人而为之。盖学之既久,自然纯熟。"中年级学生语言还较为贫乏,缺少生活体验,因此模仿和积累课文中文质兼美的范文是很有必要的。"模拟者,古人用功之法也。"在教学中仿写是非常有效的教学策略。在统编版教材课后练习中便常有"仿照课文,说一说""照样子说一说,看谁说得多"等练习,由此可见模仿课文表达的重要性。 **抓住关键句,指导学生围绕一个意思进行写段** 首先,要想将段落写好,就要确定一个段落的主要意思。不管是写人、记事还是绘景、状物,不管是写文还是写段,都要首先确定它的主要意思。在小段里,是要赞扬一个人的什么品质,还是要告诉别人一件什么事情,是要介绍自己喜爱的小物件,还是赞美一个地方美丽的景色,是要讲清一个什么道理,还是要表达自己某一种思想感情,这些在写段之前必须先想好。只有先确定了主要意思,才能选择合适的内容。能突出主要意思的内容写,与主要意思无关的内容就不要写。不要想到哪儿就写到哪儿,如果一个段落里每句话都表达了不同的意思,那么结果就是内容分散,让别人不知道你到底是围绕几个意思展开的。确定了段的主要意思以后,就要围绕着主要意思,清楚、具体,一句一句地写好这一段。例如《海底世界》这篇课文中,四五两个自然段就是非常好的例子。作者在段落开头运用一句总起句,告诉读者这个自然段的主要意思,然后围绕这个意思,又举了4个例子,每一个例子都是在围绕一个意思,即段落的中心句展开的。因此在教学这两个自然段时,我先让学生用直线画出了段落的关键句,然后让他们思考后面几句话都写了什么。通过思考与交流,学生们马上找出了"海底的动物,各有各的活动方法"。是第四自然段的关键句,后面的几句话举例说明了海底的动物有哪些活动方法。通过分析,知道了这个段落就是围绕中心句展开的。因此,在后续的练习中,学生们能够根据课文段落的学习,进行迁移,知道该如何围绕一个意思来进行写段。 **按照一定的顺序,套用经典句式,指导学生有条理地写段** 其次,写好作文,把段落写得有条理是最基本的条件。就跟我们说话一样,要让别人听懂,首先要把事情叙述清楚。段落写得有条理是同学们写好作文的重要基本功。段落写得有条理,可以使文章层次清晰,主题鲜明,给人留下深刻印象。可是有的学生却叙事不清,让人读了一头雾水。我们要引导他们把段落写得有条理,就要先构思好了再写,要按照一定的顺序来进行描写。 作为一个相对独立的段落,它也有时间顺序,空间顺序。要做到条理清楚,在写段落的时候要有一定的顺序,先说什么后说什么,先写什么后写什么,要想清楚是按什么顺序去写这篇文章,是按时间顺序呢,还是按空间顺序。如果是按时间顺序,那事情是按怎么样的时间顺序一步一步发展。比如,有的写事的文章,就要按照事情的发生、发展的过程来写。这个过程的每一个环节不能颠倒,顺序乱了就让人读不懂了。比如《花钟》的第一自然段,一定要按照花朵开放的时间,以从早到晚的顺序来写,不能说先写晚上有哪些花开了,再去写早上、下午、中午的花,让人感觉杂乱无

续 表

主张的命题	重视段落教学,提高写段能力
具体举措	章。如果是按空间顺序,那又是以怎么样的空间顺序观察物体的,是先看到上面还是下面,前面还是后面。我们都要按照一定的顺序来,不能想到哪里就写到哪里。比如,写广场上的热闹景象,我们可以从左往右来进行描写,也可以按由近及远的顺序,这样写出来的段落,让人看了就觉得是带着他在有顺序地观赏,而不是毫无头绪地跑来跑去,让人看了晕头转向。 除了按照一定的顺序,我们还可以指导学生套用经典句式。统编版教材中有很多经典句式,套用这些句式能使观点更加条理,话语更加生动。例如课文中经常出现的"一边……一边……""有时候……有时候……""有的……有的……还有的……""又……又……",这样的经典句式学生在写话时就可以灵活套用。如《项链》一文中的句子:"大海,蓝蓝的,又宽又远。沙滩,黄黄的,又长又软。"作者用这样的句式写出了大海和沙滩别样的美。我们便可让学生套用句式说一说、写一写"森林和小溪""公园和湖泊""荷叶和荷花"等。通过仿写这样的字词、句式,学生不仅积累了优美的语言范式,更学会了怎样描写眼中美景。再如《我是什么》中对云的描写"有时候我穿着白衣服,有时候我穿着黑衣服,早晨和傍晚我又把红袍披在身上",这句话中既用了拟人手法,又连用"有时候"展现云的色泽变幻,这样的表达,生动自然,对学生具有特别的吸引力。我们教学时可借此设计,让学生套用句式写一写水的不同形态及月亮的阴晴圆缺等。 **体悟字词的精妙,指导学生将段落写优美** 写好段落还要注意遣词造句,体悟字词的精妙。统编版教材很注重语文性,课文在遣词造句方面都十分精妙。基于此,低段写话训练可先从仿写课文中的字词开始,让学生熟悉字词使用的语境,用好词语,打下写话的基础。例如《动物王国开大会》一文中,"狐狸奔来了"这句中的一个"奔"字,体现的是狐狸的着急和速度飞快。再如《端午粽》一文中,"粽子是用青青的箬竹叶包的,里面裹着白白的糯米,中间有一颗红红的枣。"短短一句中使用了三个叠词"青青、白白、红红",同时还准确使用了动词"包、裹",将粽子的颜色和样态活灵活现地展示了出来。教师可凭借这些美词佳句,着重训练学生准确使用叠词和动词的能力,让学生仿照课文,讲一讲豆包、饺子等美食是什么样子的。"在教学中,要让学生咬文嚼字,潜心会文,品味词语意味。让学生在品词析句的过程中,把好词好句熟记于心,丰富自己的'语言仓库储备'。" **按照一定的结构,指导学生将段落写得层次分明** 在写段时,我们还可以让学生模仿课文中合理的布局。《文心雕龙》中说:"夫人之立言,因字而生句,积句而成章,积章而成篇。"好文章一定有合理的布局,仿照课文中的谋篇布局是写出优秀文章的捷径。例如刚才上文中提到的,在《海底世界》的第4、第5两个自然段和《花钟》的第一自然段,它们都是运用了总——分的结构来进行描写,关键句统领全段,使段落层次分明,读起来赏心悦目。我们也要引导学生以教材为范本进行仿写,就如同为学生架设了攀登之梯,有助于切实提高学生的写话水平。 在教学的过程中,我们可以引导学生阅读与仿写,实现读写结合的教学目标,既能够拓展学生的文学思维,同时也可以提高学生的语言构建能力,让学生完成学习能力的迁移。而语文教材集大家之所长,每一篇文章都是适合小学生阅读学习的佳作,我们可以深入挖掘教材"宝藏",带领学生细细品味文章,领略多种类型的文章,

续 表

主张的命题	重视段落教学,提高写段能力
具体举措	欣赏多样的文学作品,丰富学生的语文素养,同时也要引导学生将优秀的词句进行摘抄,将精妙的结构记进脑子里,为写作积累素材。在平常的段落教学、阅读教学中,我们要为学生写作带来无限的灵感,避免出现下笔无神的状态。总之,当学生心中有"墨水",才能够妙笔生花,让自己的作品更加精彩。 　　综上所述,在写段和阅读教学中,我们要瞻前顾后,精准地把握学生能力提升的"点",根据文本语言特点,从作者的视角引导学生学习表达的方法,使学生形成写段能力。
参考文献	[1] 贺国财.扮靓阅读教学的课堂练笔[J].写作(上旬刊),2014(9) 　　[2] 孙妍.浅谈小学高年级作文教学的现状及对策[J].新课程研究(下旬刊),2013(11) 　　[3] 施伟华.在段落教学中落实"清楚表达"的要求——以四年级下册《海上日出》的教学为例[J].小学教学参考,2021(16) 　　[4] 张冠男.小学语文写话策略浅谈——以统编版教材为例[J].语文教学通讯·D刊(学术刊),2020(02) 　　[5] 许美喜.读书万卷,妙笔生花——小学语文高段读写结合教学探析[J].新课程,2020(25)

实例 6

通河新村第三小学教师"教学主张"

学科： 音乐　　**姓名：** 陈春蕾　　**教龄：** 23　　**制定日期：** 2021.6

主张的命题	"游"中唱 "乐"中学
主张的概述	低年级的唱游是指以音乐实践为重要内容,具有浓郁趣味性特征,适合低幼儿童的综合性艺术表演活动。"游"中唱、"乐"中学,将具有动感的音乐与儿童好动的性格特点相结合,让他们在唱唱、玩玩、跳跳、动动中感受音乐、理解音乐、表现音乐,并获得审美的愉悦。
主张的依据	在《上海市中小学音乐课程标准》的阶段目标中提到,结合日常生活开展多种艺术形式的游戏和教学活动,通过亲身实践和体验,使学生能够养成热爱艺术、经常参与艺术活动的习惯,对艺术有较为广泛的兴趣。皮亚杰认为游戏的发展水平与儿童认知发展相适应。爱因斯坦不也说:"兴趣是最好的老师"吗？由于人的兴趣是通过实践产生和发展起来的,因此,对音乐兴趣的培养就得从实践中获得。

续 表

主张的命题	"游"中唱 "乐"中学
具体举措	一、运用不同的教学方法落实"游"中唱 "乐"中学 叶圣陶先生曾说过："教学时为了教会学生的学,教师为了将来的不教,持教之功贵在得法。"在教学中应注意采用灵活多样、生动活泼、通俗易懂的方法进行教学,才能收到预期的效果。我们现在常用的音乐教学方法大致归为10多种,其中,演示法、游戏教学法、律动法等是最常用的教学方法。 二、教学环节中体现"游"中唱 "乐"中学 1. "游"进教室,乐于学 首先,要重视音乐课的组织教学。组织教学应成为调动学生学习积极性,引起学生学习兴趣的一种手段,使其精力集中,以便顺利地完成教学任务。所以,不要把组织教学只当作教学开始部分的"检查课前准备""师生问好"和无目的的起坐,而要有效地贯穿在整个教学环节中。特别在每次出现新知识、变换新内容之前,都要千方百计地设法引起学生的注意,才能迅速、顺利地突破难点,从而使整个课堂教学呈现出生动活泼的局面。例如,问好歌中融入练声,根据歌曲的特点,设计一个适合的情绪和状态。例如,学习欢快活泼的歌曲时,尽量用短促跳跃的声音,优美婉转的歌曲,尽量用长音加饱满的气息演唱。这些环节都是掌握在教师的手中,时而婉转时而顽皮,孩子们放松的状态就像和你在玩游戏一样。 2. "游"入情境,玩中学 其次,新授环节中的创"游"。创设情境,让学生以游山玩水的心情,循序渐进的完成内容。儿童的特性是爱玩,好动。根据学生的心理和生理特点,创造融合生活节奏,生活情趣的游戏来引导低年级学生的音乐兴趣。因为在游戏中学生充分积极主动,在这样愉快的环境中,有目的地进行音乐的训练能取得最佳的效果。例如,进行音乐节奏训练中,可采用"动物园"来培养学生的节奏感和学习兴趣,具体是这样操作的:把各种动物的叫声模拟成节奏型。然后,教师出示一种动物。就让学生模仿叫声并表演,要求节奏正确。学生都很希望能在老师面前表现良好,即满足了他的表现欲望又培养了他的兴趣,同时还调动了他的主动性,活跃了课堂气氛。当然,游戏是多种多样的,关键是教师要巧妙设计并组织好。 3. "游"出新意,展示学 在欣赏《动物狂欢节》时,我采用多媒体技术营造了强烈的森林气氛,使学生置身于葱郁的大森林中体验各种不同的动物形象。虽然没有看到真实的动物,但他们能通过音乐感受到狮子的威武神气和大象的憨态可掬。对于他们来说,完全投入地理解音乐是有很大困难的,能达到心领神会就可以了。 另外,教师的语言、体态的表演,都可以使学生产生与音乐相应的想象,有时可以代替一定的视听感应,提高音乐聆听的效率。最后呈现给大家的就是学生很投入的表演。 三、不同的教学内容落实"游"中唱、"乐"中学 唱歌课中学生对掌握不同的节奏型,往往会出现困难和混淆。如果死记硬背,为学生带来许多困难。教师可根据生活中的不同音响特点编写一些"节奏歌谣"或归类比较,让学生反复练唱或分析对比。例如,青蛙跳(咚嗒嗒);钟摆摇(的嗒的嗒);打机枪(哒哒哒哒,哒哒哒哒);喇叭响(笛笛,笛笛);知了叫(知了,知了);小鼓敲(咚哒哒,咚哒哒);母鸡叫(咯咯嗒,咯咯嗒);齐步走(咚咚咚咚)。这不但对视唱有所帮助,对以后的听音记谱也有促进作用,同时,增加了对音乐形象的理解。

续 表

主张的命题	"游"中唱 "乐"中学
参考文献	上海市教育委员会.上海市中学音乐课程标准.上海教育出版社,2004 上海市教育委员会教学研究室.上海市小学音乐学科教学基本要求[S].上海教育委员会,2018.03 上海市教育委员会教学研究室.音乐教学设计.人民教育出版社,2018 顾明远.教育大辞典:上海教育出版社,1998

实例 7

通河新村第三小学教师"教学主张"

学科： 美术　　**姓名：** 丁一　　**教龄：** 12　　**制定日期：** 2021.6

主张的命题	"生长美术"
主张的概述	"生长美术"，遵循儿童年龄特征与心智发展规律，遵循美术知识与技能自然生长特性，力求让儿童形成良好美术基础。"生长美术"是生命化、动态发展美术。生长不仅包括学生身体长大与形态变化，还包括学生生命发展质变化。"生长美术"本真无华，是一种以"自然、自由、自觉"为基调生命活动，学生用美术形式表达丰富情感、记录成长生活、反映现实世界。 "生长美术"是生活化、多元发展美术。生长美术融于现代生活多元化社会文化环境中，充满着生长发展生机与活力。它理论与实践并举，力求调动学生听觉、视觉、触觉、嗅觉，并寻求与人文、地理、历史、科技等领域联系，具有无限拓展空间。 "生长美术"是建构化、和谐发展美术。生长美术是个建构大体系：拥有"大教师"，学生在名家、教师指导下获得艺术素养提升；拥有"大课堂"，学生走入自然、走进生活、走向社会；拥有"大学校"，一所具有传统与现代结合世界学校。 "生长美术"从生命成长高度来认识美术教学，关注"完整人"发展，同时，致力于还原美术自然生长特性与生命教育本色，旨在培养有能力、有个性、精神饱满学生。
主张的依据	格罗姆说："绘画作为一种符号表征形式，是人类心智发展的重要成就之一，也是儿童认识世界、进行交流的手段与工具。"儿童绘画有自己的内在逻辑和表达方式，绘画中蕴含着孩子们的思想与活动。每一次观察他们的绘画过程，解读这些充满童真童趣的作品，我们都会被其深深吸引。毫不夸张地说，没有对儿童绘画的研究，我们不可能深入理解孩子画笔下那色彩斑斓的童心世界。 在深入推进课程改革当下，"E学习""翻转课堂"等教育新常态彰显着以人为本、与时俱进时代节奏。可当下为数不少美术教师，仍然手攥"照葫芦画瓢""旧船票"，幻想着登上"新课改"这艘"快船"。儿童眼中每一天都是新的，他们怀着对未知世界憧憬，希望看到更远处美丽风景。儿童现实世界与精神世界具有生长性，因此，儿童美术学习也应具有生长性。

续表

主张的命题	"生长美术"
具体举措	一、大教师，倡导儿童自由生长 "生长美术"提倡以课程与课堂教学改革为突破口，关注学生学习状态、方法习惯及思维品质。它拥有"大教师"，保证学生有更多机会步入艺术殿堂。 1. 五感打通，领域就会交锋。 钱锺书先生在其《通感》一文里说：视觉、听觉、触觉、嗅觉、味觉可以彼此打通，眼、耳、舌鼻、身体各个器官领域可以不分界限。校园"百果园"里的植物果树"名片卡"都有制作者名字。粉红、浅蓝、紫，缤纷色彩中带迷迷人芳香，再加上小径、草地、小桥、树木点缀，让人仿若置身于花园中。这是一个"通感"交锋时刻。 2. 私人定制，个性就会凸显。 让学生的发挥特长，将优秀作品在学校"梦想艺术馆"开了"个展"。在学生全员参与基础上采用"私人定制"特展形式，只要学生有特长与需求，我们就会尊重他们需要，帮助他们找寻作品背后故事，并赋予其精神内涵，从而提升作品生命力。 3. 活动打造，生长就会蓬勃。 活动是人类生命、能力、个性形成与发展源泉，是学生生命蓬勃生长要地。我们倡导学科教学活动化，即用活动教育思想来指导美术教学。如二上《诱人瓜果》一课教学中，我首先利用神秘瓜果小屋，让学生"猜猜它是谁？"，这时，学生通过感官描述瓜果形状、质地、颜色，感觉果皮光滑、粗糙、坚硬；然后通过欣赏儿歌《秋天画报》，校正与提升学生认知。在"找朋友"游戏中，寻找、装扮并介绍瓜果朋友；接着，引导学生成为瓜果魔术师，通过欣赏"瓜果变变变"创意活动，教授瓜果联想、制作方法，鼓励学生在小组合作中创造剖析；最后，在"瓜果农庄"邀请学生品尝瓜果拼盘。通过看、闻、尝活动，学生感受瓜果美、香、甜，视觉、嗅觉、味觉实现了有效融合。这样设计从儿童视角出发，同时，经历了音乐、诗歌、设计与制作等多领域融合，能让学生体验剖析、创造与实践过程。 二、大课堂，滋养儿童自然生长 校园是"生长美术"大课堂。在校园中滋养儿童，是"美"心过程，校园要以"童心美术文化"为起点，让身边景物说话，说学生爱听话。这些"生长"题材从哪里来？我们可以从童心世界里找寻。 百果园里植物拥有"名片"了！学生用手绘名片介绍了植物品名、色彩、生长习性等；"时光隧道"成了学生剖析世界眼睛；"童心迷宫"是学生探求成长谜底宫殿；小桥下潺潺流水里鱼儿、"成长树"上鸟儿是学生最亲密伙伴；田里果蔬生长变化，是学生对成熟欢呼；稻草、蓑衣使学生发现了生活秘密；洗手间、盥洗室图文并茂文明插画，是学生自觉行为内化为素养见证；鲁迅先生笔下从"百草园"到"三味书屋"是学生校园生活再现；"梦想艺术馆"是学生梦想起飞地方，环境主打艺术元素，儿童艺术作品有小陶罐上种植多肉植物，有用综合材质别样演绎毕加索名作，还有蜿蜒多姿蓝色绒布"小河"，多彩纽扣、废旧报纸制作"成长树"……正如张晓军所说："艺术概念不再像以前那样狭窄了，只要有心灵思索，便会有艺术创造，这是天赋之权。" 儿童"生长美术"从"大课堂"出发，走向社会、走向世界，寻找、发现、创造更美、更广阔园地！ 三、大学校，触发儿童自觉生长 "生长美术"是学生大学校，我们生活在地球村，利用发达信息技术，可以让学生

续 表

主张的命题	"生长美术"
具体举措	与时代脉搏呼应。传统经典美术是民族,也是世界,我们要摒弃狭隘民族意识,开阔学生视野。 1. 倾听传统声音,追溯文化源头。 2. 从传统分科教学转变为多门类融合现代美术,体现不同门类学科间融合。如在义务教育课程标准《格林童话故乡》教学中,可以以学生熟知格林童话人物、舒曼乐曲作为切入口,少而精地选取德国宗教、民族与艺术统——象征哥特式大教堂、中德奥运场馆等典型建筑进行范例教学,引领学生走进建筑艺术领域,追溯建筑文化源头。 3. 传承艺术经典,凸显智慧元素。 弘扬经典,涉及书、画、影、音四个领域。课前五分钟、"经典百幅名画"鉴赏,我带领学生读艺术家传记,寻艺术家足迹。在"与大师同行"作品创作中,我培养学生生命意识与创造精神。《格林童话故乡》教学中,在传承中凸显智慧,课堂拥有一根清晰"文化体验"主线,以德国建筑艺术为五个站点,从古至今,从传统到现代,层次分明、环环相扣,点与线组成了面,实现了艺术升华。 4. 开阔儿童视野,涵养艺术品质。 我们所处时代,是主体意识充分觉醒时代,在艺术作品面前,学生是主体,她们可以发表见解。在《格林童话故乡》教学中,笔者通过对比传统建筑科隆大教堂与现代包豪斯建筑、对比中德奥运场馆等,让学生感受不同建筑特点及不同时代建筑特色。通过艺术与生活、情感、文化、科学综合,儿童独特文化品质得以养成。 学生生活——一个个平凡日子串联,而"生长美术"会赋予平凡日子非凡光彩。以生命关怀视角走近学生,发现学生,成就学生,聆听学生生命生长拔节声,既是幸福教育落地生根诗意表达,也是"生长美术"应有之意。
参考文献	李力加,由图画工作——儿童美术到造型游戏的转变[J].中国美术出版总社,2021(3):40-52.

第五节 教学主张践行中的自我监控

一、自我监控:提升教学主张实现力

教师教学主张是一种在教学自我监控的形式。教师通过教学主张提出一个蕴含在教学主张中的提高教学质量长期的教学目标与实现路径,并在践行中不断反馈信息、作出分析判断、对后继践行教学主张做出动态决策与调整,继续获取教学主张实现程度的反馈信息,深度反思。在教师践行自己教学主张过程中也需要群体的支持,开展教学互动。教学主张践行的过程正是与教师自我监控具有同质

性、同步性，同时，这两者的关联具有长期性，不是一时一事的协同，在整个教师教学主张践行的期间稳定地互相交互。为此，我们学校在推进"基于教研组群体互动，提升教师教学监控能力"项目时，同步开展的教师教学主张的践行活动。

教学主张的实践是一个长期过程。教学主张是一个追求的过程，又是一个践行的过程。这个过程是教学自我监控的过程，也是提升教学主张实现力的过程。教学主张践行需要花时间，呈现一个长期的、渐进的刻苦磨练过程。这个过程也是一个不断探索的过程，而不是一个有现成答案可以轻松实现的过程。教学主张践行需要自我监控，没有自我监控会失去方向，会失去坚持，会失去反思，会失去经验转化。这是学术性实践与实践性学术结合的好路径。

教学主张是提升教师教学能力的重要途径，特别是实践性学术发展的重要路径，同时也是教师教学自我监控能力的表征，越是自我监控能力强的教师，教学主张的践行更为生动而富有成效，自我效能感满满的。

从教学主张的确立到教学主张的践行，到最后教学主张践行的经验总结，进行实践性学术思考，把自己的教学主张的认识与践行进行理性思考，获得规律性认识，从对教学主张践行的具体操作与表述走向把握教学主张主题所涉及的变量之间的因果关系与教学学理上的解释。

二、教学主张的实践要点与经验总结

教师教学主张的实践要点是学术性实践，因为是以教学学术理论指导自己的教学，而其践行的经验总结是实践性学术，因为是以教学的学术视角看待自己的教学实践，并以教学理论的解释使自己的教学主张上升到理性的认识。教师不缺少实践，但是缺少学术性实践。有的学术缺少实践，或者难以转化为实践，因此，实践性学术难能可贵。教学主张是教师专业能力的学术性与实践性结合的有价值的实现路径。

（一）教学主张实践要点

我们在教学主张落实过程中进行了归纳，形成了教学主张实践的六个要点：

1. 关注教学主张的发展阶段特征。教学主张的实践首先从梳理自己的经验，依据经验践行，然后从经验走向把握教学主张的核心内容，并逐步揭示与验证教学主张，向教学主张的理论建构发展与提升。因此教师在教学主张的践行过程中不能只是技术层面上操作，而应该对自己的教学主张做理性思考，从理论上进行考量。

2. 引导教师增强教学主张意识。教师有着教学习惯与教学思维定势，在教学主张的落实过程中，常会表现出旧的习惯，而新确立的教学主张常会忘记，或者教学主张意识不强。因此，引导教师以教学主张引领自己教学是十分重要的。教师

上好每一堂课是形成自己教学主张的基础与表现,也是教师学科领导力的表现,教师在教学中的决策力、引导力、教学资源运用能力等为落实教学主张服务。

3. 组织教师开展教学主张的实践活动。我们在开展教学主张的实施中,组织了三轮的全校性的教学实践活动。第一轮是在教师确定了教学主张后,开展的诊断性教学与评估。教师依据自己的教学主张进行教学设计,并组织教学活动。在教师上课之后,教研组的同事以及专家一起听课,对照教学主张评课。通过评课,给出教师在落实教学主张的教学上,哪些是做得好的,哪些要改进的,提出落实教学主张的建议。第二轮教学主张实践,是指在诊断性教学与评估后,教师进行了一段实践的改进之后,再次进行一次改进性教学与评估。以评估教师在实现教学主张上已经取得那些改进,改进的程度与性质,特别是改进的性质,要引领教师在教学主张的落实上要抓住关键的地方进行改进,不要过分地关注其他方向上的小问题而丢失教学主张主题上的主要问题。这是上课教师与听课者都要注意的问题。第三轮教学主张实践,是指教学主张落实性教学与评估。在经过一段时间的教学主张的践行之后,对教师的持续不断的改进,是否达到已经落实教学主张做出评估。

4. 教学主张实践的逐步展开。教学主张在实施之初,无论是确立,还是实施,教师们都缺乏经验。因此,学校在开展教学主张这项工作时要采取部分先行,以期取得经验,再逐步推开,有序推进。我们先从各学科组确定教学主张研究人员,对上述人员进行"如何上好教学主张实践研究课"培训,组织实践研究课,排出上课时间表让教师一起听课。每一节课后安排教研组活动,环绕教学主张的落实这个主题结合实践研究课进行讨论,以及培训辅导。通过总结,积累初步经验,组织全校性汇报(即阶段成果汇报)请几位教师上展示课,并组织经验交流发言。然后再组织全校各教研组全体教师开展教学主张的实践活动。

5. 组织教师开展案例研究,写好教学案例。这是对教学主张落实的总结,以教学案例呈现成果。通过案例研究促进教师对自己教学主张的确立与实施进行反思、总结,并形成研究性的教案。写出如何上好一节课是获取教学主张实现的经验的重要条件与路径。这一节课是教师教学主张的体现,以一节课做典型,写出教学主张的落实经验。

6. 加强教学主张践行中群体互动。教学主张的确立与实施不仅需要教师自己的努力,还需要教研组提供良好的实现环境。这就要求教研组发挥其领导力,对教师的教学主张的践行进行引领,营造积极的开展教学主张践行的教研氛围,开展合作,展开讨论,共享成果。

7. 上好每一节教学主张的实践课。教师设计实践课时要注意自己的教学主张的特点;要注意整节课要环绕自己的教学主张,要看得出自己的教学主张在课堂上的展开与落实；教材的选择十分重要，体现出自己的教学主张；教学主张的实践课要从整节课把握；教学主张的实践课要关注重点环节上落实教学主张。

8. 教学主张实践课要关注教学过程。教学过程要重点突出自己教学主张的落实过程，也就是运用什么教学方式展开教学内容，落实教学目标。不能标题式（英语学科特别要注意），不要表格式，要陈述式教案，把师生活动呈现出来。特别要他人看得出什么地方在践行自己的教学主张。这些地方用一小段文字阐述自己教学主张，即"说明、点评"，用括号括起来。教学过程中的说明是就事论事，抓住一点做简要分析，为反思提供事实与理据。

例如，"英语故事教学，培养小学低年级学生的语感"的教学主张实践课——1BM4U3 Story time(A boy and a wolf)其中片段：

2. T: *Try to retell the story with the key words and the help of the pictures. You can role-play in groups.*

上述过程很简要，但是分内涵丰富：这是让学生在熟练朗读的基础上，通过关键词进行故事的复述，进一步增强学生对于故事的语感，学生可以选择自己喜爱的角色进行扮演，从而培养英语学习的兴趣，提高学生语言表达的能力，在小组合作中，学生之间可以相互学习，积累对语言学习和运用的综合能力。从学理上看，朗读与复述的关系；复述能力与复述的能力表现，这避免了能力培养的口号化；语感与语言积累关系以及语感与语言表达的关系，这节课的语感培养落在语段的语感上。

（二）教学主张践行的总结

我们学校把教学主张践行的经验总结作为教师教学主张践行的重要一环，加以引导与指导。我们开展了"我的教学主张的践行与感悟"活动，对教学主张的总结提出了基本要求，撰写要规范，注重教学主张践行的理性思考，而不是白描。

1. 撰写格式参照提示

在撰写格式作了基本框架要求，作为提示参照，以一定形式促使内容完整性。关于教学主张总结的题目方向是："我的教学主张的践行与感悟"，具体题目根据教学主张及其践行自行确定。要求题目不能虚空，不追求辞藻华丽，而必须能概括表达总结的主题，朴实而真知灼见。

教学主张践行经验总结文章结构：

● 第一部分：我的教学主张概述

(1) 我的教学主张(介绍自己的教学主张，是什么等)；

(2) 我的教学主张主要实施路径与举措(说明从哪几个方面实施、落实主张)；

(3) 简要介绍教学主张的形成与发展过程。

● 第二部分：教学主张的践行

按照自己的教学主张实施的主要举措，来组织撰写。

每一举措为一大点,就可能有 3—4 个大点。

每一大点:讲明是什么举措;举一案例;分析案例与教学主张的关系(包括为什么能有效实现教学主张的某一方面);实现这条举措的操作要点。

每一大点从上述四方面写,每一大点一个标题,即一个举措。

● 第三部分:教学主张的感悟

可以从两个大方面来讲:

(1) 分析说明自己的教学主张的正确性、合理性,能有效实现教学目的。

可以借用自己的"教学主张依据"(表格里)。

可以运用数据或者学生进步实例来证明。

(2) 践行自己教学主张的经验介绍。分几条来陈述。

这里的经验要注意从教学主张整体、总体上讲经验,有理性思考。与第二部分操作要点不同,操作要点是某一具体举措(即前述的大点)的角度上来讲。

2. 教学主张践行的总结撰写要注意的问题

(1) 不要脱离自己的教学主张,紧扣自己的教学主张。

(2) 要有事实(案例),要在案例基础上分析、阐述自己的教学主张。不要只是陈述,而要第三部分等地方有所深入认识自己的教学主张。

(3) 基于文章会有几个案例,每个案例 1 千字,文章应该不少于 5 千字。文章对教师今后有用处。

(4) 写文章之前,先把文章结构搞清楚,搞一个提纲,然后配材料(案例、经验等)。提纲很重要,不要急于动笔。

(5) 第二部分的案例与第三部分经验应该呼应。第三部分经验是第二部分操作要点的理性化,即有点理论化。从事实基础上概括。

三、基于自我监控的教学主张践行案例

实践与思考 1

搭建"学习支架",提升学生语用能力
——我的教学主张的践行与感悟

一、我的教学主张概述

(一)我的教学主张

我的教学主张——"搭建'学习支架',提升学生语用能力"。学习支架定义为"提供符合学习者认知层次的支持、导引和协助,以帮助学习者由需要协助而逐渐

能够独立完成某一任务,进而使其由低阶的能力水准发展到高阶的能力水准"。在小学生学习英语的过程中,由于其自身的语言水平和认知能力十分有限,他们常常需要借助一定的学习支架才能顺利完成获取信息、转换信息、内化语言、输出语言等学习任务。教师通过为学生的学习提供适当的、小步调的线索或提示(支架),让学生通过这些支架一步一步的攀升,逐渐发现和解决学习中的问题,掌握所要学习的知识,提高问题解决能力,成长为一个独立的学习者,从而培养学生自主学习能力。因此,在教学中,通过搭建有效的支架,能够使学生在原有的经验和已有的能力基础之上,通过有效的思维活动,形成综合语言运用能力,从而提高英语学科的核心素养。

(二)我的教学主张实施路径

1. 搭建不同的"学习支架",提升语言能力

学习支架能够在课堂中展现给学生真实的语言情境,并能帮助学生对于知识特别是隐性知识的更加好地理解与感悟,通过潜移默化的引导,培养学生的潜在能力,提高他们自身的语言能力和完成任务的能力,并形成自我学习,独立学习和协作学习的技能。

(1)示范型支架提供示范,增加语言摄入量

示范型支架是教师自己从学生的视角出发来制作示范展示给学生,也可以是学生和学生、教师和学生之间进行的范例展示。

(2)问题型支架引导学生,帮助理解语义

问题型支架在课堂中出现得最多,教师运用各种问题提示和引导学生进行学习。

(3)向导型支架利用差异,促进语言交流

向导型支架主要是基于学生的不同能力层次来给出学生不同种类的扶手,帮助学生自主学习的一个手段。不同能力层次的学生组成一个小组,他们所被提供的向导型支架基于他们自身能力则各不相同,最终在小组内共同交流,共获成果。

(4)任务型支架巩固知识,提高语用能力

任务型支架的就是让学生用外语去做事,把目标整合到一个或多个具体的活动任务中,使学生在完成任务的同时学会使用英语。

2. 运用"学习支架"策略,提升语用能力

(1)搭建认知支架,促进语言知识积累

厚实的语言知识基础是语用能力得以发展的必要条件。语音语调准确,词汇习语丰富,句型语法规范,有利于交流的顺利进行。在教学中搭建合理的语言学习框架,帮助学生更好的理解所学知识,积累并运用语言知识。

(2) 搭建能力迁移支架,提升学生语感能力

语言是人类思维的外显表现,它既是交际的首要手段,更是思维的工具。尤其在语言运用方面,具体情境下语言背后的意义需要人们靠思维去解读,再做出合乎情境的、得体的选择,从而保证沟通和交流的顺畅。在教学设计中通过问题链、思维导图等形式搭建"学习支架",促进学生积极参与学习过程,不断展开思维活动,激活认知,进入新高度,发展新能力。

(3) 搭建"情感"支架,加深跨文化理解

语言是文化不可分割的一部分,二者相互依存,相互影响。在发展学生语用能力时,必须重视加深对英语主流国家文化背景的理解。在学习理解文化时为学生搭建"情感支架",调动培养其学习不同文化的兴趣和动机,增强其学习积极性,都有助于学生最终对文化的理解和接受。

(三) 教学主张实施思路

我的教学主张的践行思路是建构操作路径与实施策略。在教学主张的实施中,根据《课程标准》《教学基本要求》,首先,对于教材内容以及学生学情进行分析,通过精准分析,让支架设计更适合学生的学习。其次,以培养学生综合素养为导向,以学习任务为主要载体,创设简明有趣、结构合理学习支架,学生借助学习支架的辅助,开展学习活动。最后,分析学习效果,给出评价。

二、教学主张的践行

(一) 多元支架式教学,提高课堂时效

学习支架的类型是多种多样的,教师在教学中采用合理的、多元化的教学支架,可促进学生知识的内化和建构,帮助语言学生在课堂中能顺利表达自己的思想,发展语用能力。

【案例分析】牛津英语4AM2U3,单元的主题是"Friends",本单元的语用任务是通过本单元的学习,学生能够从朋友的着装、衣服的颜色、本领等方面介绍自己的朋友。围绕单元任务,整个单元设计了这样三个问题,每节课重点讨论一个问题:1 What are friends? 2 What can be friends? 3 What kind of friends do you want? 这样的问题型支架,加深学生的对知识的理解,提高学生自主学习能力和综合分析能力。采用问题引领的方式,让学生在学习过程中通过探索的形式解答问题、学习知识,这是由被动接受知识变为自主探究学习知识的重要过程。

本单元的第四课时是教学故事"The lion and the mouse",在本单课的教学中我通过任务推进故事教学,学生通过任务的解决,能进行故事的复述,理解"什么是真正的朋友"的含义。任务一,封面解读,学生通过观察故事书封面,寻找故事的title, characters, setting,对故事进行大概的了解。任务二,观看故事视频,解决问题"What does the lion/the mouse look like?",再通过阅读描述狮子和老鼠,引发

问题"Are they friends?"。任务三,找出故事结局,结局中狮子和老鼠成为了好朋友,提出"Why are they friends?"。任务四,阅读故事中间部分,找出它们成为朋友的原因。教师搭建任务型支架,激发学生通过自我思考、合作学习完成学习任务,学生根据故事框架,习得语言知识,逐步进行语言的输出,完成本课的语用任务。

英语写作是学生的薄弱点,如何让学生通过教师的指导,语言框架的搭建,学习写作的技巧,将学习到的知识点运用与自己的写作中。还是以4AM2U3为例,本单元的写作话题为"My friend",这个话题对于学生来说是比较熟悉的话题,同时在之前的学习中,学生也有一定的基础,但是还是有一部分学生,写作中语言结构单一,语法错误较多。在本课的写作指导中,我利用信息卡、思维导图、范文举例等方式,激发学生写作欲望,为学生搭建写作支架。运用信息卡、思维导图,让学生理解描述一位朋友,可以从 name, age, appearance, clothes, ability 以及 hobby 这几方面进行思考,请学生自主设计信息卡或思维导图。请学生阅读范文,找出文章结构,即 Beginning part, body part, ending part。学生根据自己设计的信息卡或思维导图,结合范文结构,能较为轻松的进行写作。

(二) 有效"学习支架",提升语言能力

学习支架能够在课堂中展现给学生真实的语言情境,并能帮助学生对于知识特别是隐性知识的更加好地理解与感悟,通过潜移默化的引导,培养学生的潜在能力,提高他们自身的语言能力和完成任务的能力,并形成自我学习、独立学习和协作学习的技能。

【案例分析】牛津英语3AM3U3,单元的主题是"Plants",学习有关植物类单词和句型,观察和描述植物的特征,感受对植物的喜爱之情和对大自然的热爱之情。本课是这一单元的第二课时,话题是"A beautiful flower",通过 Alice 和 Tom 在公园中完成 Miss Fang 布置的观察植物的任务这一语境,学习并运用核心单词和句型对于花的特征进行描述。对于三年级学生而言"Plants"这一主题,学生比较感兴趣,植物在生活中随处可见,只是学生缺乏观察的动机。因此通过本课的学习学生能学会观察花的各种特征,进一步激发学生对植物的喜爱之情,体现学科的育人价值。

1. 整合单元内容,形成知识结构支架

呈现给学生的知识,如果没有完整的结构把它们联系在一起,学生是很容易被遗忘,因此,要形成知识结构,学生才能更好的进行语言知识的习得和运用。在 Plants 这一单元整体设计时,基于单元目标和单元情境,结合学生的认知水平,以 A nice tree; A beautiful tree; A seed 为三课时主题,将本单元零散的核心词汇及句型整合在三个语篇结构里,形成一个结构化的知识网络。知识的结构化处理避免了教学的碎片化,学生在不断循环复现的单元核心语言中,连贯地、有逻辑地表达单元主题意义。

2. 注重逻辑丰富语言，完善语言结构支架

语言支架既不是一次形成的，也不是一成不变的。在课堂推进的过程中，会不断有新的东西或者生成的东西加入进来，教师就可以帮助学生在原有的支架上找到位置或者对原有的支架进行调整，使原有的支架更加完善。英语语言的学习除了要考虑语言的丰富性，也要的关注语言逻辑。在这节课中，利用之前搭起来的支架，即第一课时中介绍 A nice tree 的语言框架，让学生进行花卉的结构和特征描述，用补充进来的语言对支架加以完善。在新授 a rose 的这个环节，通过阅读对话，提炼玫瑰花的花和叶子特征，再放大花朵图片请学生进行观察，补充茎和根的结构和特征。本课利用思维导图，让学生通过阅读、图片观察等形式去完善补充导图的知识结构，给予学生更多的方式去寻找语言、去寻找素材，让支架更加丰富。在这个语言不断积累完善的过程中，学生不知不觉地就生成了许多语言范本，为后续的输出提供语言支持。

3. 渗透文化意识，搭建情感结构支架

在教学中教师要充分利用视频、图片、音乐、诗歌等资源，引发学生对中外文化的理解及对优秀文化的认同，促使其形成积极的情感、良好的态度及价值观，培养文化意识。"情感支架"的搭建，有助于调动学生学习不用文化的兴趣和动机，增强其学习的积极性。在本课的 Pre-task 环节中，设计 Let's dub 的活动，文字、音乐、图片相结合，让学生感受自然之美。在 Post-task 环节中，伴随着优美音乐及对各种植物图片的欣赏视频，学生进一步感知植物之美和大自然的神奇，体会植物带给家庭、学校、城市、世界的美好。

（三）运用"学习支架"，培养学习能力

新课标中提出要重视对学生英语学习方法的指导，为他们学会学习奠定基础。教学过程中有机融入对学习方法的指导，帮助学生学会根据实际需求选择恰当的学习方法完成学习任务，解决学习问题，逐步形成适合自己的学习策略。教师应通过为学生提供学习支架，把管理学习的任务逐渐由教师转移给学生自己，即教师首先在学生现有知识水平和学习目标之间建立一种帮助学生理解的支架，然后在这种支架的支持下，帮助学生掌握、建构和内化所学的知识技能，最后再逐步撤除支架，让学生独立完成对学习的自我调节。

【案例分析】5AM3U2 Clothes 这一单元的第四课时，"The emperor's new clothes"这个故事对于学生来说是比较熟悉的，但对于故事中人物的特点、故事的寓意学生不是特别的理解。作为一节阅读课，本课的阅读目标定为：通过阅读学习国王的新衣的故事，能够理解故事大意，并尝试通过不同的阅读方式，朗读并复述故事，思考并理解故事中寓意。

作为阅读教学，在教学中为学生搭建故事发展支架，以"What do they do?

What do they say? What is the truth?"问题支架,为学生理清故事的内容,引导学生对所读内容进行分析、比较、推理、归纳、总结,把握故事脉络,并根据板书进行故事的复述,再揭发故事背后的含义。在作业的布置中设计分层作业,同时还布置了一个两周的长作业,让学生对于安徒生的童话故事有更进一步的了解,激发学生的阅读兴趣,拓宽学生的知识视野,培养学生自主阅读能力。

阅读教学要让学生学习阅读(learn to read),更要让学生通过阅读提升学习能力(read to learn)。除了阅读能力的提升,同时,也要让学生在阅读中养成习惯,在阅读中既学习知识,又获得自我满足感和成就感,从而形成良好阅读习惯。

三、教学主张的感悟

学习支架将教学中零散的教学内容有机的整合在一起,提升教学效率和质量,将整个单元教学更有系统性和连贯性。让学生在课中得到不断的锻炼,使得以教师为主的课堂转变成学生为主的课堂。使得英语教学变得更有意义,帮助孩子从现有水平出发提升到一个新的高度。培养学生团队合作,独立思考,最终训练学生的综合能力,提升他们的综合运用语言的能力。那么我们在支架式教学中要注意哪些方面:

(一)精准分析学生学情,找出学生"最近发展区"

在支架式教学中,学生是主体,学生的知识经验是教学的起点,教师的任务是在学生需要时为其提供必要的支持,帮助学生提高和发展自身的能力。每个学生都是一个独特的个体,每年教师所面对的学生群体各不相同。教师在进行教学设计前应全面、深入、充分地了解学生。教师不仅要了解学生原有的知识结构,找出学生的最近发展区,同时,也要了解学生的精神和情感需求,适时提供准确的认知支架和情感支架,逐步培养学生独立的完成学习任务,达到学习的目标。

(二)支架搭建和单元语用目标相结合

支架的形式各式各样,我们在搭建支架的时候,要充分考虑整个单元的语用目标,在进行单元划分后,再进行单课支架设计,并主要这些支架的连续性,不仅能提高单课的有效性,也能更顺利的完成单元语用目标。

(三)支架的层次与学生的层次相结合

学生之间存在当前水平和学习能力的差异,学习支架的设计应具有层次性和循序性。教师应关注学生差异,针对学生认知基础没设计有层次、有坡度的学习支架,让学生在合作、分工协作的过程中完成学习的任务。

【结语】

在英语教学中,运用"支架策略",通过搭建支架方法,引导学生先建立概念框架,进入语言的情境,并通过各种形式的学习方式,沿着概念框架探索,逐步攀升,最终完成对学习活动中主要知识的构建和语用能力的发展。强化学习主体本身的自觉性与能动性,鼓励学生在学习支架的帮助下初步养成自主学习的意识。

(曹慧华)

> 实践与思考 2

情智并重,古诗教学中提升学生的语文素养

教育家赞可夫说:"教学一旦触及学生的情感和意志领域,触及学生的精神需要,便能发挥其高度有效的作用。"小学语文课本中文章大多是名家名篇,不仅语言优美,而且包含了丰富的思想情感,即使是一些说明文,也写得趣味盎然,引人入胜,隐含着作者审美情趣。朱光潜先生说:"要培养学生的文学趣味,我们最好从诗入手。"对这两个观点,笔者极为赞同,尤其是对古诗词教学本人也偏爱好一些,为此提出"情智并重,古诗教学中提升学生的语文素养"的教学主张。

古诗词不仅是文学的精髓,更是语文教学中重要的内容。教师可以通过古诗词的教学,让学生的智力与情感态度都得到良好的培养。学生能够在教师的指导下,掌握古诗词的赏析规律,通过对古诗词的审美,帮助学生构建语言知识体系;通过古诗丰富多样化的修辞以及写作手法,帮助学生提升写作水平;教师要善于为学生营造一种良好的学习氛围,激发学生学习古诗词的兴趣,发挥学生的语言潜力,帮助学生提升语文素养。在践行自己的教学主张过程中,本人有以下几点感悟供分享:

一、培养朗读能力,激发古诗词学习兴趣

在语文教学过程中,教师要认识到古诗词对教学的有效性,能够充分挖掘古诗词的内容,不断培养学生的朗诵能力。朗读是学生语言能力发展的基础,学生能够将古诗词与自身的情感有效结合,实现情智结合教育,这种教学方式有助于学生进一步体验诗的情感,获得对诗的感悟。教师可以通过诵读开展古诗词教学,结合诗的具体意境让学生有感情地朗读,培养学生对语言的感悟能力。具体而言,教师在教学新的古诗词之前先让学生事先预习,在熟读古诗的前提下,对古诗词进行朗读,学生可以结合自己的理解将自身的情感注入朗读的过程中,教师在学生朗读后,适当予以指导让学生学会朗读。有感情地朗读古诗词能够让学生对作者创作此诗时的情境加深了解。例如,在《山居秋暝》一文学习中,在学生充分预习的前提下,教师可以对学生进行分组,学生对古诗中的难点内容,每组提出学习中的疑难处,老师和其他组的同学与他们一起讨论解决。在难点问题解决后,教师指导学生有感情朗读,结合作者的思想感情,开展朗读活动。在此过程中,教师可以为学生开展范读教学,让学生边听边模仿或者让学生领会教师朗读

中的重音。然后教师给予学生空间让学生练读,可以结合多媒体图片,想象诗人创作的经历,结合自己的理解进行朗读。又如,读《山居秋暝》时,可采用对比朗读的方式感受静态描写和动态描写,静态描写的诗句要读得轻缓一些,犹如静态画面展现在眼前;动态描写的诗句要读得活泼些,声音也相对响亮明快,似乎让人感受到了动态场景。通过朗读,感受作者的情感,最后熟读成诵。读《枫桥夜泊》时,可以让学生想象诗人漂泊他乡时,身边没有亲人陪伴的孤单和凄凉,用比较深沉缓慢的语调朗读此诗。读《长相思》词的上阕时,可通过想象行军队伍的壮观,征途中的艰辛,指导学生缓慢而深情地读出"山一程,水一程"和"夜深千帐灯"的感觉。学习下阕时,可对比关外风雪交加与故园宁静美好的夜景图,想象与家人相处的温馨与美好,低沉而悲伤地读出词人思乡的柔情。

二、注重情智并重语境创设,增强学生语文感悟

情智并重,不仅仅强调情感的重要,还强调智慧的重要,尤其是创造性地把情和智紧密地结合在一起,追求情智和谐融合、互促互补,让学生情智共生、和谐发展。教师还应善于用自己高尚的情感与独特的智慧营造出情智和谐的教育氛围,使学生的积极情感得到培养,蕴藏的智慧得到唤醒和发展,从而培养情智和谐发展的学生。那么,在小学语文课堂中,教师可以如何实施"情智教学"呢?同样本人以执教古诗《出塞》为例,激发学生的情智,进一步帮助学生深刻体会古诗丰富的内涵。

(一)找准切入点

统编语文每个单元都有一个主题。教师应该在单元学习的一开始就让学生明确本单元的人文主题以及语文要素。比如,我在教学《出塞》前,出示 PPT 引入:"同学们,今天开始我们将进入第 7 单元的学习,单元导语中有这样一句话,'天下兴亡,匹夫有责',这是明末清初的著名思想家顾炎武说的。意思是一个国家的兴衰,与每个人都有关系,每个人都应该为国家的繁荣昌盛做出贡献,以天下为己任。本单元以家国情怀为主题,编排了4篇课文,《古诗三首》《为中华之崛起而读书》《梅兰芳蓄须》《延安,我把你追寻》,表现了历史名人的爱国之情。本单元的训练重点是关注人物和事件,学习把握文章的主要内容。"这样的引入方式就能很好地帮助学生找准学习的切入点。

(二)呈现画面感

古诗词的内容距离现代生活较远,加之学生的生活阅历太浅,他们很难和诗人产生情感共鸣。怎样让学生以体验者的姿态,走进作者的心灵,感悟诗句背后的情味和意蕴,将古诗词教活呢?这就需要教师善于挖掘诗中可能隐藏着的情感画面或场景,真实而艺术地再现诗歌意境,充分挖掘古诗词的情感因素,激发学生的学习兴趣,激活学生的丰富情感,让学生走进文本的情感世界,从而领悟古诗词的内涵。在帮助学生理解"边塞"一词时,我运用了书上的一幅插图(边关和长城),先简介当时的历史背景:我国在秦、汉时代便修筑长城防御匈奴入侵。匈奴

的战争自秦起,至汉,至唐,一直没有间断,在阴山一带,匈奴常常入侵中原。然后让学生看着插图来想象,"你仿佛看到了什么?听到了什么?"还通过大数据搜索了一组诗句,如"年年战骨埋荒外,空见蒲桃入汉家。""黄尘足今古,白骨乱蓬蒿。""可怜无定河边骨,犹是春闺梦里人。"让学生进一步感受到边塞的自然环境的艰苦以及战争场面的惨烈,激发学生情感的体验。

(三)利用矛盾冲突

智慧如何体现呢?要善于发现矛盾冲突,解决矛盾冲突。有的矛盾是学生发现的,有的矛盾是教师挑明的。比如教学"秦时明月汉时关,万里长征人未还。"时,学生问道:"为什么出征的将士回不了家?"我马上追问:"你们猜猜有几种可能?"学生只能想到战死沙场的悲壮。于是我补充材料"据《资治通鉴·唐纪》载,玄宗时,改府兵为募兵,兵士戍边时间从一年延至三年、六年,终于成为久戍之役,战死沙场。"让学生明白,当时的朝廷因为战事不断,把兵士的戍边时间改成了终老或战死沙场。这样学生就进一步体会到了边塞将士的艰辛和悲壮。另外学生还问到"为什么明月要写秦时,关写汉时?"这类问题问得非常有质量,产生了智慧的火花。在问与解的过程中,学生逐步感悟了古诗的内涵。

(四)渲染文本的情境氛围

古诗的诵读中,很多教师常常采用配乐朗诵的方法帮助学生渲染课堂情境加以升华情感。在这堂课中我想到了"埙"这个古老的乐器,它那低沉、久远又哀伤的曲调非常适合激发学生的朗读情感。事实证明,当埙的音乐一响起,学生自然而然地被带入到了那个久远的年代,那个苍凉的边塞,那个悲壮的战场。无需我朗读指导,学生已然能读出那个味。

三、善于营造教学氛围,引导学生展开想象

古诗词的艺术性在于能够用一些简洁、凝练的语言,将人带入特定情景之中感受当时的气氛,从而与作者产生共鸣。因此,教师在教学时也要善于营造教学氛围,让学生能够不断展开想象,发散思维。可以辅助一些教学工具,例如,多媒体展示图画,通过歌曲带领学生进入情境之中,让学生在这种教学情境中自由想象,发挥自身的潜在力,感悟古诗词的优美之处。思维能力对学生语言能力的提升有着重要的推动作用,学生对古诗词有着自身的独到见解,就能够将古诗词不断地进行再创造,将作者的东西通过自身的理解,转化为内在的内容,有助于学生写作水平的提升。例如,在学习《枫桥夜泊》中,可引导学生边读边想象:这首诗写在什么时间?诗人看到了什么,听到了什么,感受到了什么?引导学生明确:这首诗写在深秋夜半,诗人抬头仰望,看到月亮逐渐沉落;诗人听到了几声乌鸦的啼叫,打破了夜的寂静;诗人感受到霜气降临;诗人对着江边的枫树和渔船上的渔火生出愁绪,此时,寒山寺的钟声又悠长地传来。教师可引导学生通过夜半"乌

啼"和"钟声"感受夜的宁静,通过"霜满天"感受作者内心的孤独和凄凉。从眼看清冷的月亮渐渐落下,与江边的枫树、点点的渔火默默相对,体会诗人远离故土的孤独之感。最后,可引导学生找出诗中哪一个字最能表达诗人的情感。又如学习《长相思》中,对于"山一程,水一程"的跋涉过程,教师可以出示从北京到山海关的地图,让学生直观感受两者之间的距离,强调即使在高速公路上开车行驶,也需要三个多小时,让学生想象在交通不便的古代,将士跋山涉水、翻山越岭的情景与艰辛。对于"夜深千帐灯"的描写,可以让学生借助书中的插图,想象将士们夜晚宿营时的壮观场面。对于"风一更、雪一更"的情境,可以通过播放风雪交加的音频或联系生活经验等方式,让学生边听边想象自己仿佛看到了怎样的风、怎样的雪,从而感受天气的恶劣和"聒碎乡心梦不成"的意味。

四、有效联系生活实际,增强语言应用能力

中国的古诗词都来源于诗人的真实生活,都是作者表达真情实感的地方。因此,在古诗词中提升学生的语言能力也要从生活出发,将生活中的情感与知识相结合,促进学生语言应用能力的发展。教师在课堂中要有意识地指导学生关注生活中的知识:"生活中的知识是否能够结合古诗词,并且在作者的分析中,作者描述的生活与我们的现在生活有什么不同?"通过这一步步问题的引导,让学生产生探索的欲望,在生活中寻找答案,进而获得答案。例如,在《枫桥夜泊》的教学中,为了让学生更好地理解"霜满天",教师让学生联系生活实际感受人在深秋夜里是一种怎样的感觉?学生一下顿悟,原来是很冷的意思。又如,在《山居秋暝》的教学中,让学生联系生活实际来理解"新雨"的意思,学生也一下子就能明白,是指这雨刚刚下过的意思。生活中处处有语文,教师通过生活实践对学生展开古诗词教学,有助于学生语言应用能力的提升。

总之,教学主张的践行要落实在课堂教学全过程之中。在教学过程中本人有效借助了许多信息技术,正因为有了这些支撑,才能在古诗的课堂中有效实施"情智教学",有利于学生智力的发展和健康心理品质的形成。古诗词内容丰富多彩,教师要挖掘古诗词的艺术性特征,将学生的情感以及知识有效结合,增强自身的语言应用能力,从而可以提升学生语文综合素养。

(陈 荣)

实践与思考3

促进学习真正发生的小学数学动手操作活动的实践研究

近年来,在如何促进学生数学有意义学习以及深度学习的融合上,进行了研究与实践,提出了"促进学习真正发生的小学数学动手操作活动"的教学主张,并以课题形式展开实践研究。

一、教学主张的提出

《数学课程标准》明确提出数学课堂教学是数学活动的教学。它强调在数学课堂教学中要引导学生丰富的操作活动,积累行为操作的经验;引导学生通过自主探究操作,积累探究的经验;引导学生通过自主思考,积累数学思维的经验。学生在操作活动中感知数学现象,积累数学学习经验。现行小学数学教材中有许多需要学生动手操作的内容,尤其是在"空间与图形""统计与概率""实践与综合应用"方面。然而在我们的日常教学中,由于条件的限制、教师和学生等多方面的因素,使得动手操作往往流于形式,起不到实际的效果。学生有许多不能直接参与,知识的建构也就不可能系统、扎实。

新课标指出:"有效的数学学习活动,不能单纯的依赖模仿和记忆。动手实践,自主探索与合作交流是学习数学的重要形式。"英国教育家斯宾塞曾提出教育的"自己掌握"原则:"学生自己得来的任何一方面知识、自己解决的任何一个问题,由于是他自己获得的,就比通过其他途径得来的更彻底地属他所有。"也就是说,学生自己学到的、悟到的知识更容易被掌握;而"自己掌握"了的学习,才是真正发生了的学习。

让学生的学习真正发生的课堂,要有问题、活动、情境三个关键词。动手操作活动是小学数学课堂教学中的重要学习活动,学生通过动手操作、自主探究获取的知识和能力,要比依靠教师的讲解和灌输更为高效。

数学是一门抽象的学科,任何一个数学概念、法则、公式的产生,都离不开抽象概括、逻辑推理的思维方法,而小学生的认识是处于直观形象思维向抽象思维过渡的阶段,在很大程度上是依靠动作进行思维,靠直观感知获取知识。因此,要解决学科性质与学生认识水平的矛盾,教学时,组织学生进行操作活动,一方面,是手与眼的协调活动,对数学材料的动态感知过程;另一方面,是手与脑的密切沟通,把外部活动系列转化为内部隐性语言形态的智力内化方式。操作时,儿童把外显的动作过程与内部思维活动和谐结合在一起,这对处于形象思维向抽象思维过渡阶段的小学生,理解并掌握数学知识,促进学习真正发生是很有必要的。

二、关键词界定

(一) 学习真正发生

学习可以定义为一种过程。"学"是发现未知,并为此引发思考的过程;"习"是为记住某一对象、掌握某项技能而引发的思维驻留过程。在"学"中强调"未知""思维驻留";在"习"中突出"记忆对象"与"掌握技能"。这个定义突出了思维的参与。

学习真正发生是以发现未知作为学习的前提,引起思维驻留才能发生学习的行为,在教学活动中,利用学生对未知现象探究的天性、成就感、外部的精神或物质方面的诱惑,引起他们思维的长时间驻留,让学习状态发生变化,学习成果可以看得见。

(二)动手操作活动

动手操作是解决数学学科的抽象性与学生以具体形象思维为主的认识水平矛盾的重要手段。

在小学数学教学中,学生借助相关实物学具进行的摆、剪、拼、测量,或对数量关系、空间图形所做的列表、作图等操作活动,都是学习者直接用自己的身体(机体)特别是手的活动与学习内容进行相互作用,从而产生对学习内容的身体直接体验,促进思维结构、意义结构的生成的学习过程。由于动手操作在积累数学活动经验、促进抽象思维的养成方面有着不可替代的价值。

三、研究的思路

通过长期的课堂教学实践,我主要以学生的经验为起点,加强动手操作活动,力争让每个学生都有机会动手实践,并以恰到好处辅以有效地启发和引导,使学生在实践中思维,在实践中探索,在探索中创新、在实践中建构数学知识,并提高应用知识和解决实际问题的能力。

我主张采用调查研究、文献研究、行动研究等方法,针对学生在数学学习参与度的不足,教师教学有效活动设计的缺失,从课堂教学实践展开研究。在调查分析了数学动手操作活动存在问题的基础上,以杜威"从做中学"的思想、陶行知的"教学做合一"思想、布鲁纳的表征系统理论为基础,以《数学课程标准》为导向,分别就"课前充分准备、预先精准设计、准确把握时机、规范操作习惯、优化语言指导"做了深入的实践研究,并提炼出基本操作模式,形成促进学习真正发生的小学数学动手操作活动经验,可供教学一线教师们操作的教学有效策略。

四、研究实践

(一)课前充分准备是保证动手操作活动顺利开展的前提条件

数学操作活动中,教师为学生提供的材料是否适宜,直接关系到他们参与操作的兴趣,探索与操作的效果,也直接影响到教育目标的实现。因此,在教学中我们紧紧围绕操作活动的目标,遵循数学知识内部的逻辑性。选取简便易行的材料,用好现有的材料,挖掘生活素材,并能在原有的基础上不断改进,灵活创新,就会促进操作活动有序、高效地开展,从而提高操作活动的效率。

1. 材料齐备

操作活动所用的材料,应尽可能齐全,才能保证操作活动的正常开展。要学生准备材料,更要检查准备情况。有时学生由于种种原因而没有准备好,课堂上就无法实施操作了,我的方法是在布置的时候让学生适当多带一点。如在学习长方体的认识及表面积计算时,需学生带一个长方体纸盒及剪刀,都会补充一句"如果家里有,可多带几个。"在上课前必然会检查学生准备情况,万一有人忘带或家里找不到,就能互相借用了。

平时的课堂教学不可能像研究课、赛课那样花费大量的时间、精心去制作精巧的教具、学具。越是简便易行,越能受到老师的青睐,如数字卡片学生自己就可以制作,但就是这样简单的学具却能引导学生动眼、动手、动脑、动口,调动多种感官参与,实现了教学知、情、意、行的融合;又如老师用可伸缩的天线制作活动角、用卡纸制作可活动的平行四边形等。这些简便易行的操作材料的使用,教师课前准备减负了,课堂操作的实效却提高了。

2. 材料适量

材料的多少要与操作的目的相联系,试图达到什么操作效果,就应准备相应的活动材料,还要考虑操作时间的允许,尽可能要适量。

如为了让二年级学生认识1000以内数的组成,让5人小组一起数出一袋小棒的根数(990多根)。老师设想是让学生体验满10根捆一捆,表示1个十,10个十为1个百,10个百就应是一千,而且5个人分着数,每人也只要数200多。可结果,用了20分钟才有个别小组数完毕,有一个小组才数出400根,其中的一个学生直嚷嚷:"我数不清了,我数晕头了!"还直晃脑袋。其实学生只想拼命地数完,根本没有思考数的组成,只是机械地为数而数了。让学生继续数下去,这节课就变成了数数课,不让学生数吧,又没让他们体验到数的组成的过程。

问题出在哪里呢?就出在操作材料的数量上,要数的小棒太多了。接下来的一个班的教学我调整为每个小组数100多根,让他们充分感知数出10根扎成一捆,表示1个十,只用了6分钟左右,就都数出了结果,再通过把所有数的小棒摆在三个盒子里,得出全班学生共数了996根。为什么选择990多根呢?太少了,达不到百位进一的目的,如超过1000,不能很好地体验满10个百进一过程,只有990多根,再加上老师手中的4根或几根,才能让学生深切地体会到个位满10进一,十位是9,再加上1是10,又要满10进一,百位上有9再进一,就又要添一个数位,就要新认识的"千位"在整个摆放、数、再摆放的过程中,让学生观察思考,又经历了一次数的组成的体验,使过程本身也成为教学的资源。

(二) 预先精准设计是保障动手操作活动科学进行的必要环节

数学操作活动是指在数学教学中供给学生足够的实物材料、创设一定的环境,引导他们按一定的要求和程序,通过自身的实践进行学习的活动。操作过程应体现数学教育内容的系统性和内在逻辑性,选择符合儿童心理发展的需要,教师要深入解读教材,课前精准设计活动,以达到数学教学的目标。

1. 验证性操作活动

这类操作是让学生通过实物或图片进行操作验证而获得数学知识的一种形式。操作的目的在于促进学生对已学知识的巩固、理解,促进知识的内化。

例如,教学《有余数的除法》让学生先用2根小棒重复搭图形,看桌上的小棒能搭多少个图形,还剩几根小棒。根据学生回答板书算式,然后引导学生发现除数是2时余数只有0和1,这时我便问学生"这是为什么?余数会不会是其它数"。学生很肯定地回答"不会",并说出如果余数是2或更大的话就还能再搭。接着我让学生先不搭,大胆的猜测一下"如果用3根小棒搭图形余数会是几",学生的回答五花八门,于是我便让他们再搭一搭验证自己的答案是否正确,结果学生发现了除数是3时余数可能是0,1,2,这时有部分学生已经意识到了余数比除数小这一点,乘势我追问:"如果除数是4余数会是几呢?如果除数是5呢?"至此绝大部分学生已经明白了其中的奥秘……在教师指导下,动手、动脑做数学,用观察、比较、实验、猜想、尝试并验证,让学生在操作中体验,在体验中感悟,在感悟中获得的真实经验和触觉表象,促进了学生思维发展,培养学生应用所学知识解决实际问题的能力。

又如,在学习《三角形面积计算》,课的一开始教师就出示这样一道题目:"一个直角三角形,两条直角边分别是18厘米、12厘米,这个三角形的面积是多少?"对于学生来说,三角形的面积计算虽然是新的学习内容,但是由于学生有着长方形面积计算的知识经验、图形剪拼的实践经验和数学转化的方法经验,大部分学生会产生一个数学直觉,那就是三角形的面积肯定与这两条直角边有关,而随即展开验证活动(画图、拼剪),找到方法上的支撑,问题也迎刃而解。

学生的操作经验越丰富,新知就越容易主动纳入已有的知识体系之中,教师所要做的便是帮助学生发现其本质的异同,继而将学生发现的一个个知识"点"连接成一串知识"链",进而构成牢固的知识"网"。

2. 探索性操作活动

这类操作是围绕某一数学问题,让学生通过对实物或图片进行摆弄、操作、尝试,在动手实践的基础上发现新知的一种形式。其目的在于充分发挥学习的主动性,提高学生探索问题的能力与思维的目的性。

如教学《图形规律》,学生知道两个三角形需要5根小棒,如图:

教师接着问:像这样摆10个要几根小棒?100个呢?

有的学生猜出了一些答案,但又不能确定,有的学生急于想通过摆小棒解释自己的猜测。此时的动手操作和实验成为了学生探究的需要,由于学生对操作的结果充满渴望,教师就顺势让小组开展活动,在摆出 10 个三角形的过程中探索三角形个数与小棒根数的关系。同时,在小组汇报中教师提出了明确的要求,那就是必须边摆边解释想法。学生展示了三种方法:$3+2\times 9=21$、$2\times 10+1=21$、$3\times 10-9=21$;因为有了摆的过程,学生的操作经验与思维得到了有机结合,不仅知其然,更知其所以然。在找到规律以后,学生不用再摆 100 个三角形来数出小棒的根数。

教师为学生创设一个实践操作的环境,让他们动手摆摆、弄弄,加大接受知识的信息量,使学生在探索中对未知世界有所发现,找到规律,并能运用规律去解决新问题,使学生在获取新知识的同时,也学会来了学习。

(三) 准确把握时机是确保动手操作活动有效实施的主要举措

学生的思维离不开实践活动,操作学具能让学生智力的内部认识活动从形象到表象再到抽象,促使认识的内化,促进认知结构的形成和学习技能的提高,从而达到智慧的生长和创造力的凸显。只有让操作活动与学生抽取数学知识进行链接时,才能真正体现操作活动的特有功能。什么时候该动手操作,什么地方该动手操作,教师要善于把握时机,抓住关键点,操作在该操作处,操作在当操作处,才能使操作活动更有效。

1. 在新知生成时,开展操作活动

根据心理学家的研究,儿童的认知结构类似于一个倒置的圆锥形的螺旋图,螺旋中布满很多的结点,这个结点就是认知的生长点,它起着承上启下的、构筑儿童知识大厦的基础作用。如果当这些结点正在生长时,就让学生实施动手操作,手脑并用,就能收到事半功倍的效果。

如二年级《退位减法》,教师让学生从操作入手,经历操作小棒——感悟算理——发现算法的过程。

① 让学生摆一摆、拿一拿,在直观操作中发现问题:个位不够减怎么办?
② 解决问题中发现:拆开一捆,即从十位退 1 合并再减。
③ 通过几个题目的多次操作,使学生"拿"中感悟"不够减","拆"中感悟"退 1 作 10"。
④ 组织学生对操作的过程与结果结合起来分析、交流。

这一活动过程,学生完成了由直觉动作思维——具体形象思维——抽象逻辑思维的过程。这样的操作符合学生的认知规律,不仅有利于学生的知识获得,而且激发了学生认识新知识的兴趣。

2. 在思维受阻时,开展操作活动

数学是思维的活动,当学生碰到疑难困惑,即思维"卡壳"时,进行操作活动,能搭起感性材料与抽象思维的桥梁,从而使思维流畅。

如二年级《有余数的除法》,是以后学习除数是多位数除法计算的基础,也是本册计算教学的重点和难点。在教学时,充分利用学具每两人一组用15根小棒,学生进行操作,并填写下表:

反馈时得出了:$15 \div 3 = 4 \cdots\cdots 3, 15 \div 2 = 6 \cdots\cdots 3$,很明显,这是整个学习内容的难点。让学生说理由是说不清,单凭教师的言语指导也是说不清,而且学生也无法真正感知它的实质。为此,让学生针对第2种分法进行再操作,操作后学生可进一步体会到:每组分3人,分4组后余下的3人又可以分成一组,余数应该是0,同理第4种方法剩下的3人还可以分成1组,余数是1。这时,学生才真正感知"余数要比除数小",如果余数和除数一样大或比除数大,还是可以继续再分。这为以后的除法试商,积要最接近被除数打下了基础,在认知的结合部加强了同化的作用。

因此,利用学具操作可以让学生的思维有一个"过渡",借助直观,从感性知识上升到抽象的理性知识,避免思维的"断层",很好地解决学生认知的疑难之处。

3. 在思维发散处,开展操作活动

创新能力来自良好的思维品质,培养学生的发散思维能力,就能促进学生良好的思维品质的形成。教学中,教师应抓住有利时机,利用各种有效手段,在思维发散处,开展操作活动。

如在学生初步认识角的特征后,让学生根据身边的材料创造出一个角。这时学生的思维最是活跃,经过认真思考,反复操作,创造方法有:① 两支笔搭成的角;② 牛皮筋用一支笔拉成一个角。这时有一个学生说他把长方形对折再对折能得到四个角。受此启发,其他学生又把正方形、三角形纸用折的方法得到角,甚至有学生把圆形纸、半圆形纸也折出了角。至此,似乎可以结束,但我又随手把一张纸的外围乱撕一圈,问:你们能用这个图形造出角吗?又问:要造出一个角,只要有怎样的条件就可以了?这两个问题,学生当然能轻易回答,但问题的关键不在于学生回答这两个问题的本身,而在于它又把学生思维向更高的层次推进了一步,使他们的思维在这里再次得到发散,得到升华。

(四)规范操作习惯是推动动手操作活动有序开展的重要内容

动手操作深受小学生的喜爱,课堂上只要一操作教室里就非常热闹,有时候教师都控制不了局面。学生比较重视操作活动的过程,对操作的要求、目的不够重视,就造成了操作结束之后不能有效的发现规律,解决问题,使得操作简单低效。由此看来,注意良好的操作习惯是很有必要的。

1. 操作要求具体

(1)课前教师应检查学生的学具有没有准备好,此时教师也准备一些提供给忘带的学生。

（2）在教师没有要学生拿出学具前,学具应该放在什么地方(规定课桌上从左到右依次是数学书、文具盒、学具。)；

（3）在动手操作之前,先听清楚教师的要求,听到老师说"开始"再动手,当老师喊停时,学生应及时停手。

（4）在操作中不能随意拿别人的东西,收学具时要归好类,轻拿轻放,不能乱扔。

（5）操作后保留结果,讨论完再把学具推向一边,待课后收拾等良好习惯。

（6）注意操作的秩序、纪律,控制操作的时间等以外,还要来回巡视指导。

（7）注意培养学生边操作、边观察、边思考的活动能力。

这样的操作习惯并不是立刻形成的,它需要根据儿童的心理发展特征,采取相应的方法和策略,循循善诱,逐步规范学生的行为。

2. 操作评价行之有效

在教学领域的各个方面,合理的评价机制,对学生行为的规范、习惯的养成都起着至关重要的作用。操作性学习是注重实践和过程,同时注重学生主体性的学习类型。要建立行之有效的评价机制,应注意以下几点：

（1）教师要有生成性内容的评价意识。由于操作性学习是注重实践和过程的学习类型,所以教师的目光不能停留在最终的结果上,应更多地关注学生在操作过程中的表现,如学生在操作活动中的行为、语言、情感态度等细化的评价。

（2）评价主体多元化。操作性学习的形式是多样化的,相应的,操作性学习的评价主体也应是多样化的。例如,在分组合作操作中可以进行生生互评、学生自评和师评；也可以在家中让学生的家庭成员评价等。

（3）评价方式多样化。有时学生的行为和情感态度难以量化,教师可以通过学生汇报展示的评比来评价。既展示出了学生的收获,也增加进了学生的相互交流；也可以配合一定的奖励机制,激发学生的积极性。

除此之外,观察法也是非常常用的方法,教师通过观察学生的种种行为细节,进行记录分析。

（五）优化语言指导是提高动手操作活动质量效果的关键策略

教师是数学活动的组织者、主导者,是数学知识的传授者。要提高操作活动的质量,教师务必在语言表达上注意艺术。因为教师的语言指导是否正确、明白、易懂,直接影响着向操作的效果,影响到学生语言和思维的发展。

在操作活动,教师语言指导时要注意指导的内容,一是观察的重点(主要观察什么),二是观察的方法(顺序和怎样观察),使学生知道"做什么"和"怎样做"。对于操作过程中的指导,要引导学生将观察与操作有机地结合起来。这样学生离开学具后,才有可能在头脑中留下准确、完整的表象,而达到促进分析综合,帮助抽象概括的作用。

其次是根据需要配以教具演示与必要的启发、讲解,展现操作的程序及其内在逻辑性。有时还可采取分步定向指导,逐渐完成操作的策略,以求实效。

当然,为了促进操作和思维,必须充分地让学生描述操作的过程和结果,表达自己的想法和认识。同时教师为了解学生的思维活动情况,可以把点名发言、小组交流和同桌两人对讲等不同方式结合起来,使学生都有口头表达的机会。通过倾听学生的表达,发现学生操作、思维过程中的闪光点与存在问题,给予肯定或纠正。教师要注意组织学生认真听取同学的叙述,参与评价其操作、思维过程正确、合理与否。在这一过程中要有意识地鼓励、帮助学习有困难的学生发言,促进和推动他们积极思维,逐步提高语言表达能力。

如教学《圆的认识》中有关半径、直径间的关系的认识,我是这样设计的:在学生认识圆的半径、直径的特征后,请学生4人为一组讨论"能否用不同的方法证明直径与半径的关系,有什么样的关系?"这样简短而带有挑战性的问题,促使学生在无框架的约束下,积极进行创造性思维。有的组采用"折"的方法,有的组通过"画一画、量一量"的方法,有的组测量的是"同一圆内",也有的测量的是大小不同的圆——学生们因为观察角度不同,学习习惯不同,思维方式不同等,得出的结论有的可能有偏差,但是通过小组的操作,群体的交流,最终归纳出"同圆内直径是半径的2倍"这一正确结论。

在数学课堂上开展的动手操作活动,满足了学生的好奇心,使他们爱上了数学。课堂上学习氛围活跃,学生都积极踊跃地提出自认为有价值的问题,发表自己富有个性的观点,倾听老师或同伴与众不同的见解。课上,学生精彩的发言;课后,学生颇有见地的反思;课外,学生进行社会实践的场景——让数学课变得很有趣。

五、研究成效

(一) 教师对于动手操作活动设计及实施,提升了专业素养

数学课堂中动手操作活动的实践研究,让教师在教育教学观念上有了很大的转变,从过去只注重基本知识的传授转变到了对探究过程的重视。在平时的教学中,通过设计操作活动,引导学生参与探索新知的全过程。

1. 总结出"动手操作活动"基本操作模式

初步探索出"动手操作活动"的基本操作模式:呈现问题(在"问"中体验)→引发猜想(在"猜"中体验)→操作探究(在"做"中体验)→交流评价(在"议"中体验)。

"呈现问题"激发学生的探究欲,可以由教师直接提出或设计情境引入,使学

生产生急于探究的心理体验，积极主动地投入到课堂教学中来，正所谓"学启于思，思源于问"。

"引发猜想"为学生明确探究的方向，在兴趣的驱使下，他们都会积极地根据问题进行自己的猜想、假设。在这个环节里，教师的指导不是要对儿童的猜想进行评判，重要的是要关注他们猜想背后的思想。儿童的猜想设定，可能会有一些错误，有时这种错误非常顽固。这时教师决不能用简单的指正方式直接告知其错误所在，要让学生在亲身的操作、证明、交流、质疑中用真实的事实来纠正自己的认知错误。

"操作探究"是课堂教学中一个重要的学习环节，操作是学生自行完成的，教师的介入是要引导他们深入思考，进行适时、机智的提问，引起学生对问题的关注，教师尤其要关注学生对操作过程的体验。比如，"你是怎样想的?""你怎样做的?""是这样的吗?"等。当出现问题时，教师还是用提问来帮助学生发现问题所在，当发现有价值的思路时，教师仍用提问启发和鼓励学生去深入探究。

"交流评价"是为了提升数学学习质量。教师要留有足够的时间和空间来促进学生间的合作与分享，在此过程中教师应教育学生学会倾听，尊重别人的意见，学生当自己受到他人发言的启发时懂得加以说明。但当学生讨论出现值得关注的想法或思路偏离时，教师要以平等的身份参与进来，将这些想法和问题列出来，引起大家的关注，将讨论引向深入。当学生的语言不明确时，教师要对其语言表达方式进行有针对性的指导。

2. 转变了教师的教育观念和教学方式

真正确立了与新课程相对应的体现素质教育精神的教育观念。对教师而言，"动手操作"意味着上课不再只是传授知识，而是大家一起互动理解，促进学习；上课不再是单向的付出，而是生命活动、成长和自我实现的过程。提高教师素质，真正做到教师角色的转变，即教师由教学中的主角转向"平等中的首席"，由传统的知识传授者转向现代的学生发展的促进者。

(二) 学生对于动手操作活动参与，促进了学习的真正发生

数学课堂上开展的动手操作活动，让每个学生通过多种感官参与学习，调动学生学习的主动性和积极性，发展学生数学思维能力，促进学习的真正发生。

1. 数学课堂动手操作实践，将凝结于数学知识及其体系中的活动过程展开，将静态的知识结论变为动态的探索过程，为学生提供"再创造"的机会，让学生自己通过有目的地操作、观察、比较、分析、讨论，从直观到抽象，从感知到内化，主动构建自己的认知和经验。

2. 通过动手操作，让学生手、口、脑、眼、耳等多种感官并用，协同作战，在操作活动中去品尝"学习劳动的成功"，体验"克服困难的喜悦"，使学生实践能力、思维

能力、语言表达能力、创造能力得到培养，综合素质得到提高，从而达到尊重学生的个性，关注学生的情感，保护学生对数学的好奇心和求知欲，让学生在数学学习活动中不断获得成功体验，提高学习和应用数学的信心，激发学生的数学兴趣之目的。

3. 数学是关于客观世界的数化过程，数学离不开生活。根据这一现代数学教学理念，本次研究中，坚持以培养学生的实践能力为目标，扩大数学教学时空，引导学生从日常生活中自主观察，动手操作、应用学具，解决日常生活中的数学问题，提高数学实践能力，并在实践中更好地培养学生创新探究能力，发展数学思维能力。

课堂是学生学习发生的地方，是学生真学习、真表达的舞台。教师教学要从儿童的认知角度去实施教学，以学生"学"的路径来设计动手操作活动。要关注每一个学生的学习状态，关注学生参与课堂活动的广度和深度，构筑学生之间的相互倾听关系、协同合作关系、互学关系，为每一个学生都成为名副其实的学习者创造条件，为学习真正发生创造条件。

六、思考展望

通览操作活动的教学策略，都必须符合操作学习的特征，即亲历感知、自主探究、手脑并用和动作表征；无论哪个特征，都离不开"学与做"。亦不能违背操作学习的概念，即"动态的学习活动"，"活动"仅仅是手段，一切的操作都是为学习而服务。所以，任何脱离思考的学习行为，都将被视为无效的学习手段。这又一次印证了"从做中学""构建主义""表征系统""教学做合一"等中外理论的先进性，对于现代教学仍然有很大的参考价值。

尽管通过实践研究获得些许成效，反观还存在对以下两方面需要做更深入细致地研究：

1. 发现学生的操作与思维的切入点衔接不够恰当，如何把直观操作形成的表象有效过渡到抽象的数学概念法则、公式，达到由直观感知到理性认识的飞跃还有待解决。

2. 真正的学习始于发现问题。课堂中学生会提出很多问题，每个问题或许不都和学科教学有关。我们要能够筛选出哪些问题最具有核心教学价值的，以此串起整个课堂的教学。围绕这些问题可设计两三个学习活动，学生围绕活动开展学习，开展同伴之间的协同合作，进而指向思维的深度。而当学生达不到理解的高度时，就需要教师通过追问来引导。教师要探寻知识和生活的联系，为学生创设鲜活变化的情境，体现教学的趣味性；脱离情境，知识只剩下符号。只有不断激发学生思维的火花，他们的学习才会沿着思维的链条真正发生。

（王 莉）

实践与思考 4

"以题组式练习"提高数学练习教学的有效性

一、我的教学主张

我的教学主张是:"'以题组式练习'提高数学练习教学的有效性。"数学习题在小学数学教学中有着举足轻重的地位,它对获得新知、提升能力、形成数学认知结构都具有促进作用。因此精心设计习题,使习题更好地帮助学生达成学习目标是教学中需要关注的。而"题组"就是用题型结构、文字阐述或解题策略上存在内在联系的一组题目,通过对比、辨析、归纳、表达与应用,使学生在问题的解决过程中丰富充实学生的数学认知结构,积累解题策略,实现"练一组题,通一类题"的目标,从而增强学生的数学素养和能力。

数学教学过程中应关注学生掌握知识本体内涵和建构全面知识体系之间的联系,因此教师如何引导并开展合理、深入、高效的教学就成为一个值得探讨的大课题。数学课堂教学的有效性很大程度上取决于课堂教学中呈现的学习素材(例题、习题)的效度。在新授、巩固、综合应用等教学环节,以及练习、复习等不同课型的教学中,题组的应用都能在辨析知识内在区别、形成数学的逻辑关联、提高数学的应用能力等方面对学生起到促进和发展的功能。数学题组的设计要从学生的学习心理特点出发,针对学生数学思维训练的需要,从不同侧面和层次进行题组的呈现,使题组更具有针对性与发展性。

我的教学主张主要实施路径:(1)以新授探索中的"题组式"练习突破教学重难点;(2)以巩固环节中的"题组式"练习强化基础知识;(3)以整理复习中的"题组式"练习提高综合运用能力。

二、我的教学主张践行

数学课因其独特的学科特性决定了课堂中习题占有大量篇幅,同时习题教学的时间占到整堂课的 40%～50%,因此,可以说习题教学是一节课的重头戏。数学习题类型多样、题型各异,因教学设计的需要不同,可以设计不同逻辑关系的题组。而一节数学课,从复习引入、新授探索,到巩固强化和拓展提高,教学中各个环节都是由习题串联起来的,而不同环节使用的题组各有意图。以下将通过一些教学实例予以说明。

(一)以新授探索中的"题组式"练习突破教学重难点

练习是数学课堂教学最基本的载体,练习的设计要紧扣教学目标。每节课教师总会预先确定几项具体的教学目标,即明确学生学什么、学到什么程度、怎么学。为了更有效地达成教学目标,就要精心、合理地设计教学活动,那么新授探索中的素材呈现就显得尤为重要。现在数学教学大多强调从学生已有的生活经验出发,因此一般会以具体情境下的问题引入,引导学生探究本节课的知识重点。学生理解基本知识内容并不难,但要掌握知识背后的核心本质就需要更多功夫。而通过"题组式"呈现的新授例题辅助,可以实现从表象观察到内涵探究的深度思考,以达到突破教学难点的良好效果。

例如,在沪教版四年级第二学期《解决问题(2)》中学生要充分理解"增加"和"增加到"这两者的区别,才能正确解答此类问题。因此在教学过程中,我做了如下设计:

(1) 情境引入

师:小胖和小丁丁口袋里各有50元钱,现在把小胖的钱增加到2倍,把小丁丁的钱增加2倍,现在他们各有多少元钱?

大胆猜想:现在他们谁口袋里的钱多?说说理由。

生1:一样多,因为都是增加了2倍。

生2:小丁丁多。

师:你能列出算式并计算,他们各有多少元钱吗?(生尝试)

问:你写了几个算式?(1个或2个)

师:只用一个算式就能同时解决小胖和小丁丁的问题了,真厉害!真的是这样吗?

(2) 新课探索

① 理解"增加到几倍"的含义

"把小胖的钱增加到2倍",汇报交流小胖的算式:50×2=100元

问:你是怎么理解"增加到2倍"的?

生:小胖原来是1份,增加到2倍就变成原来的2倍。(师画线段图)

师示范:增加到2倍就是原来的2倍。

师:如果把小胖的钱增加到3倍呢?

师:我们用一根牙签表示小胖原来的1份,先在上面摆出1根牙签表示一份,在它下面表示现在的钱。那么表示现在的钱要摆几根牙签?(3根)

(师用教具小棒演示)

问:如果增加到5倍?怎么摆?(学生用牙签摆)

问:如果增加到8倍,你打算上面摆几根,下面摆几根?

问:你发现了什么?

生小结:增加到几倍就是原来的几倍。(板书)

② 理解"增加几倍"的含义

"把小丁丁的钱增加2倍",汇报交流小丁丁的算式：
a. $50×2=100$ 元　b. $50×(2+1)=150$ 元　c. $50+50×2=150$ 元
师：$50×2=100$ 元
问：对 $50×2$ 有什么想说的？你是怎么理解"增加2倍"的？
生：增加2倍就是多了这样的2份,也就是原来的3倍.
师示范：增加到2倍就是原来的2倍。
师：$50×(2+1)=150$ 元
问：你看懂了吗？$50×(2+1)$ 中2表示什么？1表示什么？
生：2是增加的2倍,1是原来的1倍。
板书线段图并列式：$50×(1+2)$
问：增加的2倍在哪？（上台指）所以现在是原来的几倍？
问：如果把小丁丁的钱增加4倍呢？你能用牙签摆一摆线段图吗？增加5倍呢？增加8倍,打算怎么摆？
问：你发现了什么？
生小结：增加几倍就是原来的(几+1)倍。（板书）
③ 探究感悟"增加几倍""增加到几倍"的区别
揭题："增加几倍"与"增加到几倍"虽然只是一字之差,但所表达的意思是不同的。今天我就来研究解决问题中"一字之差"的问题。
问：究竟"增加几倍"与"增加到几倍"有什么不一样吗？（生讨论交流）
生1："增加到几倍"就乘几倍,而"增加几倍"还要加上原来的那一份。
生2："增加几倍"包括原来的那一份,而"增加到几倍"是不包括原来的一份的。

利用同一情境下两种不同表述方式的强烈对比,学生能够直观深刻地感受到"增加几倍"和"增加到几倍"的区别,这也正是本节课的教学重难点。因此,在新授过程中不能把二者剥离开来,通过对比式的题组设计感受差异,同时,结合学生用牙签摆线图的动手实践,成功地突破了教学难点,提高了教学效率。

又如,我在四年级第一学期的《工作效率、工作时间、工作量》这一课中是这样设计新授题组的：

（通过三个不同工作问题情境引入,观察比较工作快慢,并学习三个量的名称和概念,然后探究"工作效率、工作时间、工作量"之间的数量关系）
师：工作效率无处不在,想一想我们是怎么得到工作效率的？
生：工作量÷工作时间＝工作效率（板书、媒体）
师：能举个例子验证一下吗？（学生汇报算式）
师：如果已经知道了工作时间和工作效率,怎么求工作量呢？

生1：工作效率×工作时间＝工作量，因为每小时做的个数×时间＝做的个数。

生2：原来求工作效率用除法，现在求工作量，就要用除法的逆运算就是乘法，用工作效率×工作时间。

师：利用乘除法的关系，也可以知道工作效率×工作时间＝工作量。

验证：说出一个求工作量的算式

师：如果已经知道了工作量和工作效率，怎么求工作时间呢？

板：工作量÷工作效率＝工作时间

生：工作效率×工作时间＝工作量，那反过来求工作时间就是用工作量除以工作效率。

师：你能在表格中找个例子验证一下吗？

小结：你们真棒，通过观察比较归纳出了三组数量关系，并且进行了验证。

工作效率、工作时间与工作量是生活中常见的数量关系，由于缺乏生活经验，学生往往容易把工作效率与工作量混淆起来。但是工作效率、工作时间、工作时间这组数量关系又是十分重要，所以厘清工作效率、工作时间、工作量之间的关系对于之后的学习有着重要意义。通过同一类问题下三种不同情境的呈现后比较、归纳、总结、验证，学生便自然而然能得出三个量之间的数量关系。

（二）以巩固环节中的"题组式"练习强化基础知识

数学课上学生对于知识的理解和掌握必须还要建立在习题的解答上，因此在新授探索后教师都会设计相应配套的巩固练习，所以新授探索和巩固练习是紧密相连的。这一环节的题组设计就要凸显出习题的针对性、判断性、匹配性和操作性，通过多种多样的练习方式，调动学生学习的积极性，达到强化上一阶段习得的知识要点的作用。

例1："增加"和"增加到"

选出正确的算式：（先想象线段图，再选算式）

1) 动物园里去年有5只金丝猴，今年金丝猴的数量增加4倍，现在有多少只金丝猴？（　　）

　　A 5×3　　　　B 5×4　　　　C 5×5　　　　D 5×6

2) 动物园里去年有5只金丝猴，今年金丝猴的数量增加到3倍，现在有多少只金丝猴？（　　）

　　A 5×3　　　　B 5×4　　　　C 5×5　　　　D 5×6

3) 水果店原来有芒果20千克，进货以后芒果增加了3倍，现在有芒果多少千克？（　　）

　　A 20×3　　　　B 20×4　　　　C 20×5　　　　D 20×6

4) 水果店原来有芒果20千克,进货以后芒果增加到4倍,现在有芒果多少千克?（　　）

A 20×3　　　　　B 20×4　　　　　C 20×5

问1：如果答案选20×3,题目中要改哪一个条件?怎么改?

问2：如果选20×5,题目中只改一个字,怎么改?

小结：做"增加""增加到"这样一类问题,一定要仔细审题,找清楚关键字再解答。

在选择题中,我设计了两组对比练习,情境一"动物园里去年有5只金丝猴,今年金丝猴的数量增加4倍,现在有多少只金丝猴?",情境二"水果店原来有芒果20千克,进货以后芒果增加了3倍,现在有芒果多少千克?",培养学生在仔细审题的过程中感受"一字之差"带来的差异。在全班学生都能完全理解二者区别的程度上,我还留给学生一些自主发展的空间,根据学生对于"水果店原来有芒果20千克,进货以后芒果增加到4倍,现在有芒果多少千克?""A 20×3、B 20×4、C 20×5"错误的答案就地取材灵活使用,问问学生"如果答案选20×3,题目中要改哪一个条件?怎么改?""如果选20×5,题目又可以怎么改呢?",不仅使做错的学生错得明明白白,也可以让正确的学生一显身手,把学生的"主导地位"真正地交还给学生,并让他们一尝成功的喜悦和自豪感。

（三）以整理复习中的"题组式"练习提高综合运用能力

以往教师对于复习课的认识就是把题组练习当做是一般练习题数量上的堆砌,以期通过完成数量上的积累换来学生知识掌握上质的飞跃。习题密度大、题型散,且教学方法也较为单一,往往学生很容易感到疲劳、失去兴趣,甚至可能丧失学习积极性。因此散乱无序、没有内在联系的练习并不能促进学生数学认知结构的完善,反而加重了学生的学习负担。现在通过"题组式"练习的设计,我们把看似多变的习题收集整理到一块儿,通过对比后归纳一类问题的共性,从而起到全盘考虑、综合发展的目的。

以下用五年级第二学期的《追及问题》复习课为例,予以说明：

题1：甲、乙两人从A地向B地出发,甲先行50千米后乙出发,甲每小时行80千米,乙每小时行100千米。乙几小时后能追上甲?

师：默读题,找一找题目中的关键字词,想一想这是哪一类追及问题。

生1："甲先行""乙几小时后追上甲",说明甲在前乙在后,乙追甲。

生2："甲、乙两人从A地向B地出发",说明他们同时出发。

生3：甲先行乙后行,不可能同时出发的,只是都从A地出发,所以是"同地不同时"的题目。

师：你能想象一下甲乙两人的运动过程,用线段图表示出来吗?（生尝试）

问：通过线段图,你知道了什么?

生：我找到了等量关系,甲先行的路程＋甲后行的路程＝乙行的路程。

(生自主尝试列方程解应用题)

题2：甲、乙两人从A地向B地出发,乙比甲晚走0.5小时,甲每小时行80千米,乙每小时行100千米。乙几小时后能追上甲?

问：这道题和上一题有什么不同?

生："乙比甲晚走0.5小时"。

师：什么意思?

生：就是甲比乙先走0.5小时,还是甲先行乙后行。

师：那其他条件没变,是不是也可以用刚才的方程来解决这个问题?

生：不行的,上一题说的是甲先行的路程,而这道只说了甲先行了0.5小时,还要算出先行的路程。

师：看来尽管都是一方先行,但要搞清楚题目里的条件,用速度×时间才能算出先行的路程。

题3：甲从A地经B地前往C地,同时乙从B地前往C地,两人同时到达。甲每小时行100千米,乙每小时行80千米。A、B两地之间相距60千米,甲几小时后能追上乙?

问：这道题你又读到了什么信息?有什么发现吗?

生1：甲乙"同时"出发,"同时到达"。

生2：甲乙不是从同一个地方出发的,甲在A地,所以乙在前甲在后。

师：所以这是"同时不同地"的类型。你能用线段图来表示吗?(生尝试)

生：我发现其实这个就像乙先行,从A地行到B地后,甲才出发。(线段图上演示)

师：把甲乙两人相距的A、B两地看作乙先行的路程,就转化成了题1最基本的追及问题。说说等量关系和方程。

生：乙先行的路程＋乙后行的路程＝甲行的路程。

题4：甲、乙两人同时从A地向B地出发,甲途中休息了0.4小时,最终甲、乙两人同时到达B地。甲每小时行100千米,乙每小时行80千米。甲、乙出发后经过几小时才能同时到达B地?

师：读完题目,你有什么发现吗?

生："同时出发、同时达到",但甲途中停了。

师：那可以把"甲途中休息了0.4小时"去掉吗?

生：不能,甲快乙慢,所以甲停了0.4小时,才会和更慢的乙同时到达。

(生独立解答,发现等量关系：甲行的路程＝乙行的路程)

问：这一组都是追及问题，你发现它们的想法上有什么共同之处吗？

生1：稍微变一下，就是最简单的追及问题了。

生2：都是甲的路程＝乙的路程。

五年级知识结构中一大版块就是《列方程解应用题》，其中又以"行程问题"和"相遇问题"占比最大。这一类行程问题的情境灵活多样，变化多端，学生如果不能把握此类问题的核心本质的话，往往就会在题目的文字表述中迷失方向、毫无头绪。而我在上《追及问题》复习课的时候，采用了递进式和对比式的题组练习，以期使学生感悟并归纳出追及问题无论如何变形都能用同一种等量关系来解决问题，即"甲的路程＝乙的路程"。万变不离其宗，抓住一类问题的共性，才能以不变应万变。

三、教学主张践行的感悟

数学题目多如浩瀚星空数不完的点点星辰，自然也是没有全部做完的尽头，因此，为了避免教学中杂乱无章、不成系统的练习造成教学效果差强人意，就要求我们教师要结合教学实际精心设计一些有联系、有分层，有同质又有差异的题组，沟通知识间的内在本质联系。通过"练一组题，通一类题"才是事半功倍的有效途径，也能让将题海战术中沉浮的学生解脱出来。

小学数学课堂上的"题组式"练习有利于扩展学生原有认知结构，建立全面的知识网络，从而更好地促进学生思维的深刻性，若学生能经历长期的"题组式"训练，无论是思维的广度、维度，还是思维的灵活性都将得到全面的提升，这正是"题组式"练习设计不变的初衷和无穷的魅力。

（包唯依）

实践与思考5

巧搭学习支架　培养学生规则意识与关键技能
——我的小学探究型课程的教学主张的践行与感悟

一、我的教学主张的概述

基于学习支架在学生探究型课程学习中的作用，我提出了"巧搭学习支架 培养学生规则意识与关键技能"的教学主张。

（一）关于学习支架的阐述

根据欧共体"远距离教育与训练项目"（DGXⅢ）的有关文件，支架式教学被定义为："支架式教学应当为学习者建构对知识的理解提供一种概念框架（conceptual framework）。这种框架中的概念是为发展学习者对问题的进一步理解所需要的,为此,事先要把复杂的学习任务加以分解,以便于把学习者的理解逐步引向深入。"

显然,这种教学思想是来源于前苏联著名心理学家维果斯基的"最邻近发展区"理论。维果斯基认为,在儿童智力活动中,对于所要解决的问题和原有能力之间可能存在差异,通过教学,儿童在教师帮助下可以消除这种差异,这个差异就是"最邻近发展区"。换句话说,最邻近发展区定义为,儿童独立解决问题时的实际发展水平(第一个发展水平)和教师指导下解决问题时的潜在发展水平(第二个发展水平)之间的距离。可见儿童的第一个发展水平与第二个发展水平之间的状态是由教学决定的,即教学可以创造最邻近发展区。因此教学绝不应消极地适应儿童智力发展的已有水平,而应当走在发展的前面,不停顿地把儿童的智力从一个水平引导到另一个新的更高的水平。(伍尔福克,教育心理学,中国轻工业出版社,2014)

支架式教学法是基于构建主义学习理论提出的一种以学习者为中心,以培养学生的问题解决能力和自主学习能力为目标的教学法。该教学法是指一步一步地为学生的学习提供适当的、小步调的线索或提示(支架),让学生通过这些支架一步一步的攀升,逐渐发现和解决学习中的问题,掌握所要学习的知识,提高问题解决能力,成长为一个独立的学习者。支架式教学法在透明私塾的个性化多维智能教学系统(MITS)中已有应用。

建构主义者正是从维果斯基的思想出发,借用建筑行业中使用的"脚手架"(Scaffolding)作为上述概念框架的形象化比喻,其实质是利用上述概念框架作为学习过程中的脚手架。

如上所述,这种框架中的概念是为发展学生对问题的进一步理解所要的,也就是说,该框架应按照学生智力的"最邻近发展区"来建立,因而可通过这种脚手架的支撑作用(或曰"支架作用")不停顿地把学生的智力从一个水平提升到另一个新的更高水平,真正做到使教学走在发展的前面。(覃辉、鲍勤,建构主义教学策略实证研究,云南大学出版社,2010)

支架式教学由以下几个环节组成:

1. 搭脚手架——围绕当前学习主题,按"最邻近发展区"的要求建立概念框架。

2. 进入情境——将学生引入一定的问题情境(概念框架中的某个节点)。

3. 独立探索——让学生独立探索。探索内容包括:确定与给定概念有关的各种属性,并将各种属性按其重要性大小顺序排列。探索开始时要先由教师启发引导(例如演示或介绍理解类似概念的过程),然后让学生自己去分析;探索过程中教师要适时提示,帮助学生沿概念框架逐步攀升。起初的引导、帮助可以多一些，以后逐渐减少——愈来愈多地放手让学生自己探索；最后要争取做到无需教师引导，学生自己能在概念框架中继续攀升。

4. 协作学习——进行小组协商、讨论。讨论的结果有可能使原来确定的、与当前所学概念有关的属性增加或减少，各种属性的排列次序也可能有所调整，并使原来多种意见相互矛盾、且态度纷呈的复杂局面逐渐变得明朗、一致起来。在共享集体思维成果的基础上达到对当前所学概念比较全面、正确的理解，即最终完成对所学知识的意义建构。

5. 效果评价——对学习效果的评价包括学生个人的自我评价和学习小组对个人的学习评价，评价内容包括：① 自主学习能力；② 对小组协作学习所做出的贡献；③ 是否完成对所学知识的意义建构。

(二) 关于研究型课程的定位：

研究型课程是在教师的指导下，学生自主地运用研究性学习方式，获得和应用知识，发现和提出问题，探究和解决问题的学习活动。

研究型课程是以问题为起点，以研究为中心，面向整个生活世界，充分发挥学生自主能力，强调团队合作，重视实践体验的一门课程。它是基础教育课程的重要组成部分，对于改变学生单一的学习方式，培养创新精神和实践能力，发展学生的多元智能，形成健全的人格，促进学生整体和谐的发展具有独特的作用。

此外，市教委"2020年中小学研究型（探究型）课程主题说明"关于"支架设计清晰合理"强调：要通过主题探究活动达成培养学生规则意识与关键技能的目标，教师应设计必要的"探究学习支架"，以支撑学生的自主探究活动。作为课程资源的一部分，这里所说的"探究学习支架"指的是为学生自主探究提供行为规范指引、方法指导、评价引导的"脚手架"，比如，探究活动的行动准则（必要的步骤或流程，团队工作的准则，行为中的禁区等）、研究方法的指南、评价工具等。

二、教学主张的践行与感悟

(一) 以问题为支架，促学生探究学习规范养成

《果树变化细观察》活动实例：

师：今天，我们就按照你们的计划，走进第一次的观察。那我们观察的时候可能出现什么问题呢？

生：我们在观察的时候要文明，不能你挤我碰，以免破坏果树。

师：是的，这些果树都是你们认领的宝贝，大家都要爱护好它们。观察的时候，文明、有序、相互谦让才能保护好它们。

师：在上一次活动中，我们讨论出了许多观察工具，有——

生：直尺、记号笔、卷尺、游标尺……

师：在你们的计划中，准备用哪些观察工具呢？

生：我们准备观察的是柿子的果实,我们想用卷尺来量。

师：用卷尺量果实适合吗？能量准吗？我请一位同学来试试看。

（请一学生上台用卷尺量果实）

生：不合适,不能量准的。我们认为要想知道柿子的果实它的最大直径,就要用到游标尺。

师：这个方法不错。关于游标尺,我们有个小口诀,还记得吗？

（教师示范,学生呼应："一拉二卡三看"）

师：那可以用同样的方法量树叶吗？

生：我觉得不可以。树叶太软了。用卷尺更好。

师小结：看来,工具的选择很重要,正确地使用同样重要。只有这样才能测出准确的数据。

生质疑：我有个问题,这周我测这片叶子。下周我可以测另一片叶子吗？

师：你们觉得可以吗？

生：不可以。这样我们就没法比较了。

师：是呀,我们观察的对象要固定不变,这样观察的数据才有效。可是,这么多的叶子一个星期后,我找不到它了。怎么办？

生：我们可以在这片叶子上面画一个记号。

生：我觉得我们可以在这片叶子上绑一根绳子。

师：为你们的好办法点赞。

感悟：

问题是学习过程中最为常见的支架,在学生的学习过程中自然地应机地提供此类支架是促进学生经历完整的探究活动以及学生行为规范指引,习得相应的规则意识与关键技能的必备条件。

在《果树变化细观察》活动实例中,学生在教师的问题支架引导下,就"我们观察的时候可能出现什么问题呢？"进行深入的思考,积极地探讨,在探讨过程中,通过教师示范量果实,请学生量树叶的过程中,一步步地追问："用卷尺量果实适合吗？能量准吗？那可以用同样的方法量树叶吗？……"从而明确了"使用工具,合理；观察对象,固定"的规则与要求。这也为后续学生实践"观察实验"做足了准备。

（二）以示范为支架,促进学生探究学习方法

《同学们喜欢的运动》活动实例：

师：智慧小博士来帮助我们小朋友了。瞧,这就是小博士为了完成这个调查所设计的调查表。请小朋友仔细看小博士做这份关于"同学们喜欢的运动"的调查的步骤。

师：小博士现在想问一问(贴"问")，喜欢游泳的男生请举手。

生举手，师点数，一边数，一边问：小博士在干嘛？

生：小博士在数人数。

师：很好，现在小博士要把数的人数这个数字？

生：写下来！

师：非常好，继续。小博士现在想问一问(贴"问")，喜欢游泳的女生请举手。

生举手，师点数，并记录数字。

师：小博士现在发现了(师贴"发现")，喜欢游泳的男生比女生？

生：多！

师：小博士的这个发现就叫"结论"(贴"结论")咦，小博士是怎么知道这个结论的？

生：小博士是把这两个写下来的数字比了一比。

师：真会动脑筋，同学们，通过数字的比较得出结论，这可是调查过程中的好方法。(贴"方法")

师小结调查的过程，学生尝试调查。

感悟：

范例即是举例子，当学生在独立探究或合作学习遇到困境时，教师做示范引领，以便于学生的学习顺利进行。

在《同学们喜欢的运动》活动中，对于一年级的学生来说"调查"是陌生的，是不了解的。如果没有一些明确的引导，可以预见当他们拿到调查表的时候，是无助的、无所适从的，这样的话，学生的兴趣将会降到最低点。这个时候教师化身为"小博士"，以小博士来采访班中同学作为范本，给予学生方法的指导，使学生明确了小调查的基本步骤，并在与小博士的互动中发现，调查的方法就是比较数字这个难点。小博士的示范，让学生对调查有个一个初步的概念，也让他们有了一个想尝试的念头。然后通过学生亲身经历这个调查过程，使得他们将原本是从小博士那里学到的调查小步骤转化为自己的知识。这种方式非常适用于小学低年段的学生。

(三) 以"温馨提示"为支架，助学生探究学习的自我完善

《奇妙的手指画》活动实例：

师：在开始行动以前，我们先来看一看老师给你们的"温馨提示"：不弄脏画面和衣服；不影响他人、不和别人打闹。明白了吗？

生：明白了。

师：音乐响起，孩子们，行动起来。

(在结束这一对话后，学生就要开始画画了。在画画前，他们大多看了下桌面

和画纸,好似生怕违反了第一点;那些生性好动的,也收敛其性情,开始专心画画,避免输在起跑线上。)

感悟:
学生评价的表现是在他们自己心里自律的过程上:自己对照要求,然后给自己一个行动方向。这样做,不但使得学生在实际操作过程中有了行为上的自律,而且,为接下来学生进行自我评价作了铺垫。

在《奇妙的手指画》课堂实例一中教师以"温馨提示"为支架,提醒学生在尝试作画的时候"不弄脏画面和衣服;不影响他人、不和别人打闹。"把话说在前面,又不具体地告诉学生该怎么做,让学生自己去思考,自己来指导自己的行为,同时,给予了学生在操作过程中一定的扶持。

(四) 以"星星榜"为支架,促评价引导

《奇妙的手指画》课堂实例二:

师:小朋友仔细看你图片上的小鸡多孤单呀,你觉得还可以画些什么呢?

生:我觉得可以画太阳公公。

生:我觉得可以再画几只小鸡陪它一起玩。

生:……

师:你们的主意都不错。在开始行动以前我们一起来看一下今天的"星星榜"。

出示"星星榜":

★没有弄脏画面和衣服;

★没有影响他人或和别人打闹;

★用指纹来作画。

师:等你画完后,请你根据"星星榜"给自己评一评。如果你做到了"没有弄脏画面和衣服;"你就能得到第一颗星;如果你做到了"没有影响他人或和别人打闹;"你就能得到第二颗星;如果你做到了"用指纹来作画。"你就能得满三颗星。明白了吗?

学生点头。

师:开始行动。

(这时的学生都很兴奋,他们开始创作作品。画完后他们一边看大屏幕上的"星星榜",一边将自己的作品贴上黑板。一部分学生把自己的作品贴在了2星上,一部分把自己的作品贴在了3星上。)

学生完成自评后,师:谁来和同学们分享一下你的作品?

生交流:我给自己3颗星,因为没有弄脏画面和衣服;没有影响他人或和别人打闹;用指纹来作画。

生交流：我给自己2颗星，因为我的画面有点脏。

……

（学生交流踊跃，大部分学生都能根据屏幕上的"星星榜"给自己一定的评价。）

感悟：

评价是探究教学过程中的重要环节，重视学生对自身学习过程的评价是探究教学的一个特点。对于小学低年级学生而言，他们还不太了解如何正确、客观地评价自己的学习能力和学习效果；在反思和自我评价的过程中，亦需要很多心理力量起作用；这需要教师在自主学习的环节上给予科学合理的支架支持，给予孩子一定的方向，让孩子有"路"可循。

这一环节，教师将终结性评价融于"星星榜"中，以"星星榜"为支架，作为一种激励机制，让孩子们来争取更高星级。这个"星星榜"是在原来的"温馨提示"的基础上提出了分级要求，使学生进一步地去思考：怎样才能取得三颗星。

很多孩子有了前一次的尝试，在第二次操作时，就更得心应手了。他们在第一次作画尝试中由"温馨提示"看到了自己的不足，在第二次尝试中又由"星星榜"正视了自己的不足并积极调整，最后，享受到了成功的喜悦。当然，也有部分孩子再次经历到了失败，不过，这也为他定下了之后努力的目标。

除此之外，在作画之前，教师出示的"星星榜"一直定格在大屏幕上，它始终展现在孩子们面前，这既是孩子们作画过程中的要求，又是孩子们作画后的自我评价的依据；在集体交流反馈中，这也是他们表达的拐杖。

这是一个培养探究学习的途径。在这个过程中，学生学会了思考，懂得要自律，要找方法，才能离目标更近。在完成学习任务的同时，也学会了简单的自我评价。这种教学模式，在以后的低年级探究教学活动中可以广泛运用。

（严秀晔）

主要参考文献

1. 顾明远：教师成长的三个境界,教育,2019.11
2. 林崇德、辛涛、申继亮：教师教学监控能力与其教育观念的关系研究,第八届全国心理学学术会议文摘选集,1997.10
3. 林崇德、申继亮、辛涛：教师素质的构成及其培养途径,中国教育学刊,1996.6
4. 董奇、周勇、陈红兵：自我监控与智力,浙江人民出版社,1996.11
5. 辛涛、申继亮、林崇德：教师教学监控能力的结构——一个验证性的研究,心理学报,1998.7
6. 申继亮、辛涛：论教师教学的监控能力,北京师范大学学报(社会科学版),1995.1
7. 张贵新、饶从满：反思型教师教育的模式述评,东北师大学报(哲学设计科学版)2002.1
8. 张庆熊：胡塞尔的意向性学说,复旦学报(社会科学版),1995.5
9. 李小芳、刘志强：教师教学监控能力研究述评,成都大学学报(教育科学版),2007.10
10. 白利霞：教学监控能力培养：试论教师专业化发展的必然要求,河北工程大学学报(社会科学版),2018.12
11. 彭桂芳：论教师教学行为监控能力——内涵、特征与结构,学术瞭望,2014.2
12. 刘卓雄：试论教师教学的自我监控,数学通报,1997.6
13. 王军霞、车勇鹤：元认知监控策略对英语网络自主学习成效影响,海峡科学,2010.8
14. 任洁、薛红霞：职前教师教学监控能力现状及培养策略,教育理论与实践,2019.9
15. 徐帆：中学初任教师教学监控能力研究[D],西南大学,2017.4
16. 周晓霞：反思性教学国外文献综述,考试周刊,2008.46
17. 熊川武：反思性教学,1999.10
18. 胡　玲：国外反思性教学研究综述,新课程研究,2015.6

19. 龙菁菁、杨迎：国外反思性教学研究综述,学术研究,2015.3
20. 李玲、陈静：论杜威的反思性思维及反思性教学,2006.12
21. 张文勤,石金涛：团队自反性研究综述,管理工程学报,2009.3
22. 张华：反思对话教学的技术主义倾向,教育发展研究,2011
23. 潘峰：试论微反应识别在学生课堂行为观察法中的应用——基于课堂教学实践的思考,大理学院学报,2013.8
24. 伍红林：教育理论研究者深度介入下教师实践共同体的发展,教育发展研究,2011
25. 卢立涛：回应、协商、共同建构——"第四代评价理论"述评,内蒙古师范大学学报(教育科学版),2008.8
26. 涂成林：胡塞尔论主体际性——兼评当代哲学的"交往"困境,学术研究,1991.5
27. Manning, B. Cognitive self-instruction for classroom processes. State University of New York Press, 1991
28. Phil Wood & Joan Swith. EducationResearch. Independent Thinking Press. 2016

后　　记

　　本校的专著《教师教学自我监控能力的理论与实践》终于出版了，十分令人欣慰。本专著是"基于教研组群体互动，提升教师教学监控能力的研究"课题项目的研究成果，是学校多年来扩优提质工作发展的真实记录，生动地反映了我们学校教师成长发展的历程，也是我们科研兴校的具体体现。研究的过程是艰辛的，收获是催人奋进的。我们在教育科研引领下推进学校教学改革与发展，学校领导、教师、专家一起学习、一起实践、一起研究，这段研究的经历令人难以忘怀。

　　我们的项目以学术性实践与实践性理论结合，形成了原创性的"自主共生系统教学监控模式"以及操作体系，丰富了教学监控的理论，在实践上创新了新样态，积累了教师教学监控的实践经验与很多案例，验证了本课题的理论假设，证实了教师教学监控能力作为教师最重要能力组成的观点，从教师发展生态视野下，通过增强主体与优化环境交互，提升教师教学自我监控能力，具有教学改革的现实意义。

　　本书凝聚了我们通河三小领导与教师的心血与智慧，在研究过程中坚持以学生为本，从教师实践出发，源于实践又高于实践，提炼总结校本的教师教学监控的理性认识，以之指导再实践；坚持原创，以科学的态度开展研究，出自己的成果。本书力求理论与实践融为一体，实用性强，可读性强。

　　三年来学校教师在教学天地里辛勤耕耘，在本书中充溢着教师们强烈的教学改革意识、活跃的教学创新思维、生动的教学实践探索、富有活力的教育生命成长。当我们喜悦地迎接成果之时，我们感谢在这三年中给予我们支持和帮助的领导和专家。

　　本项课题由校长唐海英担任组长，上海三知教育信息咨询中心主任王钰城担任研究指导。本书实践部分由学校领导与教师撰写（见署名），理论部分由王钰城、王鋐撰写。由于本书涉及教学诸多方面的理论与实践问题，限于作者的认识水平和实践经验，所阐述的观点如有不妥之处，敬望读者不吝指教，在此表示感谢。

主　编

2023 年 9 月

图书在版编目(CIP)数据

教师教学自我监控能力的理论与实践 / 唐海英主编
. —上海：文汇出版社,2023.11
ISBN 978-7-5496-4173-4

Ⅰ.①教… Ⅱ.①唐… Ⅲ.①小学教师-师资培养-研究 Ⅳ.①G625.1

中国国家版本馆CIP数据核字(2023)第244702号

教师教学自我监控能力的理论与实践
—— 基于教研组群体互动,提升教师教学监控能力的研究

主　编 / 唐海英

责任编辑 / 熊　勇
封面装帧 / 薛　冰

出版发行 / 文匯出版社
　　　　　上海市威海路755号
　　　　　(邮政编码 200041)
经　销 / 全国新华书店
排　版 / 南京展望文化发展有限公司
印刷装订 / 上海新文印刷厂有限公司
版　次 / 2023年11月第1版
印　次 / 2023年11月第1次印刷
开　本 / 720×1000　1/16
字　数 / 440千字
印　张 / 24.5

ISBN 978-7-5496-4173-4
定　价 / 58.00元